CICI
2018
CHINA INTEGRATED
CITY INDEX 2018

中国城市综合发展指标
2018

CICI 2018

CHINA INTEGRATED CITY INDEX 2018

大都市圈发展战略
中国城市排行榜

国家发展和改革委员会发展战略和规划司　云河都市研究院

主编　周牧之　陈亚军

人民出版社

中国城市综合发展指标专家组成员

中国城市综合发展指标2018

中国城市综合发展指标（CICI）专家组组长、本书主编

周牧之	云河都市研究院院长、东京经济大学教授
陈亚军	国家发展和改革委员会发展战略和规划司司长

首席专家

杨伟民	全国政协常委、中共中央财经领导小组办公室原副主任

专家组成员（按首字母排名）

大西隆	丰桥技术科学大学校长、日本学术会议原会长、东京大学名誉教授
杜 平	云河都市研究院副理事长、国家信息中心原常务副主任
横山祯德	县立广岛大学经营专职大学院经营管理研究科（HBMS）研究科长、麦肯锡东京分社原社长
胡存智	中国土地估价师与土地登记代理人协会会长、国土资源部原副部长
李 昕	中国科学院教授、北京市政协副秘书长
明晓东	国家发展和改革委员会发展战略和规划司巡视员、中国驻日本大使馆原公使衔参赞
穆荣平	中国科学院创新发展研究中心主任
南川秀树	日本环境卫生中心理事长、原日本环境事务次官
邱晓华	云河都市研究院副理事长、澳门城市大学经济研究所所长、国家统计局原局长
森本章伦	早稻田大学教授
山本和彦	森大厦都市企划株式会社原社长、森大厦株式会社原副社长
武内和彦	东京大学教授、日本中央环境审议会委员长、联合国大学原副校长
徐 林	云河都市研究院副理事长、中美绿色基金董事长、国家发展和改革委员会发展规划司原司长
岳修虎	国家发展和改革委员会价格司司长
张仲梁	云河都市研究院首席经济学家、南开大学教授、国家统计局社会科技文化产业司原司长
周 南	国家发展和改革委员会发展战略和规划司副司长
周其仁	北京大学国家发展研究院教授

云河都市研究院CICI研究组成员

杉田正明	云河都市研究院研究主干
甄雪华	云河都市研究院主任研究员
栗本贤一	云河都市研究院主任研究员
数野纯哉	云河都市研究院主任研究员
赵 建	云河都市研究院主任研究员

感谢国家基础地理信息中心对本报告中地图制作上提供的技术支持

目　录

序　言

寄语"中国城市综合发展指标2018研讨会"

赵启正

Zhao Qizheng

中国人民大学新闻学院院长、南开大学滨海开发研究院院长

国务院新闻办原主任

编者按：由国家发展和改革委员会发展战略和规划司与云河都市研究院联合主办的"中国城市综合发展指标 2018 研讨会"于 2018 年 12 月 27 日在北京举行，赵启正先生发来书面致辞，高度评价和鞭策了"中国城市综合发展指标"研究开发的意义，并指出了该指标未来需要努力的方向。本书特刊载致辞原文以为序。

致周牧之教授和研究城市发展的学者诸君：

今年 10 月，在东京蒙周牧之教授送我《中国城市综合发展指标 2017》。我细读了周牧之、陈亚军和徐林三位的序言和主报告，深感作者们对城市发展的"当代"观念和认识方法代表了发展现代城市学的前沿。我认为，"中国城市综合发展指标"提供了理解和治理城市的新的理念、话语和框架。

我感到这是一本对中国市长和他们的助手很有用的一本参考书。20 世纪 90 年代我本人在上海担任副市长期间，还兼任了浦东新区的主任和书记，负责浦东新区的开发和建设，可惜当时我们没有这样的好参考书。

人的成长需要有许多指标来描述。今天检查身体，至少有几十个重要的指标。三十年前，我们自己，甚至保健医生可能都对现在普通人了然于心的健康指标不甚了了。如此，何以"科学治理"我们的身体。三十年前，中国人的平均预期寿命不到 70 岁，而现在，则接近 80 岁。健康指标，功莫大焉。

同样，几十年前，我们对城市这个"大身体"应该用什么指标来描述也并没有特别着重。我们只是很简单地从政治、经济、文化等宏观方面做一些考虑，就去制定了城市发展的规划。这在现在看显然就觉得有些粗糙、有点武断了。今天，如果要对城市进行比较精细的规划与管理，就必须对城市有清晰的概念与研究，就必须导入综合的指标体系进行分析。因此，中国城市建设需要"中国城市综合发展指标"所提供的理念、合理性和综合性的框架，并在精密的数据分析和深入的研究后，指出应该做什么"治理"。这是时代的呼唤。

我相信云河都市研究院和相关研究学者一定会有许多事情要做，需要成就的事情很多，可以作为的空间很大。比如，建立一个当代的或者现代的城市学，为城市研究提供一个科学的骨架，从而

构建一套大家愿意采纳的基本概念、公认的术语和研究途径；及时出版对市长有用的手册和图书，并不断有新的文章发声；每年举办一两次"城市发展论坛"，邀请全国六百多个城市的一些市长和相关人士参加，共同提升和传播对中国城市发展的新见解，探索中国城市发展的路径。

当下，城市群已经成为中国城镇化的主体形态，长江三角洲、珠江三角洲、京津冀等三大城市群的辐射带动作用已经得到广泛的认同。我们需要研究中国的城市群，也需要研究国外的城市群，如美国纽约、波士顿、华盛顿的大西洋沿岸城市群；芝加哥、底特律、多伦多、蒙特利尔的北美五大湖城市群；日本东京、名古屋、大阪的东海道城市群；欧洲巴黎、阿姆斯特丹的西北部城市群；英国伦敦、曼彻斯特的中南部城市群。"他山之石，可以攻玉。"中外城市群比较研究可以帮助我们了解和认识城市群发展的规律和趋势。在这方面，作为国际智库的云河都市研究院应该大显身手。

汪道涵同志生前对我说过他担任了多年长江三角洲及长江流域的协调发展委员会的主席，但遗憾的是进展较慢。我想所以如此，一个重要原因显然是当时各地经济发展主要是靠政府的指示来进行的，而"城市的群化"必须靠市场经济的内在动力和需求来聚合。但那个时候中国的市场经济内在的聚合力量还不够强大。

所以，如何推动城市群的发展，诸位学者还要作为研究方向多做贡献。

以上海为例，刚刚习近平总书记提出：为了更好发挥上海在对外开放中的重要作用，中央政府最近决定，第一，扩大在浦东的中国（上海）自由贸易试验区的新片区。目的是鼓励和支持上海在推进投资和贸易自由化便利化方面大胆创新探索，为全国积累更多可复制可推广的经验。第二，在浦东的上海证券交易所设立科创板并试点注册制。目的是支持上海国际金融中心和科技创新中心建设，不断完善资本市场基础制度。第三，支持以上海为首的长江三角洲区域一体化发展并上升为国家战略。目的是着力落实新发展理念，构建现代化经济体系，推进更高起点的深化改革和更高层次的对外开放，同"一带一路"建设、京津冀协同发展、长江经济带发展、粤港澳大湾区建设相互配合，完善中国改革开放空间布局。

在此前也有多个中央的文献，举出了上海的任务。

例如：2016年6月印发的国家发展改革委《长江三角洲城市群发展规划》提出："发展长江流域

城市群，以上海建设全球城市为引领。"

又如，2017 年 12 月印发的《国务院关于上海市城市总体规划的批复》要求，"努力把上海建设成为创新之城、人文之城、生态之城，卓越的全球城市和社会主义现代化国际大都市。"

上海有这么多的任务，北京、广州、深圳等城市同样也有很多的任务。承担这些任务是市长们的责任，也是学者们和智库的责任。

祝大家不断有新的贡献，祝"中国城市综合发展指标"更加为大家所知晓、为市长们所欢迎，这就是我的期盼了。

简　介

赵启正（Zhao Qizheng）

1940 年出生。1963 年毕业于中国科学技术大学核物理专业，后从事科研、设计工作 20 年。

1984 年起历任上海市委组织部部长、副市长、浦东新区管委会首任主任等。由于在浦东开发开放过程中的杰出贡献以及在浦东任职期间与众多外国政要、名人进行的开放、坦诚、智慧的交流，被国外誉为"浦东赵"。

1998—2005 年任中国国务院新闻办公室主任。其间提出了"向世界说明中国"的理念，避免了"宣传"在对外传播时可能引起的负面含义。他还建立了我国的政府新闻发言人制度，推动各级政府将新闻发布工作机制化、常态化，打造透明政府。

2005—2013 年任全国政协外事委员会副主任、主任。从 2009 年起，历任全国政协十一届二次、三次、四次和五次会议大会新闻发言人。在此期间，他大力倡导并传播公共外交的理念。目前，人民政协已经成为中国开展公共外交的重要主体和推动者。

现任中国人民大学新闻学院院长、南开大学滨海开发研究院院长。

著作有《向世界说明中国——赵启正演讲谈话录》《向世界说明中国（续编）——赵启正的沟通艺术》《江边对话：一位无神论者和一位基督徒的友好交流》《浦东逻辑：浦东开发和经济全球化》《在同一世界——面对外国人 101 题》《对话：中国模式》《公共外交与跨文化交流》《跨国对话：公共外交的智慧》《跨国经营公共外交十讲》《直面媒体 20 年——赵启正答中外记者问》等，其中有的被译为多种外语文本。

推动城市高质量发展的指标体系

杨伟民

Yang Weimin
全国政协常委
中共中央财经领导小组办公室原副主任

国家发展和改革委员会发展战略和规划司与云河都市研究院研制的"中国城市综合发展指标2018"，是迄今为止我所见到的最具有时代性、科学性、国际性、有用性的对中国城市发展状况的综合评价。也是对中国城市健康状况的一份综合"体检报告"，每个城市都能从中看到自己的城市哪些指标是健康的、哪些指标是亚健康的、哪些指标是不健康的。每个城市都可以据此或保持健康状态，或加强锻炼预防城市病，或加快治理城市病。既然是"体检报告"，就有必要年年"体检"，不断增加新指标、反映新情况、查找新问题。

城镇化是中国经济社会发展的持久动力，中国城镇化的路程还很长远。同时，中国经济已转向高质量发展阶段。城镇化发展和高质量发展两大历史潮流汇合了。城市是经济发展的主体，也是高质量发展的空间载体，城市高质量发展了，整个中国的高质量发展才能实现。

我们要促进经济发展、社会发展、可持续发展的空间均衡。我们每天都在说的发展概括起来主要是三个：一是经济发展，主要是 GDP 的增长；二是人的发展或社会发展，主要是增进人的幸福和社会进步；三是可持续发展，主要是自然再生或生态环境保护。高质量发展，不是仅就经济发展而言的。如果一个城市的经济规模很大、质量也很好，但生态环境很糟糕，雾霾频频光临，就不是高质量发展。同样，如果经济指标很好看，但连城市居民的居住问题都解决不好，多数人特别是常住外来人口买不起甚至租不起功能比较完备的住房，人的发展也就谈不上了。这样的城市是畸形的，不是高质量的。

我们要推进质量变革、效率变革、动力变革。过去中国经济发展的高速度，主要靠产品产量的规模扩张，靠要素的高强度投入，靠货币的大规模投放，靠劳动力的无限供给，靠房地产、出口和投资的拉动，消耗了大量无法再生的耕地、能源、矿产资源。

推动质量变革，就是要从主要依靠扩大产品产量实现发展，转向通过提高产品质量实现发展。如果中国的每一个城市都有一两个质量达到国际先进水平的产品，就会形成高质量的生产体系。推动效率变革，就是要从主要依靠扩大要素投入规模实现发展，转向主要依靠提高要素效率实现发展，提高劳动效率、资本效率、土地效率、资源效率、能源效率、环境效率以及大数据的效率等。推动动力变革，就是要从主要依靠旧动力，转向主要向改革开放要动力、向科技创新要动力，更多

序 言5

依靠新产业新技术新业态的带动，更多依靠内需特别是消费的拉动。

推动三大变革的主战场在城市。如果有一套城市高质量发展的指标体系，各个城市就会在三大变革中你追我赶，而不是在招商引资和GDP中你追我赶了。

我们要形成实体经济、科技创新、现代金融、人力资源协同的现代产业体系。城市的基础在产业，城市的繁荣在产业兴旺。一个城市不可能什么都搞，成就"十全武功"，但一个城市的产业发展，必须协同共进，不能单兵突进。科技创新必须同实体经济特别是制造业、IT产业的发展相协同，不能是科技创新和经济发展两张皮。创新不能仅看研发投入，还要看科研成果是否转化为现实生产力。现代金融必须立足于服务实体经济，不能孤立发展、自我循环、自娱自乐，所以不能仅以金融占GDP的比重来评价是否是金融中心。教育发展必须跟上实体经济、科技创新、现代金融的发展潮流，不能滞后于经济社会发展需要。房地产发展要以满足居民有支付能力的需求为基础，要与其他功能及其人口集聚的速度规模相适应，过快则带来空置，过慢则造成供给不足。

我们要建立市场机制有效、微观主体有活力、宏观调控有度的经济体制。推动高质量发展，根本途径是形成向高质量自动转轨的制度环境。世界银行《2019年全球营商环境报告》显示，我国排名跃居全球190个经济体的第46位，比去年提高32位，这主要反映的是北京和上海的改革进展。国内也有一些机构对各城市的营商环境做了评价，城市之间的营商环境很不平衡，现在的地区增长分化，除了海拔、温差、湿度等自然差异外，很大程度上是体制之差、改革之差。城市要根据自身的情况，主动改，自主改，改革越快、越深入，营商环境越好，才能越早进入高质量发展阶段。

习近平总书记在2018年中央经济工作会议上要求加快形成推动高质量发展的指标体系。有必要制定一套衡量城市高质量发展的指标体系，引导城市在高质量发展中比学赶帮、争先创优。"中国城市综合发展指标"已经初步具备了这一功能，还可以在以下几个方面进一步完善。

第一，进一步增强时代性。指标要体现当代发展潮流，要体现当代中国发展大趋势，反映高质量、高效率、协同性、新动力；体现科技革命和产业变革大趋势，反映移动互联、云计算、大数据、新能源、智慧城市等的进步；体现改革开放，反映政府职能的转变、审批的减少、营商环境的改善；体现软环境的重要性，例如垃圾分类制度可能比硬件上建设多少垃圾处理设施更重要。

第二，进一步增强科学性。目前国内对地区和城市的综合评价指标已经有不少了，但仍有不少争议，主要是科学性有欠缺。"中国城市综合发展指标"好就好在从环境、社会、经济三个维度即三个发展来评价城市发展，体现了空间均衡。如果再增加反映高质量的指标，增加体现满足人民美好生活的指标，就会进一步提高科学性，成为中国第一个全面反映城市高质量发展的指标体系，并会变成各地区高质量发展都要参照的指标体系。同时，科学性要求指标含义要清晰，可计量、可评估、可比较。

第三，进一步增强国际性。就是总体上要符合国际规则，也就是可以用这套指标同时评价世界上的其他城市，可以进行国际比较。例如，城市的定义就要国际可比。中国至少有三个由大到小的城市概念，一是行政区，即城市的行政区面积；二是城区，即设区的行政区，现在京津沪所有县都改成了区，行政区和城区范围一样了，但在多数设区的城市，城区是小于行政区的；三是中心城区，北京的中心城区是城六区。其实在很多情况下，城市的比较和评价应该使用第三个概念进行，否则，国内不可比，国际上也不可比。

第四，进一步增强有用性。指标既是对发展结果的评估，也是推动工作的准绳，能对指导城市工作有现实意义。为了增强有用性，"中国城市综合发展指标"可明确为检验中国城市高质量发展的指标体系。正在谋求高质量发展的中国各城市对此的需求十分急迫。可由国家发展和改革委员会发展战略和规划司向上级领导机关报告，并同步向各城市推荐。进一步挖掘指标价值，既要有数据比较，也要进行数据分析，可以给需要的城市开出高质量发展的"体检报告"。同时，可以向上和向下延伸评价，向上覆盖城市群、都市圈，形成对如京津冀协同发展、长三角一体化、粤港澳大湾区的评价；向下可以覆盖到县级市。中国城市数量的大头在中小城市。

简 介

杨伟民（Yang Weimin）

1956 年出生。历任国家发展和改革委员会规划司司长、国家发展和改革委员会副秘书长、秘书长、中共中央财经领导小组办公室副主任。

长期从事宏观政策和中长期规划的研究制定工作。参与和组织国家"九五""十五"计划和"十一五""十二五"规划纲要的编制工作，参与党的十八大和十八届三中、四中、五中全会报告起草工作，参与中央"十一五""十二五""十三五"规划建议起草工作，参与协调多项重大改革。

主编：《中国未来三十年》（香港三联书店 2011 年版，与周牧之共同主编），《第三个三十年：再度大转型的中国》（人民出版社 2010 年版，与周牧之共同主编），《中国可持续发展的产业政策研究》（中国市场出版社 2004 年版），《规划体制改革的理论探索》（中国物价出版社 2003 年版）。

培育发展现代化都市圈，推动新型城镇化建设

周　南

Zhou Nan

国家发展和改革委员会发展战略和规划司副司长

在刚刚过去的 2018 年，我们隆重纪念了改革开放 40 周年。如果梳理这 40 年来的突出成就，城镇化无疑会在其中。40 年来，我国城镇化率从 17.9% 上升到 59.8%，城镇人口从 1.7 亿增加到 8.1 亿，城市数量从不到 200 个增加到 673 个，城市建成区面积从 7438 平方公里增加到 5.6 万平方公里。在这个过程中，所有城市的人口规模、经济规模和空间规模都得到了空前的大幅扩张。

事情从 2018 年，也许更早，出现了变化，城市分化趋势越来越明显。在《中国城市综合发展指标 2018》一书中，我们可以找到很多仍在健康发展的城市，但与此同时，有些大城市带"病"生存，还有一些城市人口在净流出，"收缩城市"的提法也开始见诸报端。这说明，一味依靠过去各自扩张、单打独斗的经验来谋求城市发展，行不通了。而发达国家城镇格局呈现出的都市圈化特征，则值得认真研究借鉴。伦敦、巴黎、纽约、东京在所在国城镇化率超过 50% 后，相继形成了包括周边区域在内、面积 1.2 万—2 万平方公里的大都市圈。其原因在于，当人口的超量集聚推高中心城市各类成本后，其产业和功能会跨越行政边界向外拓展，于是从中心城市空间蔓延转向组团发展。多数发达国家都曾为促进都市圈发展制定规划或法案，如英国从 20 世纪 40 年代开始编制大伦敦规划，到 2000 年后仍制定了 4 版空间发展战略规划；日本从 1956 年起先后制定了 5 轮首都圈整备规划，引导东京制造业等功能向外围疏解。通过政策引导，这些地区都市圈建设成效很显著，成为全球经济最效率、创新最活跃的地区。当我国城镇化进入快速发展的中后期，遵循规律并顺应现实需要，推动形成现代化都市圈，就成为一种必然。

2019 年 2 月，经国务院同意，国家发展改革委发布《关于培育发展现代化都市圈的指导意见》。这份文件提出，发展都市圈要坚持问题导向，以促进中心城市与周边城市（镇）同城化发展为方向，以创新体制机制为抓手，着力做好基础设施一体化、产业分工协作、统一开放市场、公共服务共建共享、生态环境共保共治、城乡融合发展等工作。文件还提出了都市圈发展目标，即到 2022 年，都市圈同城化取得明显进展，基础设施一体化程度大幅提高，阻碍生产要素自由流动的行政壁垒和体制机制障碍基本消除，成本分担和利益共享机制更加完善，梯次形成若干空间结构清晰、城市功能互补、要素流动有序、产业分工协调、交通往来顺畅、公共服务均衡、环境和谐宜居的现代化都市圈；到 2035 年，现代化都市圈格局更加成熟，形成若干具有全球影响力的都市圈。

培育发展现代化都市圈，基础设施互联互通是前提。参照国际经验并结合国内实际情况，《关于培育发展现代化都市圈的指导意见》将都市圈定义为，城市群内部以超大特大城市或辐射带动功能强的大城市为中心、以1小时通勤圈为基本范围的城镇化空间形态。通勤是都市圈的主要特征，而完善的基础设施是通勤的前提条件。尽管我国交通等基础设施发展很快，高铁、桥梁等成就举世瞩目，但都市圈内的交通还存在一些问题，如市域（郊）铁路发展滞后，跨区域城市轨道交通线路难以统一规划、统一审批、统一实施，城际断头路、瓶颈路大量存在，各类交通工具衔接不畅，等等。都市圈建设要扭住交通这个"牛鼻子"，重点是增强都市圈基础设施的连接性和贯通性，推动一体化规划建设管护，提高通勤效率，降低通勤成本。要增加城市间公路通道，加快构建高速公路、国省干线、县乡公路等都市圈多层次公路网，特别是要着力打通"断头路"，提升都市圈路网联通程度。要打造轨道上的都市圈，在有条件的地区编制都市圈轨道交通规划，推动干线铁路、城际铁路、市域（郊）铁路、城市轨道交通"四网融合"，探索都市圈中心城市轨道交通适当向周边城市（镇）延伸。

　　培育发展现代化都市圈，通过市场配置资源实现产业分工协作是关键。据有关机构分析，我国都市圈中心城市与周边外围城市间社会经济联系不够紧密。2017年都市圈中心城市与周边外围城市之间每天平均人口流动规模最高的是深圳，仅12万人次，远低于东京都市圈内三县平均向东京都每天通勤86万人的规模；大部分都市圈中心城市与周边外围城市之间经济互相投资规模不足50亿元。究其原因，是我国大中小城市之间缺乏功能分工，各类城市同质化发展严重，因此相互间不仅缺少交流的动力，甚至在劳动力、资本、科技等要素流动方面设置制度性壁垒，地方保护主义大量存在。都市圈建设中必须首先清理废除妨碍统一市场和公平竞争的各种规定和做法，营造规则统一开放、标准互认、要素自由流动的市场环境。要树立"一盘棋"的思维，以城市间专业化分工协作为导向，构建大中小城市和小城镇特色鲜明、优势互补的发展格局。一方面中心城市要增强核心竞争力和辐射带动能力，推动中心城市产业高端化发展，为周边中小城市留出发展空间，不能靠行政级别优势过度虹吸资源；另一方面中小城市也要依托多层次基础设施网络，增强吸纳中心城市产业转移的承接能力和配套能力，夯实制造业基础，促进城市功能互补、产业错位布局。

公共服务共建共享和生态环境共保共治是现代化都市圈成熟度的重要标志。只有实现成本共担，都市圈内城市的协同发展才可持续。我国教育、医疗、文化、体育等公共服务资源大多按照行政等级配置，城市级别越高，资源占有越多，这是部分大城市过度集聚人口的重要原因。政府要加快推动都市圈内社会保障和公共服务一体化和均等化的进程，调整公共服务和基础设施的数量、结构和布局来适应人口增长带来的有效需求，并通过体制机制创新引导优质资源向周边中小城市流动，用优质公共服务资源共享带动都市圈内人口迁移。要以推动都市圈生态环境协同共治、源头防治为重点，通过编制实施都市圈生态环境管控方案、以都市圈为单元制定环境保护目标任务等方式，构建绿色生态网络，推动环境联防联治，在一体化同城化发展中实现生态环境质量同步提升。

城乡融合发展是培育发展现代化都市圈不可忽视的重要内容。我国发展的不平衡不充分，突出反映在城乡之间，发展的最不平衡是城乡发展不平衡，最不充分是乡村发展不充分。在都市圈中，不仅有中心城市和周边城市，也会有很多小城镇和大量乡村。由于靠近城市，接受城市辐射带动多，这些农村地区通常发展基础较好。通过健全体制机制，搭建联结城乡的功能平台，促进城乡之间生产要素更为通畅有效的双向流动，有条件做到以城带乡、城乡一体，率先实现城乡融合发展。

培育发展现代化都市圈是我国推进新型城镇化建设中的新课题，需要从理论到实践不断完善，需要市场主导、政府引导、因地制宜、久久为功，决不能一哄而起、急于求成。从国外经验看，都市圈形成一般也经历了 20 年左右的时间。我国区域发展不平稳，都市圈的发展阶段和发育程度差异较大。一些都市圈经济社会发展一体化程度较高，城市间人、物、资金、技术等交往频繁，总体较为成熟；一些都市圈尚处于形成初期，中心城市实力不足，对周边辐射带动的能力和意愿都不强。培育发展都市圈，要遵循城镇化发展规律，顺应产业升级、人口流动和空间演进趋势，充分考虑不同都市圈现有基础和发展潜力的差异性，科学确定各自的功能定位、发展目标和实现路径。特别是要充分发挥市场配置资源的决定性作用，政府只在规划政策引领、空间开发管制、公共资源配置、体制机制改革等方面更多发挥作用，引导都市圈有序发展。至于哪些城市有条件发展现代化都市圈，在发展都市圈中有什么优势抑或是短板，在"中国城市综合发展指标 2018"中或能找到部分答案。

简　介

周　南（Zhou Nan）

1962 年出生。长期在国家发展和改革委员会工作，直接参与"八五"以来历次五年规划编制、规划中期评估、专项规划组织协调等。近年来负责推动农业转移人口市民化、城市群及都市圈建设、城乡融合发展等工作，组织编写了《国家新型城镇化报告》（2017、2018）等书籍。

第一章 | **中国城市综合发展指标结构**

1. 指标对象城市

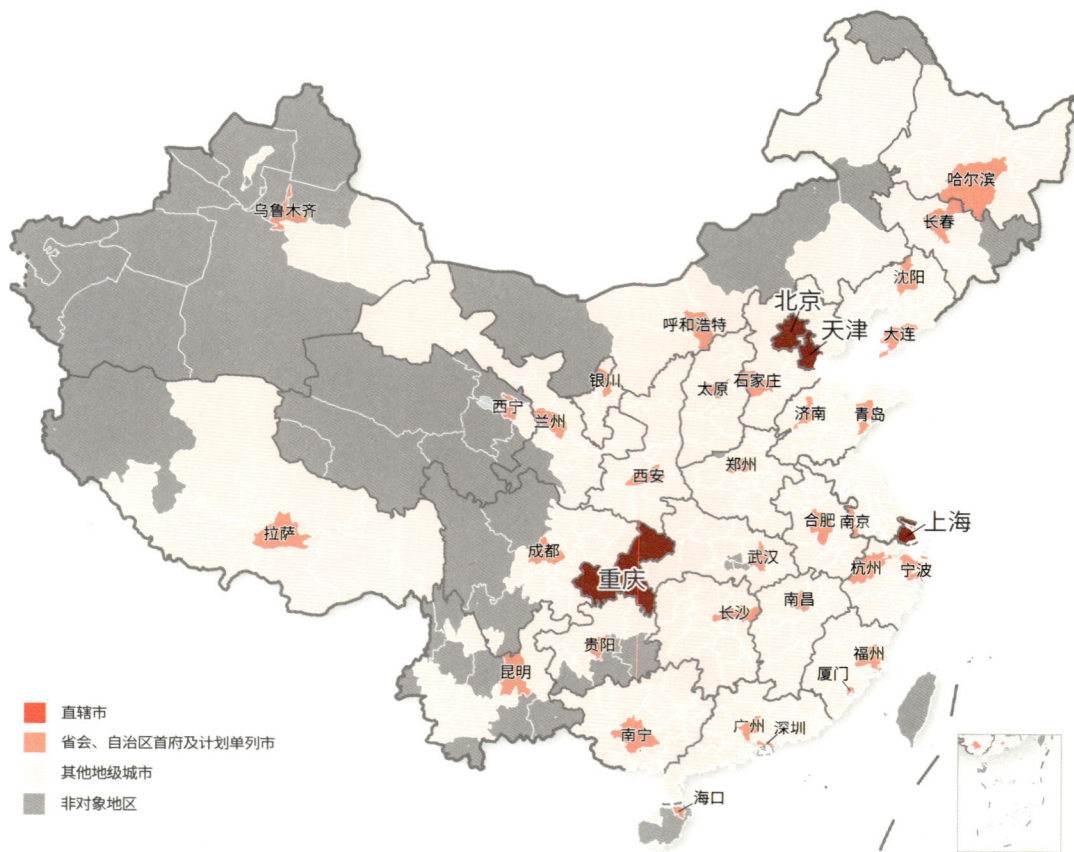

图 1-1　指标对象城市示意图 [1]

指标对象城市

"中国城市综合发展指标2018"在2017版的基础上新增那曲市，覆盖全国298个地级及以上城市：

·直辖市（4个：北京市、天津市、上海市、重庆市）

·省会（22个[2]：石家庄市、太原市、沈阳市、长春市、哈尔滨市、南京市、杭州市、合肥市、福州市、南昌市、济南市、郑州市、武汉市、长沙市、广州市、海口市、成都市、贵阳市、昆明市、西安市、兰州市、西宁市）

·自治区首府（5个：呼和浩特市、南宁市、拉萨市、银川市、乌鲁木齐市）

·计划单列市（5个：大连市、青岛市、宁波市、厦门市、深圳市）

·其他地级城市（262个）

---

① 图 1-1 根据"中国城市综合发展指标2018"数据制作。在本报告中，此后凡根据"中国城市综合发展指标2018"数据制作的图表都不再标明出处。本书中出现的所有"地图"都只是为了视觉地表达指标意义的"示意图"。

② 不含台北。

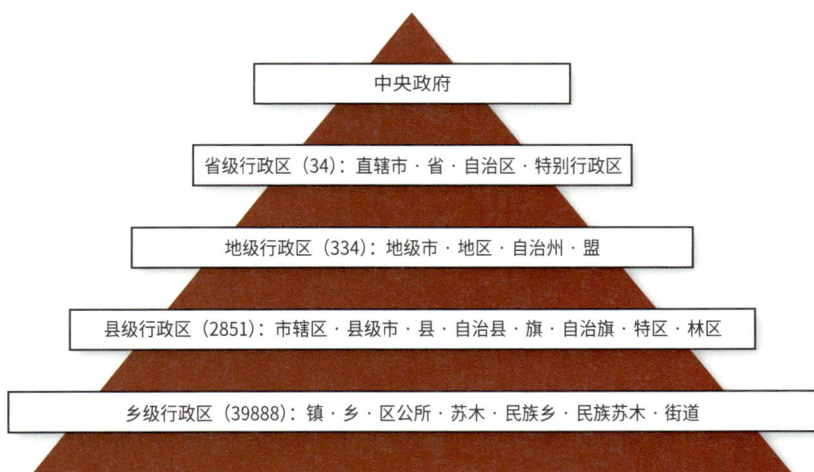

图 1-2　我国行政区域划分示意图

资料来源：根据国家统计局《中国统计年鉴》、国家民政部行政区划统计制作。

我国的行政区划

我国的地方行政区域划分主要分为四个层级：省级行政区、地级行政区、县级行政区和乡级行政区。

根据民政部行政区划统计表显示，截至 2017 年 12 月 31 日，我国的行政区域划分如下：

一级行政区（省级行政区）：合计 34 个，其中包含 4 个直辖市，23 个省、5 个自治区和 2 个特别行政区。

二级行政区（地级行政区）：合计 334 个，其中包含 294 个地级市、7 个地区、30 个自治州和 3 个盟。

三级行政区（县级行政区）：合计 2851 个，其中包含 962 个市辖区、363 个县级市、1355 个县、117 个自治县、49 个旗、3 个自治旗、1 个特区和 1 个林区。

四级行政区（乡级行政区）：合计 39888 个，其中包含 2 个区公所、21116 个镇、9392 个乡、152 个苏木、984 个民族乡、1 个民族苏木和 8241 个街道。

"中国城市综合发展指标"的 298 个地级及以上城市中，包含北京、天津、上海、重庆 4 个直辖市，广州、成都、南京、济南等省会城市，深圳、厦门、宁波、青岛、大连等计划单列市，苏州、无锡、温州、佛山等地级市。

表 1-1　指标对象城市列表

地 级 及 以 上			
华北地区 33 城市	**东北地区** 34 城市	**华东地区** 78 城市	
北京市（直辖市）	**辽宁省** 14 城市	**上海市**（直辖市）	**江苏省** 13 城市
天津市（直辖市）	沈阳市（省会） 大连市（计划单列市） 鞍山市 抚顺市 本溪市 丹东市 锦州市 营口市 阜新市 辽阳市 盘锦市 铁岭市 朝阳市 葫芦岛市	**福建省** 9 城市	南京市（省会） 无锡市 徐州市 常州市 苏州市 南通市 连云港市 淮安市 盐城市 扬州市 镇江市 泰州市 宿迁市
河北省 11 城市		福州市（省会） 厦门市（计划单列市） 莆田市 三明市 泉州市 漳州市 南平市 龙岩市 宁德市	
石家庄市（省会） 唐山市 秦皇岛市 邯郸市 邢台市 保定市 张家口市 承德市 沧州市 廊坊市 衡水市			
		江西省 11 城市	**浙江省** 11 城市
	吉林省 8 城市	南昌市（省会） 景德镇市 萍乡市 九江市 新余市 鹰潭市 赣州市 吉安市 宜春市 抚州市 上饶市	杭州市（省会） 宁波市（计划单列市） 温州市 嘉兴市 湖州市 绍兴市 金华市 衢州市 舟山市 台州市 丽水市
山西省 11 城市	长春市（省会） 吉林市 四平市 辽源市 通化市 白山市 松原市 白城市		
太原市（省会） 大同市 阳泉市 长治市 晋城市 朔州市 晋中市 运城市 忻州市 临汾市 吕梁市			
		山东省 17 城市	**安徽省** 16 城市
	黑龙江省 12 城市	济南市（省会） 青岛市（计划单列市） 淄博市 枣庄市 东营市 烟台市 潍坊市 济宁市 泰安市 威海市 日照市 莱芜市 临沂市 德州市 聊城市 滨州市 菏泽市	合肥市（省会） 芜湖市 蚌埠市 淮南市 马鞍山市 淮北市 铜陵市 安庆市 黄山市 滁州市 阜阳市 宿州市 六安市 亳州市 池州市 宣城市
内蒙古自治区 9 城市	哈尔滨市（省会） 齐齐哈尔市 鸡西市 鹤岗市 双鸭山市 大庆市 伊春市 佳木斯市 七台河市 牡丹江市 黑河市 绥化市		
呼和浩特市（自治区首府） 包头市 乌海市 赤峰市 通辽市 鄂尔多斯市 呼伦贝尔市 巴彦淖尔市 乌兰察布市			

城　市（298城市）

华中地区 42 城市	华南地区 39 城市	西南地区 39 城市	西北地区 33 城市

华中地区

河南省 17 城市
郑州市（省会）
开封市
洛阳市
平顶山市
安阳市
鹤壁市
新乡市
焦作市
濮阳市
许昌市
漯河市
三门峡市
南阳市
商丘市
信阳市
周口市
驻马店市

湖北省 12 城市
武汉市（省会）
黄石市
十堰市
宜昌市
襄阳市
鄂州市
荆门市
孝感市
荆州市
黄冈市
咸宁市
随州市

湖南省 13 城市
长沙市（省会）
株洲市
湘潭市
衡阳市
邵阳市
岳阳市
常德市
张家界市
益阳市
郴州市
永州市
怀化市
娄底市

华南地区

广东省 21 城市
广州市（省会）
韶关市
深圳市（计划单列市）
珠海市
汕头市
佛山市
江门市
湛江市
茂名市
肇庆市
惠州市
梅州市
汕尾市
河源市
阳江市
清远市
东莞市
中山市
潮州市
揭阳市
云浮市

广西壮族自治区 14 城市
南宁市（自治区首府）
柳州市
桂林市
梧州市
北海市
防城港市
钦州市
贵港市
玉林市
百色市
贺州市
河池市
来宾市
崇左市

海南省 4 城市
海口市（省会）
三亚市
三沙市
儋州市

西南地区

重庆市（直辖市）

四川省 18 城市
成都市（省会）
自贡市
攀枝花市
泸州市
德阳市
绵阳市
广元市
遂宁市
内江市
乐山市
南充市
眉山市
宜宾市
广安市
达州市
雅安市
巴中市
资阳市

贵州省 6 城市
贵阳市（省会）
六盘水市
遵义市
安顺市
毕节市
铜仁市

云南省 8 城市
昆明市（省会）
曲靖市
玉溪市
保山市
昭通市
丽江市
普洱市
临沧市

西藏自治区 6 城市
拉萨市（自治区首府）
日喀则市
昌都市
林芝市
山南市
那曲市

西北地区

陕西省 10 城市
西安市（省会）
铜川市
宝鸡市
咸阳市
渭南市
延安市
汉中市
榆林市
安康市
商洛市

甘肃省 12 城市
兰州市（省会）
嘉峪关市
金昌市
白银市
天水市
武威市
张掖市
平凉市
酒泉市
庆阳市
定西市
陇南市

青海省 2 城市
西宁市（省会）
海东市

宁夏回族自治区 5 城市
银川市（自治区首府）
石嘴山市
吴忠市
固原市
中卫市

新疆维吾尔自治区 4 城市
乌鲁木齐市（自治区首府）
克拉玛依市
吐鲁番市
哈密市

2. 指标结构

三重底线

"中国城市综合发展指标 2018" 沿用 2016 版三重底线的思维，从环境、社会、经济三个维度立体地评价和分析城市的可持续发展。

所谓三重底线（Triple Bottom Line，TBL）是一种对可持续性评价的代表性方法，从"环境""社会""经济"三个维度评价人类活动。以联合国可持续发展委员会（The United Nations Commission on Sustainable Development，UNCSD）发布的可持续评价指标为首，国际上许多可持续评价相关的调查研究都以三重底线评价展开，但是对一个大国所有城市进行三维评价，"中国城市综合发展指标"实属创举。

"3×3×3" 结构

"中国城市综合发展指标 2018" 延续 2016 版 "3×3×3" 结构。指标体系由环境、社会、经济 3 个大项构成，每个大项包含 3 个中项、每个中项包含 3 个小项。大、中、小合计 39 项指标，形成简单明了的 "3×3×3" 金字塔结构。指标体系以简洁明快的结构，实现了对复杂的城市状况进行全方位的定量化和可视化的科学分析。

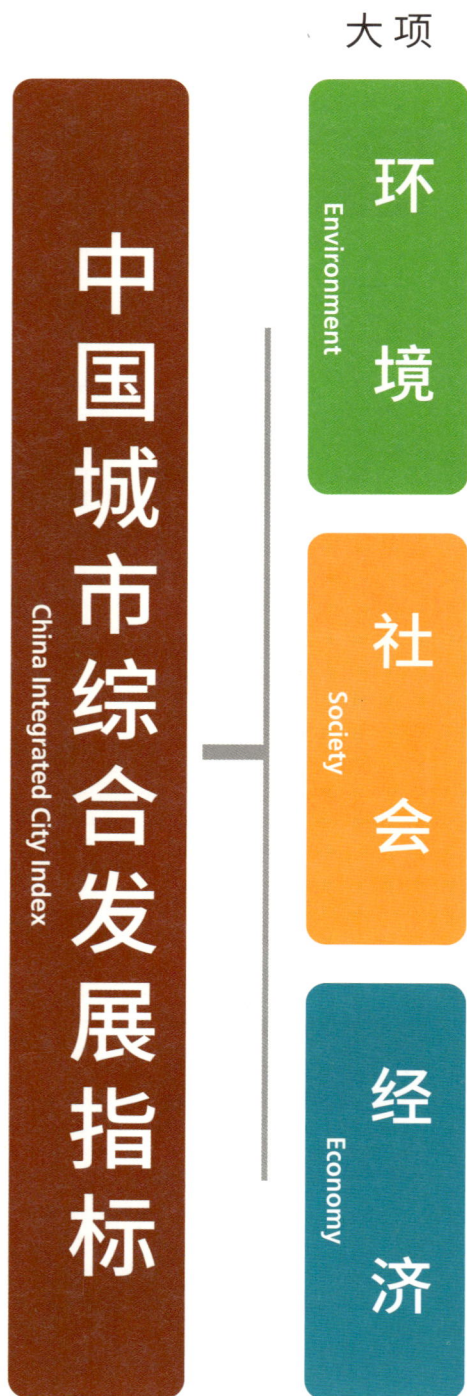

大 项

中国城市综合发展指标

China Integrated City Index

环 境
Environment

社 会
Society

经 济
Economy

中项	小项

中项	小项	
自然生态 Natural Ecology	水 土 禀 赋	Soil and Water Condition
	气 候 条 件	Climate Condition
	自 然 灾 害	Natural Disaster
环境质量 Environmental Quality	污 染 负 荷	Pollution Load
	环 境 努 力	Environmental Protection Effort
	资 源 效 率	Resource Efficiency
空间结构 Spatial Structure	紧 凑 城 区	Compact City
	交 通 网 络	Transportation Network
	城 市 设 施	Urban Facilities
地位与治理 Status and Governance	城 市 地 位	City Status
	人 口 素 质	Quality of Population
	社 会 管 理	Social Management
传承与交流 Inheritance and Exchange	历 史 遗 存	Historical Relics
	文 化 娱 乐	Cultural and Entertainment
	交 流	Personal Exchange
生活品质 Quality of Life	人 居 环 境	Residential Environment
	消 费 水 平	Level of Consumption
	生 活 服 务	Life Services
经济质量 Quality of Economic Development	经 济 总 量	Economic Scale
	经 济 结 构	Economic Structure
	经 济 效 率	Economic Efficiency
发展活力 Dynamic Development	商 务 环 境	Business Environment
	开 放 度	Openness
	创 新 创 业	Innovation and Entrepreneurship
城市影响 Urban Influence	城 乡 一 体	Urban and Rural Integration
	广 域 枢 纽	Wide-area Hab
	核 力 辐 射	Core Influence

图 1–3　指标结构图

数据支撑

"中国城市综合发展指标 2018"除了对 2017 版的指标数据进行更新以外,还优化和增加了部分指标数据。由此,2018 版共采用 178 组指标来支撑"3×3×3"结构,确立了更多角度的、更精确的指标体系。

在 178 组指标数据的分配上,三大项大致做到了三个三分之一。即环境大项 56 组指标,占指标数量的 32%;社会大项 57 组指标,占指标数量的 32%;经济大项 65 组指标,占指标数量的 36%。

同时,在数据来源上也基本上做到了三个三分之一。在 785 组基础数据中,统计数据占 29.2%,卫星遥感数据占 30.8%,互联网·大数据占 40%。

指标构架和数据选择上的独到和工整,保证了指标体系真实地反映城市的综合发展。

随着构架越来越成熟,数据越来越精准,指标体系也越来越稳定。运用 Spearman 相关系数对 2017 版和 2018 版排名进行比较分析发现,综合排名、环境排名、社会排名和经济排名的相关系数分别高达 0.97、0.94、0.98 和 0.96,各项排名都保持了相当的稳定性。

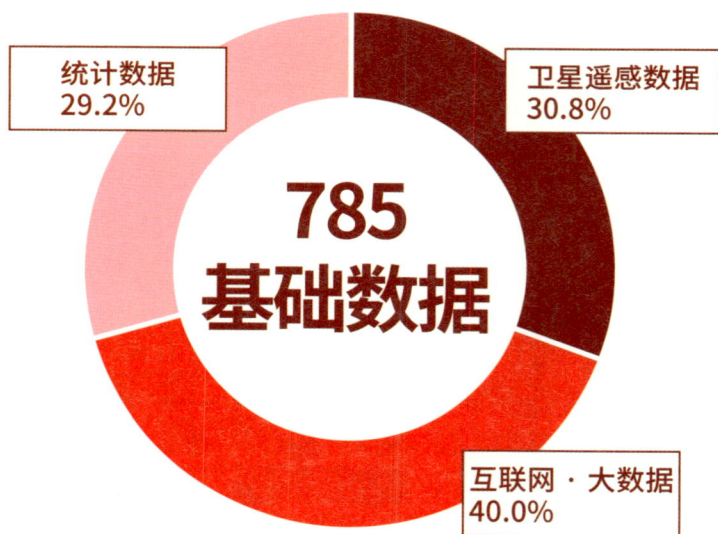

图 1-4　指标数据结构概念图

3. 指标评价方法

数据采集

"中国城市综合发展指标"致力于使用可以采集到的最新数据。2018版数据来源大致可分为三类：①各级政府公布的统计数据，为 2016 — 2018 年数据；②互联网采集数据，为 2017 — 2018 年数据；③卫星遥感数据，为 2016 年数据。

数据的指标化

"中国城市综合发展指标"利用偏差值概念将庞大的、繁杂的采集数据换算成具有可比性的指标数据，并将偏差值最高值和最低值分别设定为 100 和 0。

评价方法

"中国城市综合发展指标"利用偏差值进行评价。每一指标由其构成数据的偏差值合成算出：小项指标由其构成的指标偏差值合成算出；中项指标由其构成的小项指标偏差值合成算出；大项指标由其构成的中项指标偏差值合成算出；综合指标由大项指标偏差值合成算出。

"中国城市综合发展指标"的一个重要特点是可以将评价分解到各个层级，翔实而立体地剖析城市的发展状况。

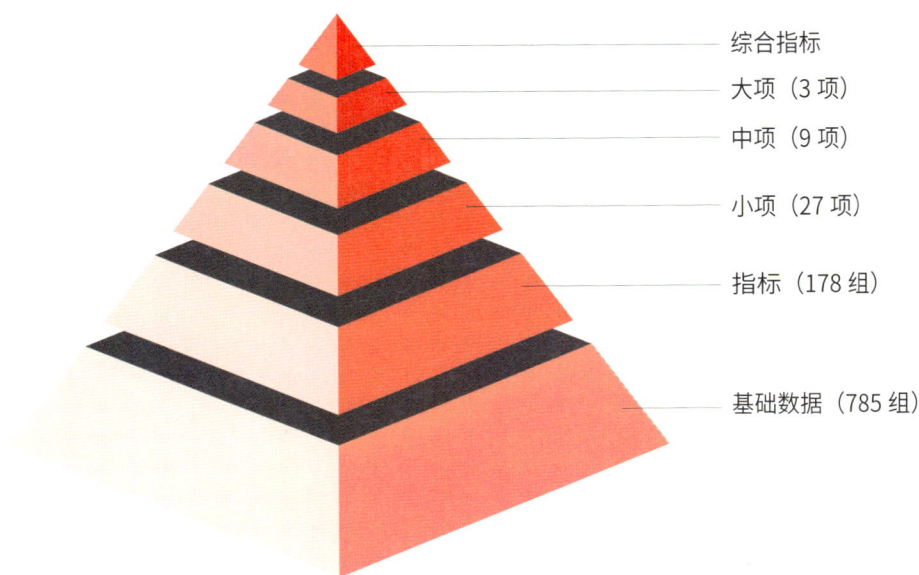

综合指标
大项（3 项）
中项（9 项）
小项（27 项）
指标（178 组）
基础数据（785 组）

图 1-5　指标结构概念图

4. 指标项目列表

表 1-2　指标项目列表: 环境

大项	中项	小项	ID	指标
环境	自然生态	水土禀赋	1	每万人可利用国土面积
			2	森林面积
			3	农田面积
			4	牧草面积
			5	水面面积
			6	每万人水资源
			7	国家公园·保护区·景区指数
		气候条件	8	气候舒适度
			9	降雨量
		自然灾害	10	自然灾害直接经济损失指数
			11	地质灾害直接经济损失指数
			12	灾害预警
	环境质量	污染负荷	13	空气质量指数 (AQI)
			14	$PM_{2.5}$ 指数
			15	单位 GDP 二氧化碳排放量
			16	工业二氧化硫排放量
			17	工业烟（粉）尘排放量
			18	城镇生活污水未处理排放量
			19	国定、省定断面三类及以上水质达标率
			20	区域环境等效声级
			21	辐射环境空气吸收剂量率
		环境努力	22	环境努力指数
			23	节水努力指数
			24	生态环境社会团体
			25	国家环境保护城市指数
			26	国家生态环境评价指数
		资源效率	27	市区土地产出率
			28	农林牧水产土地产出率
			29	单位 GDP 能耗
			30	绿色建筑设计评价标识项目
			31	工业固体废物综合利用率
			32	循环经济城市指数
	空间结构	紧凑城区	33	人口集中地区 (DID) 人口
			34	人口集中地区 (DID) 面积
			35	人口集中地区 (DID) 人口比重
			36	人口集中地区 (DID) 比率
			37	超人口集中地区（超 DID）人口
			38	超人口集中地区（超 DID）面积
			39	超人口集中地区（超 DID）人口比重
			40	超人口集中地区（超 DID）比率
		交通网络	41	城市轨道交通密度指数
			42	城市干线道路密度指数
			43	城市生活道路密度指数
			44	城市人行道·自行车道路密度指数
			45	城市轨道交通距离
			46	每万人公共汽（电）车客运量
			47	每万人公共汽（电）车拥有量
			48	每万人私人机动车拥有量
			49	每万人出租汽车拥有量
			50	高峰拥堵延时指数
		城市设施	51	固定资产投资规模指数
			52	公园绿地面积
			53	建成区绿化覆盖率
			54	建成区供排水管道密度
			55	燃气普及率
			56	城市地下设施指数

表 1-3　指标项目列表：社会

大项	中项	小项	ID	指标
社会	地位与治理	城市地位	57	行政层级
			58	大城市群层级
			59	核心城市层级
			60	大使馆·领事馆
			61	国际组织
			62	"一带一路"指数
		人口素质	63	人口自然增长率指数
			64	人口社会增长率指数
			65	人口结构指数
			66	人口教育结构指数
			67	高等教育指数
			68	杰出人才培养指数
			69	地方财政教育支出指数
		社会管理	70	社会服务指数
			71	安全安心城市指数
			72	交通安全指数
			73	社会安全指数
			74	社会团体
			75	文明卫生城市指数
			76	政府网站绩效
	传承与交流	历史遗存	77	历史地位
			78	世界遗产
			79	历史文化名城
			80	非物质文化遗产
			81	重点文物保护单位
		文化娱乐	82	影剧院消费指数
			83	博物馆·美术馆
			84	体育场馆指数
			85	动物园·植物园·水族馆
			86	公共图书馆藏书量
			87	文化大师指数
			88	奥运冠军指数
			89	全国文化先进单位指数
		交流	90	入境游客
			91	国内游客
			92	国际旅游外汇收入
			93	国内旅游收入
			94	国际会议
			95	展览业发展指数
			96	世界旅游城市指数
	生活品质	人居环境	97	平均寿命
			98	医疗保险·养老保险参保指数
			99	平均房价与收入比
			100	人居城市指数
			101	中国幸福感城市指数
		消费水平	102	每万人社会消费品零售额
			103	每万人住宿和餐饮业营业收入
			104	每万人电信消费
			105	每万人居民生活用水量
			106	国际顶级品牌指数
			107	国际餐饮连锁品牌指数
		生活服务	108	每万人公共财政支出
			109	每万人在园儿童数
			110	养老服务机构年末床位数
			111	执业（助理）医师数
			112	卫生机构床位数
			113	三甲医院

表 1-4　指标项目列表: 经济

大项	中项	小项	ID	指标
经济	经济质量	经济总量	114	GDP 规模
			115	常住人口规模
			116	税收规模
			117	电力消耗量
		经济结构	118	产业结构指数
			119	主板上市企业
			120	世界 500 强中国企业
			121	中国 500 强企业
			122	中国民营企业 500 强企业
			123	规模以上工业总产值
		经济效率	124	GDP 增长率指数
			125	每万人 GDP
			126	每万人财政收入
			127	被抚养人口指数
			128	发债城投企业有息债券规模及债务率
			129	每万人登记失业人员数
	发展活力	商务环境	130	职工平均工资
			131	对企业服务业从业人数
			132	星级酒店指数
			133	国际顶级餐厅指数
			134	国家园区指数
		开放度	135	人口流动
			136	货物出口·进口
			137	实际使用外资
			138	对外直接投资
			139	规模以上外商投资企业产值
			140	国际学校
			141	自贸区指数
		创新创业	142	世界顶级大学指数
			143	R&D 支出指数
			144	R&D 人力资源
			145	创业板·新三板上市企业指数
			146	独角兽企业指数
			147	专利申请授权量指数
			148	商标注册指数
			149	两院院士指数
			150	国家改革试验区指数
			151	国家创新示范城市指数
			152	信息·知识产业城市指数
			153	国家重点实验室·工程研究中心指数
	城市影响	城乡一体	154	城乡居民收入比指数
			155	小学教育程度人口比率
			156	文盲率
			157	义务教育发展均衡指数
		广域枢纽	158	机场便利性
			159	航空运量指数
			160	集装箱港口便利性
			161	港口集装箱吞吐量
			162	水运量指数
			163	铁路便利性
			164	铁路运量指数
			165	铁路密度
			166	公路运量指数
			167	高速公路密度
			168	国道·省道密度
			169	流通城市指数
		核力辐射	170	高等教育辐射力
			171	科学技术辐射力
			172	IT 产业辐射力
			173	文化体育娱乐辐射力
			174	金融业辐射力
			175	制造业辐射力
			176	医疗辐射力
			177	批发零售业辐射力
			178	餐饮酒店辐射力

第二章 | **中国城市排行榜2018**

1. 综合排名

图 2-1　综合排名前 30 位城市示意图

北京连续3年蝉联综合排名首位，上海排名第2位，深圳排名第3位

与 2016 年、2017 年相同，综合排名前 5 位的城市依然是北京、上海、深圳、广州、天津。首位的北京，在社会大项排名上占压倒性的优势，社会大项的 3 个中项指标中，地位与治理、传承与交流、生活品质均获得全国第一的佳绩。由于空气环境质量进一步改善，在环境大项上的表现也得到了提高。

综合排名第 2 位的上海，经济大项排名稳坐全国首位。环境大项的空间结构中项指标也荣登全国第 1 位宝座。综合排名第 3 位的深圳，环境、经济、社会 3 个大项分别排名全国第 1 位、第 3 位和第 8 位，相对保持均衡协调发展。综合排名第 4 位的广州，社会大项排在深圳之前。第 5 位的天津，环境较 2017 年有一定的改善。杭州比 2017 年前进了一位，排名第 6 位，重庆却相应后退至第 7 位。成都从 2017 年的第 10 位上升至 2018 年的第 8 位，南京排名第 10 位。武汉时隔一年重返前十排名第 9 位，苏州却从 2017 年的第 8 位跌落至第 11 位。

"中国城市综合发展指标 2018"首次公布了全国 298 个地级及以上城市综合排名的全部名单。

排行	城市名	偏差值指数

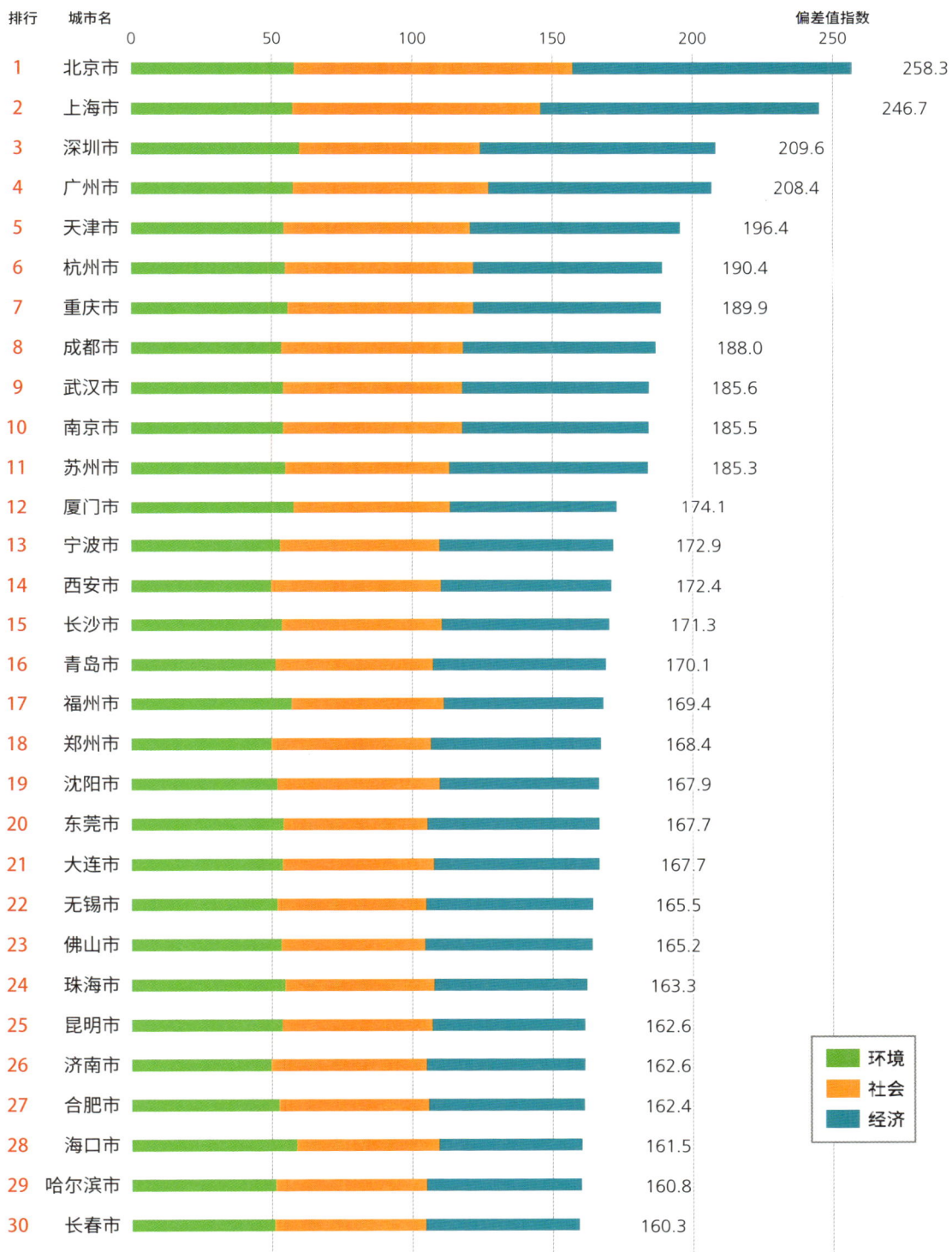

图 2-2　综合排名第 1—30 位

排行	城市名	排行	城市名	排行	城市名
31	南昌市	51	威海市	71	徐州市
32	贵阳市	52	扬州市	72	南平市
33	三亚市	53	兰州市	73	桂林市
34	泉州市	54	汕头市	74	黄山市
35	常州市	55	镇江市	75	盐城市
36	南宁市	56	呼和浩特市	76	芜湖市
37	温州市	57	潍坊市	77	株洲市
38	烟台市	58	洛阳市	78	淄博市
39	石家庄市	59	江门市	79	普洱市
40	中山市	60	鄂尔多斯市	80	宁德市
41	南通市	61	龙岩市	81	湛江市
42	太原市	62	湖州市	82	衡阳市
43	惠州市	63	呼伦贝尔市	83	丽水市
44	绍兴市	64	唐山市	84	泰州市
45	台州市	65	包头市	85	遵义市
46	金华市	66	莆田市	86	保定市
47	拉萨市	67	银川市	87	柳州市
48	嘉兴市	68	宜昌市	88	赣州市
49	乌鲁木齐市	69	三明市	89	肇庆市
50	舟山市	70	漳州市	90	济宁市

图 2–3　综合排名第 31—90 位

排行	城市名	排行	城市名	排行	城市名
91	岳阳市	111	玉溪市	131	梅州市
92	九江市	112	攀枝花市	132	新余市
93	东营市	113	抚州市	133	韶关市
94	景德镇市	114	连云港市	134	铜陵市
95	衢州市	115	淮安市	135	泸州市
96	潮州市	116	郴州市	136	鹰潭市
97	黑河市	117	丹东市	137	十堰市
98	湘潭市	118	临沧市	138	河源市
99	西宁市	119	牡丹江市	139	宜春市
100	大庆市	120	汕尾市	140	齐齐哈尔市
101	襄阳市	121	保山市	141	马鞍山市
102	上饶市	122	廊坊市	142	宝鸡市
103	临沂市	123	防城港市	143	本溪市
104	鞍山市	124	泰安市	144	盘锦市
105	常德市	125	克拉玛依市	145	邵阳市
106	揭阳市	126	清远市	146	安庆市
107	北海市	127	阳江市	147	通辽市
108	吉林市	128	丽江市	148	赤峰市
109	茂名市	129	绵阳市	149	张家口市
110	秦皇岛市	130	吉安市	150	黄石市

图 2-4 综合排名第 91—150 位

排行	城市名	排行	城市名	排行	城市名
151	承德市	176	梧州市	201	广元市
152	崇左市	177	蚌埠市	202	宿迁市
153	荆州市	178	曲靖市	203	锦州市
154	营口市	179	铜仁市	204	安顺市
155	佳木斯市	180	永州市	205	百色市
156	咸宁市	181	荆门市	206	怀化市
157	南阳市	182	云浮市	207	河池市
158	林芝市	183	黄冈市	208	孝感市
159	嘉峪关市	184	娄底市	209	张家界市
160	邯郸市	185	咸阳市	210	淮南市
161	乌海市	186	益阳市	211	枣庄市
162	钦州市	187	鄂州市	212	晋城市
163	日照市	188	遂宁市	213	新乡市
164	乐山市	189	通化市	214	山南市
165	玉林市	190	焦作市	215	菏泽市
166	日喀则市	191	伊春市	216	六安市
167	萍乡市	192	德阳市	217	达州市
168	延安市	193	滁州市	218	广安市
169	抚顺市	194	六盘水市	219	池州市
170	开封市	195	绥化市	220	商洛市
171	宣城市	196	宜宾市	221	聊城市
172	南充市	197	自贡市	222	许昌市
173	大同市	198	长治市	223	鹤岗市
174	榆林市	199	德州市	224	晋中市
175	沧州市	200	毕节市	225	平顶山市

图 2-5　综合排名第 151—225 位

排行	城市名	排行	城市名	排行	城市名
226	巴中市	251	渭南市	276	张掖市
227	安康市	252	漯河市	277	濮阳市
228	信阳市	253	石嘴山市	278	乌兰察布市
229	汉中市	254	金昌市	279	固原市
230	内江市	255	巴彦淖尔市	280	昭通市
231	雅安市	256	阜新市	281	吴忠市
232	随州市	257	宿州市	282	陇南市
233	安阳市	258	邢台市	283	平凉市
234	松原市	259	铜川市	284	衡水市
235	白山市	260	四平市	285	中卫市
236	阳泉市	261	酒泉市	286	亳州市
237	朝阳市	262	临汾市	287	武威市
238	三门峡市	263	驻马店市	288	吕梁市
239	滨州市	264	周口市	289	白银市
240	鸡西市	265	商丘市	290	七台河市
241	辽阳市	266	儋州市	291	朔州市
242	白城市	267	葫芦岛市	292	定西市
243	贵港市	268	天水市	293	海东市
244	双鸭山市	269	莱芜市	294	那曲市
245	鹤壁市	270	淮北市	295	昌都市
246	辽源市	271	庆阳市	296	哈密市
247	资阳市	272	阜阳市	297	吐鲁番市
248	眉山市	273	运城市	298	三沙市
249	贺州市	274	铁岭市		
250	来宾市	275	忻州市		

图 2-6　综合排名第 226—298 位

2. 环境排名

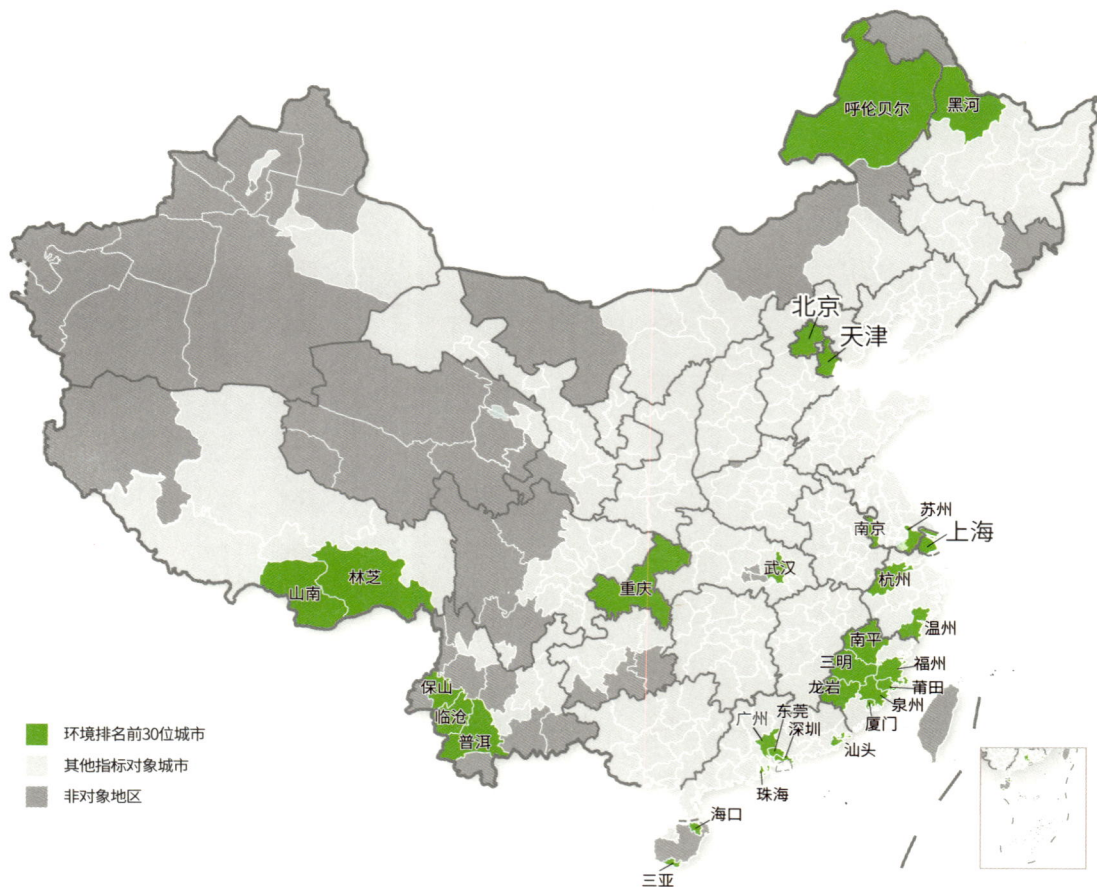

图 2-7　环境排名前 30 位城市示意图

深圳连续3年排名环境大项第1位，三亚和海口分别保持了第2位和第3位

深圳连续3年获得环境大项冠军。三亚、海口与2017年一样，依然坐稳环境大项第2位和第3位。

环境大项排名第4位和第5位的普洱与北京都比2017年有很大进步，特别是北京，空间结构小项名列全国第3位，与2017年相比空气污染有大幅改善。不仅是北京，空气质量有大幅改善的其他城市，如广州在环境大项排名上的表现也都有相对的提升。

厦门的环境大项排名保持不变，依然是第6位。广州和上海分别名列环境大项第7位和第8位，与2017年相比都跌落了3个位次。福州与重庆分别排名环境大项第9位和第10位，与2017年相比都退后了1个位次。2017年入围前十的苏州与珠海，2018年遗憾跌出前十之外。

与2017年一样，进入环境大项前10位的除北京与普洱之外，基本上都是沿海沿江城市，其中重庆沿江，其他7个城市沿海。

排行	城市名	偏差值指数

排行	城市名	偏差值指数
1	深圳市	60.2
2	三亚市	59.9
3	海口市	59.1
4	普洱市	58.3
5	北京市	58.3
6	厦门市	58.2
7	广州市	57.9
8	上海市	57.8
9	福州市	57.4
10	重庆市	56.1
11	林芝市	55.6
12	临沧市	55.5
13	汕头市	55.5
14	呼伦贝尔市	55.3
15	苏州市	55.2
16	泉州市	55.1
17	杭州市	55.1
18	珠海市	55.0
19	莆田市	54.9
20	南平市	54.9
21	天津市	54.6
22	龙岩市	54.6
23	保山市	54.6
24	黑河市	54.5
25	南京市	54.4
26	东莞市	54.4
27	武汉市	54.4
28	山南市	54.3
29	三明市	54.2
30	温州市	54.2

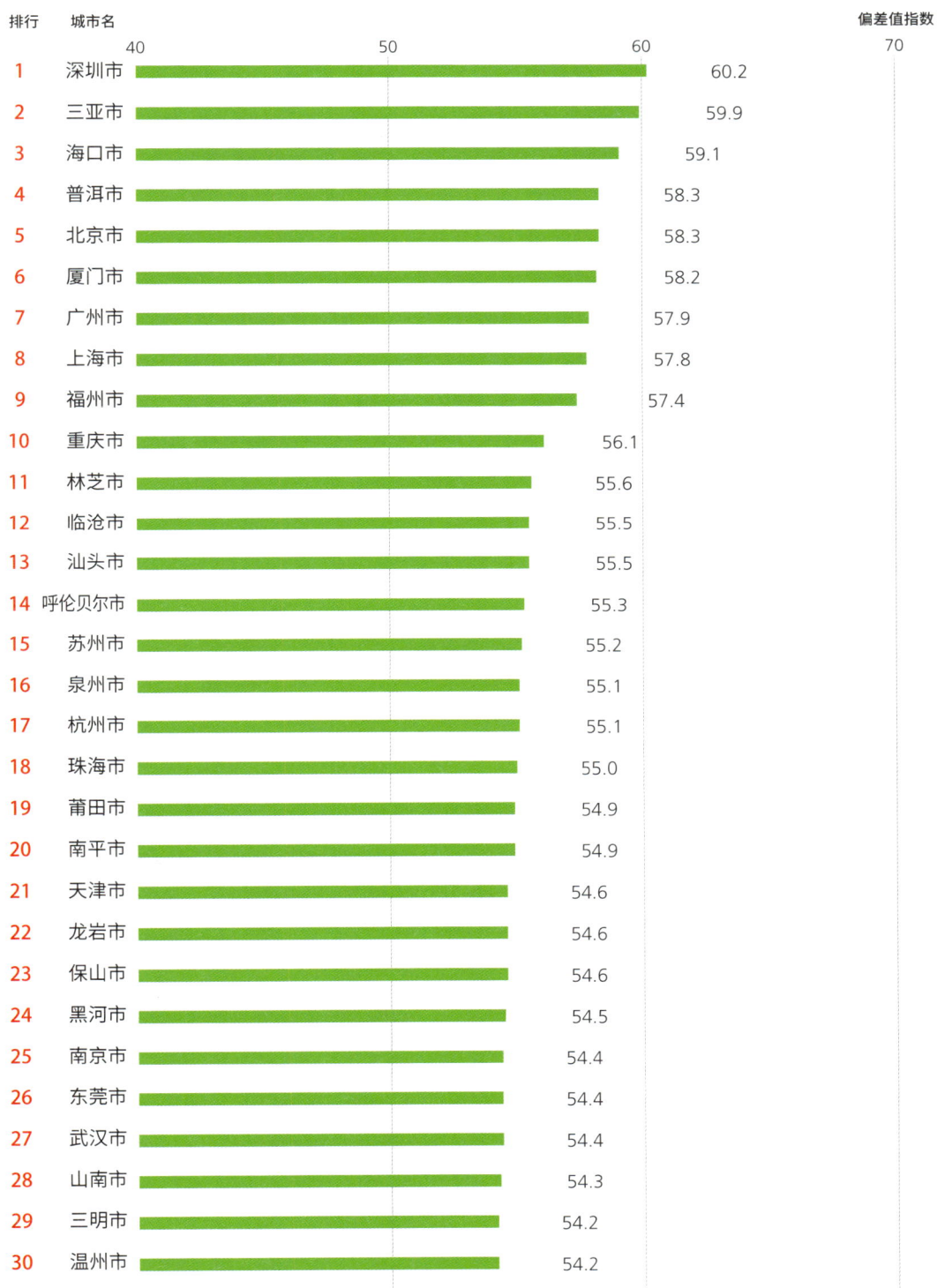

图 2-8　环境排名 第1—30位

排行	城市名	偏差值指数
31	大连市	54.1
32	宁德市	54.1
33	昆明市	54.0
34	长沙市	53.9
35	舟山市	53.8
36	成都市	53.8
37	汕尾市	53.8
38	佛山市	53.7
39	南昌市	53.6
40	拉萨市	53.6
41	宁波市	53.3
42	中山市	53.2
43	南宁市	53.1
44	潮州市	53.0
45	台州市	53.0
46	漳州市	53.0
47	黄山市	53.0
48	抚州市	53.0
49	贵阳市	53.0
50	合肥市	52.8
51	玉溪市	52.7
52	日喀则市	52.6
53	沈阳市	52.3
54	惠州市	52.3
55	无锡市	52.2
56	景德镇市	52.2
57	鄂尔多斯市	52.1
58	揭阳市	52.0
59	丽水市	51.9
60	衡阳市	51.8
61	常州市	51.8
62	丹东市	51.7
63	青岛市	51.7
64	丽江市	51.7
65	茂名市	51.7

图 2-9　环境排名第 31—65 位 ①

---

① 为了更好地在视觉上表达城市间偏差指数的差异，图 2-9、图 2-10 的刻度与图 2-8 有所不同。

排行	城市名		偏差值指数

排行	城市名	偏差值指数
66	哈尔滨市	51.6
67	威海市	51.5
68	河源市	51.5
69	防城港市	51.5
70	遵义市	51.5
71	湛江市	51.5
72	赣州市	51.3
73	梅州市	51.3
74	清远市	51.3
75	烟台市	51.3
76	伊春市	51.2
77	江门市	51.2
78	包头市	51.2
79	长春市	51.2
80	阳江市	51.2
81	桂林市	51.1
82	攀枝花市	51.1
83	株洲市	51.1
84	上饶市	51.1
85	绍兴市	51.0
86	南通市	51.0
87	邵阳市	51.0
88	鹰潭市	50.9
89	铜仁市	50.9
90	北海市	50.9
91	毕节市	50.9
92	佳木斯市	50.9
93	通辽市	50.9
94	肇庆市	50.9
95	曲靖市	50.8
96	金华市	50.7
97	扬州市	50.7
98	钦州市	50.7
99	吉安市	50.6
100	河池市	50.6

图 2-10　环境排名第 66—100 位

3. 社会排名

图 2-11 社会排名前 30 位城市示意图

北京、上海分别连续3年蝉联社会大项排名冠军和亚军，广州保持第3位

北京与上海分别连续3年蝉联了社会大项排名冠军与亚军的宝座，广州与2017年一样排名第3位。

作为首都的北京，在社会大项的地位与治理、传承与交流、生活品质3个中项指标都有着其他城市无可比拟的优势。上海社会大项的3个中项指标排名均获得第2位。广州的生活品质中项排名第3位，地位与治理中项排名第5位。

社会大项排名第4位的杭州与第5位的天津，与2017年相比分别向前迈进1个位次。相反，重庆却后退了2个位次，排名第6位。成都排名第7位，传承与交流中项的排名比2017年提高了2个位次。深圳后退1个位次，排名第8位。武汉生活品质中项上升，带动社会大项排名比2017年提高2个位次，重返前十，排名第9位。排名第10位的南京比2017年下跌了2个位次。西安2018年遗憾跌落至前10之外。与2017年一样，社会大项前10位的城市大多集中在直辖市、省会城市和计划单列市。更加值得注意的是，除武汉之外，京津冀、长三角、珠三角、成渝4个城市群的中心城市几乎囊括了社会大项前10位。

排行	城市名	偏差值指数

图 2-12　社会排名第 1—30 位

排行　城市名　　　　　　　　　　　　　　　偏差值指数

排行	城市名	偏差值指数
1	北京市	100.0
2	上海市	88.9
3	广州市	70.2
4	杭州市	67.5
5	天津市	66.9
6	重庆市	66.6
7	成都市	65.2
8	深圳市	64.9
9	武汉市	64.3
10	南京市	64.3
11	西安市	60.8
12	苏州市	58.9
13	沈阳市	58.1
14	长沙市	57.3
15	宁波市	57.1
16	郑州市	57.1
17	青岛市	56.3
18	厦门市	56.1
19	济南市	55.6
20	福州市	54.5
21	大连市	54.2
22	长春市	54.1
23	哈尔滨市	54.0
24	昆明市	53.7
25	合肥市	53.6
26	珠海市	53.4
27	无锡市	53.4
28	太原市	52.9
29	石家庄市	52.6
30	南宁市	52.5

图 2-12　社会排名第 1—30 位

排行	城市名	偏差值指数
31	南昌市	52.1
32	贵阳市	51.9
33	东莞市	51.6
34	佛山市	51.4
35	海口市	51.0
36	乌鲁木齐市	51.0
37	呼和浩特市	51.0
38	烟台市	50.7
39	常州市	50.4
40	拉萨市	50.3
41	兰州市	50.2
42	洛阳市	50.0
43	金华市	49.9
44	温州市	49.6
45	嘉兴市	49.5
46	绍兴市	49.5
47	银川市	49.5
48	南通市	49.1
49	潍坊市	49.0
50	西宁市	48.9
51	扬州市	48.7
52	中山市	48.6
53	湖州市	48.5
54	三亚市	48.5
55	泉州市	48.5
56	惠州市	48.5
57	台州市	48.5
58	威海市	48.4
59	江门市	48.4
60	镇江市	48.1
61	淄博市	47.8
62	唐山市	47.7
63	宜昌市	47.6
64	济宁市	47.5
65	保定市	47.4

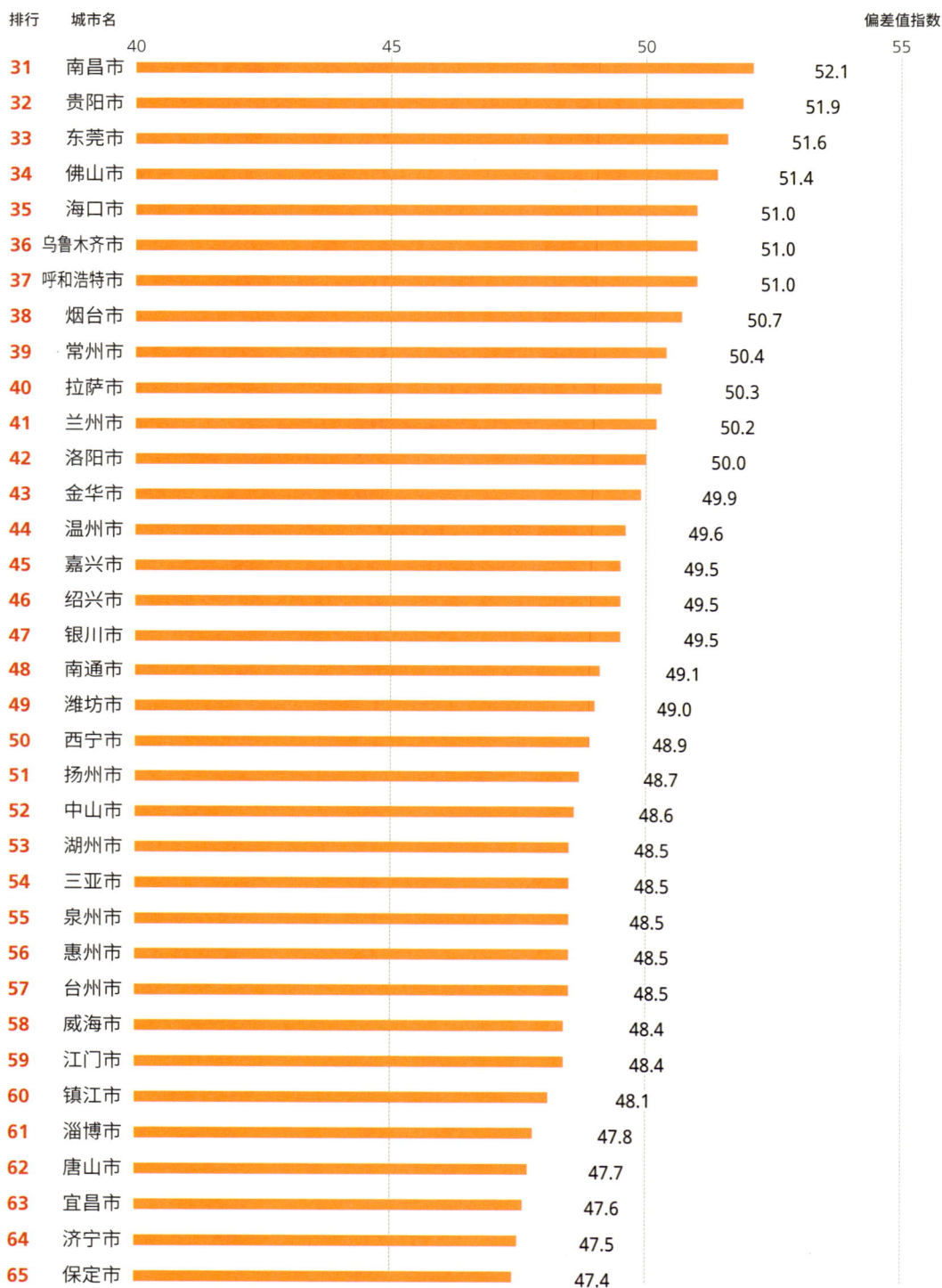

图 2-13　社会排名第 31—65 位 ①

① 为了更好地在视觉上表达城市间偏差指数的差异，图 2-13、图 2-14 的刻度与图 2-12 有所不同。

排行	城市名	偏差值指数

图 2-14 社会排名第 66—100 位

4. 经济排名

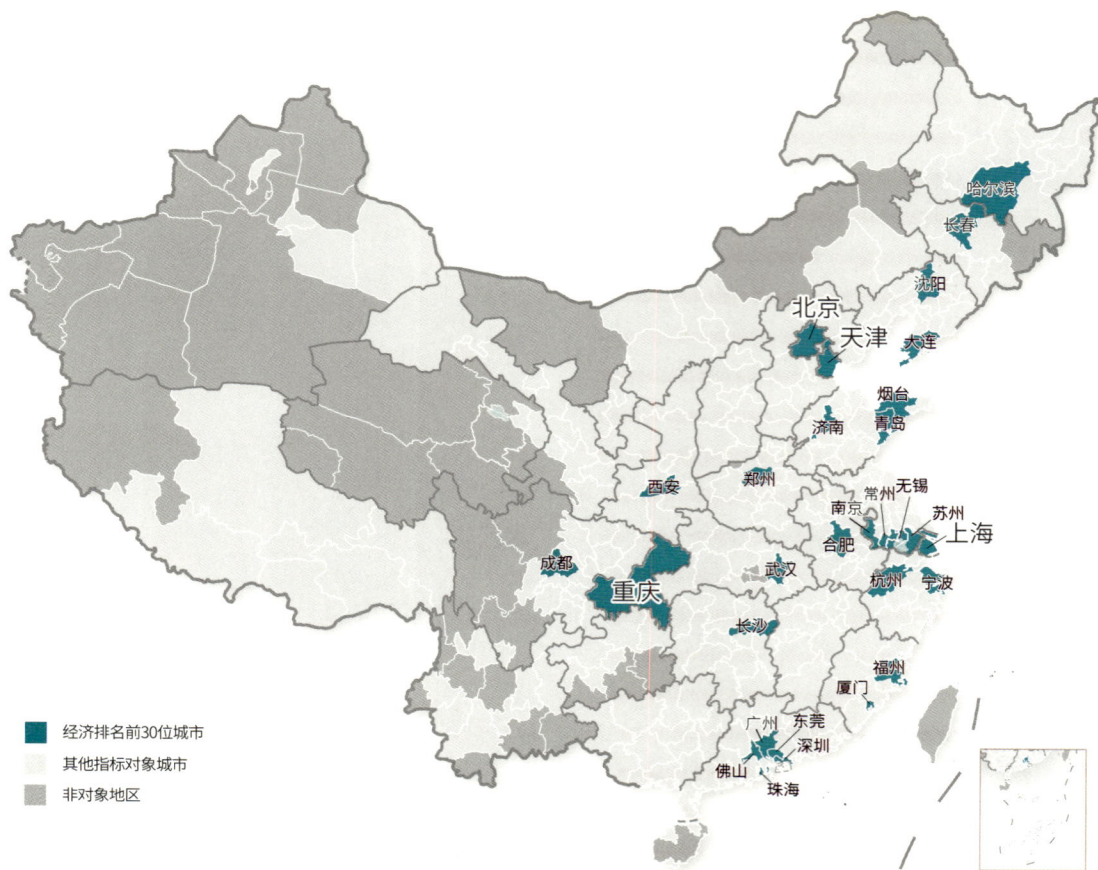

图 2-15　经济排名前 30 位城市示意图

图例：
- 经济排名前30位城市
- 其他指标对象城市
- 非对象地区

上海连续3年蝉联经济大项首位，北京排名第2位，深圳第3位

毫无悬念地，上海连续 3 年蝉联经济大项冠军宝座，北京第 2 位，深圳第 3 位。

上海在经济大项的经济质量和发展活力 2 个中项指标均获得全国排名第 1 位。北京获得城市影响中项指标全国排名第 1 位。深圳的经济质量与发展活力 2 个中项指标均排名全国第 3 位，城市影响中项指标全国排名第 4 位。

广州、天津、苏州分别蝉联第 4 位、第 5 位和第 6 位，从排名来看与 2017 年并没有变化。成都与杭州分别排名第 7 位和第 8 位，与 2017 年相比分别提升 1 个位次。重庆排名第 9 位，与 2017 年相比落后 2 个位次。武汉排名第 10 位，重返经济大项前十。2017 年入围经济大项前十的南京遗憾跌出。

2018 年，珠三角、长三角、京津冀和成渝 4 个城市群的中心城市包揽了经济排名的前 9 位。

排行	城市名		偏差值指数

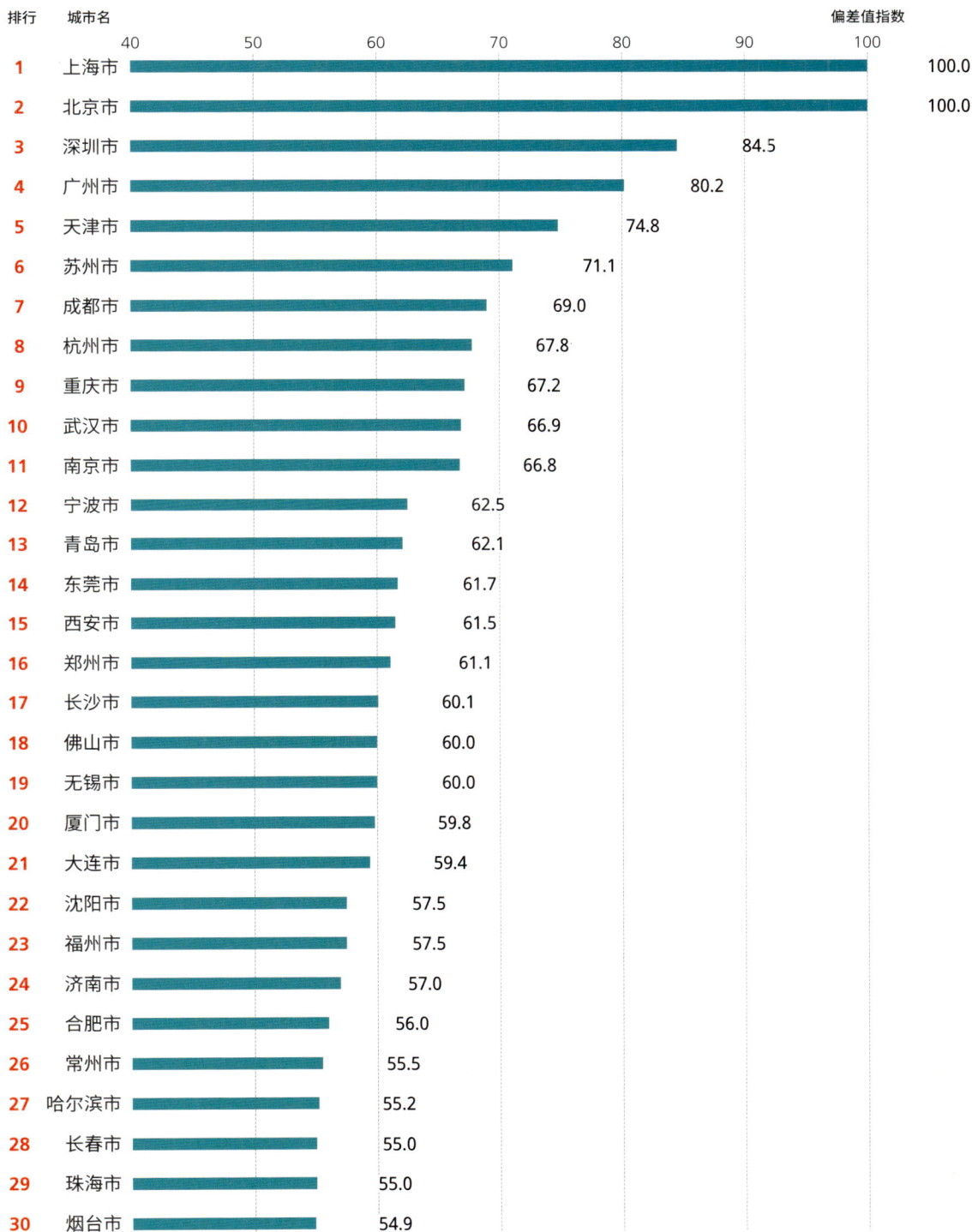

排行	城市名	偏差值指数
1	上海市	100.0
2	北京市	100.0
3	深圳市	84.5
4	广州市	80.2
5	天津市	74.8
6	苏州市	71.1
7	成都市	69.0
8	杭州市	67.8
9	重庆市	67.2
10	武汉市	66.9
11	南京市	66.8
12	宁波市	62.5
13	青岛市	62.1
14	东莞市	61.7
15	西安市	61.5
16	郑州市	61.1
17	长沙市	60.1
18	佛山市	60.0
19	无锡市	60.0
20	厦门市	59.8
21	大连市	59.4
22	沈阳市	57.5
23	福州市	57.5
24	济南市	57.0
25	合肥市	56.0
26	常州市	55.5
27	哈尔滨市	55.2
28	长春市	55.0
29	珠海市	55.0
30	烟台市	54.9

图 2-16　经济排名第 1—30 位

排行	城市名	偏差值指数
31	昆明市	54.9
32	石家庄市	54.4
33	南通市	54.4
34	泉州市	54.4
35	南昌市	54.0
36	嘉兴市	53.6
37	中山市	53.6
38	贵阳市	53.5
39	温州市	53.3
40	绍兴市	53.2
41	惠州市	53.1
42	太原市	52.9
43	潍坊市	52.8
44	唐山市	52.7
45	乌鲁木齐市	52.2
46	镇江市	52.1
47	金华市	52.0
48	徐州市	51.8
49	南宁市	51.8
50	兰州市	51.4
51	海口市	51.4
52	台州市	51.3
53	淄博市	51.3
54	扬州市	51.3
55	保定市	51.1
56	洛阳市	51.1
57	东营市	51.0
58	宜昌市	51.0
59	威海市	50.8
60	泰州市	50.8
61	襄阳市	50.7
62	廊坊市	50.7
63	临沂市	50.6
64	舟山市	50.6
65	盐城市	50.6

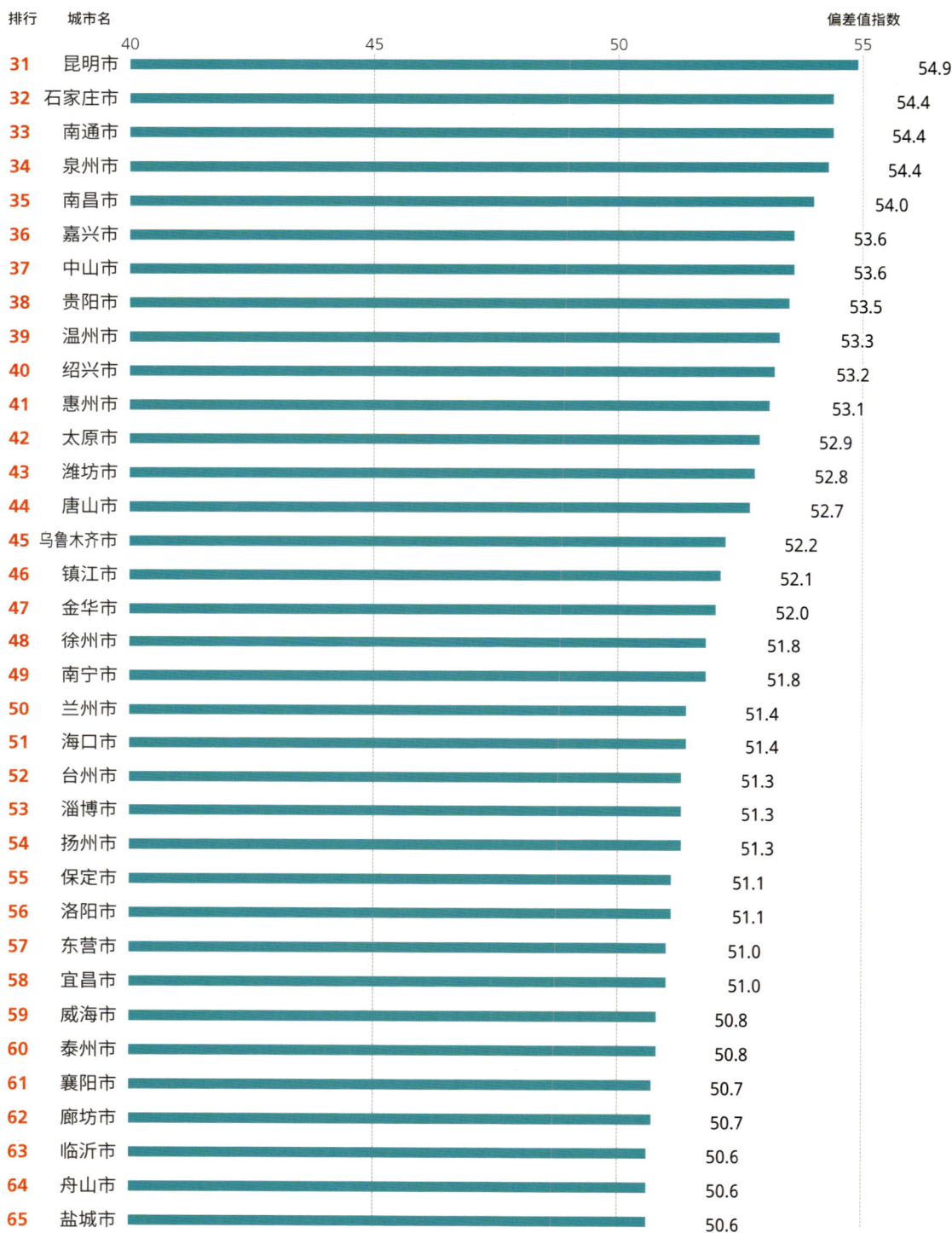

图 2-17　经济排名第 31—65 位 ①

① 　为了更好地在视觉上表达城市间偏差指数的差异，图 2-17、图 2-18 的刻度与图 2-16 有所不同。

排行	城市名			偏差值指数
		40 45 50		55
66	湖州市		50.5	
67	呼和浩特市		50.4	
68	鄂尔多斯市		50.4	
69	济宁市		50.4	
70	芜湖市		50.3	
71	包头市		50.0	
72	江门市		49.8	
73	漳州市		49.7	
74	三亚市		49.6	
75	连云港市		49.6	
76	汕头市		49.5	
77	邯郸市		49.4	
78	沧州市		49.4	
79	银川市		49.4	
80	大庆市		49.3	
81	营口市		49.3	
82	湘潭市		49.3	
83	淮安市		49.2	
84	株洲市		49.2	
85	德州市		49.2	
86	克拉玛依市		49.1	
87	柳州市		49.1	
88	马鞍山市		49.1	
89	岳阳市		49.1	
90	泰安市		49.1	
91	衡阳市		49.0	
92	滨州市		48.9	
93	湛江市		48.9	
94	肇庆市		48.9	
95	日照市		48.8	
96	榆林市		48.8	
97	咸阳市		48.8	
98	赣州市		48.8	
99	九江市		48.8	
100	绵阳市		48.8	

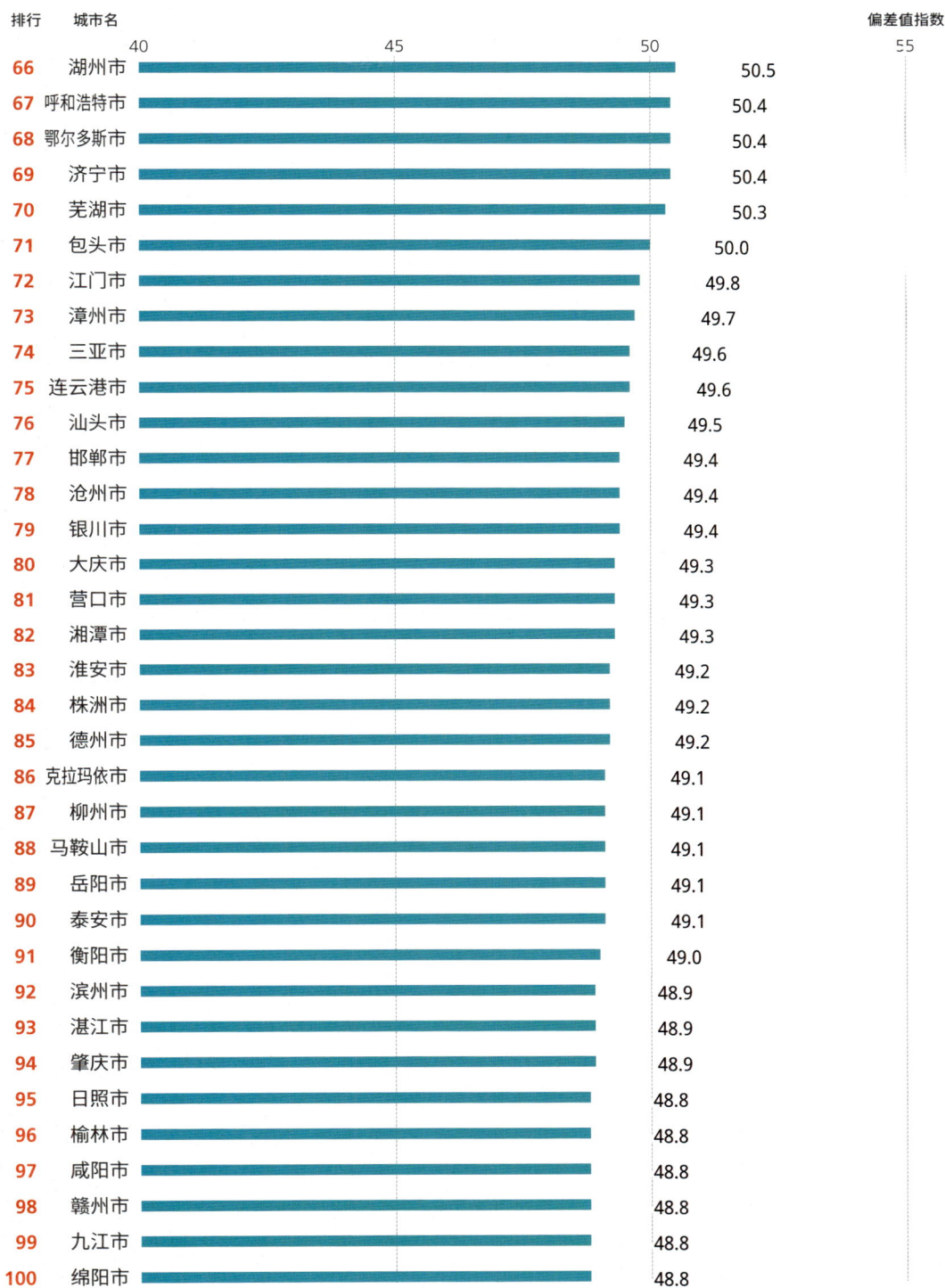

图 2-18　经济排名第 66—100 位

第三章 | 中国城市综合发展指标2018
综合排名前10位城市分析

1. 北京①
Beijing

北京连续3年蝉联综合排名冠军宝座。

受益于首都这一先天优势，北京排名社会大项的全国首位。在社会大项的地位与治理、传承与交流、生活品质3个中项指标的表现上，北京可谓一骑绝尘，均稳获全国第1位的殊荣。在社会大项9个小项指标中，北京有城市地位、人口素质、社会管理、历史遗存、文化娱乐、消费水平、生活服务7个小项指标都获得了全国首位排名。社会大项共采用了57个数据指标，北京有27个指标夺得全国第1位，进入全国前5位的数据指标高达44项。

北京的经济大项与2017年保持同样态势，排名全国第2位。商务环境、创新创业、核力辐射3个小项指标排名全国第1位。经济质量、发展活力2个中项指标落后于上海，均排名全国第2位。

北京的环境大项与2017年相比有较大的飞跃，跃居至全国第5位，这与2018年北京空气质量有大幅改善密不可分。环境大项的3个中项指标中，空间结构排名第3位，环境质量排名第5位，但是自然生态排名仍然落后，屈居全国第227位，这表明北京在环境保全上还有许多亟待解决的课题。

---

① 本章城市照片由 ZUNO CO., Ltd. 提供。

表 3-1　主要指标

环　境

常住人口	2154 万人
行政区域土地面积	16411 平方公里
人均可利用国土面积全国排名	282 位
森林覆盖率全国排名	96 位
人均水资源全国排名	281 位
气候舒适度全国排名	218 位
PM$_{2.5}$ 指数全国排名	42 位
人口集中地区（DID）人口全国排名	2 位
城市轨道交通距离全国排名	2 位

社　会

平均房价全国排名	1 位
剧场·影剧院数全国排名	1 位
博物馆·美术馆数全国排名	1 位
国内游客数	28115 万人
入境游客数	417 万人
世界遗产数全国排名	1 位
国际会议数全国排名	2 位

经　济

GDP 规模	30320 亿元
人均 GDP	140748 元/人
GDP 增长率	6.6 %
人均财政收入全国排名	3 位
平均工资全国排名	1 位
主板上市企业全国排名	2 位
货物出口额全国排名	7 位
机场便利性全国排名	2 位
集装箱港口便利性全国排名	66 位
金融业辐射力全国排名	2 位
制造业辐射力全国排名	17 位
IT 产业辐射力全国排名	1 位
高等教育辐射力全国排名	1 位
科学技术辐射力全国排名	1 位
医疗辐射力全国排名	1 位
文化体育娱乐辐射力全国排名	1 位
餐饮酒店辐射力全国排名	2 位
批发零售业辐射力全国排名	1 位

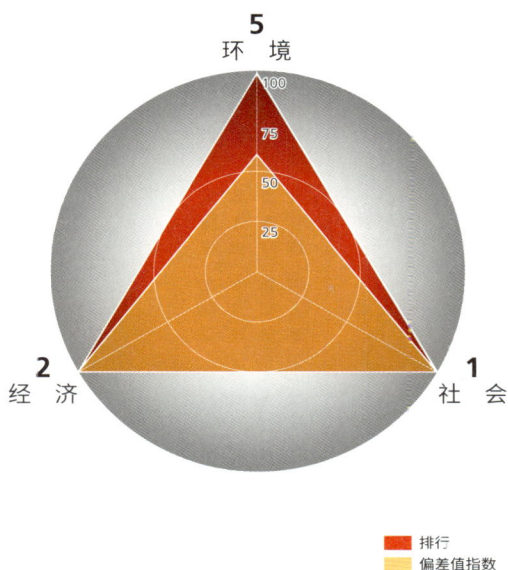

■ 排行
■ 偏差值指数

图 3-1　大项指标表现

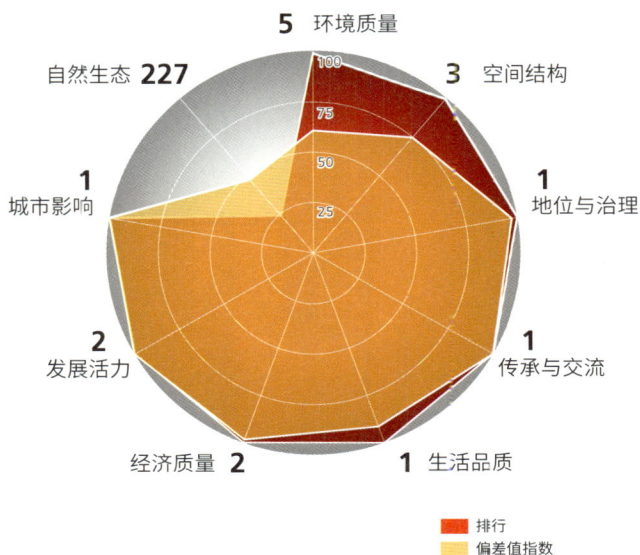

■ 排行
■ 偏差值指数

图 3-2　中项指标表现

北京

大项	中项	小项	排行	偏差值指数
环境	自然生态	水 土 禀 赋	142	49.1
		气 候 条 件	207	43.9
		自 然 灾 害	231	48.7
	环境质量	污 染 负 荷	26	57.5
		环 境 努 力	1	70.9
		资 源 效 率	5	65.1
	空间结构	紧 凑 城 区	5	76.6
		交 通 网 络	4	72.8
		城 市 设 施	1	78.3
社会	地位与治理	城 市 地 位	1	100.0
		人 口 素 质	1	90.6
		社 会 管 理	1	74.7
	传承与交流	历 史 遗 存	1	100.0
		文 化 娱 乐	1	100.0
		交 流	2	100.0
	生活品质	人 居 环 境	3	65.3
		消 费 水 平	1	95.3
		生 活 服 务	1	100.0
经济	经济质量	经 济 总 量	2	100.0
		经 济 结 构	2	100.0
		经 济 效 率	2	65.1
	发展活力	商 务 环 境	1	100.0
		开 放 度	2	93.0
		创 新 创 业	1	100.0
	城市影响	城 乡 一 体	2	74.9
		广 域 枢 纽	4	82.8
		核 力 辐 射	1	100.0

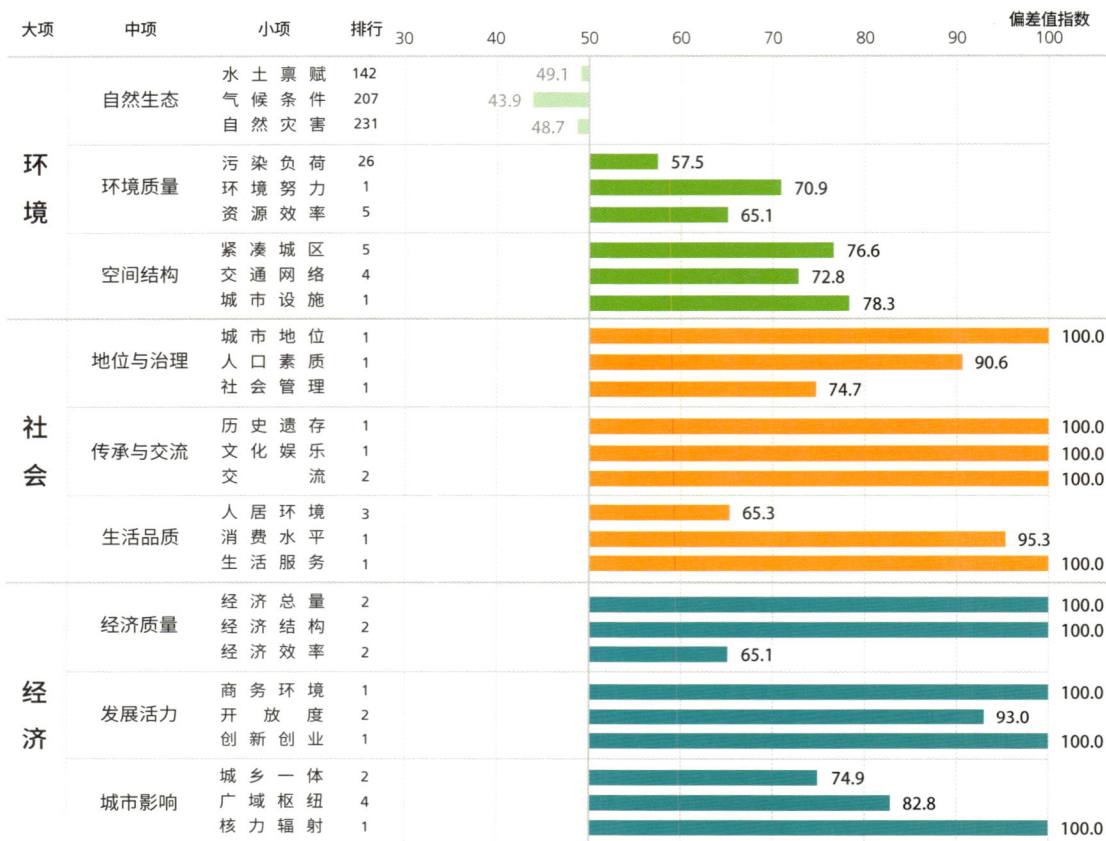

图 3-3 小项偏差值

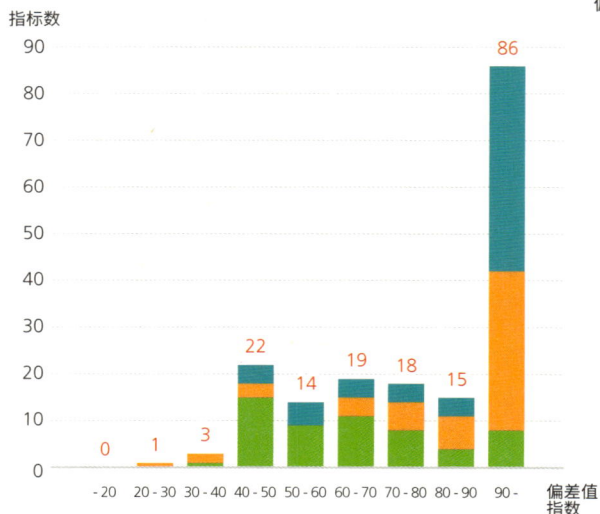

图 3-4 指标偏差值分布

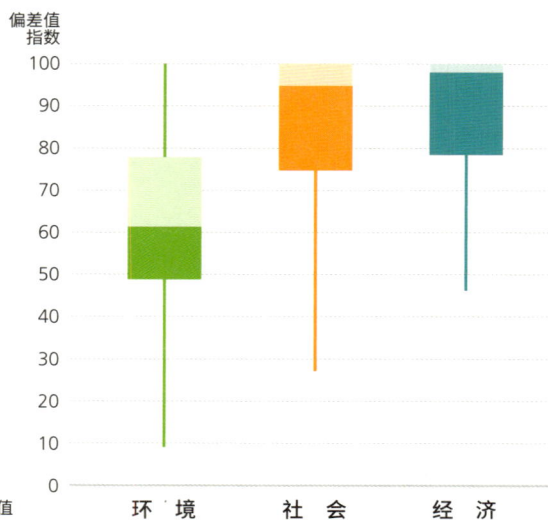

图 3-5 指标偏差值箱形分析

大项	中项	小项	ID	指标	偏差值指数	排行	偏差值指数 0 25 50 75 100
	自然生态	水土禀赋	1	每万人可利用国土面积	47.6	282	
			2	森林面积	50.5	96	
			3	农田面积	47.0	161	
			4	牧草面积	48.6	61	
			5	水面面积	48.1	161	
			6	每万人水资源	48.7	281	
			7	国家公园·保护区·景区指数	75.1	2	
		气候条件	8	气候舒适度	45.0	218	
			9	降雨量	42.7	206	
		自然灾害	10	自然灾害直接经济损失指数	46.5	171	
			11	地质灾害直接经济损失指数	53.3	1	
			12	灾害预警	47.4	279	
环境	环境质量	污染负荷	13	空气质量指数 (AQI)	58.4	50	
			14	PM2.5 指数	57.0	42	
			15	单位 GDP 二氧化碳排放量	86.3	1	
			16	工业二氧化硫排放量	49.4	81	
			17	工业烟（粉）尘排放量	49.3	84	
			18	城镇生活污水未处理排放量	42.7	80	
			19	国定、省定断面三类及以上水质达标率	59.3	1	
			20	区域环境等效声级	61.0	57	
			21	辐射环境空气吸收剂量率	63.1	57	
		环境努力	22	环境努力指数	90.0	3	
			23	节水努力指数	44.1	281	
			24	生态环境社会团体	60.8	9	
			25	国家环境保护城市指数	78.7	7	
			26	国家生态环境评价指数	61.6	20	
		资源效率	27	实际城市用地土地产出率	56.4	66	
			28	农林牧水产土地产出率	45.4	203	
			29	单位 GDP 能耗	86.4	1	
			30	绿色建筑设计评价标识项目	92.0	4	
			31	工业固体废物综合利用率	52.2	178	
			32	循环经济城市指数	72.0	11	
	空间结构	紧凑城区	33	人口集中地区 (DID) 人口	95.0	2	
			34	人口集中地区 (DID) 面积	95.0	2	
			35	人口集中地区 (DID) 人口比重	71.4	13	
			36	人口集中地区 (DID) 比率	68.2	9	
			37	超人口集中地区（超 DID）人口	97.8	1	
			38	超人口集中地区（超 DID）面积	95.0	2	
			39	超人口集中地区（超 DID）人口比重	63.4	36	
			40	超人口集中地区（超 DID）比率	65.1	14	
		交通网络	41	城市轨道交通密度指数	77.6	4	
			42	城市干线道路密度指数	65.2	14	
			43	城市生活道路密度指数	65.3	14	
			44	城市人行道·自行车道路密度指数	66.2	12	
			45	城市轨道交通距离	95.0	2	
			46	每万人公共汽（电）车客运量	79.3	7	
			47	每万人公共汽（电）车拥有量	74.7	9	
			48	每万人私人机动车拥有量	48.5	261	
			49	每万人出租汽车拥有量	83.4	6	
			50	高峰拥堵延时指数	30.6	297	
		城市设施	51	固定资产投资规模指数	86.8	3	
			52	公园绿地面积	100.0	1	
			53	建成区绿化覆盖率	75.7	1	
			54	建成区供排水管道密度	58.1	45	
			55	燃气普及率	55.1	1	
			56	城市地下设施指数	69.0	5	

298　　　225　　　150　　　75　　　1 排行

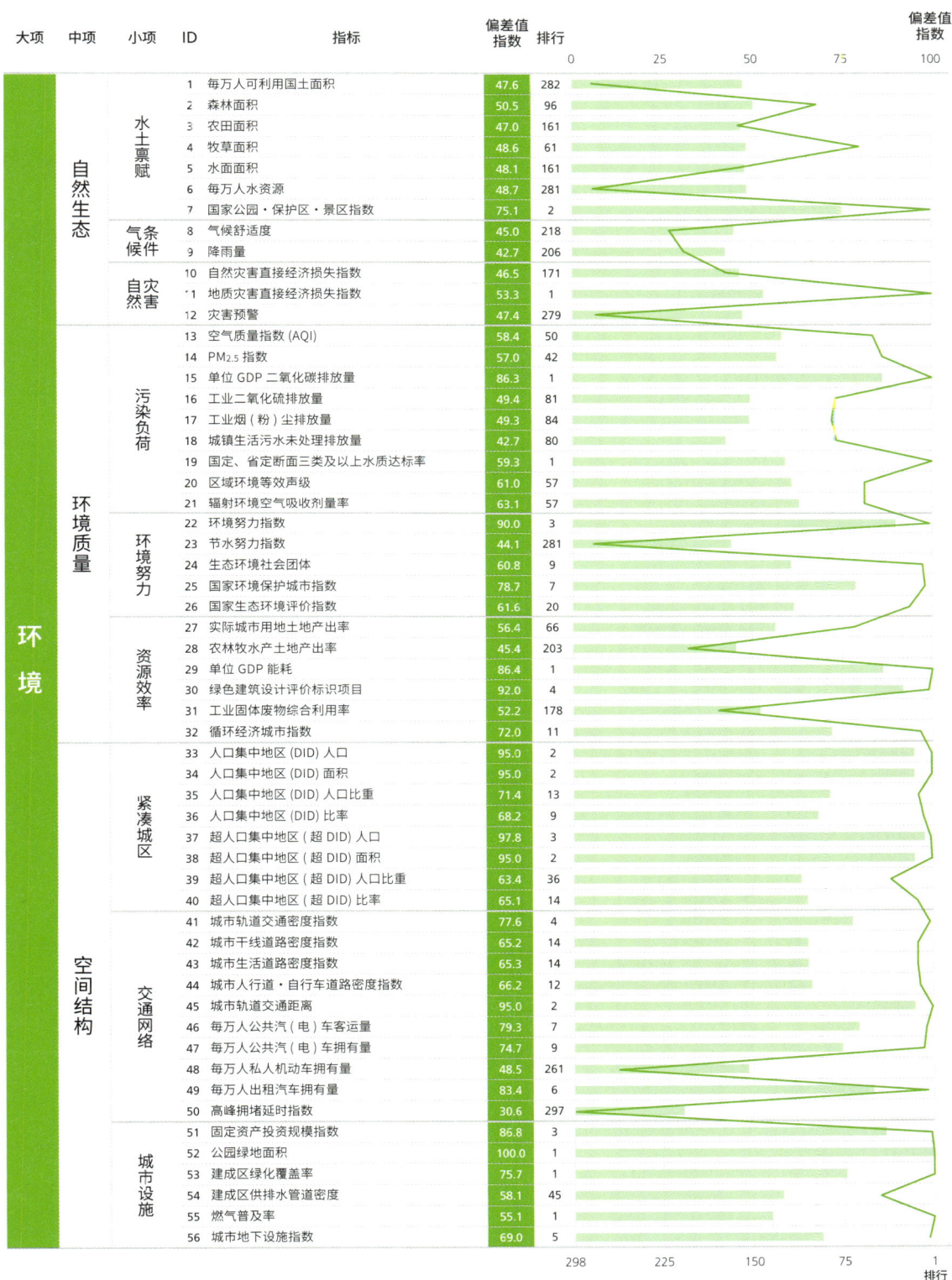

图 3-6　各项指标表现：环境

北京

大项	中项	小项	ID	指标	偏差值指数	排行
社会	地位与治理	城市地位	57	行政层级	68.8	1
			58	大城市群层级	74.6	1
			59	核心城市层级	85.5	1
			60	大使馆·领事馆	100.0	1
			61	国际组织	100.0	1
			62	"一带一路"指数	100.0	1
		人口素质	63	人口自然增长率指数	48.2	160
			64	人口社会增长率指数	74.2	7
			65	人口结构指数	60.3	9
			66	人口教育结构指数	85.4	1
			67	高等教育指数	87.7	6
			68	杰出人才培养指数	100.0	1
			69	地方财政教育支出指数	100.0	1
		社会管理	70	社会服务指数	100.0	1
			71	安全安心城市指数	91.6	2
			72	交通安全指数	41.2	295
			73	社会安全指数	36.7	293
			74	社会团体	89.0	3
			75	文明卫生城市指数	93.8	2
			76	政府网站绩效	65.2	1
	传承与交流	历史遗存	77	历史地位	100.0	1
			78	世界遗产	100.0	1
			79	历史文化名城	60.7	10
			80	非物质文化遗产	100.0	1
			81	重点文物保护单位	100.0	1
		文化娱乐	82	影剧院消费指数	100.0	2
			83	博物馆·美术馆	100.0	1
			84	体育场馆指数	100.0	1
			85	动物园·植物园·水族馆	94.3	1
			86	公共图书馆藏书量	100.0	1
			87	文化大师指数	100.0	1
			88	奥运冠军指数	100.0	1
			89	全国文化先进单位指数	100.0	1
		交流	90	入境游客	80.0	4
			91	国内游客	96.0	3
			92	国际旅游外汇收入	95.2	3
			93	国内旅游收入	100.0	1
			94	国际会议	100.0	2
			95	展览业发展指数	100.0	2
			96	世界旅游城市指数	100.0	2
	生活品质	人居环境	97	平均寿命	77.0	2
			98	医疗保险·养老保险参保指数	85.5	3
			99	平均房价与收入比	27.1	295
			100	人居城市指数	46.7	40
			101	中国幸福感城市指数	85.1	7
		消费水平	102	每万人社会消费品零售额	74.7	9
			103	每万人住宿和餐饮业营业收入	74.4	1
			104	每万人电信消费	100.0	1
			105	每万人居民生活用水量	73.6	14
			106	国际顶级品牌指数	100.0	1
			107	国际餐饮连锁品牌指数	100.0	2
		生活服务	108	每万人公共财政支出	90.7	4
			109	每万人在园儿童数	37.7	268
			110	养老服务机构年末床位数	100.0	1
			111	执业（助理）医师数	100.0	1
			112	卫生机构床位数	94.8	4
			113	三甲医院	100.0	1

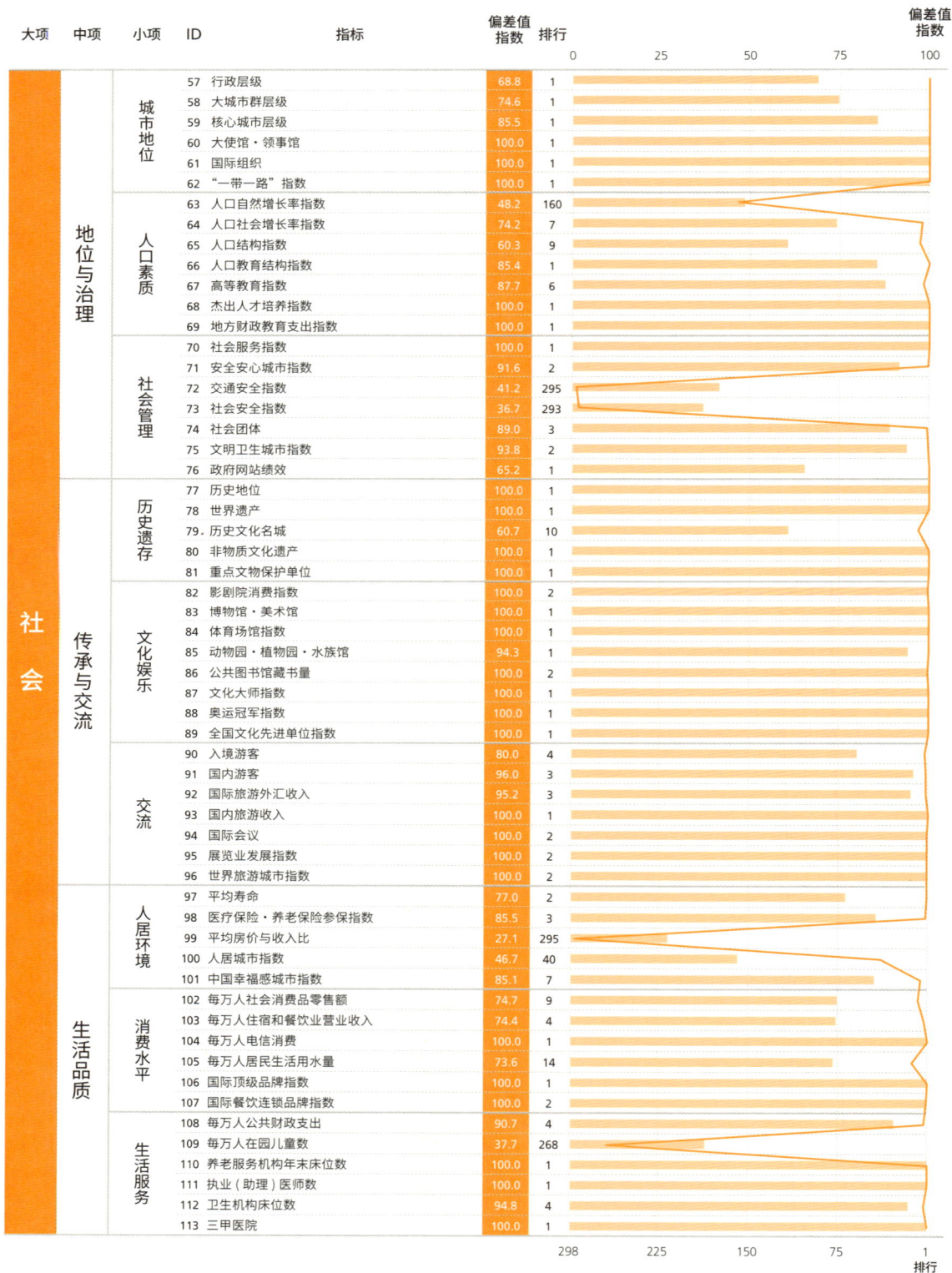

图 3-7　各项指标表现：社会

大项	中项	小项	ID	指标	偏差值指数	排行
经济	经济质量	经济总量	114	GDP 规模	100.0	2
			115	常住人口规模	90.0	3
			116	税收规模	100.0	2
			117	电力消耗量	100.0	2
		经济结构	118	产业结构指数	100.0	2
			119	主板上市企业	100.0	2
			120	世界 500 强中国企业	100.0	1
			121	中国 500 强企业	100.0	1
			122	中国民营企业 500 强企业	80.4	7
			123	规模以上工业总产值	78.4	8
		经济效率	124	GDP 增长率指数	52.3	142
			125	每万人 GDP	72.3	12
			126	每万人财政收入	96.6	3
			127	被抚养人口指数	46.5	194
			128	发债城投企业有息债券规模及债务率	72.6	5
			129	每万人登记失业人员数	50.2	117
	发展活力	商务环境	130	职工平均工资	97.1	1
			131	对企业服务业从业人数	100.0	1
			132	星级酒店指数	100.0	1
			133	国际顶级餐厅指数	100.0	2
			134	国家园区指数	50.2	56
		开放度	135	人口流动	97.0	3
			136	货物出口·进口	94.0	3
			137	实际使用外资	95.6	3
			138	对外直接投资	98.0	3
			139	规模以上外商投资企业产值	83.0	5
			140	国际学校	100.0	2
			141	自贸区指数	58.1	25
		创新创业	142	世界顶级大学指数	100.0	1
			143	R&D 支出指数	100.0	1
			144	R&D 人力资源	100.0	1
			145	创业板·新三板上市企业指数	95.0	2
			146	独角兽企业指数	100.0	1
			147	专利申请授权量指数	90.0	2
			148	商标注册指数	100.0	1
			149	两院院士指数	100.0	1
			150	国家改革试验区指数	90.1	4
			151	国家创新示范城市指数	100.0	1
			152	信息·知识产业城市指数	100.0	1
			153	国家重点实验室·工程研究中心指数	100.0	1
	城市影响	城乡一体	154	城乡居民收入比指数	63.5	16
			155	小学教育程度人口比率	90.0	1
			156	文盲率	59.0	34
			157	义务教育发展均衡指数	100.0	1
		广域枢纽	158	机场便利性	100.0	2
			159	航空量指数	100.0	1
			160	集装箱港口便利性	49.6	66
			161	港口集装箱吞吐量	48.1	26
			162	水运量指数	46.1	202
			163	铁路便利性	87.2	5
			164	铁路运量指数	98.0	3
			165	铁路密度	75.4	13
			166	公路运量指数	91.6	5
			167	高速公路密度	63.6	19
			168	国道·省道密度	67.9	15
			169	流通城市指数	82.5	5
		核力辐射	170	高等教育辐射力	100.0	1
			171	科学技术辐射力	100.0	1
			172	IT 产业辐射力	100.0	1
			173	文化体育娱乐辐射力	100.0	1
			174	金融业辐射力	100.0	2
			175	制造业辐射力	62.5	17
			176	医疗辐射力	100.0	1
			177	批发零售业辐射力	100.0	1
			178	餐饮酒店辐射力	100.0	2

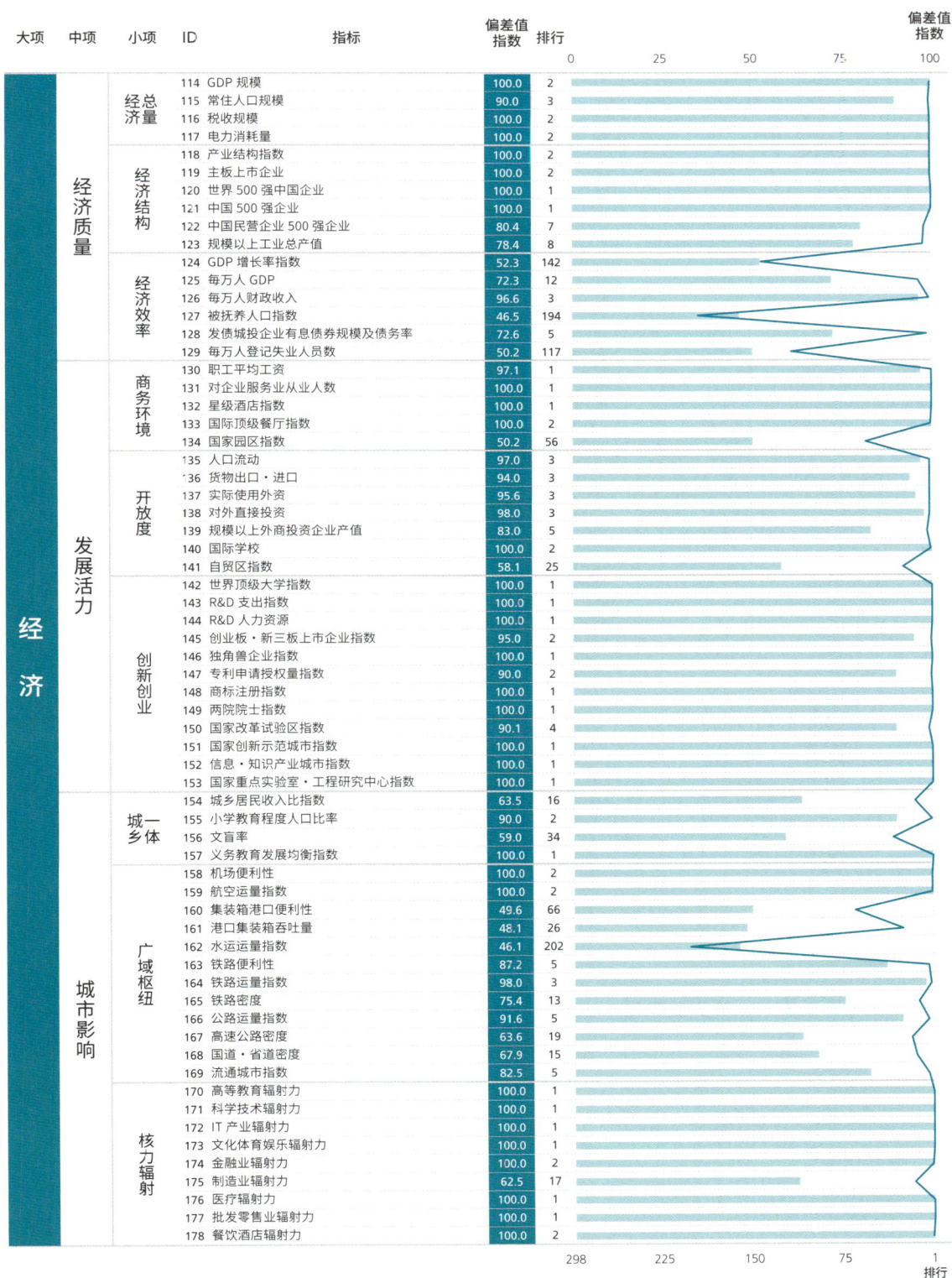

图 3-8　各项指标表现：经济

北京

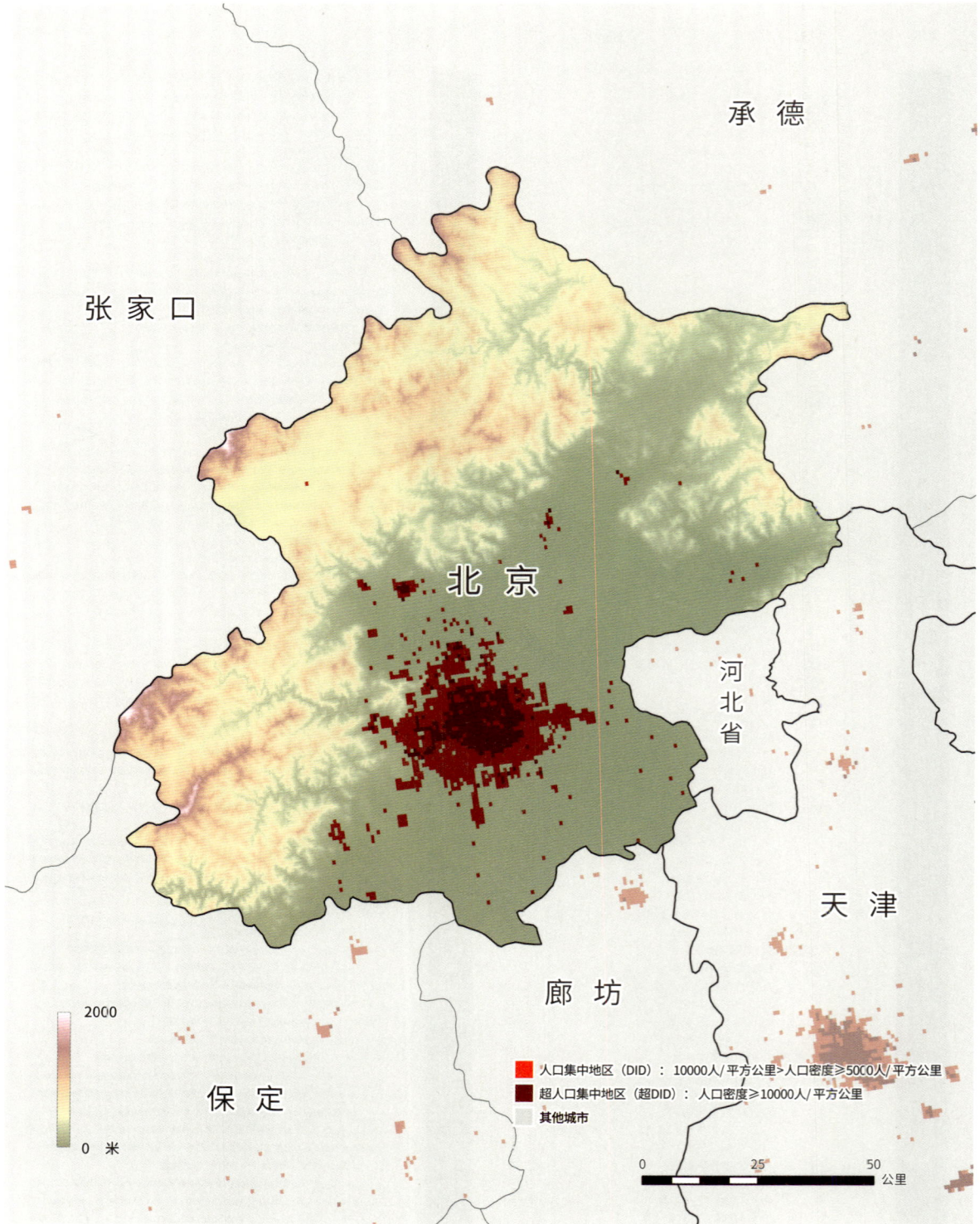

承 德

张 家 口

北 京

北 京

河 北 省

天 津

廊 坊

保 定

| 人口集中地区（DID）：10000人/平方公里>人口密度≥5000人/平方公里 |
| 超人口集中地区（超DID）：人口密度≥10000人/平方公里 |
| 其他城市 |

2000

0 米

0　　　25　　　50
公里

图 3-9　DID 分析

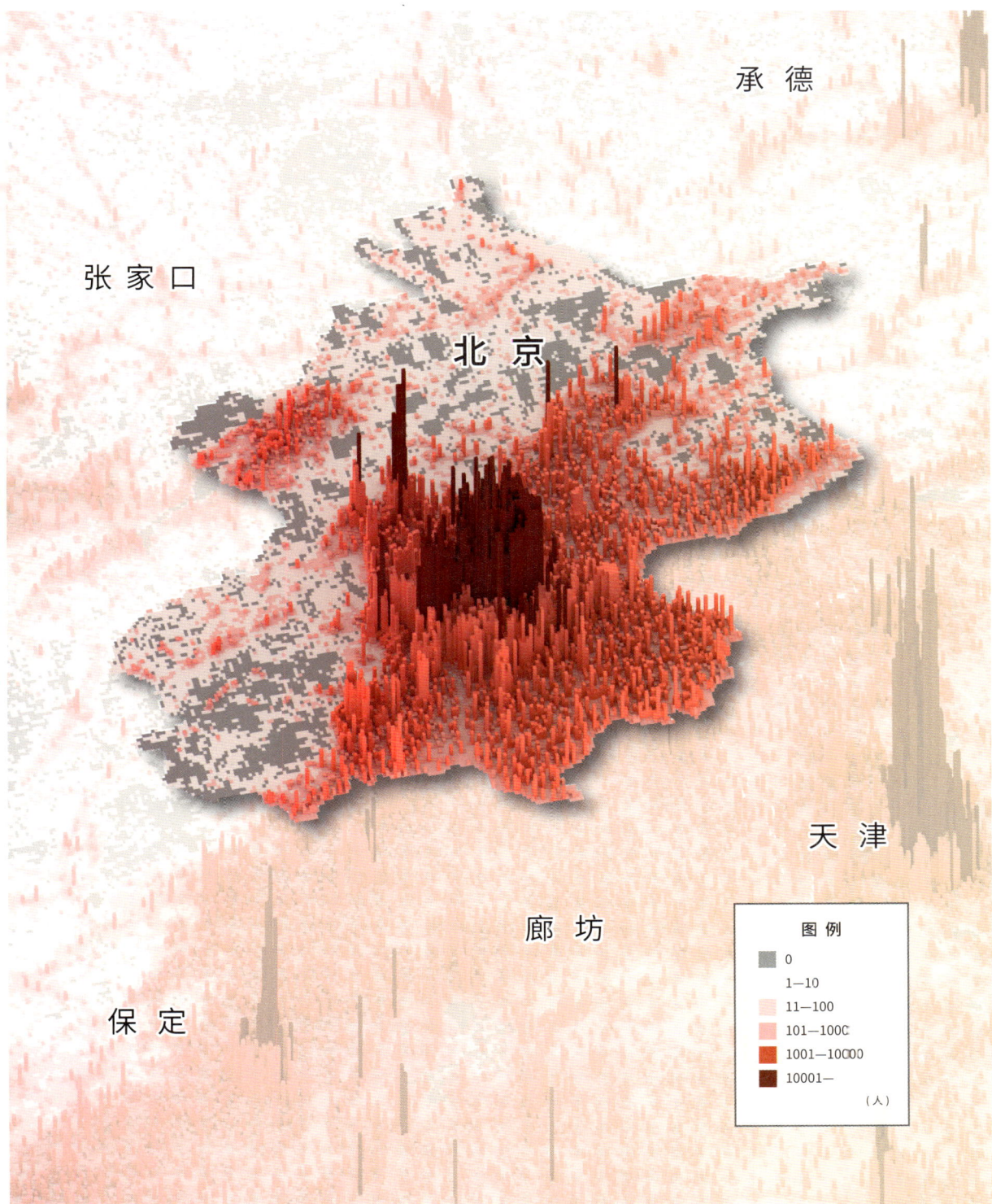

承　德

张家口

北　京

天　津

廊　坊

保　定

图　例

0
1—10
11—100
101—1000
1001—10000
10001—

（人）

图 3–10　人口规模和密度分析

2. 上海
Shanghai

上海连续3年获得综合排名亚军。

上海的经济大项连续3年蝉联全国冠军宝座。其中，经济质量、发展活力2个中项指标均雄踞全国首位。经济总量、经济结构、开放度、广域枢纽4个小项也继2017年连续获得全国第1位的佳绩。

上海的社会大项排名全国第2位，社会大项的生活品质、传承与交流、地位与治理3个中项指标保持2017年态势，均排名全国第2位。从小项指标来看，交流小项指标超越北京，夺得了全国第1位的好成绩，城市地位、人口素质、社会管理、文化娱乐、人居环境、消费水平、生活服务7个小项指标均排名全国第2位。

在环境大项上，上海的排名比2017年降了1个位次，退居至全国第8位。环境大项的3个中项指标中，空间结构成功卫冕，仍居首位，但是环境质量与自然生态两个中项分别排名第28位和第150位。从小项指标来看，一方面，交通网络获得全国第1位、紧凑城区排名全国第2位、城市设施名列全国第3位、环境努力排名全国第5位；另一方面，水土禀赋、气候条件、自然灾害、污染负荷等小项的表现还不尽如人意，有待进一步改善。

表 3-2　主要指标

环 境

常住人口	2424 万人
行政区域土地面积	6341 平方公里
人均可利用国土面积全国排名	296 位
森林覆盖率全国排名	278 位
人均水资源全国排名	259 位
气候舒适度全国排名	123 位
PM2.5 指数全国排名	100 位
人口集中地区（DID）人口全国排名	1 位
城市轨道交通距离全国排名	1 位

社 会

平均房价全国排名	2 位
剧场·影剧院数全国排名	2 位
博物馆·美术馆数全国排名	2 位
国内游客数	29621 万人
入境游客数	854 万人
世界遗产数全国排名	65 位
国际会议数全国排名	1 位

经 济

GDP 规模	32680 亿元
人均 GDP	134830 元/人
GDP 增长率	6.6 %
人均财政收入全国排名	1 位
平均工资全国排名	2 位
主板上市企业全国排名	1 位
货物出口额全国排名	2 位
机场便利性全国排名	1 位
集装箱港口便利性全国排名	1 位
金融业辐射力全国排名	1 位
制造业辐射力全国排名	2 位
IT 产业辐射力全国排名	2 位
高等教育辐射力全国排名	2 位
科学技术辐射力全国排名	2 位
医疗辐射力全国排名	3 位
文化体育娱乐辐射力全国排名	2 位
餐饮酒店辐射力全国排名	1 位
批发零售业辐射力全国排名	2 位

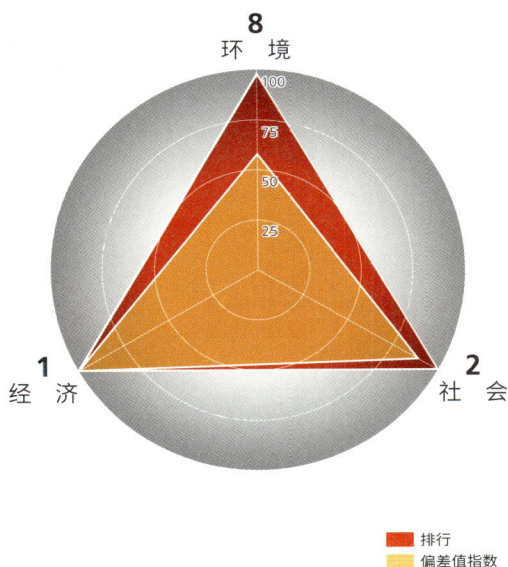

图 3-11　大项指标表现

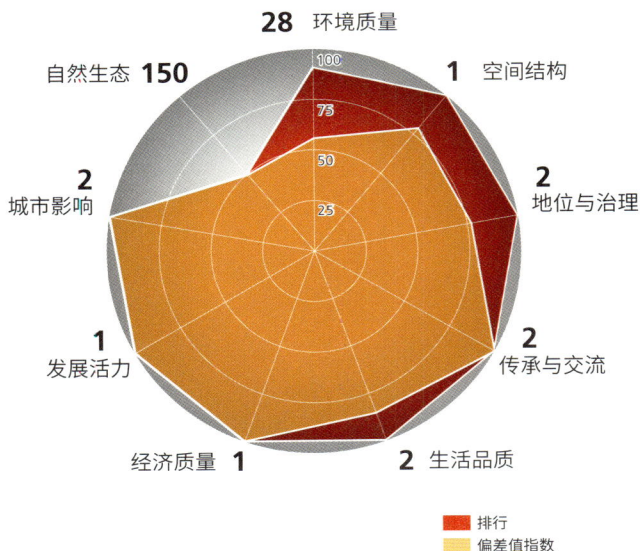

图 3-12　中项指标表现

上海

大项	中项	小项	排行	偏差值指数
环境	自然生态	水 土 禀 赋	233	47.5
		气 候 条 件	116	52.2
		自 然 灾 害	67	51.8
	环境质量	污 染 负 荷	91	51.2
		环 境 努 力	5	68.4
		资 源 效 率	14	61.2
	空间结构	紧 凑 城 区	2	90.5
		交 通 网 络	1	74.1
		城 市 设 施	3	73.9
社会	地位与治理	城 市 地 位	2	77.1
		人 口 素 质	2	79.4
		社 会 管 理	2	74.1
	传承与交流	历 史 遗 存	9	61.2
		文 化 娱 乐	2	100.0
		交 流	1	100.0
	生活品质	人 居 环 境	2	65.9
		消 费 水 平	2	88.3
		生 活 服 务	2	98.9
经济	经济质量	经 济 总 量	1	100.0
		经 济 结 构	1	100.0
		经 济 效 率	5	63.9
	发展活力	商 务 环 境	2	100.0
		开 放 度	1	100.0
		创 新 创 业	2	96.8
	城市影响	城 乡 一 体	6	66.3
		广 域 枢 纽	1	100.0
		核 力 辐 射	2	100.0

图 3-13 小项偏差值

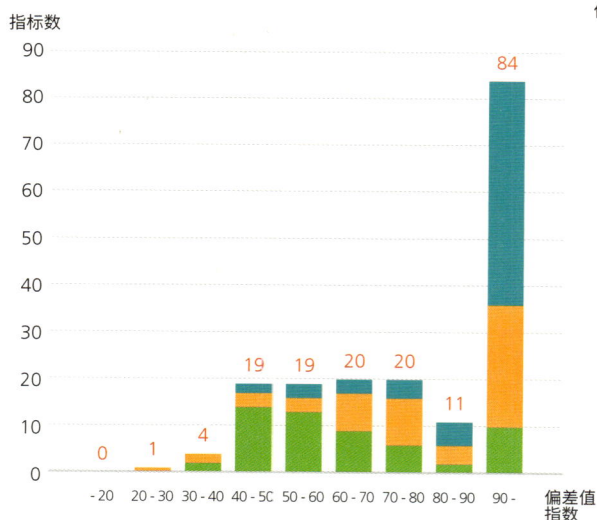

图 3-14 指标偏差值分布

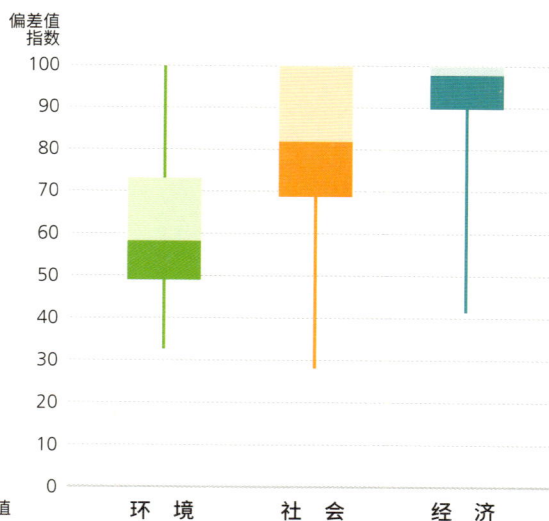

图 3-15 指标偏差值箱形分析

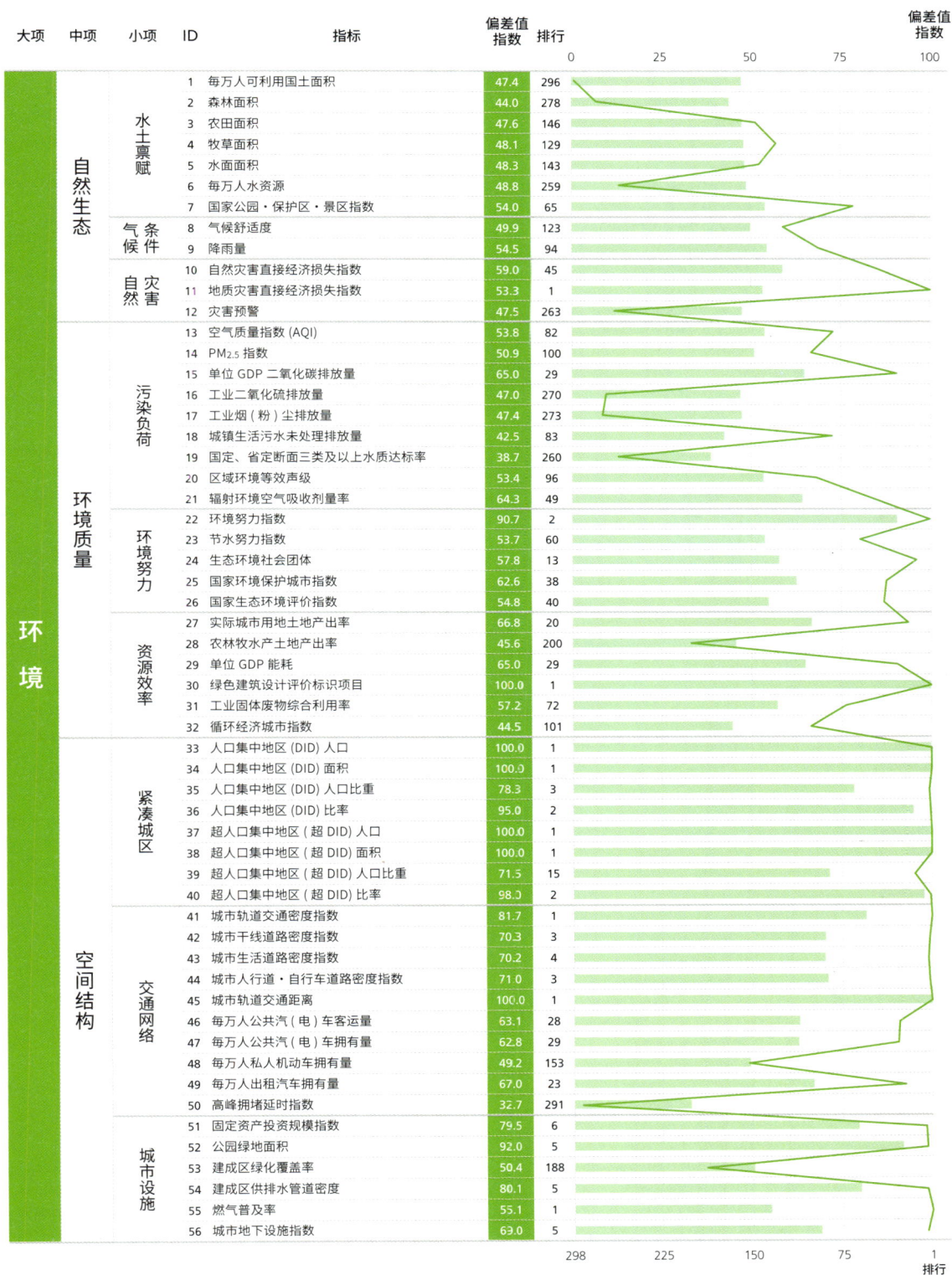

大项	中项	小项	ID	指标	偏差值指数	排行
环境	自然生态	水土禀赋	1	每万人可利用国土面积	47.4	296
			2	森林面积	44.0	278
			3	农田面积	47.6	146
			4	牧草面积	48.1	129
			5	水面面积	48.3	143
			6	每万人水资源	48.8	259
			7	国家公园·保护区·景区指数	54.0	65
		气候条件	8	气候舒适度	49.9	123
			9	降雨量	54.5	94
		自然灾害	10	自然灾害直接经济损失指数	59.0	45
			11	地质灾害直接经济损失指数	53.3	1
			12	灾害预警	47.5	263
	环境质量	污染负荷	13	空气质量指数 (AQI)	53.8	82
			14	PM2.5 指数	50.9	100
			15	单位 GDP 二氧化碳排放量	65.0	29
			16	工业二氧化硫排放量	47.0	270
			17	工业烟（粉）尘排放量	47.4	273
			18	城镇生活污水未处理排放量	42.5	83
			19	国定、省定断面三类及以上水质达标率	38.7	260
			20	区域环境等效声级	53.4	96
			21	辐射环境空气吸收剂量率	64.3	49
		环境努力	22	环境努力指数	90.7	2
			23	节水努力指数	53.7	60
			24	生态环境社会团体	57.8	13
			25	国家环境保护城市指数	62.6	38
			26	国家生态环境评价指数	54.8	40
		资源效率	27	实际城市用地土地产出率	66.8	20
			28	农林牧水产土地产出率	45.6	200
			29	单位 GDP 能耗	65.0	29
			30	绿色建筑设计评价标识项目	100.0	1
			31	工业固体废物综合利用率	57.2	72
			32	循环经济城市指数	44.5	101
	空间结构	紧凑城区	33	人口集中地区 (DID) 人口	100.0	1
			34	人口集中地区 (DID) 面积	100.0	1
			35	人口集中地区 (DID) 人口比重	78.3	3
			36	人口集中地区 (DID) 比率	95.0	2
			37	超人口集中地区（超 DID）人口	100.0	1
			38	超人口集中地区（超 DID）面积	100.0	1
			39	超人口集中地区（超 DID）人口比重	71.5	15
			40	超人口集中地区（超 DID）比率	98.0	2
		交通网络	41	城市轨道交通密度指数	81.7	1
			42	城市干线道路密度指数	70.3	3
			43	城市生活道路密度指数	70.2	4
			44	城市人行道·自行车道路密度指数	71.0	1
			45	城市轨道交通距离	100.0	1
			46	每万人公共汽（电）车客运量	63.1	28
			47	每万人公共汽（电）车拥有量	62.8	29
			48	每万人私人机动车拥有量	49.2	153
			49	每万人出租汽车拥有量	67.0	23
			50	高峰拥堵延时指数	32.7	291
		城市设施	51	固定资产投资规模指数	79.5	6
			52	公园绿地面积	92.0	5
			53	建成区绿化覆盖率	50.4	188
			54	建成区供排水管道密度	80.1	5
			55	燃气普及率	55.1	1
			56	城市地下设施指数	63.0	5

图 3-16　各项指标表现：环境

上海

大项	中项	小项	ID	指标	偏差值指数	排行
社会	地位与治理	城市地位	57	行政层级	68.8	1
			58	大城市群层级	74.6	1
			59	核心城市层级	65.7	2
			60	大使馆·领事馆	100.0	2
			61	国际组织	64.0	2
			62	"一带一路"指数	100.0	2
		人口素质	63	人口自然增长率指数	38.4	259
			64	人口社会增长率指数	72.8	9
			65	人口结构指数	57.4	23
			66	人口教育结构指数	73.4	6
			67	高等教育指数	77.2	12
			68	杰出人才培养指数	100.0	2
			69	地方财政教育支出指数	100.0	2
		社会管理	70	社会服务指数	80.0	3
			71	安全安心城市指数	96.7	1
			72	交通安全指数	41.7	289
			73	社会安全指数	36.7	295
			74	社会团体	85.9	4
			75	文明卫生城市指数	99.0	1
			76	政府网站绩效	64.6	3
	传承与交流	历史遗存	77	历史地位	57.5	8
			78	世界遗产	45.8	65
			79	历史文化名城	60.7	10
			80	非物质文化遗产	94.2	2
			81	重点文物保护单位	56.2	42
		文化娱乐	82	影剧院消费指数	100.0	1
			83	博物馆·美术馆	100.0	2
			84	体育场馆指数	100.0	2
			85	动物园·植物园·水族馆	91.2	2
			86	公共图书馆藏书量	100.0	1
			87	文化大师指数	69.1	2
			88	奥运冠军指数	100.0	2
			89	全国文化先进单位指数	99.7	2
		交流	90	入境游客	82.0	3
			91	国内游客	97.0	2
			92	国际旅游外汇收入	100.0	1
			93	国内旅游收入	100.0	1
			94	国际会议	100.0	1
			95	展览业发展指数	100.0	1
			96	世界旅游城市指数	100.0	1
	生活品质	人居环境	97	平均寿命	77.4	1
			98	医疗保险·养老保险参保指数	79.5	6
			99	平均房价与收入比	28.2	292
			100	人居城市指数	66.6	18
			101	中国幸福感城市指数	78.7	9
		消费水平	102	每万人社会消费品零售额	70.2	22
			103	每万人住宿和餐饮业营业收入	71.6	5
			104	每万人电信消费	69.0	13
			105	每万人居民生活用水量	74.1	13
			106	国际顶级品牌指数	100.0	2
			107	国际餐饮连锁品牌指数	100.0	1
		生活服务	108	每万人公共财政支出	88.9	5
			109	每万人在园儿童数	41.7	241
			110	养老服务机构年末床位数	100.0	2
			111	执业（助理）医师数	100.0	2
			112	卫生机构床位数	97.0	2
			113	三甲医院	100.0	2

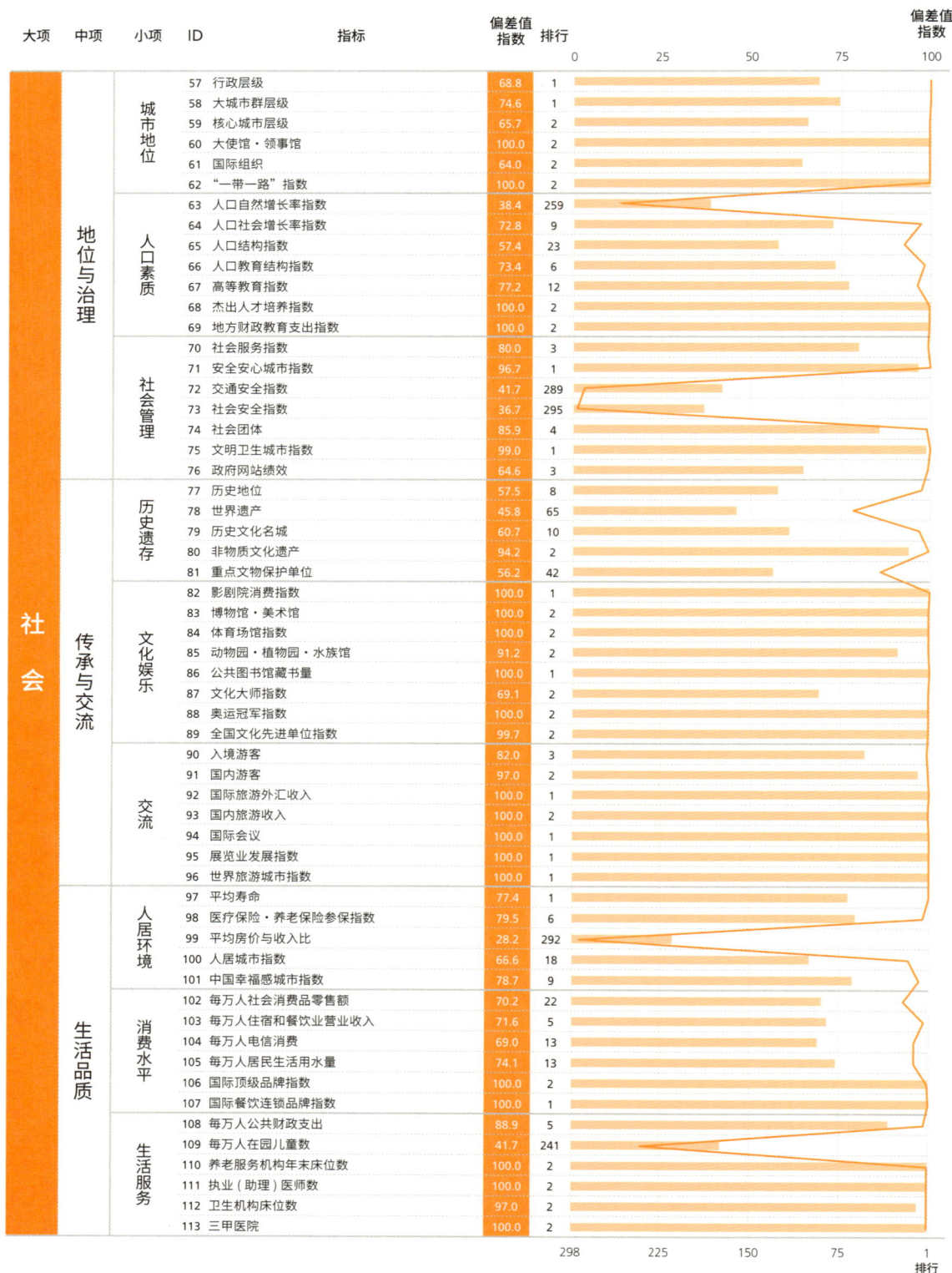

图 3-17　各项指标表现：社会

大项	中项	小项	ID	指标	偏差值指数	排行
经济	经济质量	经济总量	114	GDP 规模	100.0	1
			115	常住人口规模	95.0	2
			116	税收规模	100.0	1
			117	电力消耗量	100.0	1
		经济结构	118	产业结构指数	100.0	1
			119	主板上市企业	100.0	1
			120	世界 500 强中国企业	73.5	2
			121	中国 500 强企业	95.0	2
			122	中国民营企业 500 强企业	78.1	8
			123	规模以上工业总产值	100.0	1
		经济效率	124	GDP 增长率指数	50.2	176
			125	每万人 GDP	70.9	15
			126	每万人财政收入	100.0	1
			127	被抚养人口指数	49.4	78
			128	发债城投企业有息债券规模及债务率	66.9	13
			129	每万人登记失业人员数	41.6	256
	发展活力	商务环境	130	职工平均工资	94.5	2
			131	对企业服务业从业人数	100.0	2
			132	星级酒店指数	100.0	2
			133	国际顶级餐厅指数	100.0	1
			134	国家园区指数	86.9	6
		开放度	135	人口流动	100.0	1
			136	货物出口·进口	100.0	1
			137	实际使用外资	98.0	2
			138	对外直接投资	100.0	1
			139	规模以上外商投资企业产值	100.0	1
			140	国际学校	100.0	1
			141	自贸区指数	99.3	1
		创新创业	142	世界顶级大学指数	100.0	1
			143	R&D 支出指数	98.0	3
			144	R&D 人力资源	98.0	3
			145	创业板·新三板上市企业指数	90.0	2
			146	独角兽企业指数	90.0	2
			147	专利申请授权量指数	76.0	3
			148	商标注册指数	97.0	2
			149	两院院士指数	100.0	2
			150	国家改革试验区指数	100.0	2
			151	国家创新示范城市指数	99.5	2
			152	信息·知识产业城市指数	99.8	2
			153	国家重点实验室·工程研究中心指数	100.0	2
	城市影响	城乡一体	154	城乡居民收入比指数	67.5	10
			155	小学教育程度人口比率	81.0	5
			156	文盲率	50.5	106
			157	义务教育发展均衡指数	63.9	20
		广域枢纽	158	机场便利性	100.0	1
			159	航空运量指数	100.0	1
			160	集装箱港口便利性	100.0	1
			161	港口集装箱吞吐量	100.0	1
			162	水运量指数	83.6	3
			163	铁路便利性	97.1	2
			164	铁路运量指数	89.9	6
			165	铁路密度	93.7	1
			166	公路运量指数	50.3	91
			167	高速公路密度	96.0	2
			168	国道·省道密度	92.3	3
			169	流通城市指数	84.6	4
		核力辐射	170	高等教育辐射力	100.0	1
			171	科学技术辐射力	96.5	2
			172	IT 产业辐射力	100.0	1
			173	文化体育娱乐辐射力	90.7	2
			174	金融业辐射力	100.0	1
			175	制造业辐射力	90.0	3
			176	医疗辐射力	95.0	3
			177	批发零售业辐射力	100.0	1
			178	餐饮酒店辐射力	100.0	1

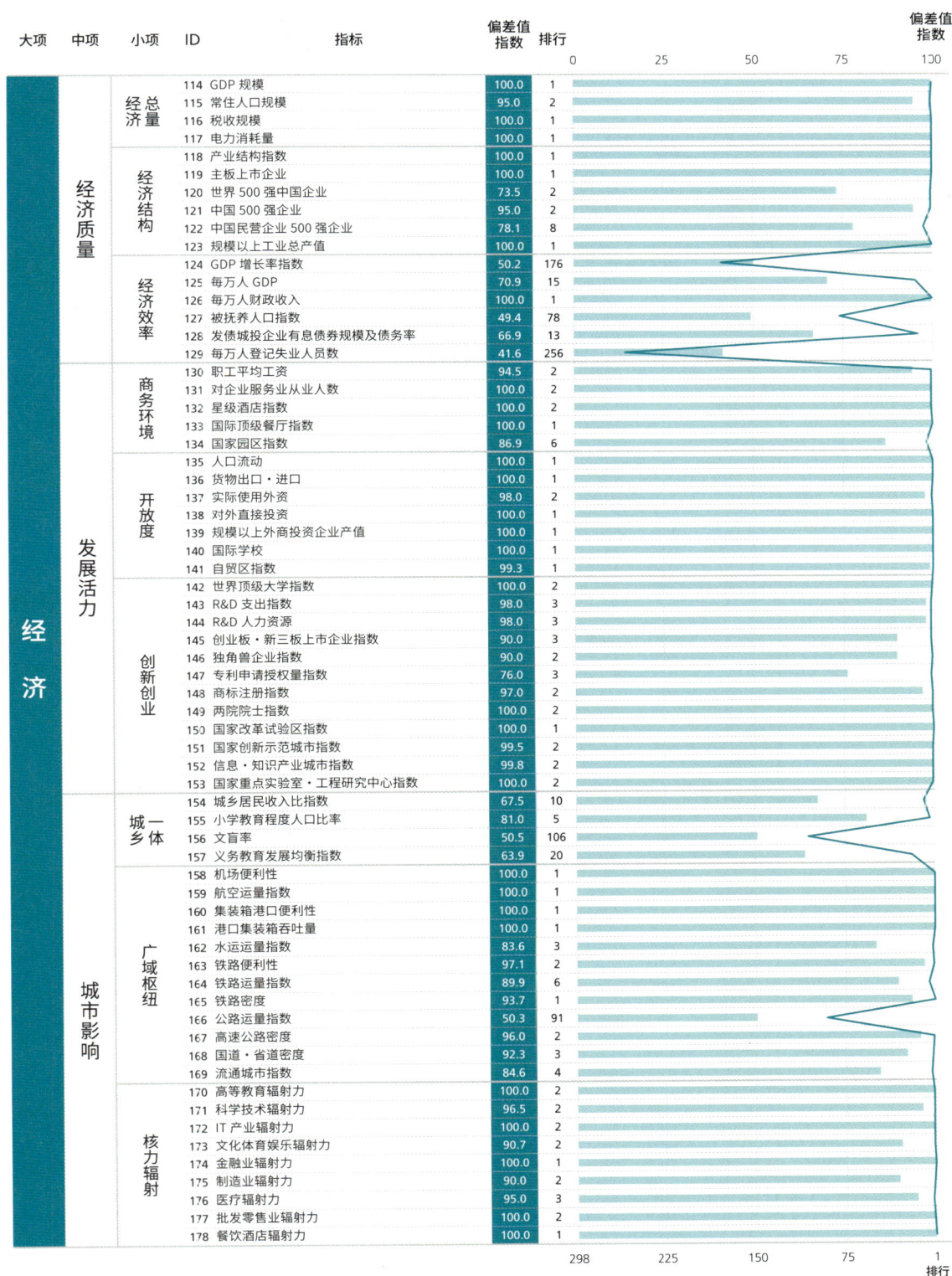

图 3-18　各项指标表现：经济

上海

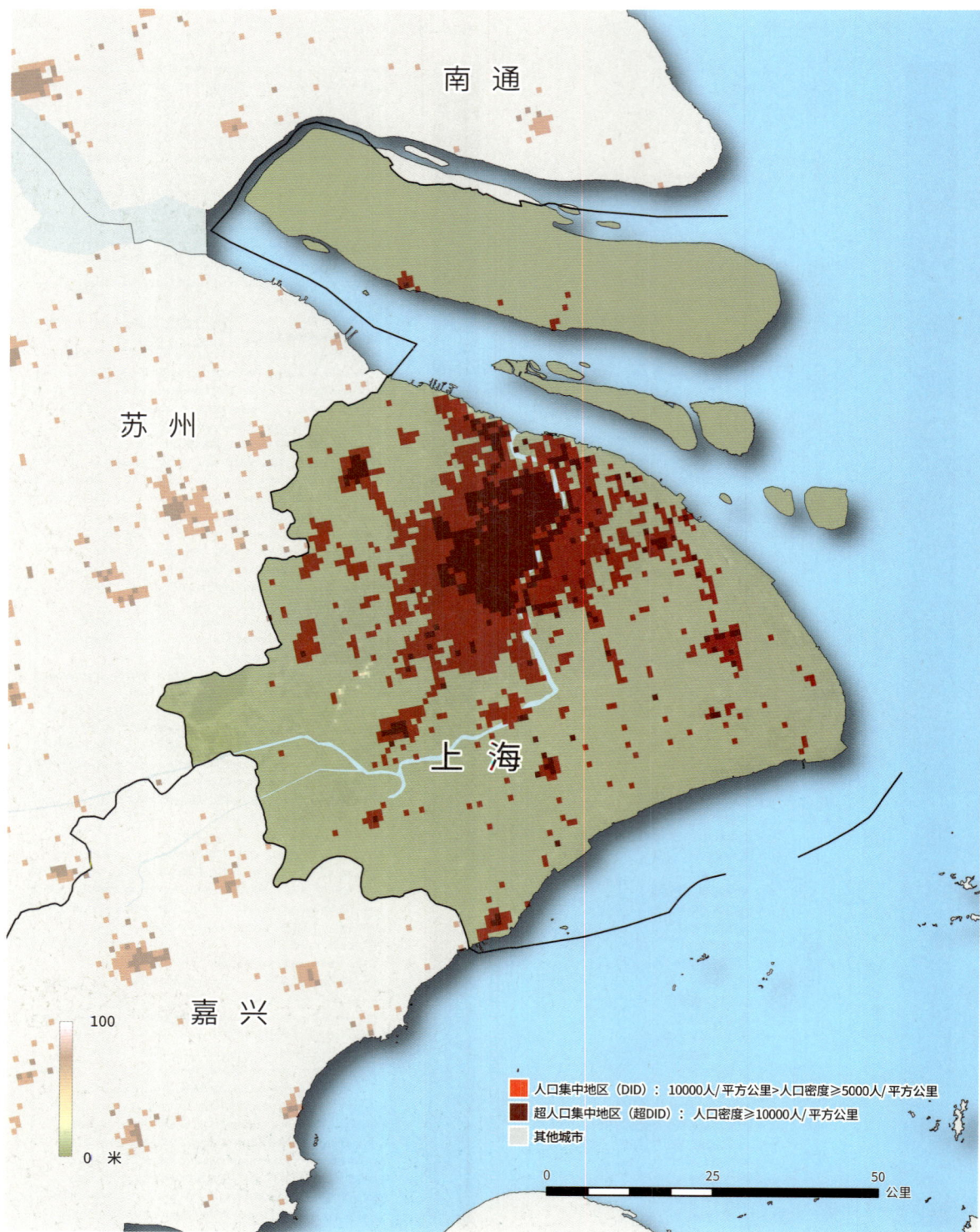

图 3-19　DID 分析

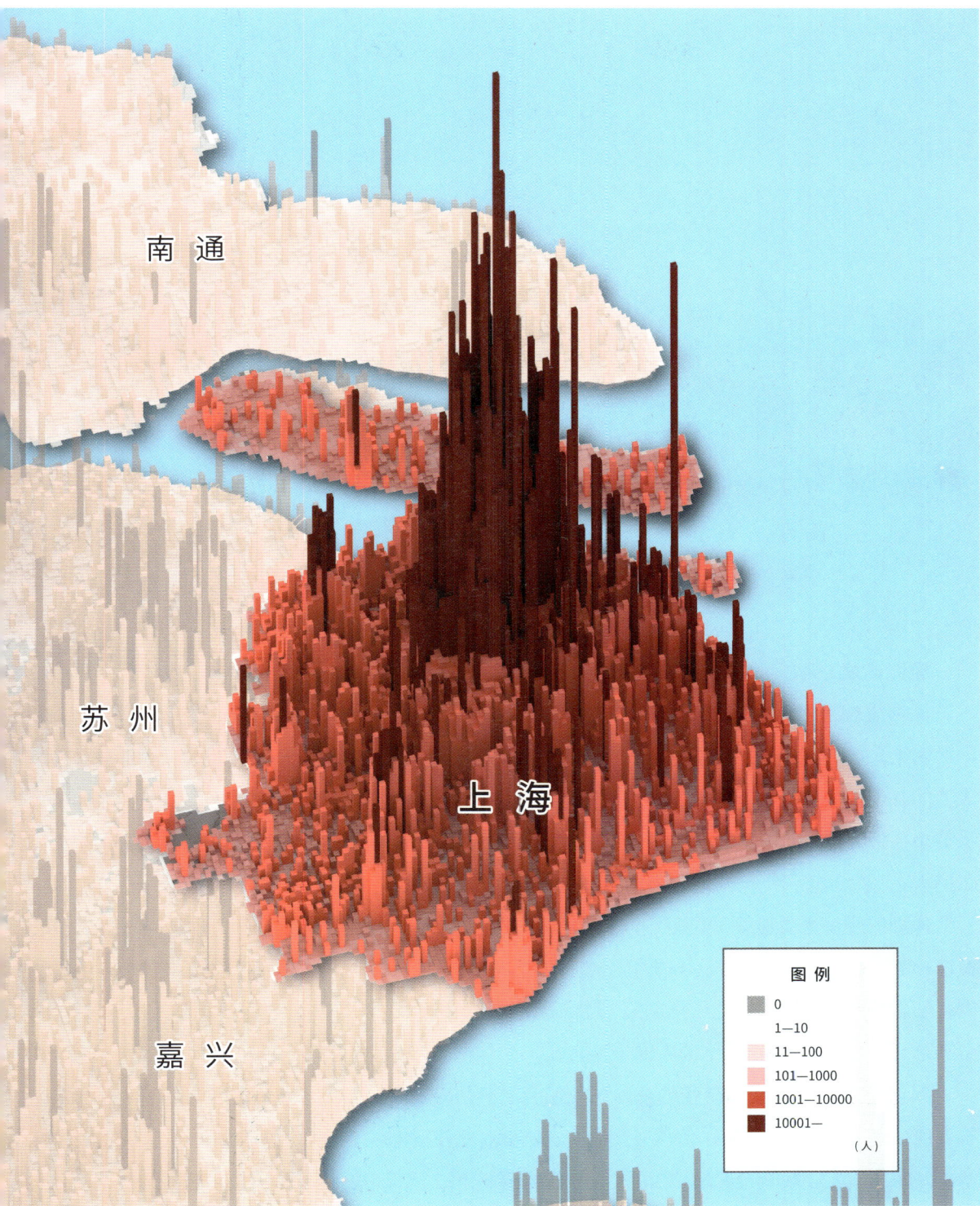

图 3-20　人口规模和密度分析

南 通

苏 州

上 海

嘉 兴

图 例
0
1—10
11—100
101—1000
1001—10000
10001—

（人）

3. 深圳
Shenzhen

深圳连续3年名列综合排名第3位。

深圳表现最出色的是环境大项，居全国之首。在环境大项3个中项指标中，深圳的空间结构全国排名第2位，环境质量排名第6位，自然生态排名第77位。综合排名前十的城市，大部分在环境大项的表现都欠佳，只有深圳在环境、社会、经济3个大项显现了均衡协调发展的格局。在环境大项的小项指标中，深圳的紧凑城区全国排名第1位，资源效率与交通网络均名列第2位，环境努力排名第4位。然而由于水土禀赋的制约，自然生态中项的排名较为落后。

深圳的经济大项连续3年获得全国第3位。中项指标的经济质量和发展活力均名列全国第3位，城市影响排名全国第4位。从小项指标来看，经济效率和城乡一体夺得全国首位，开放度、经济结构、创新创业、广域枢纽均居全国第3位，经济总量和商务环境均获得全国第4位，核力辐射排名全国第5位，9个小项指标全部入围全国前五。

深圳的社会大项从2017年的全国第7位下跌至今年的第8位。社会大项的中项指标中，生活品质表现出色，居全国第5位，传承与交流、地位与治理分别排名全国第9位和第10位。从小项指标来看，深圳的人口素质表现最为出色，名列全国第3位，人口平均年龄全国最年轻。消费水平、交流分别排名全国第4位和第5位。社会大项的9个小项指标中，深圳有8个小项指标均高于全国平均偏差值。只有历史遗迹排名全国第212位。

表 3-3　主要指标

环　境

常住人口	1303 万人
行政区域土地面积	1997 平方公里
人均可利用国土面积全国排名	298 位
森林覆盖率全国排名	232 位
人均水资源全国排名	255 位
气候舒适度全国排名	20 位
PM2.5 指数全国排名	66 位
人口集中地区（DID）人口全国排名	4 位
城市轨道交通距离全国排名	7 位

社　会

平均房价全国排名	3 位
剧场·影剧院数全国排名	3 位
博物馆·美术馆数全国排名	18 位
国内游客数	4525 万人
入境游客数	1171 万人
世界遗产数全国排名	65 位
国际会议数全国排名	4 位

经　济

GDP 规模	24222 亿元
人均 GDP	189568 元/人
GDP 增长率	7.5 %
人均财政收入全国排名	2 位
平均工资全国排名	7 位
主板上市企业全国排名	3 位
货物出口额全国排名	1 位
机场便利性全国排名	4 位
集装箱港口便利性全国排名	2 位
金融业辐射力全国排名	3 位
制造业辐射力全国排名	1 位
IT 产业辐射力全国排名	3 位
高等教育辐射力全国排名	73 位
科学技术辐射力全国排名	3 位
医疗辐射力全国排名	28 位
文化体育娱乐辐射力全国排名	5 位
餐饮酒店辐射力全国排名	5 位
批发零售业辐射力全国排名	6 位

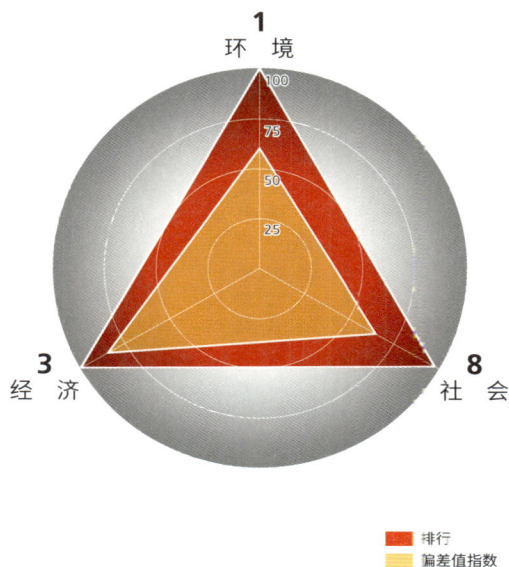

图 3-21　大项指标表现

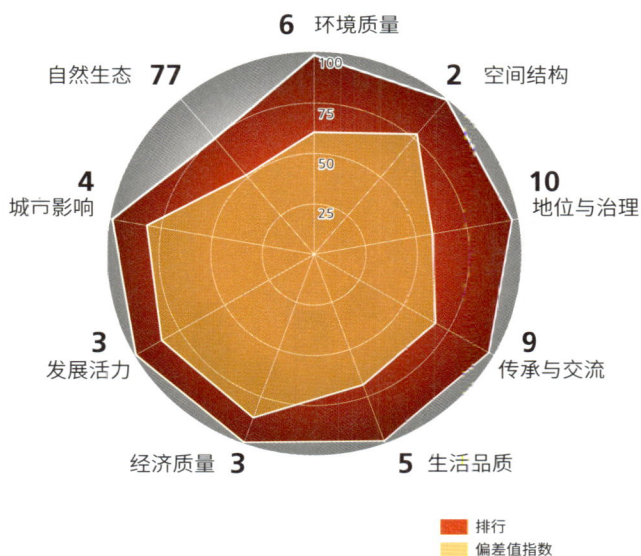

图 3-22　中项指标表现

深圳

大项	中项	小项	排行	偏差值指数
环境	自然生态	水土禀赋	296	46.0
		气候条件	19	61.7
		自然灾害	29	52.1
	环境质量	污染负荷	38	55.2
		环境努力	4	69.7
		资源效率	2	68.2
	空间结构	紧凑城区	1	91.4
		交通网络	2	74.0
		城市设施	12	63.9
社会	地位与治理	城市地位	13	51.6
		人口素质	3	72.9
		社会管理	18	56.4
	传承与交流	历史遗存	212	46.5
		文化娱乐	9	73.1
		交流	5	75.9
	生活品质	人居环境	7	61.9
		消费水平	4	75.1
		生活服务	13	62.5
经济	经济质量	经济总量	4	89.4
		经济结构	3	88.6
		经济效率	1	76.2
	发展活力	商务环境	4	78.3
		开放度	3	91.0
		创新创业	3	80.2
	城市影响	城乡一体	1	90.9
		广域枢纽	3	84.8
		核力辐射	5	77.8

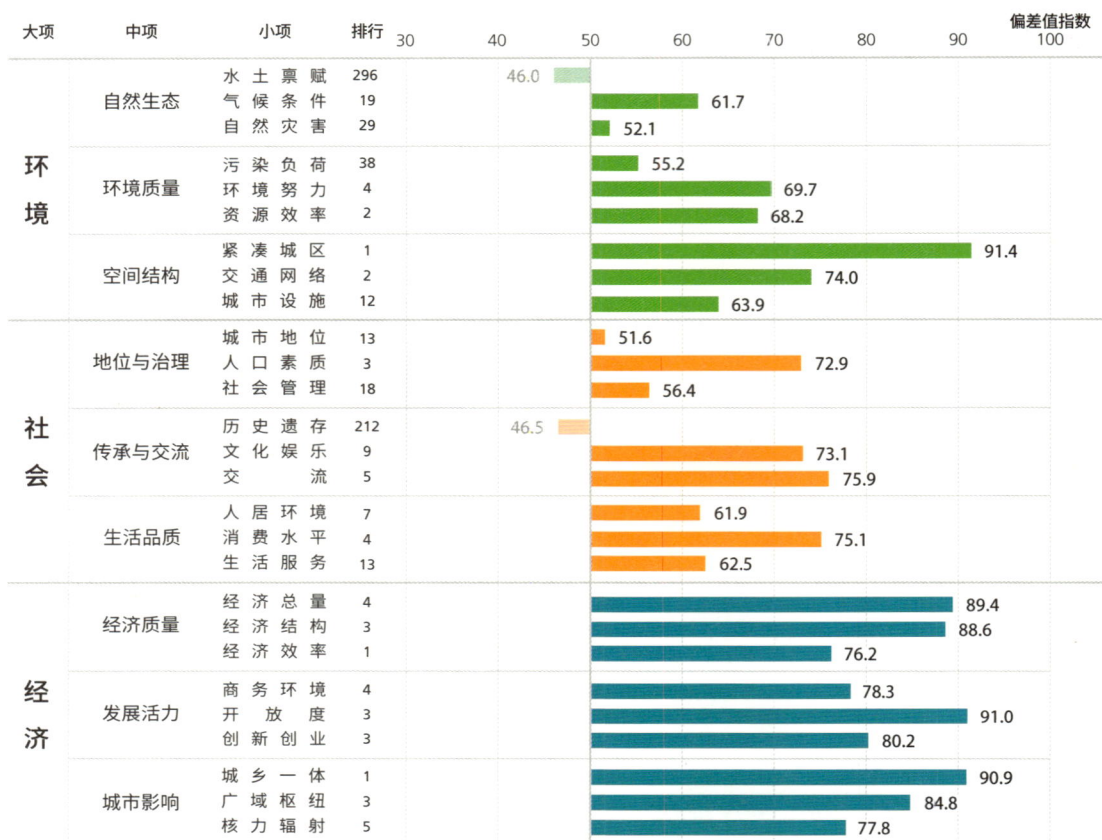

图 3-23　小项偏差值

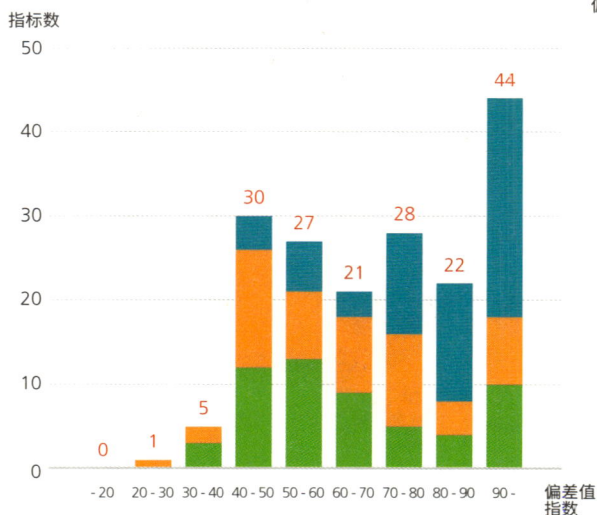

图 3-24　指标偏差值分布

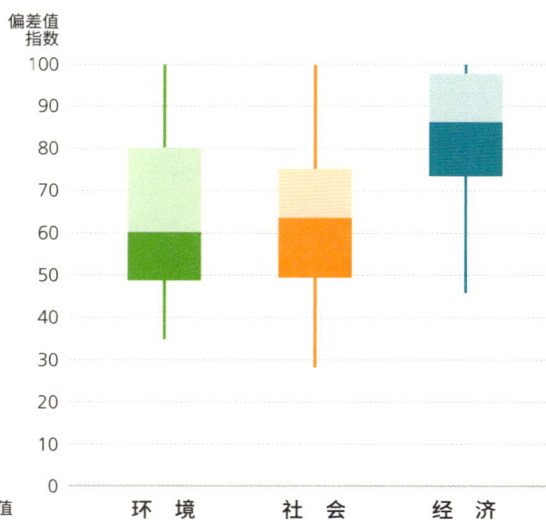

图 3-25　指标偏差值箱形分析

大项	中项	小项	ID	指标	偏差值指数	排行
环境	自然生态	水土禀赋	1	每万人可利用国土面积	47.4	298
			2	森林面积	44.4	232
			3	农草面积	40.0	295
			4	牧草面积	48.1	181
			5	水面面积	47.7	208
			6	每万人水资源	48.8	255
			7	国家公园·保护区·景区指数	44.7	239
		气候条件	8	气候舒适度	58.4	20
			9	降雨量	65.1	27
		自然灾害	10	自然灾害直接经济损失指数	60.4	5
			11	地质灾害直接经济损失指数	53.3	21
			12	灾害预警	47.4	285
	环境质量	污染负荷	13	空气质量指数（AQI）	59.6	45
			14	PM$_{2.5}$ 指数	54.9	66
			15	单位 GDP 二氧化碳排放量	69.9	11
			16	工业二氧化硫排放量	52.7	20
			17	工业烟（粉）尘排放量	56.8	11
			18	城镇生活污水未处理排放量	42.6	82
			19	国定、省定断面三类及以上水质达标率	45.5	224
			20	区域环境等效声级	50.8	103
			21	辐射环境空气吸收剂量率	44.3	96
		环境努力	22	环境努力指数	92.9	1
			23	节水努力指数	50.3	112
			24	生态环境社会团体	53.0	32
			25	国家环境保护城市指数	67.3	22
			26	国家生态环境评价指数	61.6	20
		资源效率	27	实际城市用地土地产出率	95.9	1
			28	农林牧水产土地产出率	43.3	229
			29	单位 GDP 能耗	69.9	11
			30	绿色建筑设计评价标识项目	90.0	5
			31	工业固体废物综合利用率	34.9	269
			32	循环经济城市指数	65.9	15
	空间结构	紧凑城区	33	人口集中地区（DID）人口	90.4	4
			34	人口集中地区（DID）面积	89.1	3
			35	人口集中地区（DID）人口比重	83.7	1
			36	人口集中地区（DID）比率	100.0	1
			37	超人口集中地区（超DID）人口	93.2	1
			38	超人口集中地区（超DID）面积	93.0	3
			39	超人口集中地区（超DID）人口比重	82.0	4
			40	超人口集中地区（超DID）比率	100.0	1
		交通网络	41	城市轨道交通密度指数	79.6	3
			42	城市干线道路密度指数	74.3	1
			43	城市生活道路密度指数	74.0	1
			44	城市人行道·自行车道路密度指数	75.2	1
			45	城市轨道交通距离	71.1	7
			46	每万人公共汽（电）车客运量	83.5	5
			47	每万人公共汽（电）车拥有量	100.0	1
			48	每万人私人机动车拥有量	48.5	267
			49	每万人出租汽车拥有量	60.7	38
			50	高峰拥堵延时指数	34.7	262
		城市设施	51	固定资产投资规模指数	59.9	34
			52	公园绿地面积	94.0	4
			53	建成区绿化覆盖率	57.6	29
			54	建成区供排水管道密度	59.7	42
			55	燃气普及率	55.1	1
			56	城市地下设施指数	69.0	5

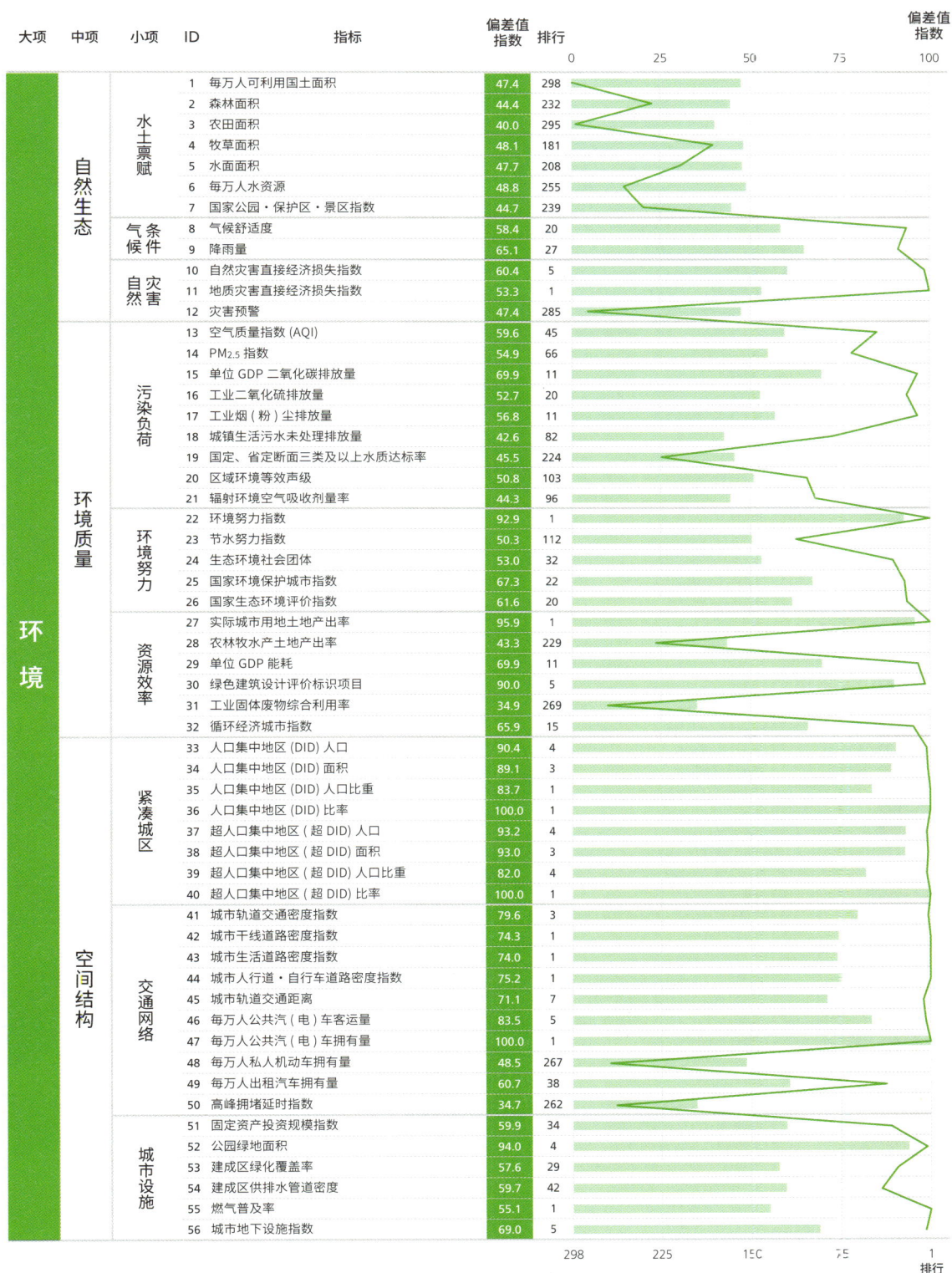

图 3-26　各项指标表现：环境

深圳

大项	中项	小项	ID	指标	偏差值指数	排行
社会	地位与治理	城市地位	57	行政层级	68.8	1
			58	大城市群层级	59.3	4
			59	核心城市层级	36.0	32
			60	大使馆·领事馆	48.9	17
			61	国际组织	49.4	3
			62	"一带一路"指数	94.5	3
		人口素质	63	人口自然增长率指数	74.7	1
			64	人口社会增长率指数	73.4	8
			65	人口结构指数	87.6	1
			66	人口教育结构指数	70.5	12
			67	高等教育指数	49.6	72
			68	杰出人才培养指数	47.5	163
			69	地方财政教育支出指数	83.8	4
		社会管理	70	社会服务指数	63.4	8
			71	安全安心城市指数	66.1	22
			72	交通安全指数	42.3	278
			73	社会安全指数	39.5	268
			74	社会团体	82.4	6
			75	文明卫生城市指数	55.8	33
			76	政府网站绩效	53.6	7
	传承与交流	历史遗存	77	历史地位	47.9	64
			78	世界遗产	45.8	65
			79	历史文化名城	42.5	115
			80	非物质文化遗产	47.9	130
			81	重点文物保护单位	43.7	251
		文化娱乐	82	影剧院消费指数	98.0	3
			83	博物馆·美术馆	65.7	18
			84	体育场馆指数	49.6	110
			85	动物园·植物园·水族馆	62.2	36
			86	公共图书馆藏书量	96.9	3
			87	文化大师指数	50.7	21
			88	奥运冠军指数	47.0	103
			89	全国文化先进单位指数	65.2	14
		交流	90	入境游客	100.0	1
			91	国内游客	51.8	77
			92	国际旅游外汇收入	95.0	4
			93	国内旅游收入	61.8	20
			94	国际会议	76.0	4
			95	展览业发展指数	74.7	4
			96	世界旅游城市指数	73.3	10
	生活品质	人居环境	97	平均寿命	58.1	28
			98	医疗保险·养老保险参保指数	100.0	1
			99	平均房价与收入比	28.1	293
			100	人居城市指数	79.8	5
			101	中国幸福感城市指数	46.8	53
		消费水平	102	每万人社会消费品零售额	71.1	20
			103	每万人住宿和餐饮业营业收入	68.7	7
			104	每万人电信消费	75.2	6
			105	每万人居民生活用水量	80.1	8
			106	国际顶级品牌指数	72.3	13
			107	国际餐饮连锁品牌指数	93.7	4
		生活服务	108	每万人公共财政支出	98.0	3
			109	每万人在园儿童数	58.6	60
			110	养老服务机构年末床位数	46.1	170
			111	执业(助理)医师数	70.3	11
			112	卫生机构床位数	58.3	37
			113	三甲医院	56.2	30

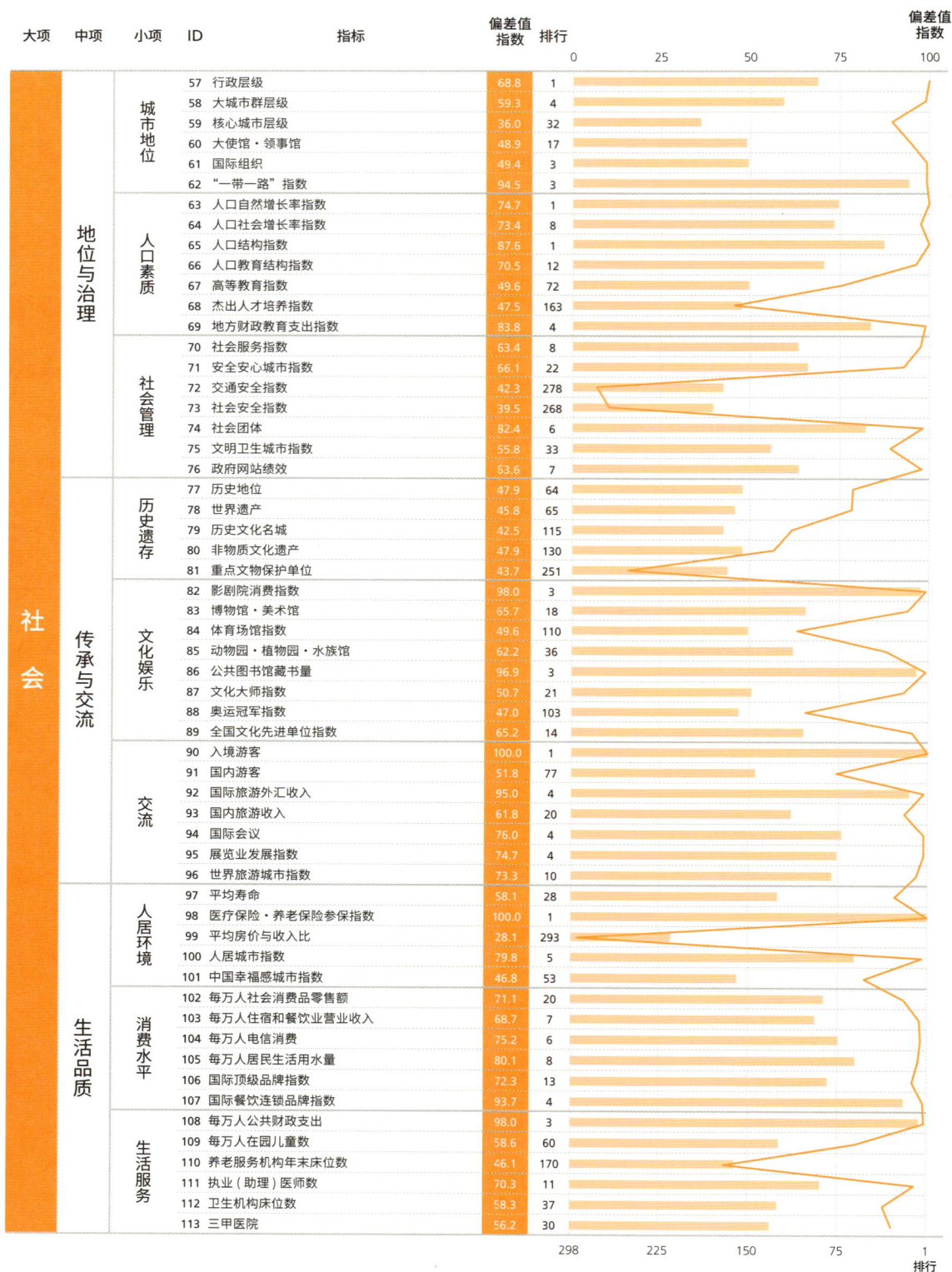

图 3-27　各项指标表现: 社会

大项	中项	小项	ID	指标	偏差值指数	排行
经济	经济质量	经济总量	114	GDP 规模	98.0	3
			115	常住人口规模	73.4	7
			116	税收规模	97.8	3
			117	电力消耗量	94.7	3
		经济结构	118	产业结构指数	89.6	5
			119	主板上市企业	93.0	3
			120	世界 500 强中国企业	70.4	3
			121	中国 500 强企业	89.8	3
			122	中国民营企业 500 强企业	98.6	2
			123	规模以上工业总产值	96.8	4
		经济效率	124	GDP 增长率指数	54.3	102
			125	每万人 GDP	87.9	1
			126	每万人财政收入	99.0	2
			127	被抚养人口指数	65.2	8
			128	发债城投企业有息债券规模及债务率	98.0	2
			129	每万人登记失业人员数	52.8	84
	发展活力	商务环境	130	职工平均工资	73.4	7
			131	对企业服务业从业人数	84.2	4
			132	星级酒店指数	75.0	7
			133	国际顶级餐厅指数	74.1	4
			134	国家园区指数	88.7	3
		开放度	135	人口流动	98.0	2
			136	货物出口·进口	98.0	2
			137	实际使用外资	73.5	10
			138	对外直接投资	97.0	4
			139	规模以上外商投资企业产值	72.7	8
			140	国际学校	82.2	4
			141	自贸区指数	93.1	4
		创新创业	142	世界顶级大学指数	49.7	31
			143	R&D 支出指数	99.0	2
			144	R&D 人力资源	99.0	2
			145	创业板·新三板上市企业指数	100.0	1
			146	独角兽企业指数	77.5	4
			147	专利申请授权量指数	100.0	1
			148	商标注册指数	95.0	4
			149	两院院士指数	49.2	37
			150	国家改革试验区指数	58.8	37
			151	国家创新示范城市指数	74.4	15
			152	信息·知识产业城市指数	89.2	4
			153	国家重点实验室·工程研究中心指数	55.0	19
	城市影响	城乡一体	154	城乡居民收入比指数	100.0	1
			155	小学教育程度人口比率	100.0	1
			156	文盲率	99.5	2
			157	义务教育发展均衡指数	45.7	157
		广域枢纽	158	机场便利性	87.3	4
			159	航空运量指数	85.2	4
			160	集装箱港口便利性	85.0	2
			161	港口集装箱吞吐量	96.0	2
			162	水运量指数	64.0	20
			163	铁路便利性	85.2	6
			164	铁路运量指数	68.2	9
			165	铁路密度	86.2	3
			166	公路运量指数	51.1	71
			167	高速公路密度	100.0	1
			168	国道·省道密度	100.0	1
			169	流通城市指数	80.0	7
		核心辐射	170	高等教育辐射力	48.2	73
			171	科学技术辐射力	87.0	3
			172	IT 产业辐射力	93.3	3
			173	文化体育娱乐辐射力	72.2	5
			174	金融业辐射力	90.3	3
			175	制造业辐射力	100.0	1
			176	医疗辐射力	57.7	28
			177	批发零售业辐射力	77.6	6
			178	餐饮酒店辐射力	73.9	5

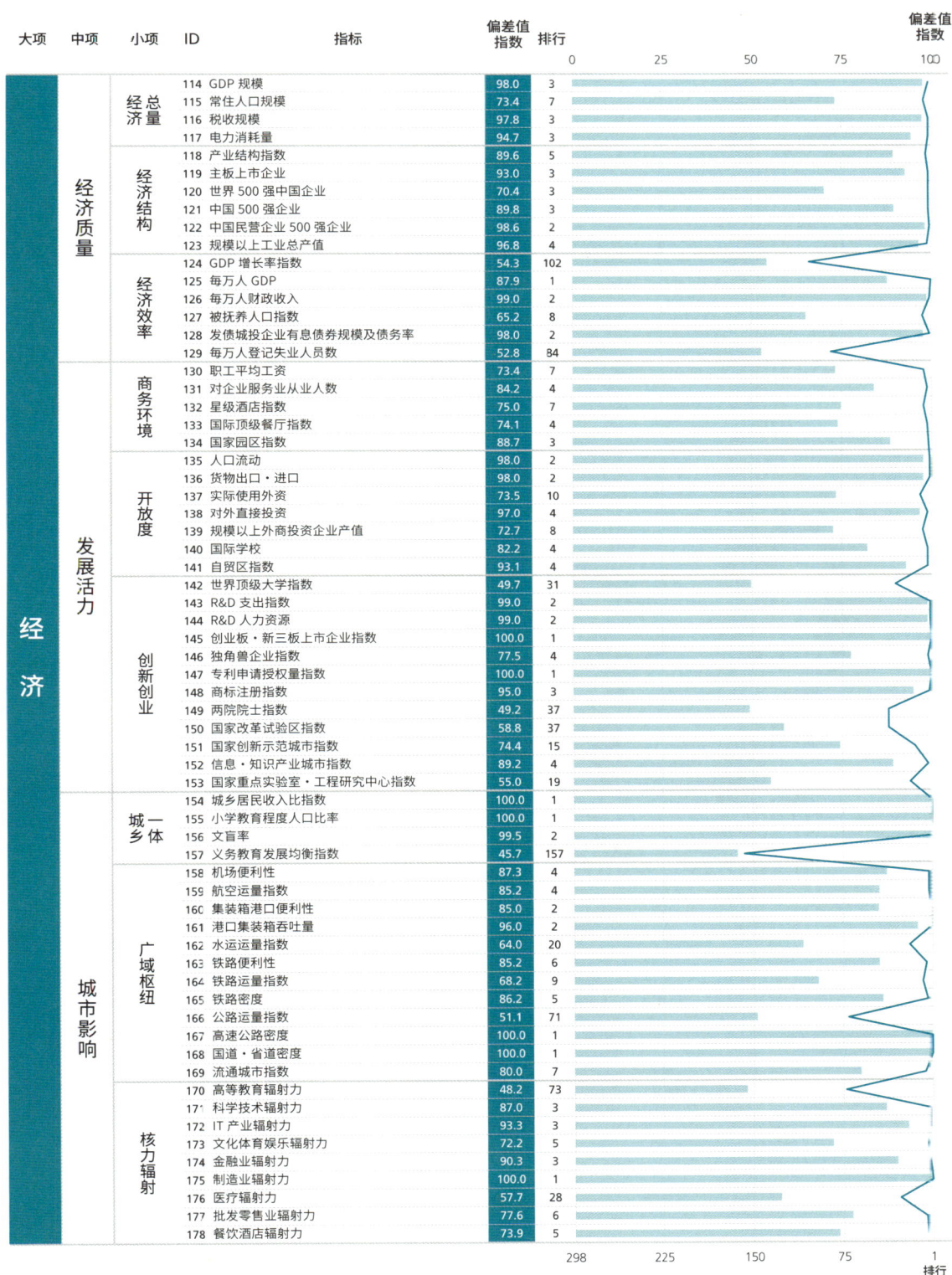

图 3-28　各项指标表现: 经济

深圳

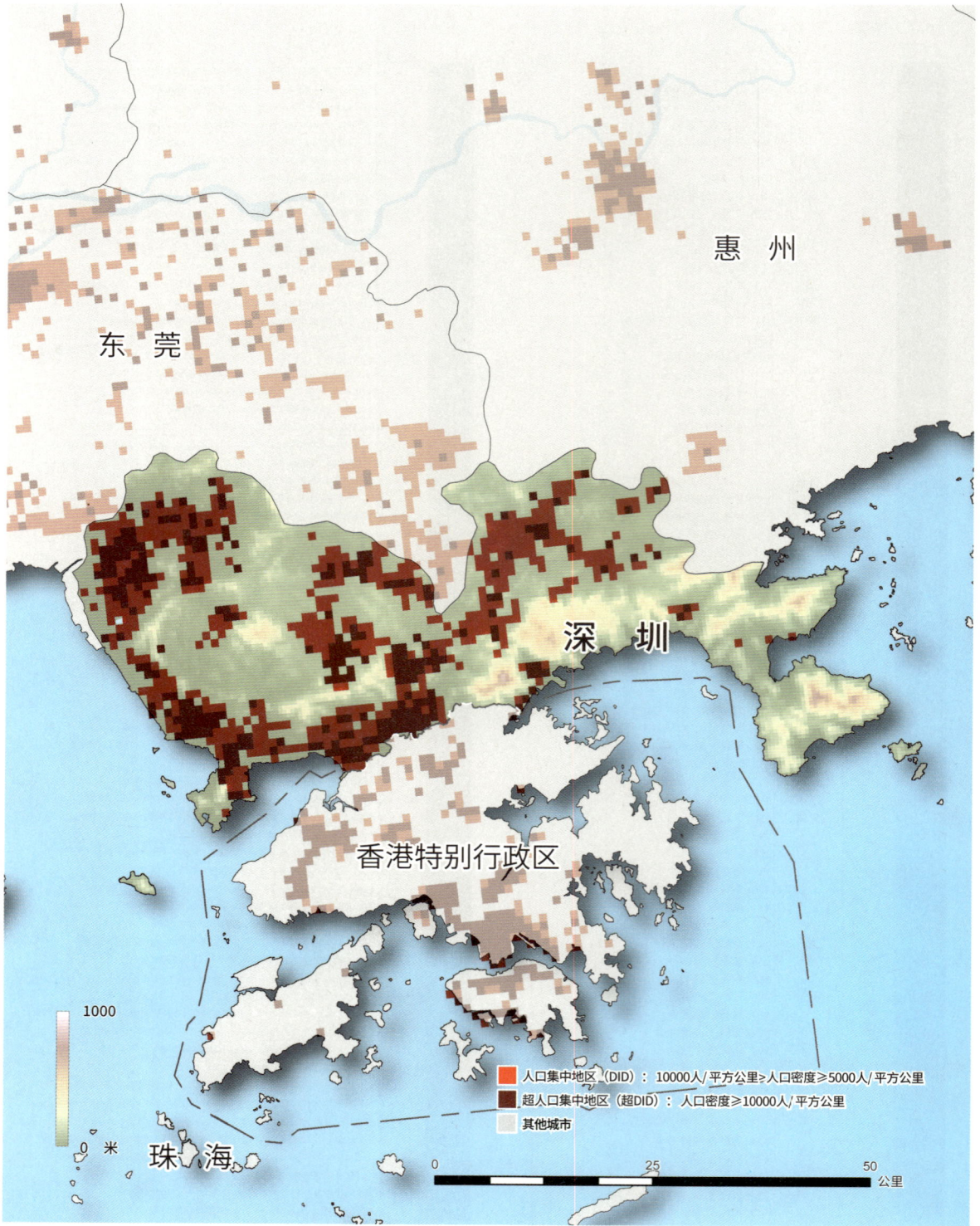

图 3-29　DID 分析

惠　州

东　莞

深　圳

香港特别行政区

珠　海

1000

米

人口集中地区（DID）：10000人/平方公里≥人口密度≥5000人/平方公里
超人口集中地区（超DID）：人口密度≥10000人/平方公里
其他城市

0　　　　　　　25　　　　　　　50
公里

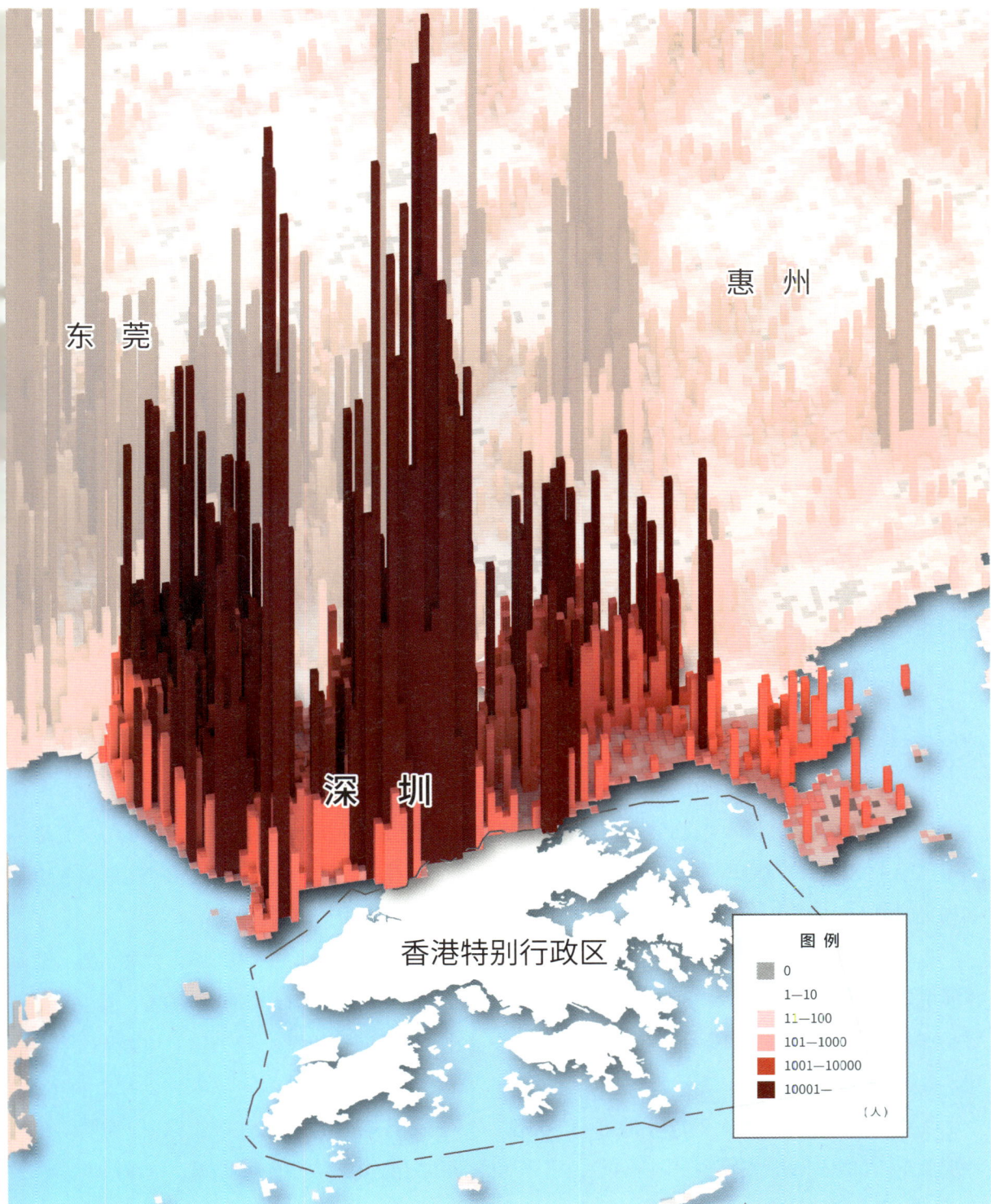

東　莞

惠　州

深　圳

香港特别行政区

图　例	
	0
	1—10
	11—100
	101—1000
	1001—10000
	10001—
	〔人〕

图 3-30　人口规模和密度分析

4. 广州
Guangzhou

广州连续3年名列综合排名第4位。

广州的社会大项连续3年排名全国第3位。中项指标中的生活品质居全国第3位，传承与交流排名全国第4位，地位与治理排名全国第5位。从小项指标来看，消费水平、文化娱乐、生活服务均名列全国第3位，城市地位、交流均获得全国第4位，人口素质小项全国第5位。

广州的经济大项连续3年获得全国第4位。经济大项的3个中项指标，城市影响、发展活力、经济质量分别名列全国第3位、第4位和第5位。9个小项指标中有6个指标入围全国前五，其中，广域枢纽名列全国第2位，商务环境排名全国第3位，经济结构、创新创业、核力辐射均居全国第4位，开放度排名第5位。

环境大项广州的排名从2017年的第4位跌落至第7位。环境大项的3个中项指标中，空间结构、环境质量、自然生态分别排名全国第4位、第27位和第62位。从小项指标表现看，资源效率、紧凑城区、交通网络均排名全国第3位，但是水土禀赋、自然灾害、环境努力都低于全国平均水平。

表 3-4　主要指标

环　境

常住人口	1490 万人
行政区域土地面积	7434 平方公里
人均可利用国土面积全国排名	289 位
森林覆盖率全国排名	164 位
人均水资源全国排名	184 位
气候舒适度全国排名	38 位
PM2.5 指数全国排名	79 位
人口集中地区（DID）人口全国排名	3 位
城市轨道交通距离全国排名	3 位

社　会

平均房价全国排名	5 位
剧场·影剧院数全国排名	7 位
博物馆·美术馆数全国排名	8 位
国内游客数	5079 万人
入境游客数	863 万人
世界遗产数全国排名	65 位
国际会议数全国排名	3 位

经　济

GDP 规模	22859 亿元
人均 GDP	155491 元/人
GDP 增长率	6.2 %
人均财政收入全国排名	25 位
平均工资全国排名	4 位
主板上市企业全国排名	7 位
货物出口额全国排名	5 位
机场便利性全国排名	3 位
集装箱港口便利性全国排名	4 位
金融业辐射力全国排名	5 位
制造业辐射力全国排名	6 位
IT 产业辐射力全国排名	7 位
高等教育辐射力全国排名	6 位
科学技术辐射力全国排名	5 位
医疗辐射力全国排名	2 位
文化体育娱乐辐射力全国排名	4 位
餐饮酒店辐射力全国排名	4 位
批发零售业辐射力全国排名	4 位

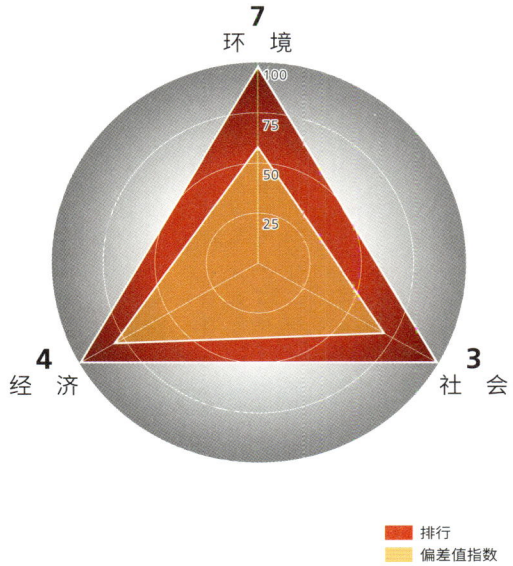

图 3-31　大项指标表现

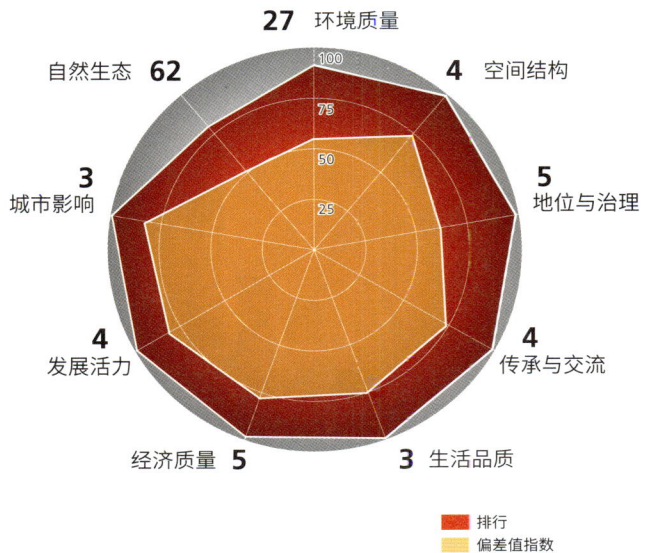

图 3-32　中项指标表现

广州

大项	中项	小项	排行	偏差值指数
环境	自然生态	水 土 禀 赋	223	47.7
		气 候 条 件	21	61.6
		自 然 灾 害	216	48.7
	环境质量	污 染 负 荷	90	51.2
		环 境 努 力	130	49.3
		资 源 效 率	3	66.4
	空间结构	紧 凑 城 区	3	81.5
		交 通 网 络	3	72.8
		城 市 设 施	8	68.1
社会	地位与治理	城 市 地 位	4	62.2
		人 口 素 质	5	69.8
		社 会 管 理	23	55.9
	传承与交流	历 史 遗 存	14	59.0
		文 化 娱 乐	3	82.6
		交 流	4	76.7
	生活品质	人 居 环 境	24	57.1
		消 费 水 平	3	81.7
		生 活 服 务	3	76.6
经济	经济质量	经 济 总 量	6	84.3
		经 济 结 构	4	78.9
		经 济 效 率	20	57.8
	发展活力	商 务 环 境	3	78.9
		开 放 度	5	85.9
		创 新 创 业	4	72.7
	城市影响	城 乡 一 体	7	65.5
		广 域 枢 纽	2	89.3
		核 力 辐 射	4	79.6

图 3-33　小项偏差值

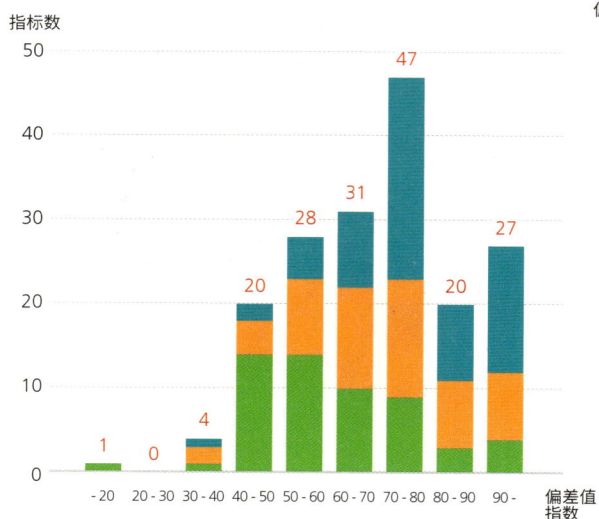

图 3-34　指标偏差值分布

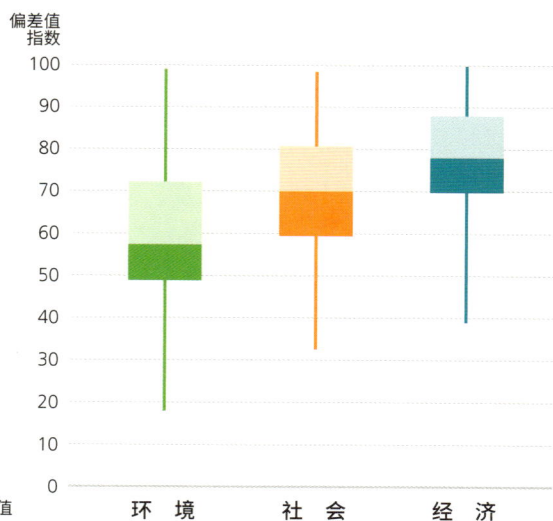

图 3-35　指标偏差值箱形分析

大项	中项	小项	ID	指标	偏差值指数	排行
环境	自然生态	水土禀赋	1	每万人可利用国土面积	47.5	289
			2	森林面积	46.4	164
			3	农田面积	44.0	214
			4	牧草面积	48.1	164
			5	水面面积	50.5	58
			6	每万人水资源	48.8	184
			7	国家公园·保护区·景区指数	52.8	77
		气候条件	8	气候舒适度	56.8	38
			9	降雨量	66.3	22
		自然灾害	10	自然灾害直接经济损失指数	46.4	199
			11	地质灾害直接经济损失指数	53.3	1
			12	灾害预警	47.6	217
	环境质量	污染负荷	13	空气质量指数 (AQI)	57.5	56
			14	PM2.5 指数	52.9	79
			15	单位 GDP 二氧化碳排放量	65.7	26
			16	工业二氧化硫排放量	48.0	157
			17	工业烟（粉）尘排放量	49.0	98
			18	城镇生活污水未处理排放量	42.7	81
			19	国定、省定断面三类及以上水质达标率	18.1	291
			20	区域环境等效声级	56.9	79
			21	辐射环境空气吸收剂量率	59.5	66
		环境努力	22	环境努力指数	49.1	111
			23	节水努力指数	43.8	288
			24	生态环境社会团体	53.8	28
			25	国家环境保护城市指数	54.4	77
			26	国家生态环境评价指数	45.8	187
		资源效率	27	实际城市用地土地产出率	73.7	7
			28	农林牧水产土地产出率	62.3	28
			29	单位 GDP 能耗	65.7	26
			30	绿色建筑设计评价标识项目	72.0	10
			31	工业固体废物综合利用率	57.5	59
			32	循环经济城市指数	62.6	32
	空间结构	紧凑城区	33	人口集中地区 (DID) 人口	92.2	3
			34	人口集中地区 (DID) 面积	86.6	4
			35	人口集中地区 (DID) 人口比重	75.3	7
			36	人口集中地区 (DID) 比率	73.1	14
			37	超人口集中地区（超 DID）人口	99.2	2
			38	超人口集中地区（超 DID）面积	92.8	4
			39	超人口集中地区（超 DID）人口比重	77.6	6
			40	超人口集中地区（超 DID）比率	77.5	6
		交通网络	41	城市轨道交通密度指数	80.9	2
			42	城市干线道路密度指数	68.1	7
			43	城市生活道路密度指数	68.2	8
			44	城市人行道·自行车道路密度指数	69.0	7
			45	城市轨道交通距离	85.0	3
			46	每万人公共汽（电）车客运量	79.7	6
			47	每万人公共汽（电）车拥有量	73.3	10
			48	每万人私人机动车拥有量	48.9	211
			49	每万人出租汽车拥有量	61.7	36
			50	高峰拥堵延时指数	32.5	293
		城市设施	51	固定资产投资规模指数	71.0	13
			52	公园绿地面积	98.0	2
			53	建成区绿化覆盖率	54.0	102
			54	建成区供排水管道密度	52.8	84
			55	燃气普及率	54.9	68
			56	城市地下设施指数	69.0	5

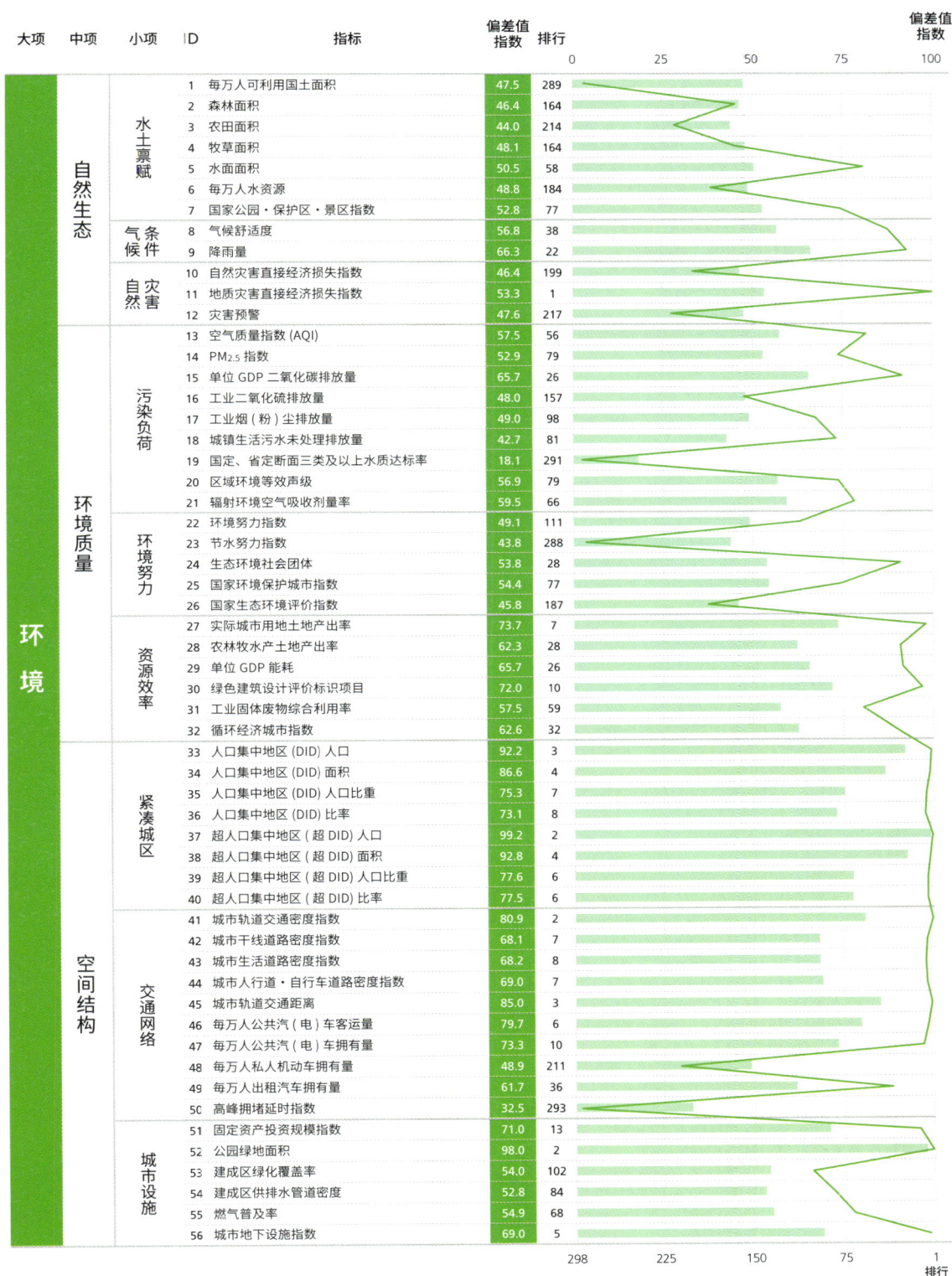

图 3-36　各项指标表现：环境

广州

大项	中项	小项	ID	指标	偏差值指数	排行
社会	地位与治理	城市地位	57	行政层级	68.8	1
			58	大城市群层级	74.6	2
			59	核心城市层级	55.8	5
			60	大使馆·领事馆	70.0	3
			61	国际组织	49.4	3
			62	"一带一路"指数	74.0	5
		人口素质	63	人口自然增长率指数	54.0	105
			64	人口社会增长率指数	74.2	6
			65	人口结构指数	61.2	5
			66	人口教育结构指数	71.4	10
			67	高等教育指数	97.3	1
			68	杰出人才培养指数	69.0	7
			69	地方财政教育支出指数	69.3	9
		社会管理	70	社会服务指数	53.7	52
			71	安全安心城市指数	69.5	16
			72	交通安全指数	41.5	292
			73	社会安全指数	36.5	291
			74	社会团体	70.6	16
			75	文明卫生城市指数	59.0	22
			76	政府网站绩效	63.3	10
	传承与交流	历史遗存	77	历史地位	65.8	7
			78	世界遗产	45.8	65
			79	历史文化名城	60.7	10
			80	非物质文化遗产	64.2	15
			81	重点文物保护单位	59.6	29
		文化娱乐	82	影剧院消费指数	94.3	4
			83	博物馆·美术馆	75.8	8
			84	体育场馆指数	90.4	4
			85	动物园·植物园·水族馆	81.8	4
			86	公共图书馆藏书量	79.8	5
			87	文化大师指数	65.3	7
			88	奥运冠军指数	84.9	4
			89	全国文化先进单位指数	65.2	14
		交流	90	入境游客	83.0	2
			91	国内游客	53.0	64
			92	国际旅游外汇收入	95.4	2
			93	国内旅游收入	93.9	4
			94	国际会议	76.2	3
			95	展览业发展指数	75.0	3
			96	世界旅游城市指数	97.9	4
	生活品质	人居环境	97	平均寿命	58.1	28
			98	医疗保险·养老保险参保指数	80.7	5
			99	平均房价与收入比	32.7	286
			100	人居城市指数	46.7	40
			101	中国幸福感城市指数	65.9	15
		消费水平	102	每万人社会消费品零售额	84.3	1
			103	每万人住宿和餐饮业营业收入	70.4	6
			104	每万人电信消费	70.1	10
			105	每万人居民生活用水量	95.0	2
			106	国际顶级品牌指数	80.8	7
			107	国际餐饮连锁品牌指数	98.6	3
		生活服务	108	每万人公共财政支出	58.6	33
			109	每万人在园儿童数	52.3	123
			110	养老服务机构年末床位数	74.7	6
			111	执业（助理）医师数	86.4	4
			112	卫生机构床位数	79.9	6
			113	三甲医院	87.0	3

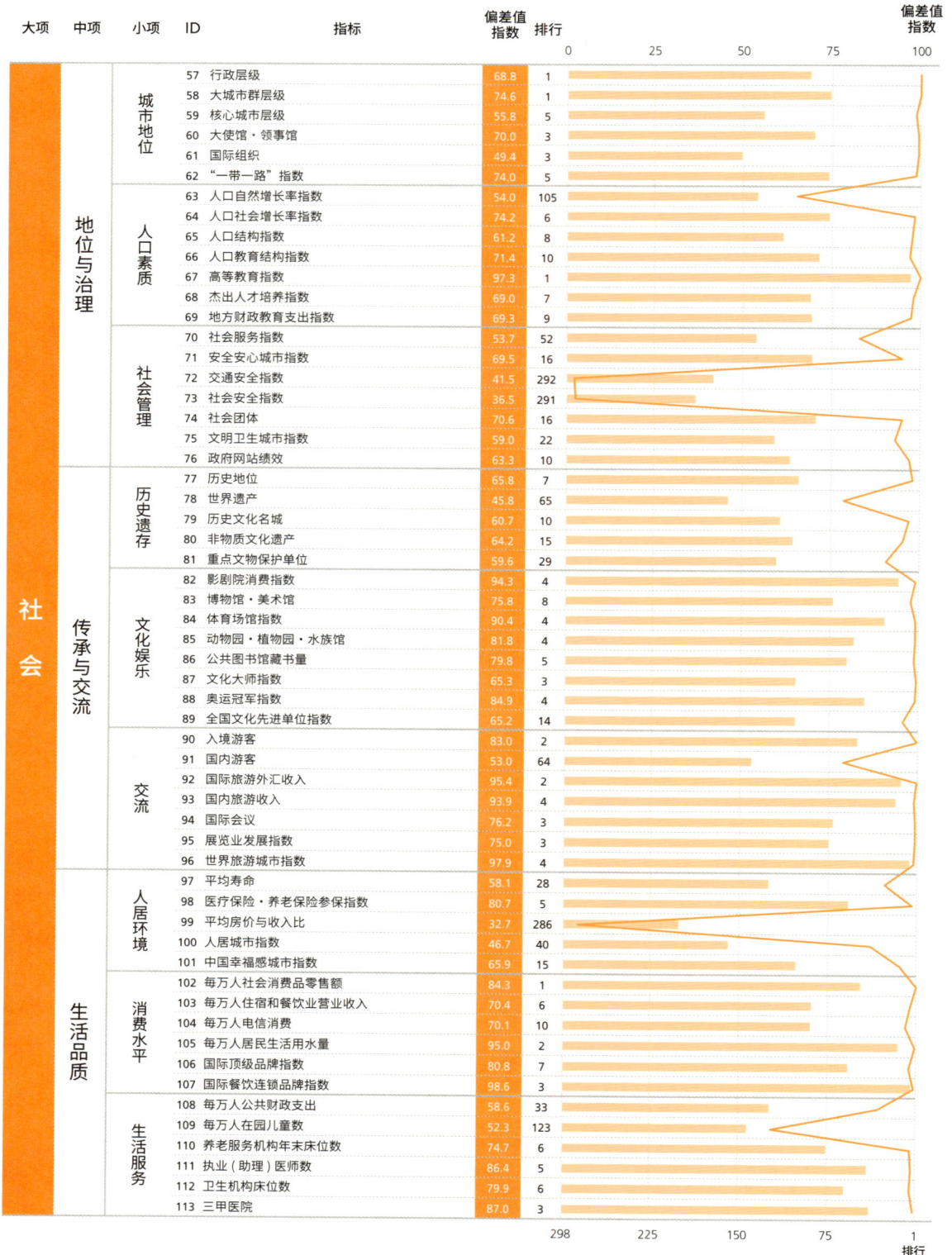

图 3-37　各项指标表现：社会

大项	中项	小项	ID	指标	偏差值指数	排行
经济	经济质量	经济总量	114	GDP 规模	97.2	4
			115	常住人口规模	79.0	6
			116	税收规模	68.2	9
			117	电力消耗量	93.6	5
		经济结构	118	产业结构指数	88.6	4
			119	主板上市企业	67.1	7
			120	世界 500 强中国企业	58.1	4
			121	中国 500 强企业	69.5	4
			122	中国民营企业 500 强企业	78.1	8
			123	规模以上工业总产值	81.4	7
		经济效率	124	GDP 增长率指数	49.8	184
			125	每万人 GDP	78.2	8
			126	每万人财政收入	63.2	25
			127	被抚养人口指数	47.3	151
			128	发债城投企业有息债券规模及债务率	69.4	8
			129	每万人登记失业人员数	39.1	288
	发展活力	商务环境	130	职工平均工资	73.9	4
			131	对企业服务业从业人数	83.9	6
			132	星级酒店指数	78.9	6
			133	国际顶级餐厅指数	88.1	3
			134	国家园区指数	74.9	13
		开放度	135	人口流动	91.5	5
			136	货物出口·进口	76.9	6
			137	实际使用外资	69.7	12
			138	对外直接投资	70.2	9
			139	规模以上外商投资企业产值	98.1	3
			140	国际学校	90.5	3
			141	自贸区指数	94.2	3
		创新创业	142	世界顶级大学指数	72.9	6
			143	R&D 支出指数	78.4	6
			144	R&D 人力资源	86.0	6
			145	创业板·新三板上市企业指数	79.5	6
			146	独角兽企业指数	53.0	8
			147	专利申请授权量指数	69.9	4
			148	商标注册指数	82.0	4
			149	两院院士指数	53.5	14
			150	国家改革试验区指数	58.5	38
			151	国家创新示范城市指数	81.7	8
			152	信息·知识产业城市指数	79.1	8
			153	国家重点实验室·工程研究中心指数	74.5	5
	城市影响	城一乡体	154	城乡居民收入比指数	61.8	21
			155	小学教育程度人口比率	71.8	10
			156	文盲率	76.4	9
			157	义务教育发展均衡指数	59.4	39
		广域枢纽	158	机场便利性	90.0	3
			159	航空运量指数	90.0	3
			160	集装箱港口便利性	73.4	4
			161	港口集装箱吞吐量	93.0	4
			162	水运运量指数	69.2	7
			163	铁路便利性	100.0	1
			164	铁路运量指数	97.0	1
			165	铁路密度	76.8	12
			166	公路运量指数	100.0	1
			167	高速公路密度	94.9	3
			168	国道·省道密度	70.5	12
			169	流通城市指数	94.8	2
		核力辐射	170	高等教育辐射力	81.5	6
			171	科学技术辐射力	78.8	5
			172	IT 产业辐射力	70.8	7
			173	文化体育娱乐辐射力	77.0	4
			174	金融业辐射力	72.6	5
			175	制造业辐射力	73.8	6
			176	医疗辐射力	96.7	2
			177	批发零售业辐射力	86.9	4
			178	餐饮酒店辐射力	78.7	4

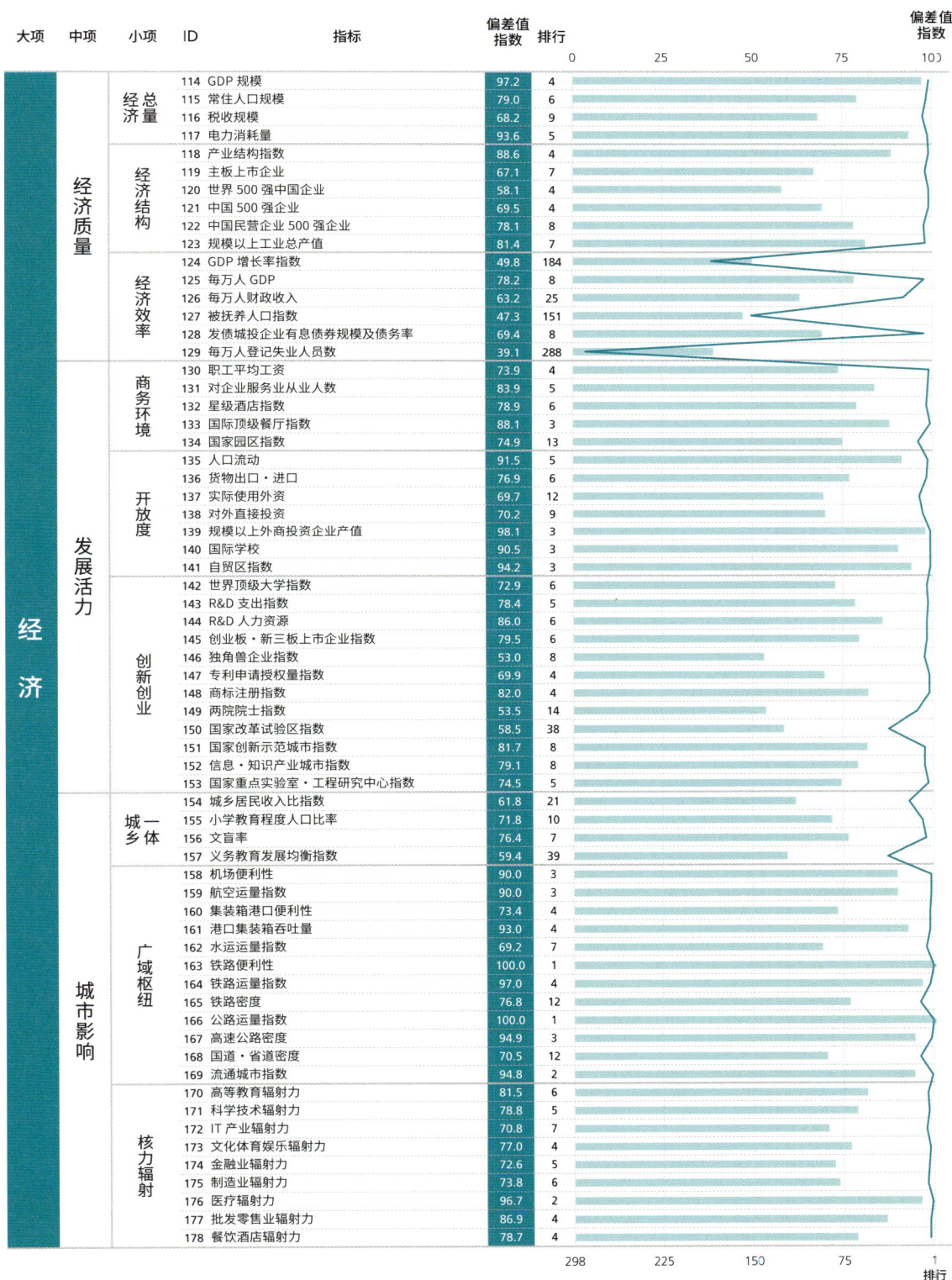

图 3-38　各项指标表现: 经济

广州

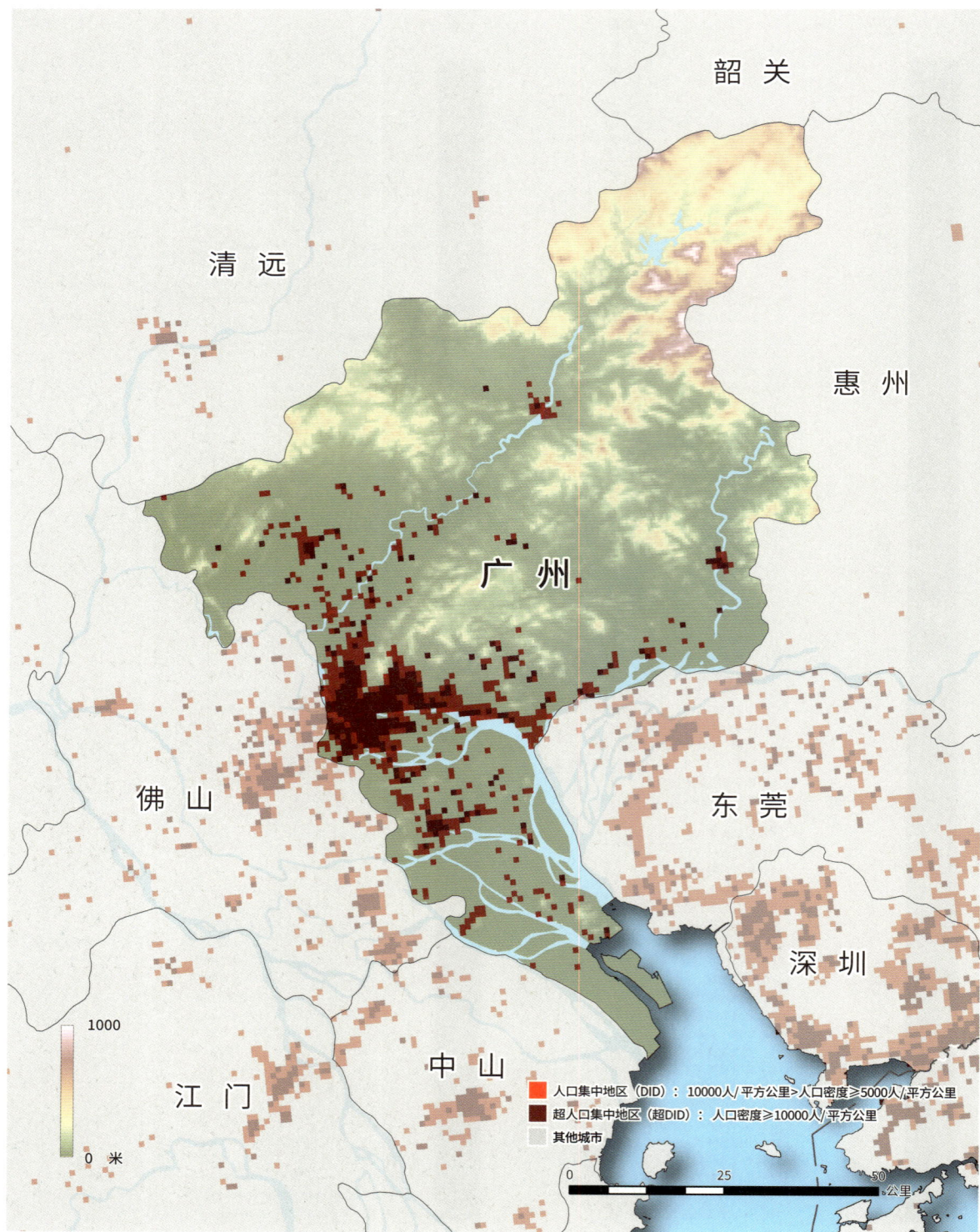

图 3-39   DID 分析

人口集中地区（DID）：10000人/平方公里>人口密度≥5000人/平方公里
超人口集中地区（超DID）：人口密度≥10000人/平方公里
其他城市

1000

0 米

0   25   50 公里

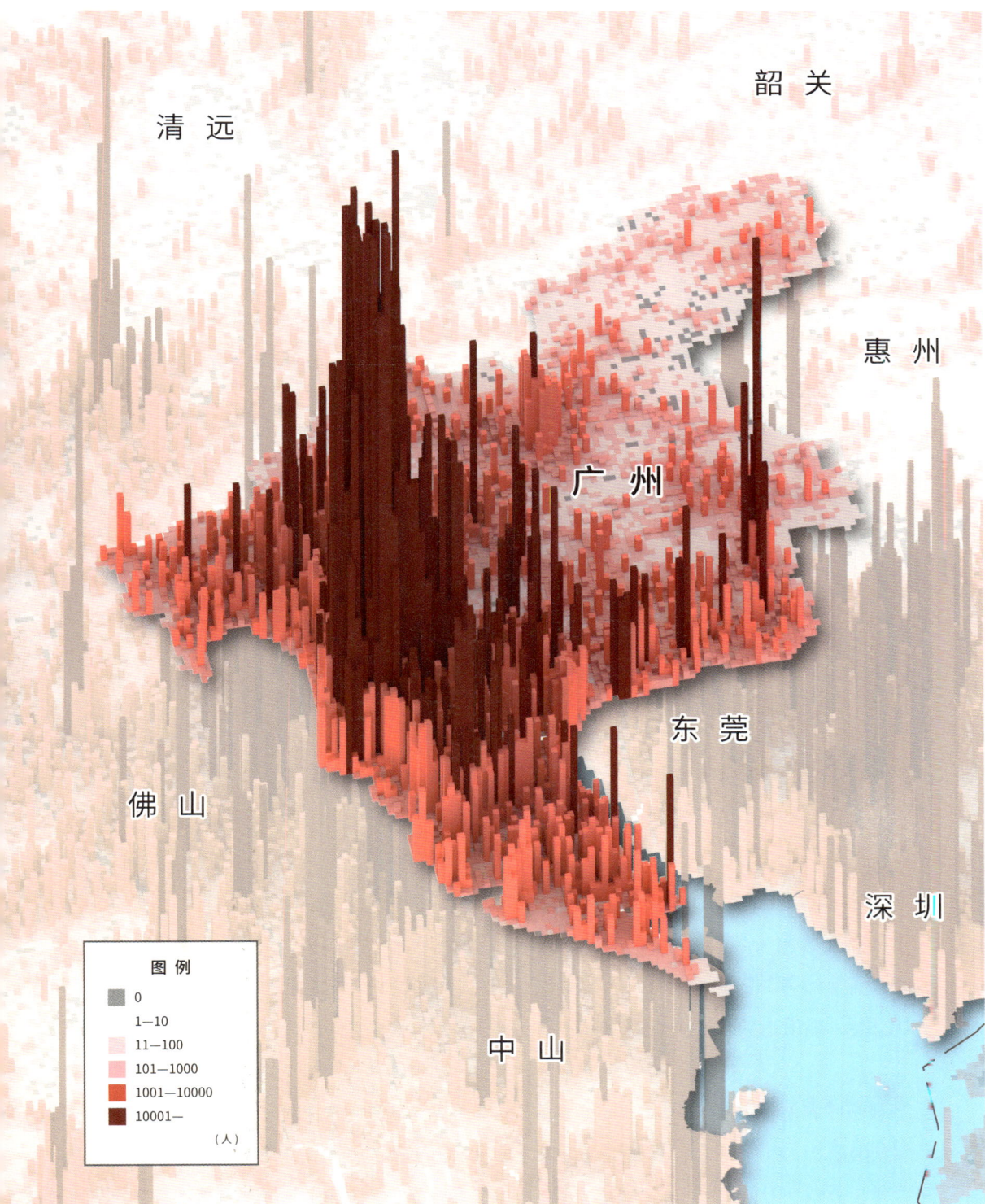

图 3-40　人口规模和密度分析

图 例

▨	0
▨	1—10
▨	11—100
▨	101—1000
▨	1001—10000
▨	10001—

（人）

韶　关

清　远

惠　州

广　州

东　莞

佛　山

深　圳

中　山

5. 天津
Tianjin

天津连续3年获得综合排名第5位。

天津的经济大项连续3年蝉联全国第5位。中项指标中发展活力排名全国第5位，经济质量和城市影响排名全国第6位。从小项指标的表现来看，开放度名列全国第4位，经济总量与广域枢纽均排名全国第5位。在经济大项的9个小项指标中，天津有8个小项指标入围全国前十。

天津的社会大项排名较2017年提升了1个位次，排名全国第5位。社会大项的中项指标里，地位与治理居全国第3位，生活品质、传承与交流均排名全国第7位。其中，生活品质比2017年提升了2个位次。小项指标中的城市地位排名全国第3位，社会管理和生活服务均获得全国第5位的佳绩。

天津的环境大项排名全国第21位，较2017年有大幅提升。中项指标中的空间结构和环境质量分别名列全国第8位和第35位，自然生态排名全国第212位，与前两中项的差距较大。小项指标的环境努力和资源效率分别排名全国第9位和第10位，但是水土禀赋和气候条件的表现都低于全国平均值。

表 3-5　主要指标

环　境

常住人口	1560 万人
行政区域土地面积	11917 平方公里
人均可利用国土面积全国排名	284 位
森林覆盖率全国排名	194 位
人均水资源全国排名	290 位
气候舒适度全国排名	213 位
PM2.5 指数全国排名	143 位
人口集中地区（DID）人口全国排名	5 位
城市轨道交通距离全国排名	12 位

社　会

平均房价全国排名	9 位
剧场·影剧院数全国排名	18 位
博物馆·美术馆数全国排名	12 位
国内游客数	19100 万人
入境游客数	335 万人
世界遗产数全国排名	14 位
国际会议数全国排名	16 位

经　济

GDP 规模	18810 亿元
人均 GDP	120606 元/人
GDP 增长率	3.6 %
人均财政收入全国排名	7 位
平均工资全国排名	5 位
主板上市企业全国排名	8 位
货物出口额全国排名	12 位
机场便利性全国排名	13 位
集装箱港口便利性全国排名	6 位
金融业辐射力全国排名	6 位
制造业辐射力全国排名	8 位
IT 产业辐射力全国排名	39 位
高等教育辐射力全国排名	9 位
科学技术辐射力全国排名	8 位
医疗辐射力全国排名	6 位
文化体育娱乐辐射力全国排名	13 位
餐饮酒店辐射力全国排名	16 位
批发零售业辐射力全国排名	10 位

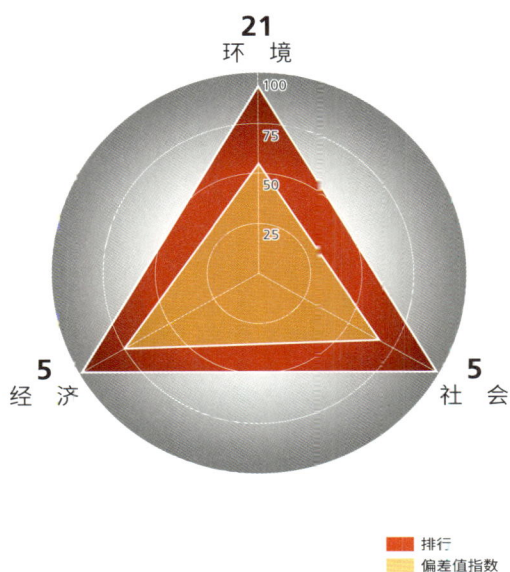

图 3-41　大项指标表现

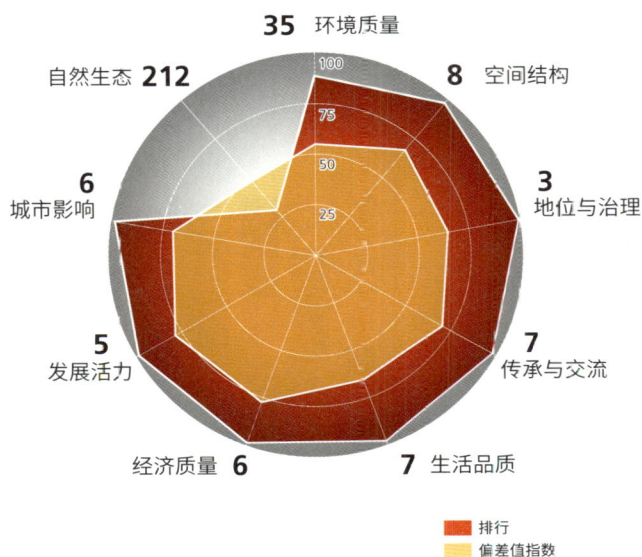

图 3-42　中项指标表现

天津

大项	中项	小项	排行	偏差值指数
环境	自然生态	水 土 禀 赋	130	49.2
		气 候 条 件	224	43.3
		自 然 灾 害	69	51.8
	环境质量	污 染 负 荷	103	50.7
		环 境 努 力	9	61.6
		资 源 效 率	10	61.4
	空间结构	紧 凑 城 区	8	72.8
		交 通 网 络	15	63.4
		城 市 设 施	4	73.7
社会	地位与治理	城 市 地 位	3	63.6
		人 口 素 质	6	69.8
		社 会 管 理	5	62.3
	传承与交流	历 史 遗 存	10	61.0
		文 化 娱 乐	8	74.1
		交 流	7	73.0
	生活品质	人 居 环 境	15	58.8
		消 费 水 平	13	64.9
		生 活 服 务	5	74.5
经济	经济质量	经 济 总 量	5	84.6
		经 济 结 构	6	76.7
		经 济 效 率	19	57.9
	发展活力	商 务 环 境	6	71.1
		开 放 度	4	86.1
		创 新 创 业	8	70.2
	城市影响	城 乡 一 体	8	65.2
		广 域 枢 纽	5	73.5
		核 力 辐 射	8	67.1

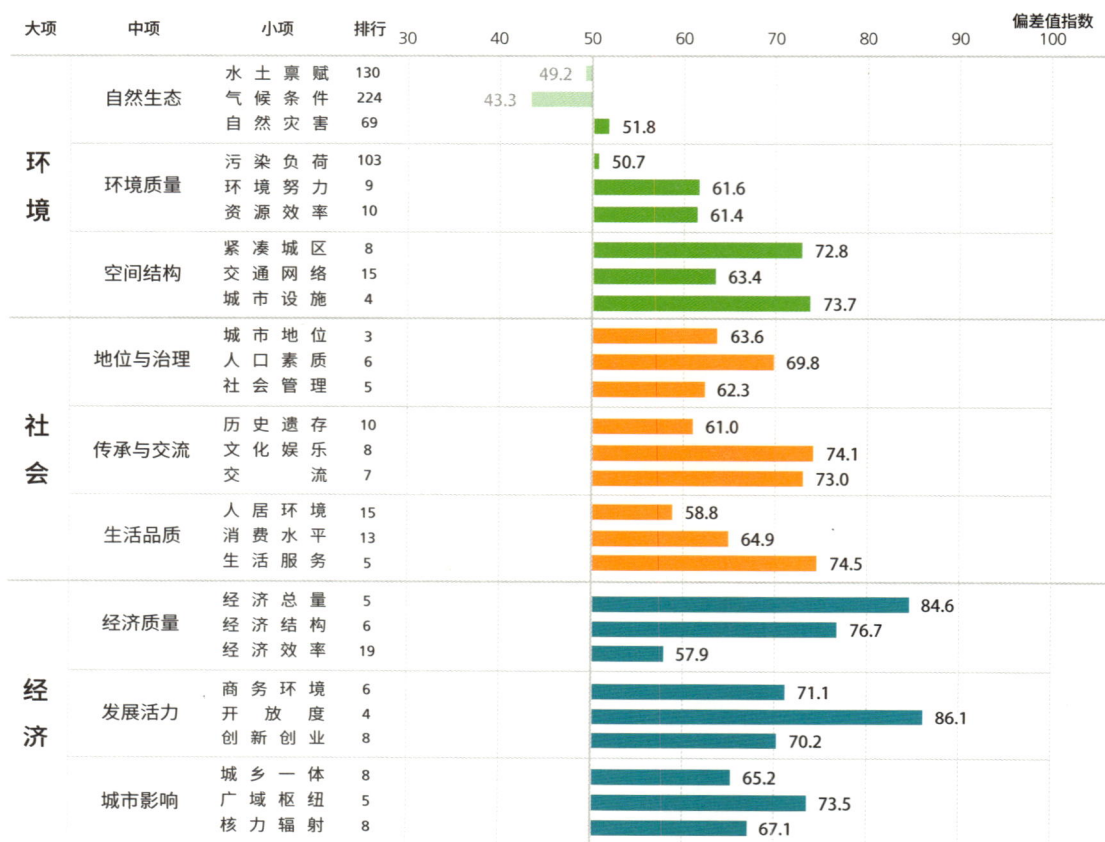

图 3-43 小项偏差值

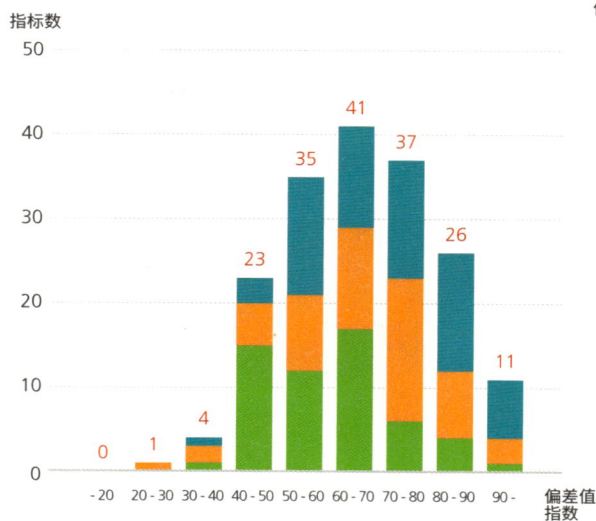

图 3-44 指标偏差值分布

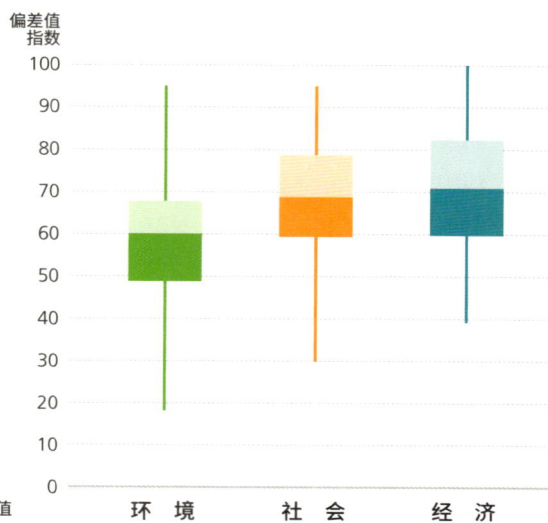

图 3-45 指标偏差值箱形分析

大项	中项	小项	ID	指标	偏差值指数	排行
环境	自然生态	水土禀赋	1	每万人可利用国土面积	47.6	284
			2	森林面积	45.1	194
			3	农田面积	51.3	90
			4	牧草草面积	48.7	59
			5	水面面积	53.1	35
			6	每万人水资源	48.7	290
			7	国家公园·保护区·景区指数	55.8	47
		气候条件	8	气候舒适度	45.3	213
			9	降雨量	41.2	241
		自然灾害	10	自然灾害直接经济损失指数	59.0	36
			11	地质灾害直接经济损失指数	53.3	1
			12	灾害预警	47.4	277
	环境质量	污染负荷	13	空气质量指数(AQI)	48.1	146
			14	PM$_{2.5}$指数	47.8	143
			15	单位GDP二氧化碳排放量	66.5	20
			16	工业二氧化硫排放量	47.1	258
			17	工业烟(粉)尘排放量	47.4	260
			18	城镇生活污水未处理排放量	43.4	75
			19	国定、省定断面三类及以上水质达标率	53.1	132
			20	区域环境等效声级	61.8	48
			21	辐射环境空气吸收剂量率	72.9	6
		环境努力	22	环境努力指数	67.0	6
			23	节水努力指数	54.2	54
			24	生态环境社会团体	52.1	41
			25	国家环境保护城市指数	76.8	11
			26	国家生态环境评价指数	52.5	41
		资源效率	27	实际城市用地土地产出率	57.9	58
			28	农林牧水产土地产出率	46.2	190
			29	单位GDP能耗	66.5	20
			30	绿色建筑设计评价标识项目	95.0	3
			31	工业固体废物综合利用率	58.5	29
			32	循环经济城市指数	72.0	11
	空间结构	紧凑城区	33	人口集中地区(DID)人口	85.2	5
			34	人口集中地区(DID)面积	78.5	8
			35	人口集中地区(DID)人口比重	68.7	23
			36	人口集中地区(DID)比率	61.1	16
			37	超人口集中地区(超DID)人口	89.9	5
			38	超人口集中地区(超DID)面积	88.1	8
			39	超人口集中地区(超DID)人口比重	70.6	18
			40	超人口集中地区(超DID)比率	65.8	12
		交通网络	41	城市轨道交通密度指数	67.6	16
			42	城市干线道路密度指数	63.3	23
			43	城市生活道路密度指数	63.8	22
			44	城市人行道·自行车道路密度指数	63.7	23
			45	城市轨道交通距离	63.1	12
			46	每万人公共汽(电)车客运量	62.5	29
			47	每万人公共汽(电)车拥有量	67.0	19
			48	每万人私人机动车拥有量	48.8	223
			49	每万人出租汽车拥有量	68.2	18
			50	高峰拥堵延时指数	36.0	246
		城市设施	51	固定资产投资规模指数	89.3	2
			52	公园绿地面积	72.2	8
			53	建成区绿化覆盖率	44.1	255
			54	建成区供排水管道密度	66.4	21
			55	燃气普及率	55.1	1
			56	城市地下设施指数	69.0	5

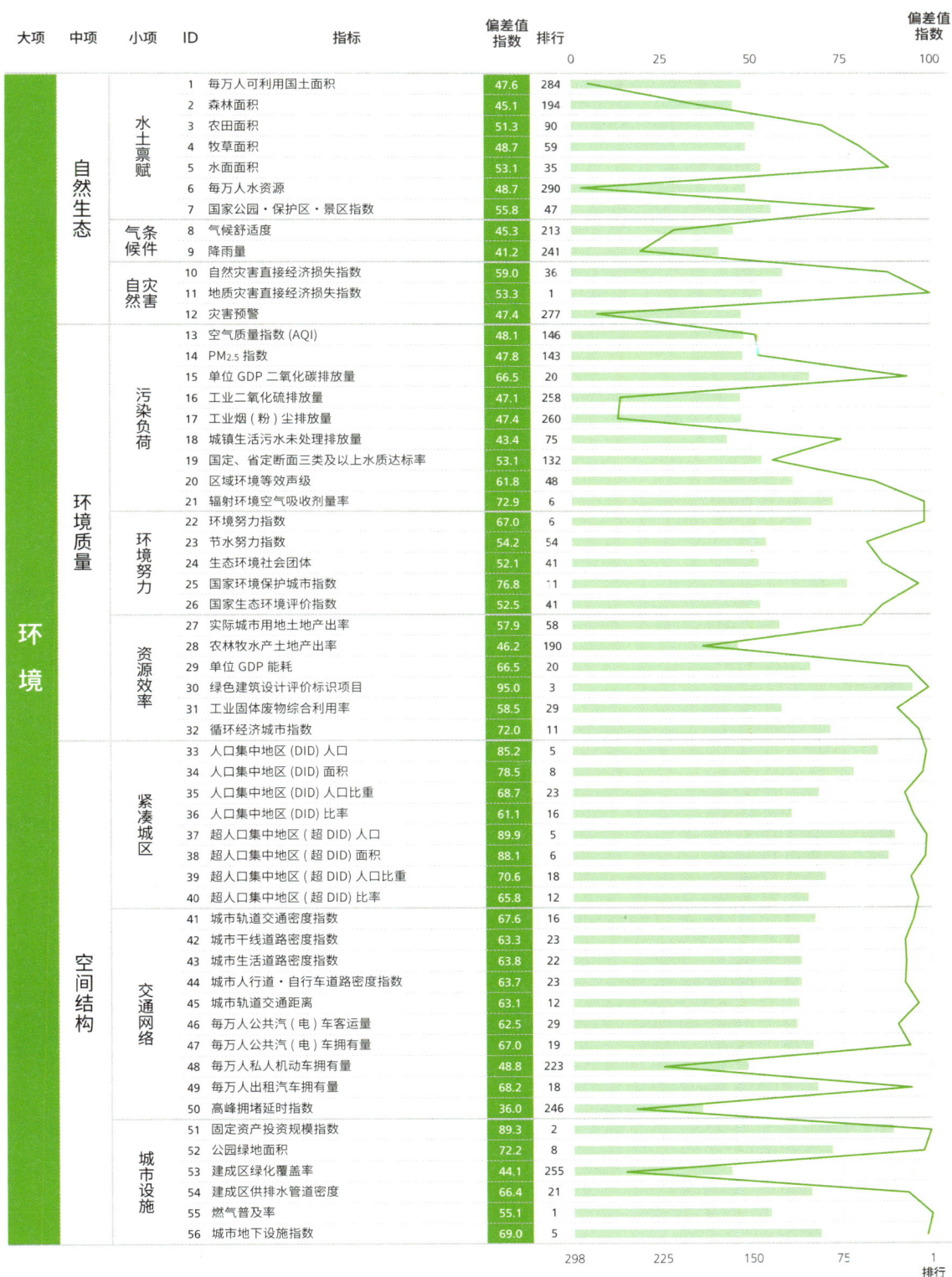

图 3-46　各项指标表现：环境

天津

大项	中项	小项	ID	指标	偏差值指数	排行
社会	地位与治理	城市地位	57	行政层级	68.8	1
			58	大城市群层级	59.3	4
			59	核心城市层级	65.7	2
			60	大使馆·领事馆	48.9	17
			61	国际组织	49.4	3
			62	"一带一路"指数	83.3	4
		人口素质	63	人口自然增长率指数	42.5	225
			64	人口社会增长率指数	72.8	10
			65	人口结构指数	59.1	13
			66	人口教育结构指数	67.6	16
			67	高等教育指数	72.7	16
			68	杰出人才培养指数	83.3	3
			69	地方财政教育支出指数	86.5	3
		社会管理	70	社会服务指数	72.5	5
			71	安全安心城市指数	64.0	33
			72	交通安全指数	41.4	293
			73	社会安全指数	36.8	292
			74	社会团体	64.1	21
			75	文明卫生城市指数	83.8	4
			76	政府网站绩效	59.4	72
	传承与交流	历史遗存	77	历史地位	55.9	18
			78	世界遗产	60.7	14
			79	历史文化名城	60.7	10
			80	非物质文化遗产	71.1	7
			81	重点文物保护单位	62.4	19
		文化娱乐	82	影剧院消费指数	66.6	15
			83	博物馆·美术馆	70.9	12
			84	体育场馆指数	89.4	5
			85	动物园·植物园·水族馆	78.7	6
			86	公共图书馆藏书量	71.2	10
			87	文化大师指数	60.3	5
			88	奥运冠军指数	75.2	11
			89	全国文化先进单位指数	94.8	4
		交流	90	入境游客	76.1	6
			91	国内游客	85.0	6
			92	国际旅游外汇收入	92.9	5
			93	国内旅游收入	95.0	3
			94	国际会议	54.3	16
			95	展览业发展指数	58.3	17
			96	世界旅游城市指数	52.9	49
	生活品质	人居环境	97	平均寿命	70.4	3
			98	医疗保险·养老保险参保指数	63.2	28
			99	平均房价与收入比	30.0	289
			100	人居城市指数	46.7	40
			101	中国幸福感城市指数	85.1	7
		消费水平	102	每万人社会消费品零售额	62.5	33
			103	每万人住宿和餐饮业营业收入	51.8	47
			104	每万人电信消费	71.6	9
			105	每万人居民生活用水量	60.0	34
			106	国际顶级品牌指数	79.3	9
			107	国际餐饮连锁品牌指数	79.4	5
		生活服务	108	每万人公共财政支出	78.8	10
			109	每万人在园儿童数	35.4	278
			110	养老服务机构年末床位数	76.2	5
			111	执业(助理)医师数	77.4	7
			112	卫生机构床位数	70.2	12
			113	三甲医院	86.0	4

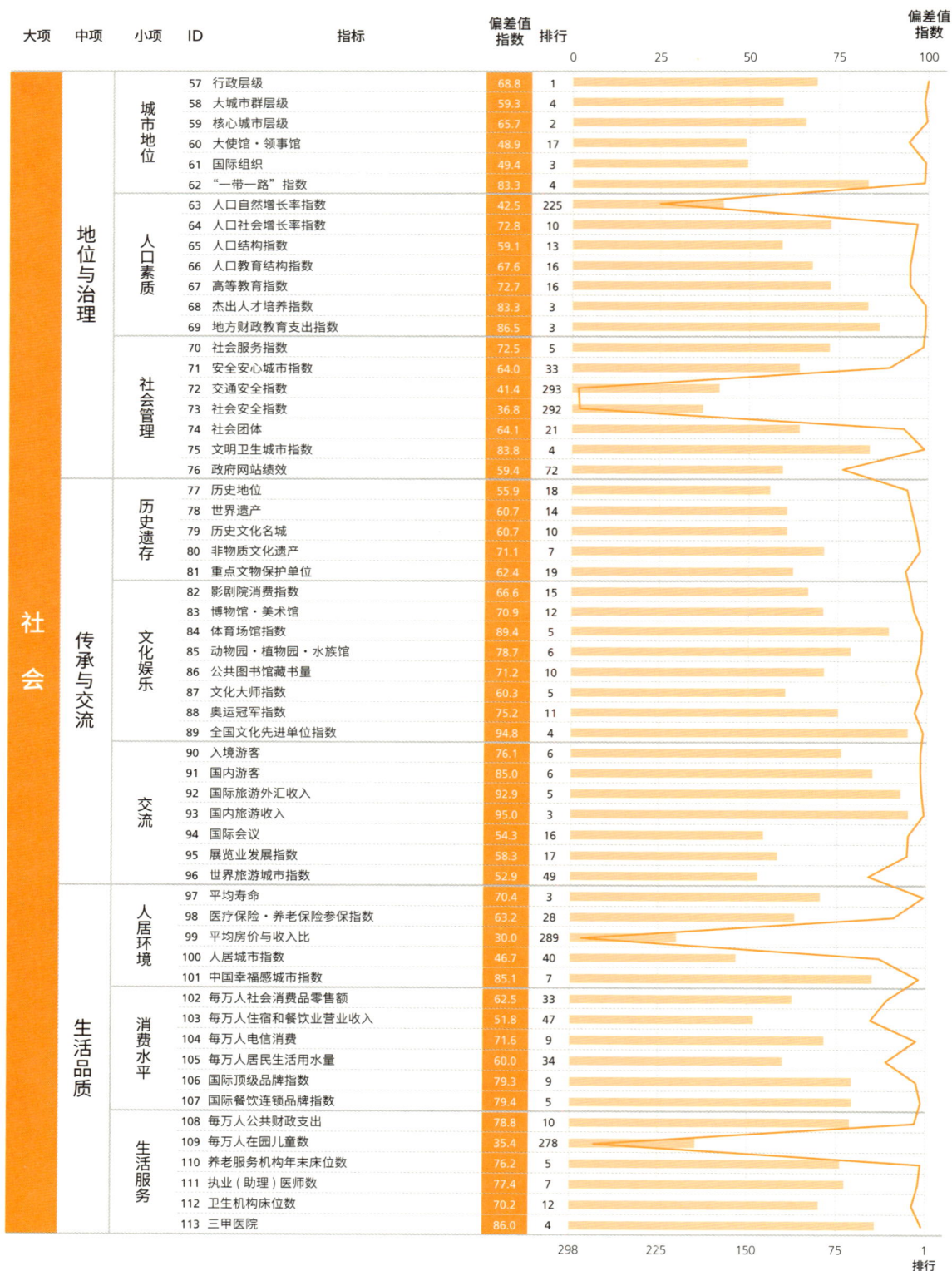

图 3-47　各项指标表现：社会

80　中国城市综合发展指标2018

大项	中项	小项	ID	指标	偏差值指数	排行
经济	经济质量	经济总量	114	GDP 规模	87.6	6
			115	常住人口规模	82.1	5
			116	税收规模	79.9	4
			117	电力消耗量	92.6	6
		经济结构	118	产业结构指数	80.9	7
			119	主板上市企业	64.3	8
			120	世界 500 强中国企业	52.0	11
			121	中国 500 强企业	58.7	8
			122	中国民营企业 500 强企业	75.9	10
			123	规模以上工业总产值	97.0	3
		经济效率	124	GDP 增长率指数	42.9	253
			125	每万人 GDP	69.4	20
			126	每万人财政收入	81.8	7
			127	被抚养人口指数	45.4	268
			128	发债城投企业有息债券规模及债务率	68.5	10
			129	每万人登记失业人员数	39.1	287
	发展活力	商务环境	130	职工平均工资	73.6	5
			131	对企业服务业从业人数	70.8	8
			132	星级酒店指数	68.0	12
			133	国际顶级餐厅指数	56.1	12
			134	国家园区指数	82.3	9
		开放度	135	人口流动	88.1	6
			136	货物出口·进口	70.5	7
			137	实际使用外资	100.0	1
			138	对外直接投资	99.0	2
			139	规模以上外商投资企业产值	89.6	4
			140	国际学校	67.9	9
			141	自贸区指数	92.9	5
		创新创业	142	世界顶级大学指数	69.3	9
			143	R&D 支出指数	83.0	3
			144	R&D 人力资源	87.2	5
			145	创业板·新三板上市企业指数	59.0	20
			146	独角兽企业指数	51.6	10
			147	专利申请授权量指数	59.1	10
			148	商标注册指数	57.5	22
			149	两院院士指数	57.9	6
			150	国家改革试验区指数	94.0	3
			151	国家创新示范城市指数	82.8	6
			152	信息·知识产业城市指数	75.0	10
			153	国家重点实验室·工程研究中心指数	70.9	6
	城市影响	城一乡体	154	城乡居民收入比指数	58.7	28
			155	小学教育程度人口比率	67.4	16
			156	文盲率	54.7	58
			157	义务教育发展均衡指数	92.8	3
		广域枢纽	158	机场便利性	67.4	13
			159	航空运量指数	62.5	17
			160	集装箱港口便利性	72.8	6
			161	港口集装箱吞吐量	89.3	6
			162	水运运量指数	51.0	67
			163	铁路便利性	84.0	8
			164	铁路运量指数	65.6	13
			165	铁路密度	87.2	4
			166	公路运量指数	59.7	10
			167	高速公路密度	81.2	6
			168	国道·省道密度	67.2	16
			169	流通城市指数	78.1	10
		核力辐射	170	高等教育辐射力	72.9	9
			171	科学技术辐射力	71.6	8
			172	IT 产业辐射力	49.7	39
			173	文化体育娱乐辐射力	60.0	13
			174	金融业辐射力	71.2	6
			175	制造业辐射力	68.5	8
			176	医疗辐射力	79.6	6
			177	批发零售业辐射力	74.5	10
			178	餐饮酒店辐射力	56.4	16

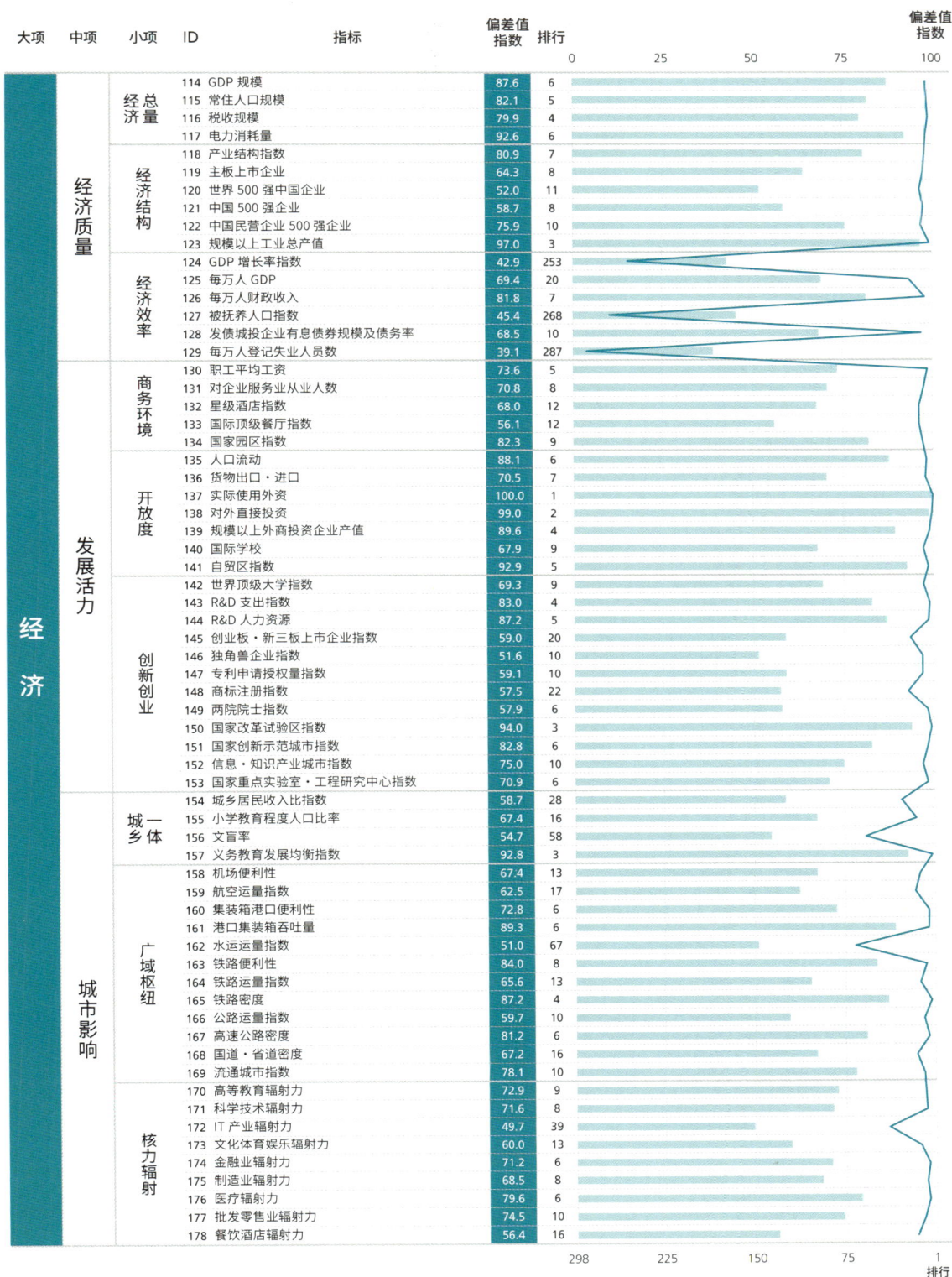

图 3-48　各项指标表现：经济

天津

人口集中地区（DID）：10000人／平方公里>人口密度≥5000人／平方公里
超人口集中地区（超DID）：人口密度≥10000人／平方公里
其他城市

图 3-49　DID 分析

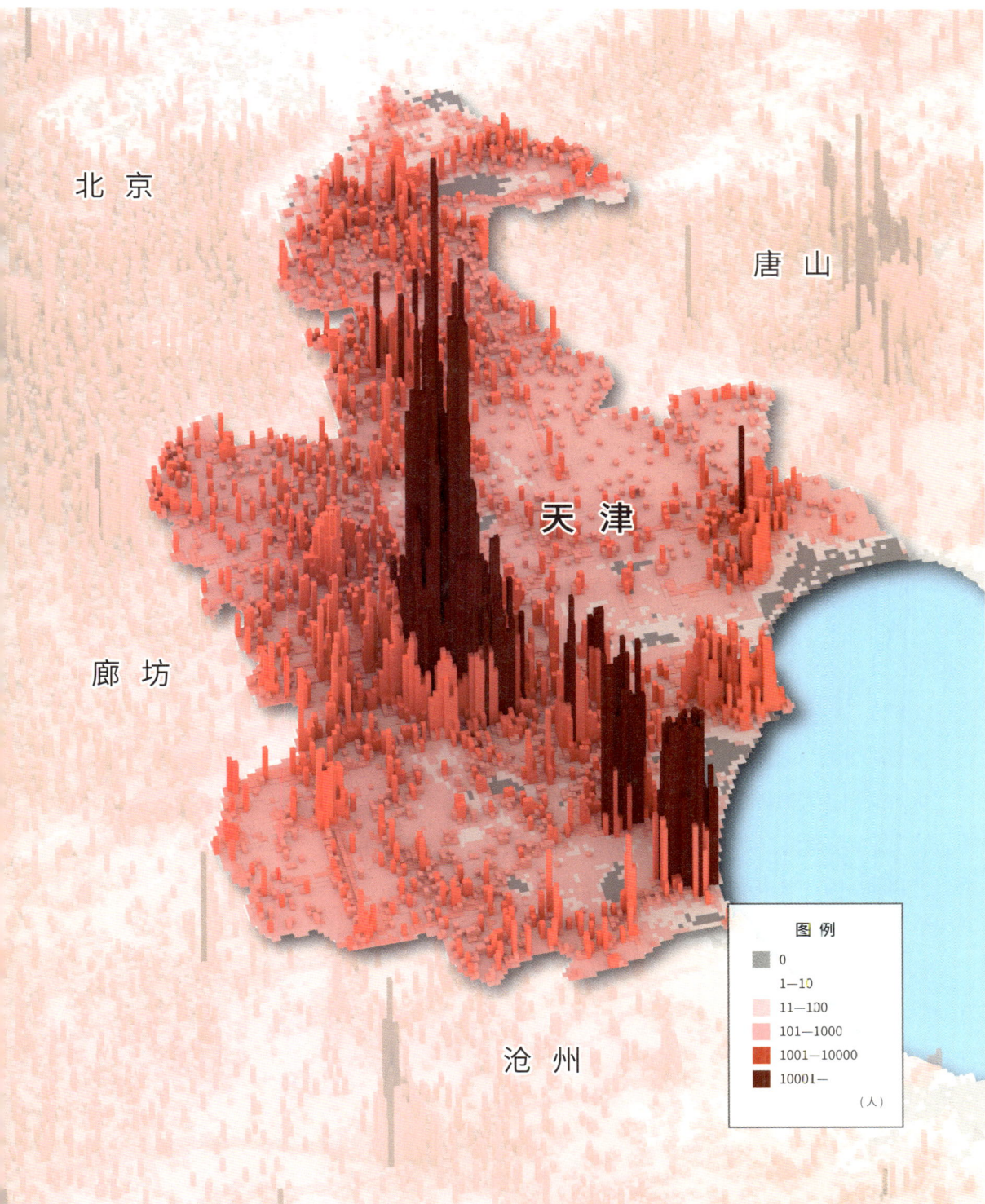

北 京

唐 山

天 津

廊 坊

沧 州

图 例

0
1—10
11—100
101—1000
1001—10000
10001—

（人）

图 3—50　人口规模和密度分析

6. 杭州
Hangzhou

杭州与2017年相比提升了1个位次，综合排名全国第6位。

杭州的社会大项与2017年相比提升了1个位次，排名全国第4位。社会大项里3个中项指标生活品质、传承与交流、地位与治理分别排名全国第4位、第5位和第9位。从小项指标来看，人居环境名列全国榜首，城市地位与消费水平均排名全国第6位，社会管理、文化娱乐与生活服务均排名全国第7位。

杭州的经济大项与2017年相比也提升了1个位次，排名全国第8位。经济大项里的经济质量、发展活力、城市影响3个中项指标均排名全国第8位。从小项指标来看，创新创业提升了2个位次，排名全国第5位，核力辐射、商务环境、经济结构和经济总量分别排名全国第6位、第7位、第8位和第10位。杭州的9个小项指标有5项入围全国前十。

杭州在社会和经济大项上的表现都比较出色，但是环境大项较2017年下跌了3个位次，今年排名全国第17位。环境大项3个中项指标的表现，空间结构与环境质量分别排名全国第15位和第32位，自然生态排名全国第70位。小项指标的环境努力、资源效率、城市设施分别排名全国第7位、第8位和第10位。自然灾害与污染负荷均低于全国平均值。

表 3-6　主要指标

环　境

常住人口	981 万人
行政区域土地面积	16596 平方公里
人均可利用国土面积全国排名	201 位
森林覆盖率全国排名	55 位
人均水资源全国排名	91 位
气候舒适度全国排名	122 位
PM$_{2.5}$ 指数全国排名	171 位
人口集中地区（DID）人口全国排名	13 位
城市轨道交通距离全国排名	16 位

社　会

平均房价全国排名	7 位
剧场·影剧院数全国排名	6 位
博物馆·美术馆数全国排名	9 位
国内游客数	13700 万人
入境游客数	363 万人
世界遗产数全国排名	4 位
国际会议数全国排名	19 位

经　济

GDP 规模	13468 亿元
人均 GDP	140180 元/人
GDP 增长率	6.7%
人均财政收入全国排名	10 位
平均工资全国排名	9 位
主板上市企业全国排名	4 位
货物出口额全国排名	8 位
机场便利性全国排名	8 位
集装箱港口便利性全国排名	31 位
金融业辐射力全国排名	7 位
制造业辐射力全国排名	9 位
IT 产业辐射力全国排名	5 位
高等教育辐射力全国排名	14 位
科学技术辐射力全国排名	6 位
医疗辐射力全国排名	4 位
文化体育娱乐辐射力全国排名	7 位
餐饮酒店辐射力全国排名	6 位
批发零售业辐射力全国排名	7 位

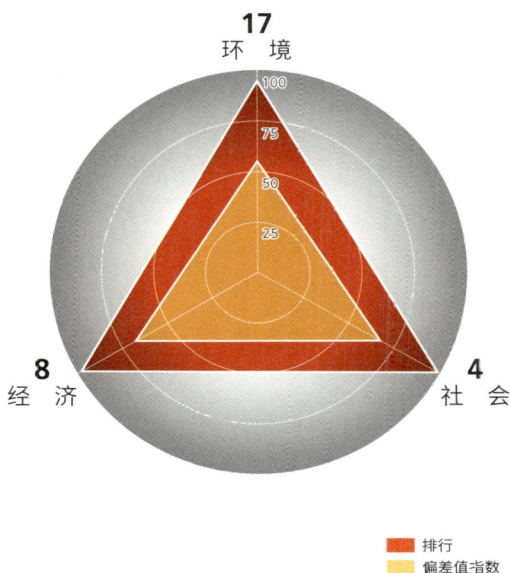

图 3-51　大项指标表现

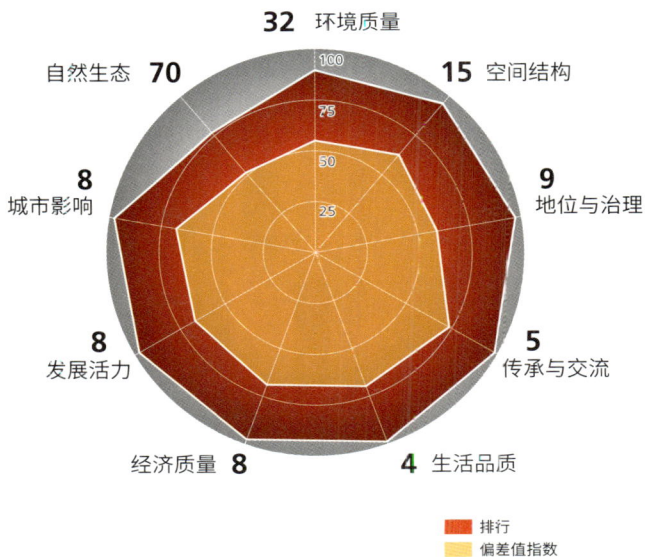

图 3-52　中项指标表现

杭州

大项	中项	小项	排行	偏差值指数
环境	自然生态	水土禀赋	89	50.0
		气候条件	72	55.9
		自然灾害	183	48.8
	环境质量	污染负荷	131	49.6
		环境努力	7	65.4
		资源效率	8	62.9
	空间结构	紧凑城区	21	62.6
		交通网络	18	62.0
		城市设施	10	65.3
社会	地位与治理	城市地位	6	57.2
		人口素质	11	62.6
		社会管理	7	59.2
	传承与交流	历史遗存	4	74.1
		文化娱乐	7	74.2
		交流	8	73.0
	生活品质	人居环境	1	66.4
		消费水平	6	71.6
		生活服务	7	69.6
经济	经济质量	经济总量	10	71.1
		经济结构	8	72.1
		经济效率	18	58.2
	发展活力	商务环境	7	69.6
		开放度	15	63.1
		创新创业	5	71.3
	城市影响	城乡一体	14	61.3
		广域枢纽	13	64.3
		核力辐射	6	71.9

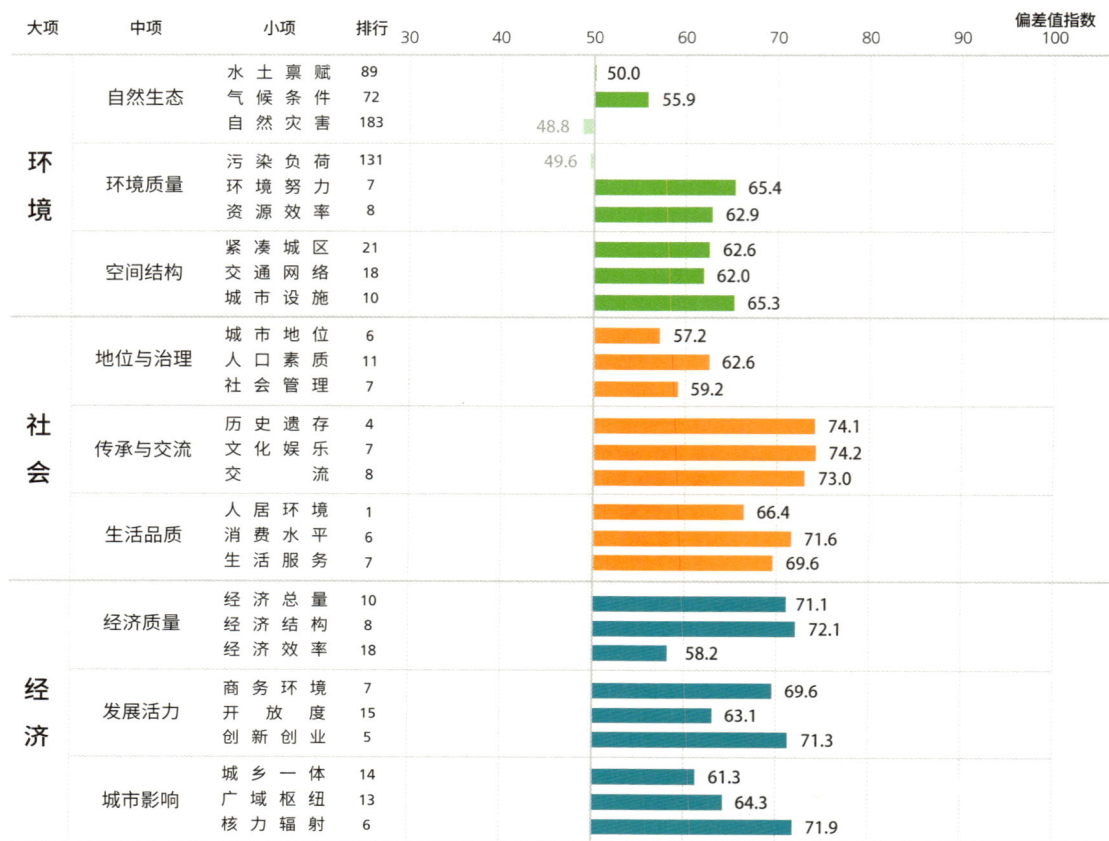

图 3-53　小项偏差值

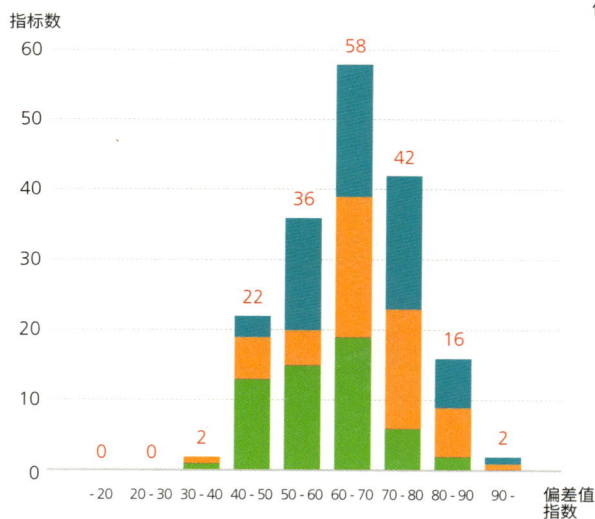

图 3-54　指标偏差值分布

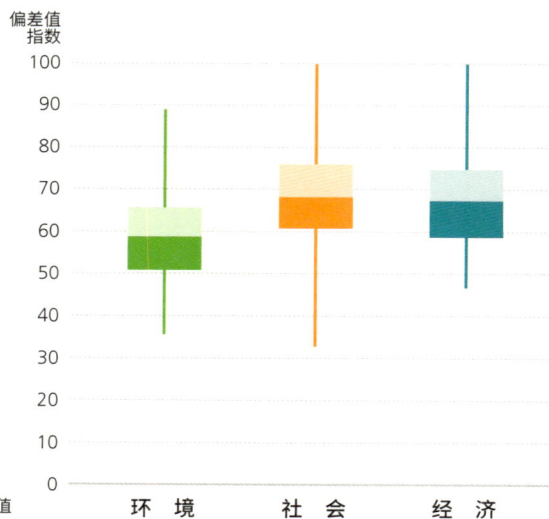

图 3-55　指标偏差值箱形分析

大项	中项	小项	ID	指标	偏差值指数	排行
环境	自然生态	水土禀赋	1	每万人可利用国土面积	48.1	201
			2	森林面积	54.3	55
			3	农田面积	43.9	217
			4	牧草面积	48.2	105
			5	水面面积	54.0	28
			6	每万人水资源	49.2	91
			7	国家公园·保护区·景区指数	65.6	9
		气候条件	8	气候舒适度	49.9	122
			9	降雨量	61.8	48
		自然灾害	10	自然灾害直接经济损失指数	46.2	280
			11	地质灾害直接经济损失指数	53.3	1
			12	灾害预警	47.8	118
	环境质量	污染负荷	13	空气质量指数 (AQI)	47.5	153
			14	PM2.5 指数	46.1	171
			15	单位 GDP 二氧化碳排放量	63.0	33
			16	工业二氧化硫排放量	47.3	229
			17	工业烟（粉）尘排放量	48.0	179
			18	城镇生活污水未处理排放量	43.6	73
			19	国定、省定断面三类及以上水质达标率	59.3	1
			20	区域环境等效声级	52.7	99
			21	辐射环境空气吸收剂量率	58.4	68
		环境努力	22	环境努力指数	55.6	23
			23	节水努力指数	51.2	85
			24	生态环境社会团体	61.3	8
			25	国家环境保护城市指数	80.0	5
			26	国家生态环境评价指数	89.0	3
		资源效率	27	实际城市用地土地产出率	60.6	41
			28	农林牧水产土地产出率	64.3	21
			29	单位 GDP 能耗	63.0	33
			30	绿色建筑设计评价标识项目	72.7	9
			31	工业固体废物综合利用率	52.9	168
			32	循环经济城市指数	65.9	15
	空间结构	紧凑城区	33	人口集中地区 (DID) 人口	69.5	13
			34	人口集中地区 (DID) 面积	70.3	12
			35	人口集中地区 (DID) 人口比重	66.5	26
			36	人口集中地区 (DID) 比率	53.1	39
			37	超人口集中地区（超 DID）人口	67.9	17
			38	超人口集中地区（超 DID）面积	70.1	16
			39	超人口集中地区（超 DID）人口比重	63.6	34
			40	超人口集中地区（超 DID）比率	53.4	44
		交通网络	41	城市轨道交通密度指数	65.3	24
			42	城市干线道路密度指数	61.7	25
			43	城市生活道路密度指数	61.9	25
			44	城市人行道·自行车道路密度指数	62.6	24
			45	城市轨道交通距离	58.1	16
			46	每万人公共汽（电）车客运量	75.7	10
			47	每万人公共汽（电）车拥有量	71.7	12
			48	每万人私人机动车拥有量	48.5	257
			49	每万人出租汽车拥有量	58.4	45
			50	高峰拥堵延时指数	35.6	251
		城市设施	51	固定资产投资规模指数	70.6	15
			52	公园绿地面积	67.9	11
			53	建成区绿化覆盖率	52.8	135
			54	建成区供排水管道密度	60.7	38
			55	燃气普及率	55.1	1
			56	城市地下设施指数	69.0	5

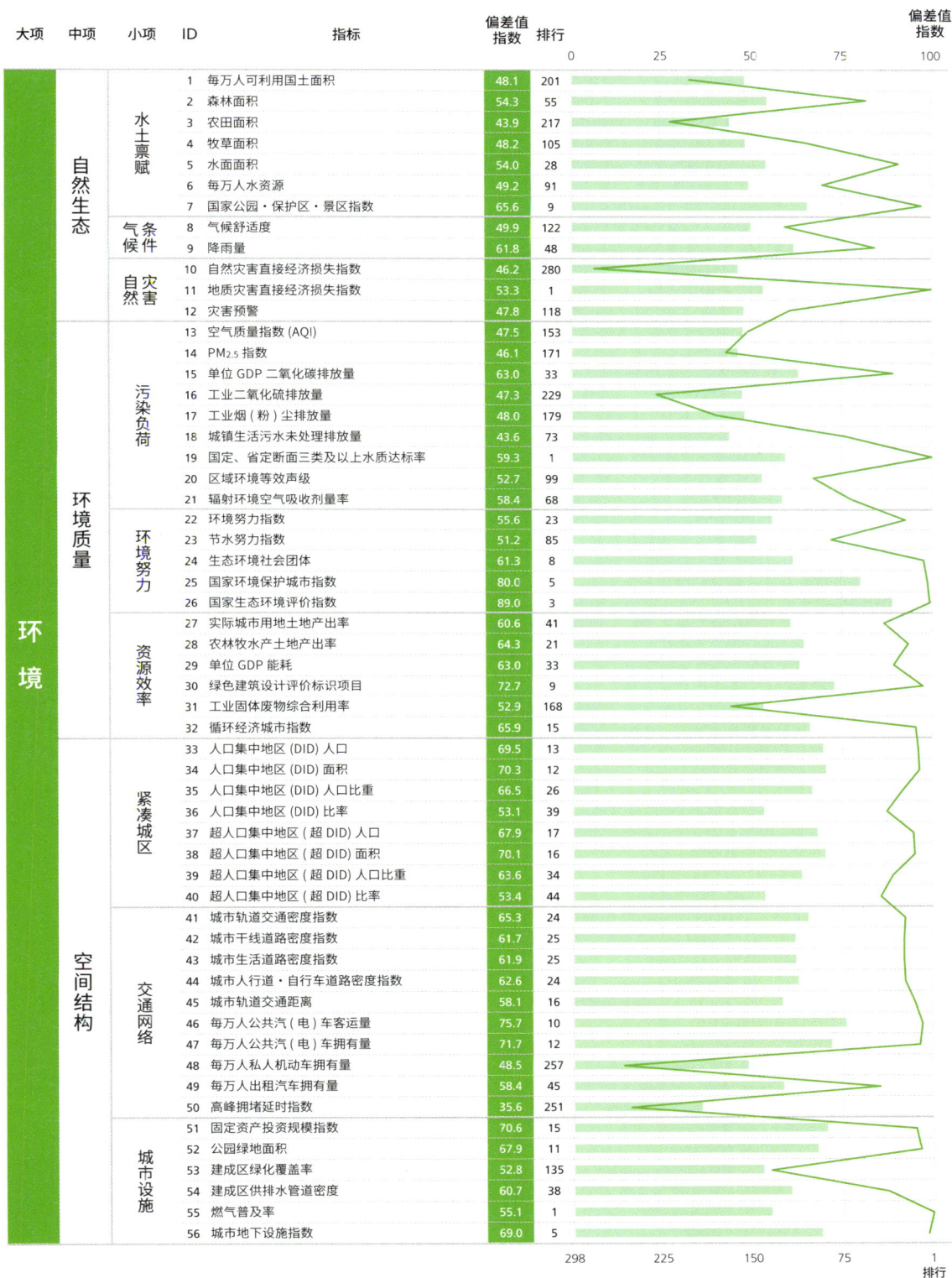

图 3-56　各项指标表现：环境

杭州

<table>
<tr><th>大项</th><th>中项</th><th>小项</th><th>ID</th><th>指标</th><th>偏差值指数</th><th>排行</th><th>偏差值指数 0-100</th></tr>
<tr><td rowspan="42">社会</td><td rowspan="20">地位与治理</td><td rowspan="6">城市地位</td><td>57</td><td>行政层级</td><td>68.8</td><td>1</td><td></td></tr>
<tr><td>58</td><td>大城市群层级</td><td>59.3</td><td>4</td><td></td></tr>
<tr><td>59</td><td>核心城市层级</td><td>55.8</td><td>5</td><td></td></tr>
<tr><td>60</td><td>大使馆·领事馆</td><td>48.9</td><td>17</td><td></td></tr>
<tr><td>61</td><td>国际组织</td><td>49.4</td><td>3</td><td></td></tr>
<tr><td>62</td><td>"一带一路"指数</td><td>65.6</td><td>7</td><td></td></tr>
<tr><td rowspan="7">人口素质</td><td>63</td><td>人口自然增长率指数</td><td>47.2</td><td>174</td><td></td></tr>
<tr><td>64</td><td>人口社会增长率指数</td><td>66.2</td><td>13</td><td></td></tr>
<tr><td>65</td><td>人口结构指数</td><td>48.0</td><td>184</td><td></td></tr>
<tr><td>66</td><td>人口教育结构指数</td><td>66.4</td><td>21</td><td></td></tr>
<tr><td>67</td><td>高等教育指数</td><td>69.8</td><td>18</td><td></td></tr>
<tr><td>68</td><td>杰出人才培养指数</td><td>76.1</td><td>4</td><td></td></tr>
<tr><td>69</td><td>地方财政教育支出指数</td><td>69.1</td><td>10</td><td></td></tr>
<tr><td rowspan="7">社会管理</td><td>70</td><td>社会服务指数</td><td>61.2</td><td>12</td><td></td></tr>
<tr><td>71</td><td>安全安心城市指数</td><td>66.2</td><td>21</td><td></td></tr>
<tr><td>72</td><td>交通安全指数</td><td>41.8</td><td>286</td><td></td></tr>
<tr><td>73</td><td>社会安全指数</td><td>42.6</td><td>227</td><td></td></tr>
<tr><td>74</td><td>社会团体</td><td>72.8</td><td>7</td><td></td></tr>
<tr><td>75</td><td>文明卫生城市指数</td><td>71.1</td><td>7</td><td></td></tr>
<tr><td>76</td><td>政府网站绩效</td><td>60.3</td><td>46</td><td></td></tr>
<tr><td rowspan="20">传承与交流</td><td rowspan="5">历史遗存</td><td>77</td><td>历史地位</td><td>71.3</td><td>5</td><td></td></tr>
<tr><td>78</td><td>世界遗产</td><td>75.5</td><td>4</td><td></td></tr>
<tr><td>79</td><td>历史文化名城</td><td>60.7</td><td>10</td><td></td></tr>
<tr><td>80</td><td>非物质文化遗产</td><td>87.4</td><td>3</td><td></td></tr>
<tr><td>81</td><td>重点文物保护单位</td><td>67.9</td><td>14</td><td></td></tr>
<tr><td rowspan="8">文化娱乐</td><td>82</td><td>影剧院消费指数</td><td>83.0</td><td>7</td><td></td></tr>
<tr><td>83</td><td>博物馆·美术馆</td><td>75.4</td><td>9</td><td></td></tr>
<tr><td>84</td><td>体育场馆指数</td><td>68.3</td><td>11</td><td></td></tr>
<tr><td>85</td><td>动物园·植物园·水族馆</td><td>67.3</td><td>23</td><td></td></tr>
<tr><td>86</td><td>公共图书馆藏书量</td><td>76.0</td><td>6</td><td></td></tr>
<tr><td>87</td><td>文化大师指数</td><td>56.0</td><td>11</td><td></td></tr>
<tr><td>88</td><td>奥运冠军指数</td><td>84.8</td><td>4</td><td></td></tr>
<tr><td>89</td><td>全国文化先进单位指数</td><td>65.2</td><td>14</td><td></td></tr>
<tr><td rowspan="7">交流</td><td>90</td><td>入境游客</td><td>78.5</td><td>5</td><td></td></tr>
<tr><td>91</td><td>国内游客</td><td>72.7</td><td>8</td><td></td></tr>
<tr><td>92</td><td>国际旅游外汇收入</td><td>87.6</td><td>6</td><td></td></tr>
<tr><td>93</td><td>国内旅游收入</td><td>85.8</td><td>8</td><td></td></tr>
<tr><td>94</td><td>国际会议</td><td>53.6</td><td>19</td><td></td></tr>
<tr><td>95</td><td>展览业发展指数</td><td>65.6</td><td>10</td><td></td></tr>
<tr><td>96</td><td>世界旅游城市指数</td><td>83.3</td><td>6</td><td></td></tr>
<tr><td rowspan="17">生活品质</td><td rowspan="5">人居环境</td><td>97</td><td>平均寿命</td><td>64.4</td><td>4</td><td></td></tr>
<tr><td>98</td><td>医疗保险·养老保险参保指数</td><td>79.5</td><td>7</td><td></td></tr>
<tr><td>99</td><td>平均房价与收入比</td><td>32.9</td><td>285</td><td></td></tr>
<tr><td>100</td><td>人居城市指数</td><td>79.8</td><td>5</td><td></td></tr>
<tr><td>101</td><td>中国幸福感城市指数</td><td>100.0</td><td>1</td><td></td></tr>
<tr><td rowspan="6">消费水平</td><td>102</td><td>每万人社会消费品零售额</td><td>79.5</td><td>4</td><td></td></tr>
<tr><td>103</td><td>每万人住宿和餐饮业营业收入</td><td>60.9</td><td>11</td><td></td></tr>
<tr><td>104</td><td>每万人电信消费</td><td>65.3</td><td>18</td><td></td></tr>
<tr><td>105</td><td>每万人居民生活用水量</td><td>61.7</td><td>30</td><td></td></tr>
<tr><td>106</td><td>国际顶级品牌指数</td><td>87.7</td><td>7</td><td></td></tr>
<tr><td>107</td><td>国际餐饮连锁品牌指数</td><td>77.4</td><td>6</td><td></td></tr>
<tr><td rowspan="6">生活服务</td><td>108</td><td>每万人公共财政支出</td><td>61.6</td><td>19</td><td></td></tr>
<tr><td>109</td><td>每万人在园儿童数</td><td>54.9</td><td>97</td><td></td></tr>
<tr><td>110</td><td>养老服务机构年末床位数</td><td>71.5</td><td>9</td><td></td></tr>
<tr><td>111</td><td>执业（助理）医师数</td><td>77.8</td><td>6</td><td></td></tr>
<tr><td>112</td><td>卫生机构床位数</td><td>71.7</td><td>10</td><td></td></tr>
<tr><td>113</td><td>三甲医院</td><td>73.2</td><td>9</td><td></td></tr>
</table>

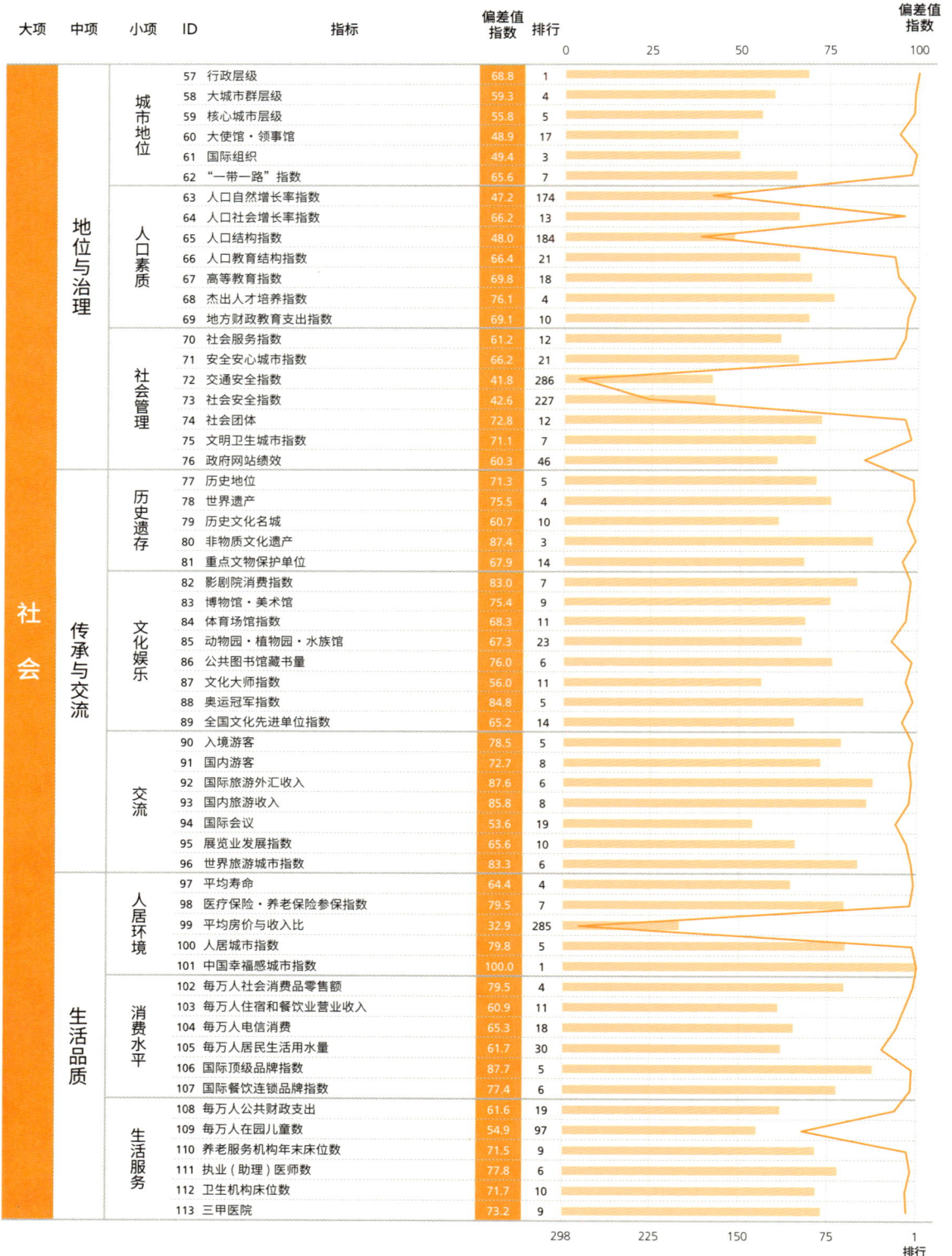

图 3-57 各项指标表现：社会

大项	中项	小项	ID	指标	偏差值指数	排行
		经济总量	114	GDP 规模	74.9	10
			115	常住人口规模	64.6	18
			116	税收规模	71.1	7
			117	电力消耗量	79.1	10
	经济质量	经济结构	118	产业结构指数	71.4	10
			119	主板上市企业	70.0	4
			120	世界 500 强中国企业	58.1	4
			121	中国 500 强企业	69.5	1
			122	中国民营企业 500 强企业	100.0	1
			123	规模以上工业总产值	67.1	21
		经济效率	124	GDP 增长率指数	51.2	164
			125	每万人 GDP	73.6	11
			126	每万人财政收入	76.4	10
			127	被抚养人口指数	46.8	179
			128	发债城投企业有息债券规模及债务率	50.2	125
			129	每万人登记失业人员数	50.8	105
	发展活力	商务环境	130	职工平均工资	70.7	9
			131	对企业服务业从业人数	71.5	7
			132	星级酒店指数	80.8	5
			133	国际顶级餐厅指数	58.3	9
经济			134	国家园区指数	62.2	33
		开放度	135	人口流动	64.5	11
			136	货物出口·进口	63.1	10
			137	实际使用外资	74.9	9
			138	对外直接投资	61.5	11
			139	规模以上外商投资企业产值	58.9	23
			140	国际学校	72.6	7
			141	自贸区指数	53.4	39
		创新创业	142	世界顶级大学指数	62.0	12
			143	R&D 支出指数	69.3	8
			144	R&D 人力资源	85.9	7
			145	创业板·新三板上市企业指数	84.3	5
			146	独角兽企业指数	85.0	3
			147	专利申请授权量指数	59.9	9
			148	商标注册指数	78.6	5
			149	两院院士指数	57.6	7
			150	国家改革试验区指数	55.6	51
			151	国家创新示范城市指数	80.9	7
			152	信息·知识产业城市指数	81.7	6
			153	国家重点实验室·工程研究中心指数	64.1	9
	城市影响	城乡一体	154	城乡居民收入比指数	68.9	6
			155	小学教育程度人口比率	54.4	78
			156	文盲率	46.9	160
			157	义务教育发展均衡指数	59.4	39
		广域枢纽	158	机场便利性	76.2	8
			159	航空运量指数	74.3	9
			160	集装箱港口便利性	55.3	31
			161	港口集装箱吞吐量	48.1	26
			162	水运运量指数	66.7	12
			163	铁路便利性	77.8	11
			164	铁路运量指数	68.0	10
			165	铁路密度	54.0	67
			166	公路运量指数	57.6	15
			167	高速公路密度	52.1	83
			168	国道·省道密度	60.0	31
			169	流通城市指数	74.5	16
		核力辐射	170	高等教育辐射力	64.2	14
			171	科学技术辐射力	75.7	6
			172	IT 产业辐射力	75.5	5
			173	文化体育娱乐辐射力	67.1	7
			174	金融业辐射力	70.4	7
			175	制造业辐射力	67.4	9
			176	医疗辐射力	82.1	4
			177	批发零售业辐射力	77.2	7
			178	餐饮酒店辐射力	67.5	6

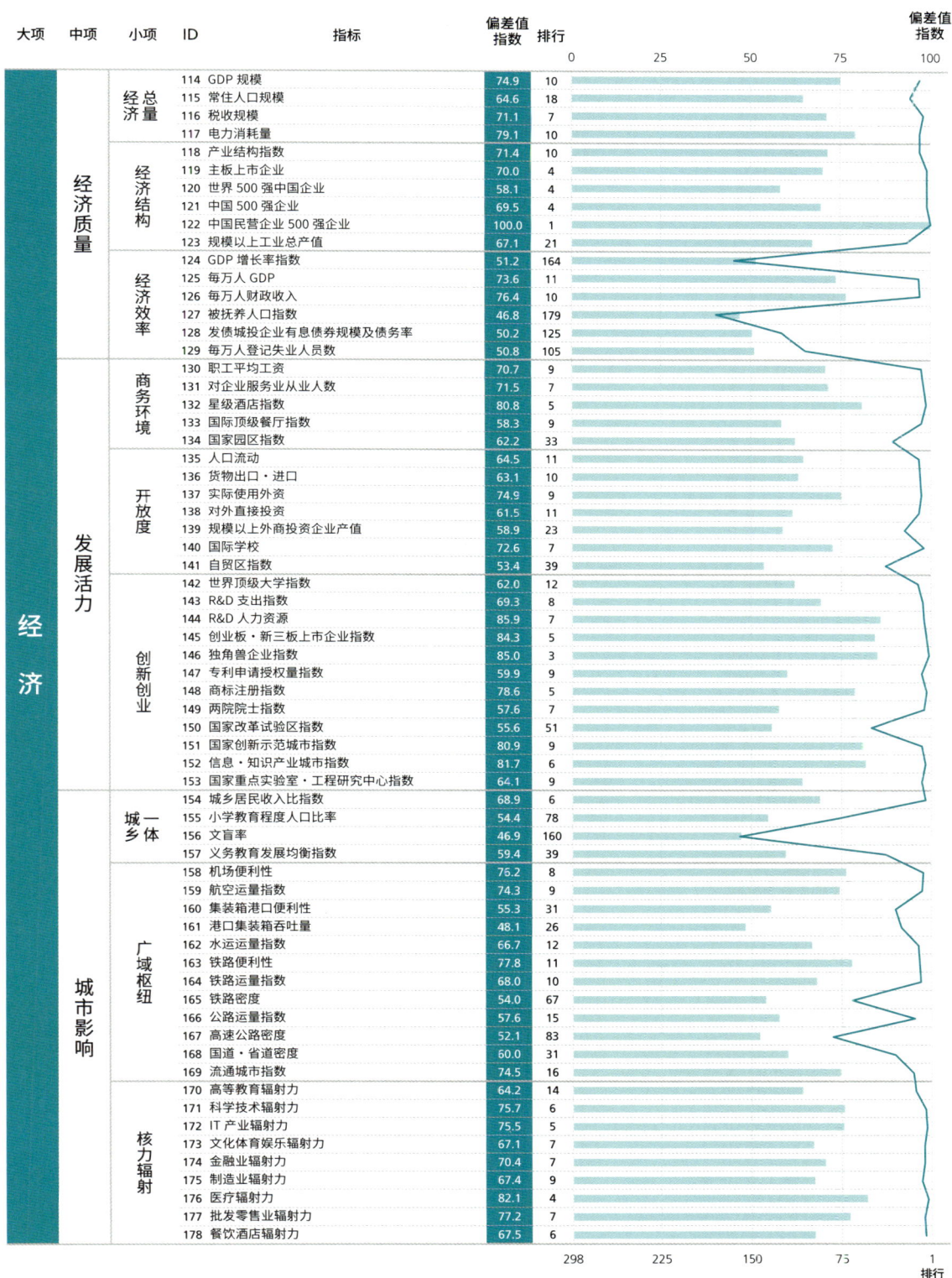

图 3-58　各项指标表现：经济

杭州

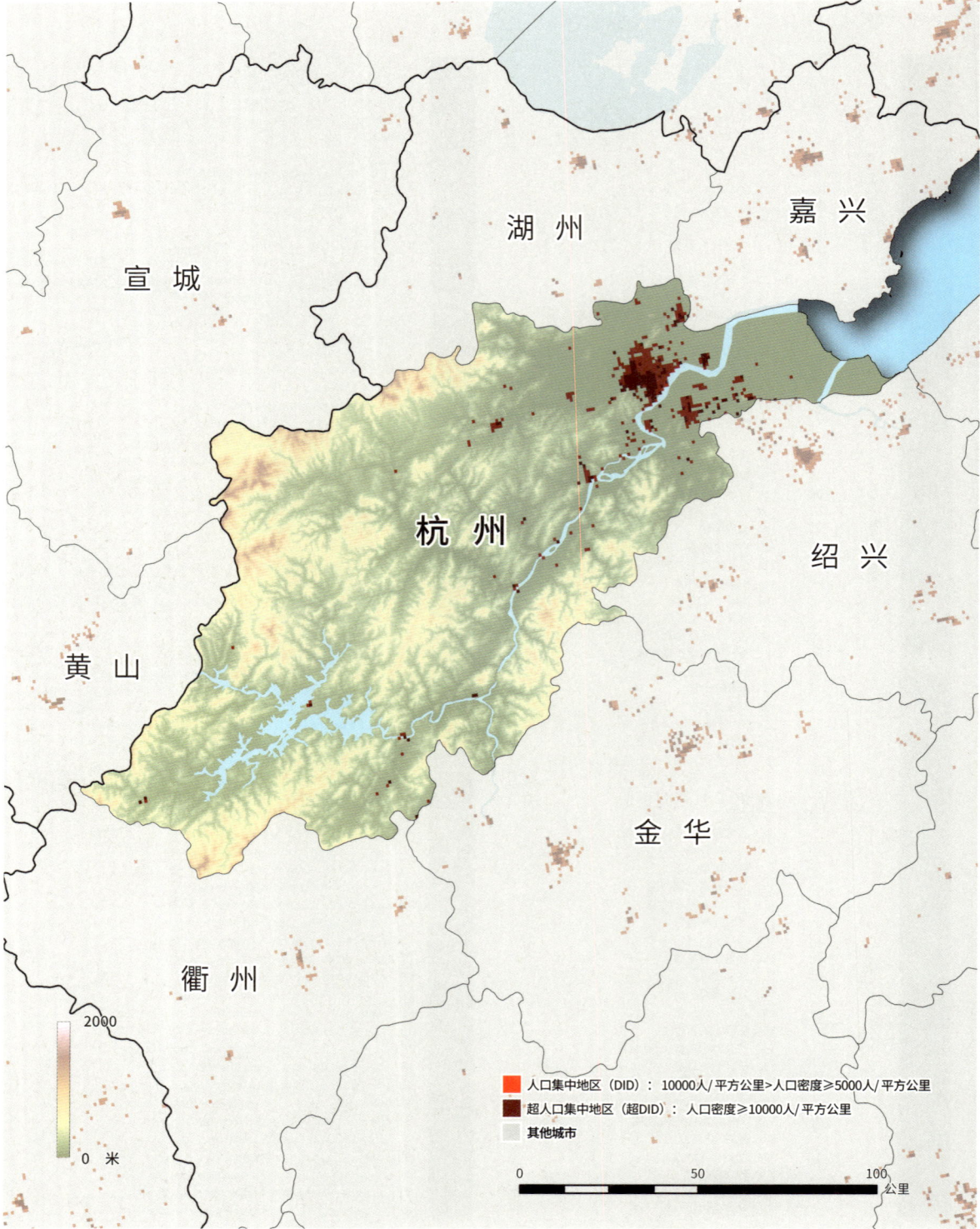

人口集中地区（DID）：10000人/平方公里>人口密度≥5000人/平方公里
超人口集中地区（超DID）：人口密度≥10000人/平方公里
其他城市

图 3-59 DID 分析

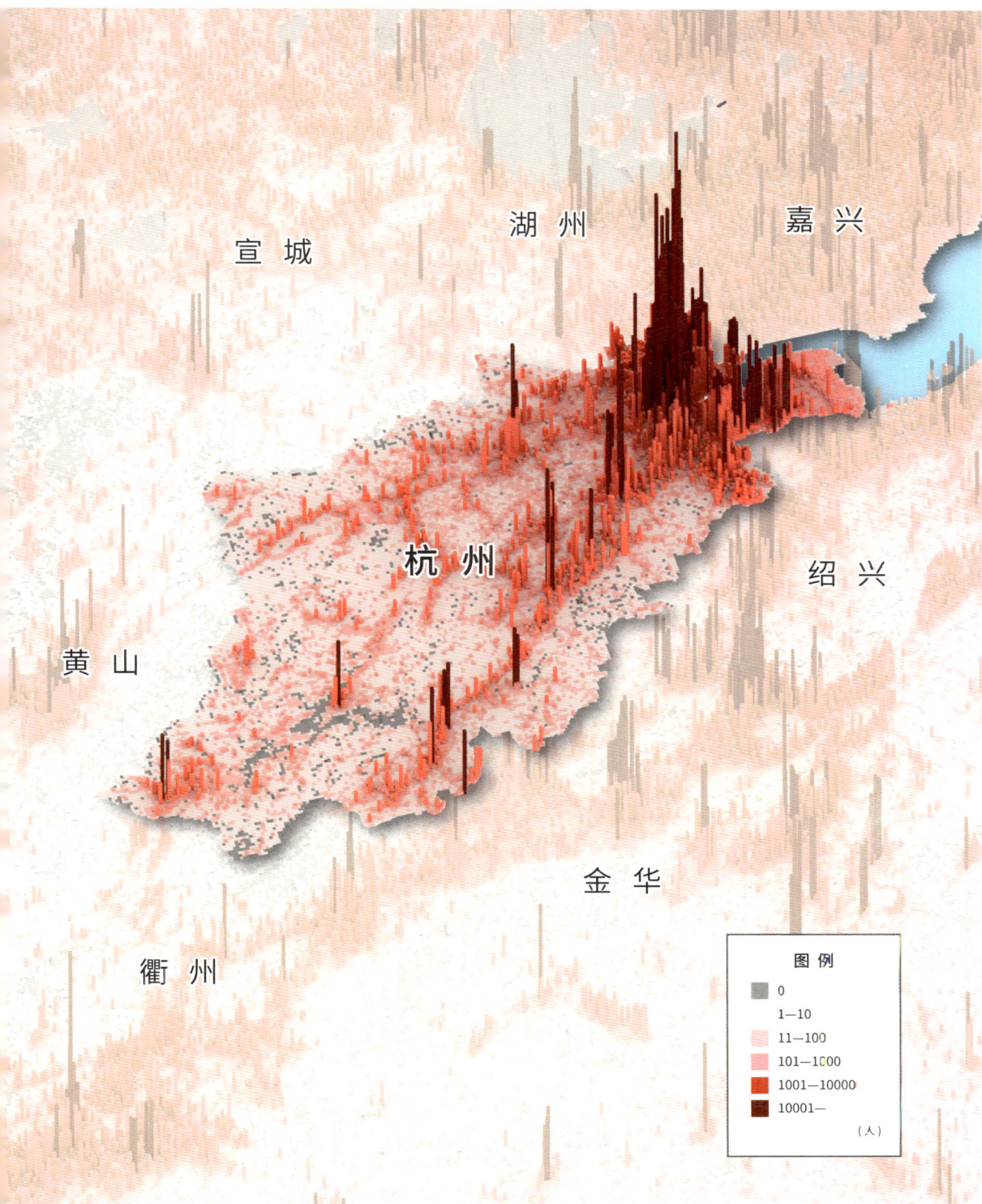

图 3-60　人口规模和密度分析

7. 重庆
Chongqing

重庆的综合排名较 2017 年下降 2 个位次，居全国第 7 位。

重庆的社会大项较 2017 年下降了 2 个位次，排名全国第 6 位。社会大项的 3 个中项指标中，传承与交流、地位与治理分别排名全国第 3 位和第 4 位，表现出色，但是生活品质表现稍逊，仅排名全国第 16 位。小项指标中，社会管理排名全国第 3 位，文化娱乐和生活服务均排名全国第 4 位，城市地位与历史遗存均排名全国第 5 位，交流排名全国第 6 位，人口素质排名全国第 9 位。社会大项的 9 个小项指标，除消费水平和人居环境外，其余 7 项均入围全国前十。

重庆的经济大项较 2017 年也下跌了 2 个位次，排名全国第 9 位。经济大项的中项指标中，经济质量名列全国第 4 位，城市影响较 2017 年跌落 5 个位次排名全国第 13 位，发展活力较 2017 年下降 2 个位次排名全国第 16 位。从小项指标来看，经济总量、经济结构和商务环境分别位居全国第 3 位、第 5 位和第 10 位，但是城乡一体排名全国第 47 位，经济效率排名全国第 128 位。

重庆的环境大项较 2017 年提升了 1 个位次，跻身全国第 10 位。环境大项的中项指标中，自然生态排名全国第 7 位，空间结构居全国第 36 位，环境质量排名全国第 42 位。小项指标中，环境努力和城市设施均排名全国第 2 位，水土禀赋排名全国第 5 位，资源效率排名全国第 16 位，自然灾害和污染负荷均低于全国平均值。

表 3-7　主要指标

环　境

常住人口	3102 万人
行政区域土地面积	82402 平方公里
人均可利用国土面积全国排名	150 位
森林覆盖率全国排名	3 位
人均水资源全国排名	110 位
气候舒适度全国排名	71 位
PM2.5 指数全国排名	211 位
人口集中地区（DID）人口全国排名	6 位
城市轨道交通距离全国排名	6 位

社　会

平均房价全国排名	46 位
剧场・影剧院数全国排名	5 位
博物馆・美术馆数全国排名	6 位
国内游客数	44770 万人
入境游客数	317 万人
世界遗产数全国排名	2 位
国际会议数全国排名	16 位

经　济

GDP 规模	20363 亿元
人均 GDP	65933 元/人
GDP 增长率	6.0 %
人均财政收入全国排名	54 位
平均工资全国排名	54 位
主板上市企业全国排名	6 位
货物出口额全国排名	14 位
机场便利性全国排名	7 位
集装箱港口便利性全国排名	225 位
金融业辐射力全国排名	10 位
制造业辐射力全国排名	35 位
IT 产业辐射力全国排名	11 位
高等教育辐射力全国排名	13 位
科学技术辐射力全国排名	13 位
医疗辐射力全国排名	27 位
文化体育娱乐辐射力全国排名	11 位
餐饮酒店辐射力全国排名	22 位
批发零售业辐射力全国排名	5 位

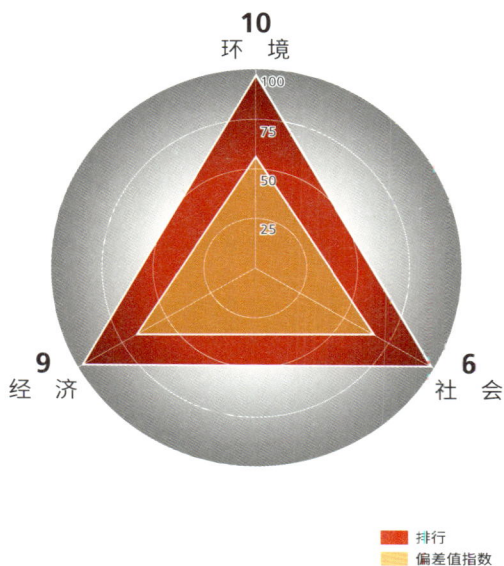

图 3-61　大项指标表现

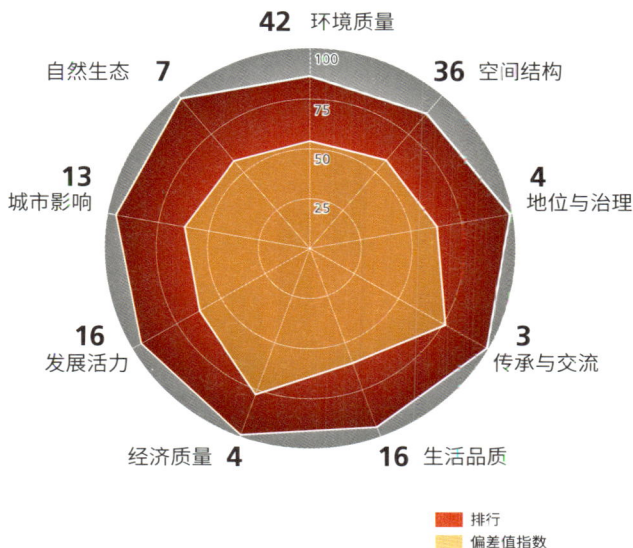

图 3-62　中项指标表现

重庆

大项	中项	小项	排行	偏差值指数
环境	自然生态	水土禀赋	5	64.2
		气候条件	105	53.0
		自然灾害	297	39.8
	环境质量	污染负荷	153	48.6
		环境努力	2	70.2
		资源效率	16	60.3
	空间结构	紧凑城区	36	59.2
		交通网络	73	52.8
		城市设施	2	76.3
社会	地位与治理	城市地位	5	60.6
		人口素质	9	63.5
		社会管理	3	67.0
	传承与交流	历史遗存	5	72.2
		文化娱乐	4	80.8
		交流	6	75.9
	生活品质	人居环境	119	50.6
		消费水平	26	58.3
		生活服务	4	75.9
经济	经济质量	经济总量	3	91.5
		经济结构	5	77.0
		经济效率	128	49.3
	发展活力	商务环境	10	66.8
		开放度	22	58.9
		创新创业	11	65.0
	城市影响	城乡一体	47	54.2
		广域枢纽	15	63.9
		核力辐射	12	61.4

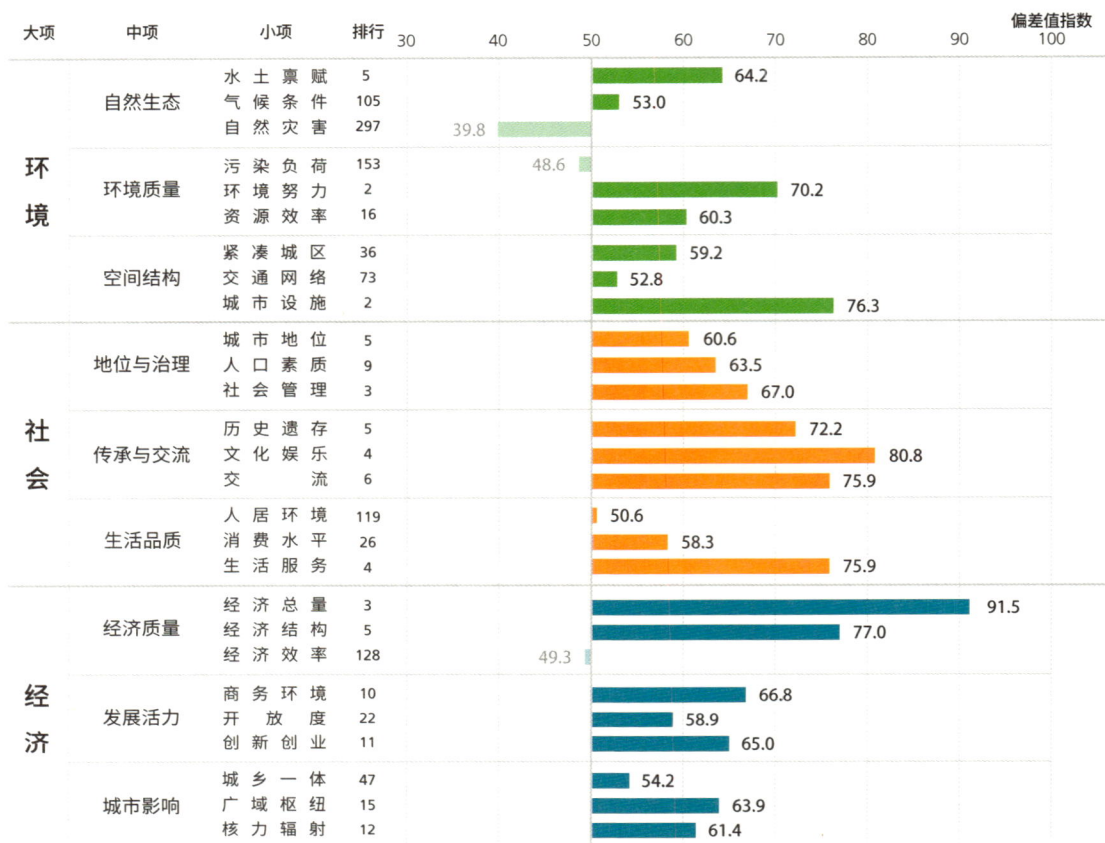

图 3-63　小项偏差值

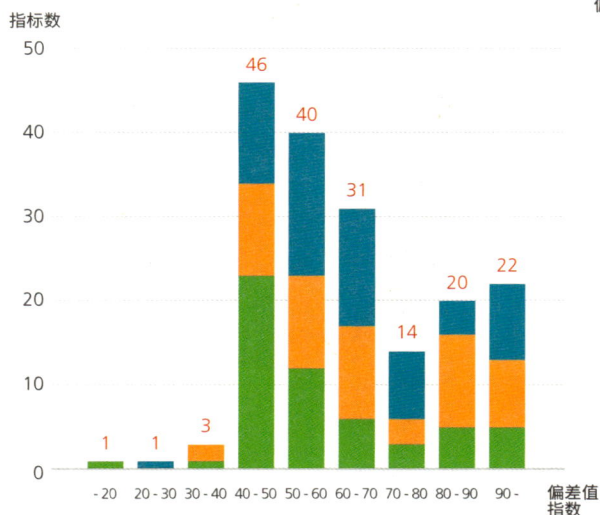

图 3-64　指标偏差值分布

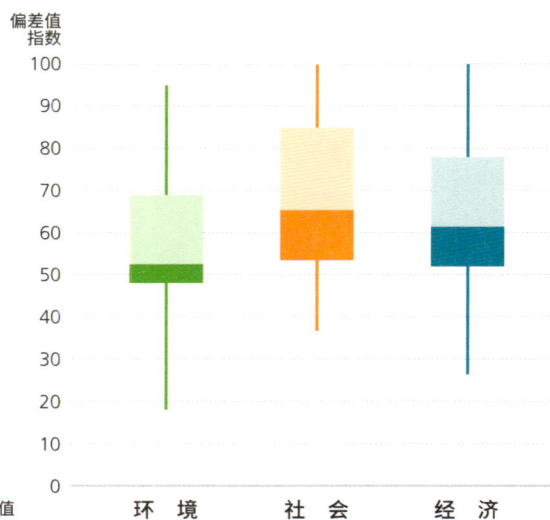

图 3-65　指标偏差值箱形分析

大项	中项	小项	ID	指标	偏差值指数	排行
环境	自然生态	水土禀赋	1	每万人可利用国土面积	48.6	150
			2	森林面积	82.9	3
			3	农田面积	95.0	2
			4	牧草面积	48.1	165
			5	水面面积	54.4	25
			6	每万人水资源	49.1	110
			7	国家公园·保护区·景区指数	95.7	1
		气候条件	8	气候舒适度	53.4	71
			9	降雨量	52.5	113
		自然灾害	10	自然灾害直接经济损失指数	46.2	296
			11	地质灾害直接经济损失指数	18.5	295
			12	灾害预警	47.3	288
	环境质量	污染负荷	13	空气质量指数 (AQI)	44.1	200
			14	PM2.5 指数	44.0	211
			15	单位 GDP 二氧化碳排放量	57.6	67
			16	工业二氧化硫排放量	46.8	290
			17	工业烟(粉)尘排放量	47.3	281
			18	城镇生活污水未处理排放量	42.8	79
			19	国定·省定断面三类及以上水质达标率	59.3	14
			20	区域环境等效声级	65.2	29
			21	辐射环境空气吸收剂量率	68.5	34
		环境努力	22	环境努力指数	90.0	3
			23	节水努力指数	45.0	245
			24	生态环境社会团体	68.5	5
			25	国家环境保护城市指数	81.8	4
			26	国家生态环境评价指数	45.8	187
		资源效率	27	实际城市用地土地产出率	69.1	15
			28	农林牧水产土地产出率	49.0	136
			29	单位 GDP 能耗	57.6	67
			30	绿色建筑设计评价标识项目	62.4	13
			31	工业固体废物综合利用率	49.6	200
			32	循环经济城市指数	85.0	1
	空间结构	紧凑城区	33	人口集中地区 (DID) 人口	82.1	6
			34	人口集中地区 (DID) 面积	84.7	5
			35	人口集中地区 (DID) 人口比重	48.5	137
			36	人口集中地区 (DID) 比率	47.7	134
			37	超人口集中地区(超 DID)人口	77.7	9
			38	超人口集中地区(超 DID)面积	79.0	8
			39	超人口集中地区(超 DID)人口比重	49.6	115
			40	超人口集中地区(超 DID)比率	47.8	116
		交通网络	41	城市轨道交通密度指数	54.1	72
			42	城市干线道路密度指数	48.4	140
			43	城市生活道路密度指数	47.9	156
			44	城市人行道·自行车道路密度指数	48.6	143
			45	城市轨道交通距离	72.7	6
			46	每万人公共汽(电)车客运量	54.3	64
			47	每万人公共汽(电)车拥有量	49.3	113
			48	每万人私人机动车拥有量	49.3	130
			49	每万人出租汽车拥有量	50.8	94
			50	高峰拥堵延时指数	31.7	295
		城市设施	51	固定资产投资规模指数	91.3	1
			52	公园绿地面积	96.0	3
			53	建成区绿化覆盖率	52.8	134
			54	建成区供排水管道密度	51.7	92
			55	燃气普及率	52.5	179
			56	城市地下设施指数	69.0	5

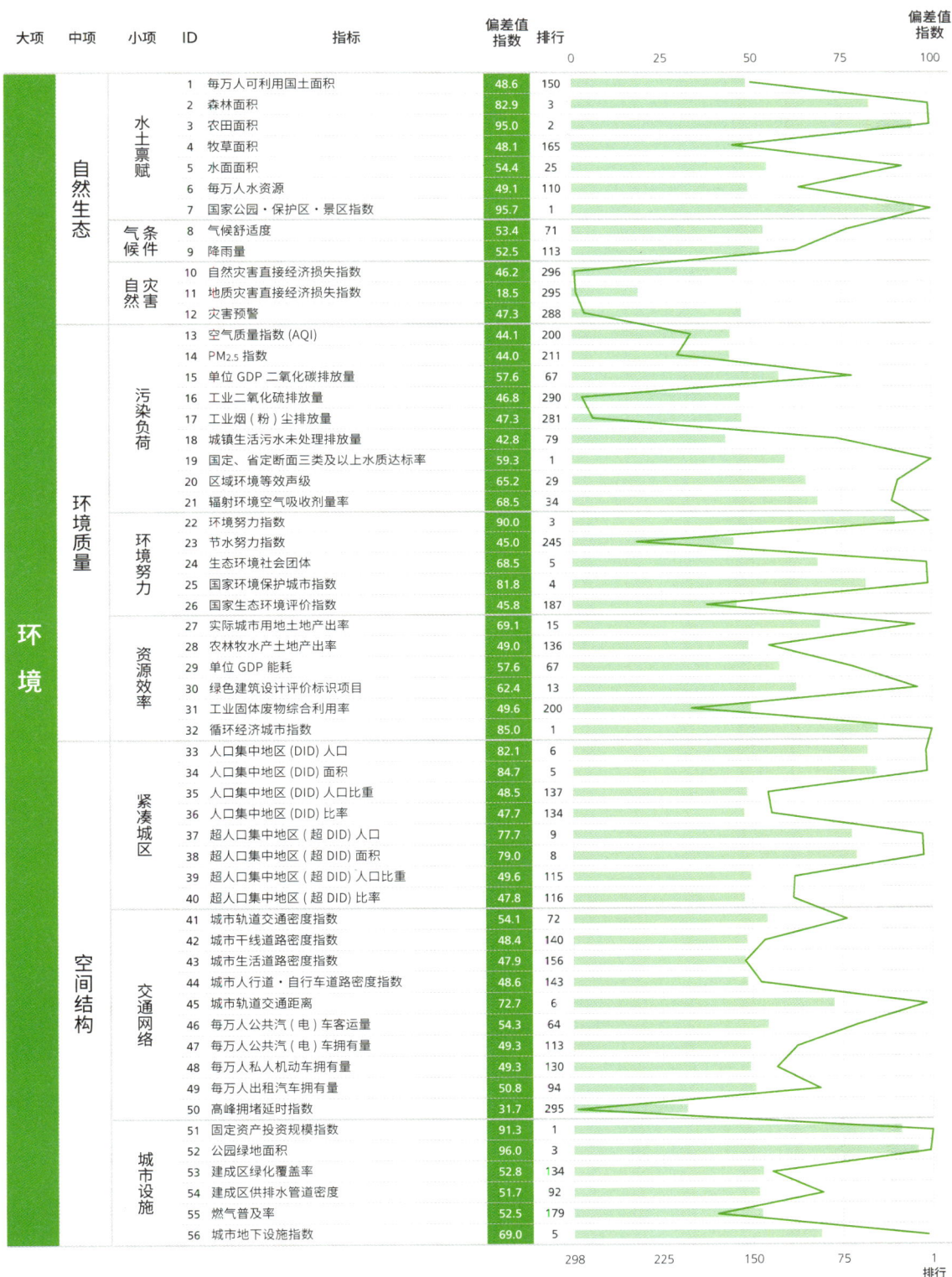

图 3-66　各项指标表现：环境

重庆

大项	中项	小项	ID	指标	偏差值指数	排行
社会	地位与治理	城市地位	57	行政层级	49.8	46
			58	大城市群层级	59.3	4
			59	核心城市层级	65.7	2
			60	大使馆·领事馆	58.2	5
			61	国际组织	49.4	3
			62	"一带一路"指数	66.4	6
		人口素质	63	人口自然增长率指数	47.7	167
			64	人口社会增长率指数	95.0	1
			65	人口结构指数	44.5	248
			66	人口教育结构指数	49.8	128
			67	高等教育指数	87.2	8
			68	杰出人才培养指数	63.6	11
			69	地方财政教育支出指数	76.4	5
		社会管理	70	社会服务指数	85.0	2
			71	安全安心城市指数	65.5	27
			72	交通安全指数	41.3	294
			73	社会安全指数	36.7	294
			74	社会团体	100.0	1
			75	文明卫生城市指数	86.0	3
			76	政府网站绩效	48.8	153
	传承与交流	历史遗存	77	历史地位	54.2	25
			78	世界遗产	90.4	2
			79	历史文化名城	60.7	10
			80	非物质文化遗产	82.2	4
			81	重点文物保护单位	81.0	8
		文化娱乐	82	影剧院消费指数	87.7	6
			83	博物馆·美术馆	81.8	6
			84	体育场馆指数	96.0	3
			85	动物园·植物园·水族馆	87.0	3
			86	公共图书馆藏书量	66.0	13
			87	文化大师指数	49.3	43
			88	奥运冠军指数	65.0	15
			89	全国文化先进单位指数	99.7	2
		交流	90	入境游客	74.4	8
			91	国内游客	100.0	1
			92	国际旅游外汇收入	68.6	9
			93	国内旅游收入	89.0	5
			94	国际会议	54.3	16
			95	展览业发展指数	65.8	9
			96	世界旅游城市指数	65.5	12
	生活品质	人居环境	97	平均寿命	54.0	113
			98	医疗保险·养老保险参保指数	53.5	70
			99	平均房价与收入比	36.7	272
			100	人居城市指数	46.7	40
			101	中国幸福感城市指数	65.9	15
		消费水平	102	每万人社会消费品零售额	52.2	91
			103	每万人住宿和餐饮业营业收入	53.7	25
			104	每万人电信消费	48.3	115
			105	每万人居民生活用水量	57.9	42
			106	国际顶级品牌指数	89.2	4
			107	国际餐饮连锁品牌指数	58.7	18
		生活服务	108	每万人公共财政支出	57.1	39
			109	每万人在园儿童数	49.8	153
			110	养老服务机构年末床位数	85.0	3
			111	执业(助理)医师数	96.0	3
			112	卫生机构床位数	100.0	1
			113	三甲医院	73.2	9

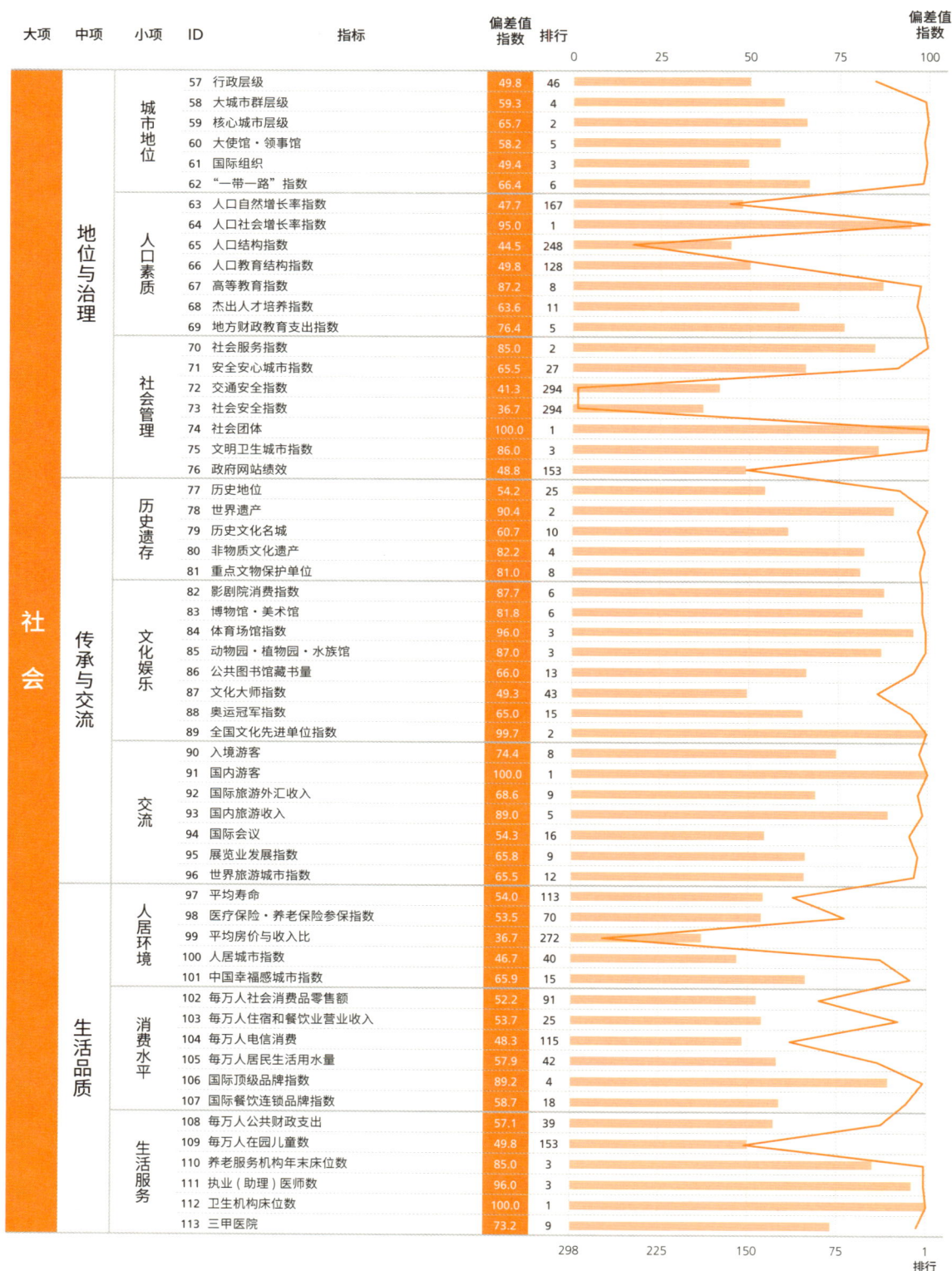

图 3-67　各项指标表现: 社会

大项	中项	小项	ID	指标	偏差值指数	排行
经济	经济质量	经济总量	114	GDP 规模	91.3	5
			115	常住人口规模	100.0	1
			116	税收规模	76.0	6
			117	电力消耗量	93.7	4
		经济结构	118	产业结构指数	88.3	5
			119	主板上市企业	68.1	6
			120	世界 500 强中国企业	48.9	29
			121	中国 500 强企业	57.4	11
			122	中国民营企业 500 强企业	71.3	15
			123	规模以上工业总产值	90.0	5
		经济效率	124	GDP 增长率指数	50.7	171
			125	每万人 GDP	52.1	92
			126	每万人财政收入	56.7	54
			127	被抚养人口指数	45.6	263
			128	发债城投企业有息债券规模及债务率	43.4	217
			129	每万人登记失业人员数	47.5	160
	发展活力	商务环境	130	职工平均工资	56.6	54
			131	对企业服务业从业人数	72.4	6
			132	星级酒店指数	88.8	3
			133	国际顶级餐厅指数	51.6	21
			134	国家园区指数	79.5	10
		开放度	135	人口流动	26.4	297
			136	货物出口·进口	61.7	12
			137	实际使用外资	94.4	4
			138	对外直接投资	55.8	17
			139	规模以上外商投资企业产值	59.6	9
			140	国际学校	54.8	22
			141	自贸区指数	85.2	11
		创新创业	142	世界顶级大学指数	59.5	17
			143	R&D 支出指数	64.5	11
			144	R&D 人力资源	69.3	13
			145	创业板·新三板上市企业指数	53.9	34
			146	独角兽企业指数	48.9	19
			147	专利申请授权量指数	58.6	13
			148	商标注册指数	67.9	7
			149	两院院士指数	51.9	16
			150	国家改革试验区指数	96.0	2
			151	国家创新示范城市指数	91.3	3
			152	信息·知识产业城市指数	89.2	5
			153	国家重点实验室·工程研究中心指数	61.5	12
	城市影响	城乡一体	154	城乡居民收入比指数	46.4	219
			155	小学教程度人口比率	41.5	246
			156	文盲率	45.6	188
			157	义务教育发展均衡指数	98.9	2
		广域枢纽	158	机场便利性	79.8	7
			159	航空运量指数	75.0	8
			160	集装箱港口便利性	46.9	225
			161	港口集装箱吞吐量	48.1	26
			162	水运运量指数	78.0	5
			163	铁路便利性	65.5	21
			164	铁路运量指数	65.4	16
			165	铁路密度	47.0	152
			166	公路运量指数	92.0	4
			167	高速公路密度	50.7	102
			168	国道·省道密度	48.4	118
			169	流通城市指数	69.7	25
		核力辐射	170	高等教育辐射力	64.5	13
			171	科学技术辐射力	61.3	13
			172	IT 产业辐射力	56.8	11
			173	文化体育娱乐辐射力	60.6	11
			174	金融业辐射力	63.4	10
			175	制造业辐射力	53.2	35
			176	医疗辐射力	58.5	27
			177	批发零售业辐射力	79.4	5
			178	餐饮酒店辐射力	54.6	22

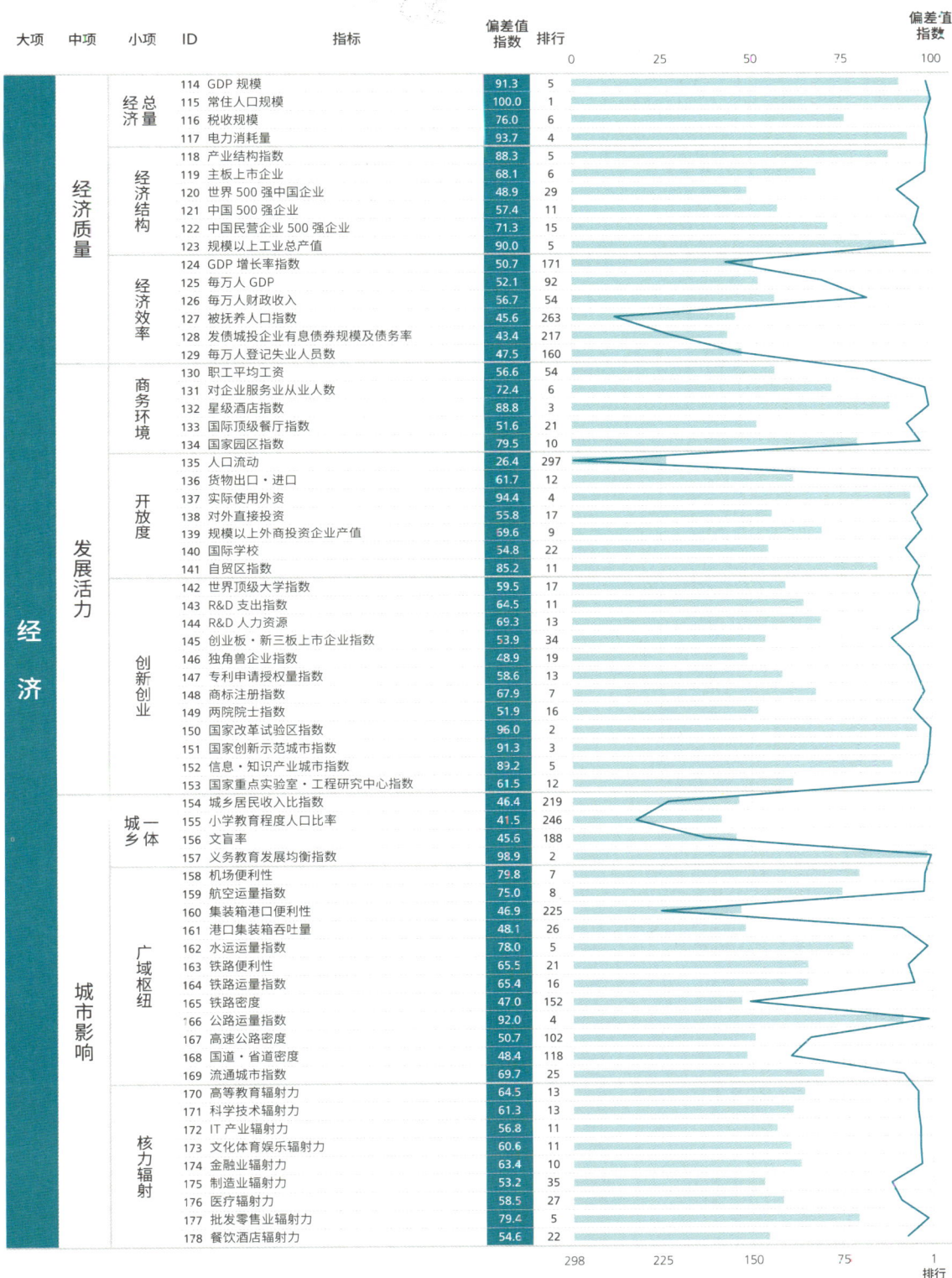

图 3-68　各项指标表现：经济

重庆

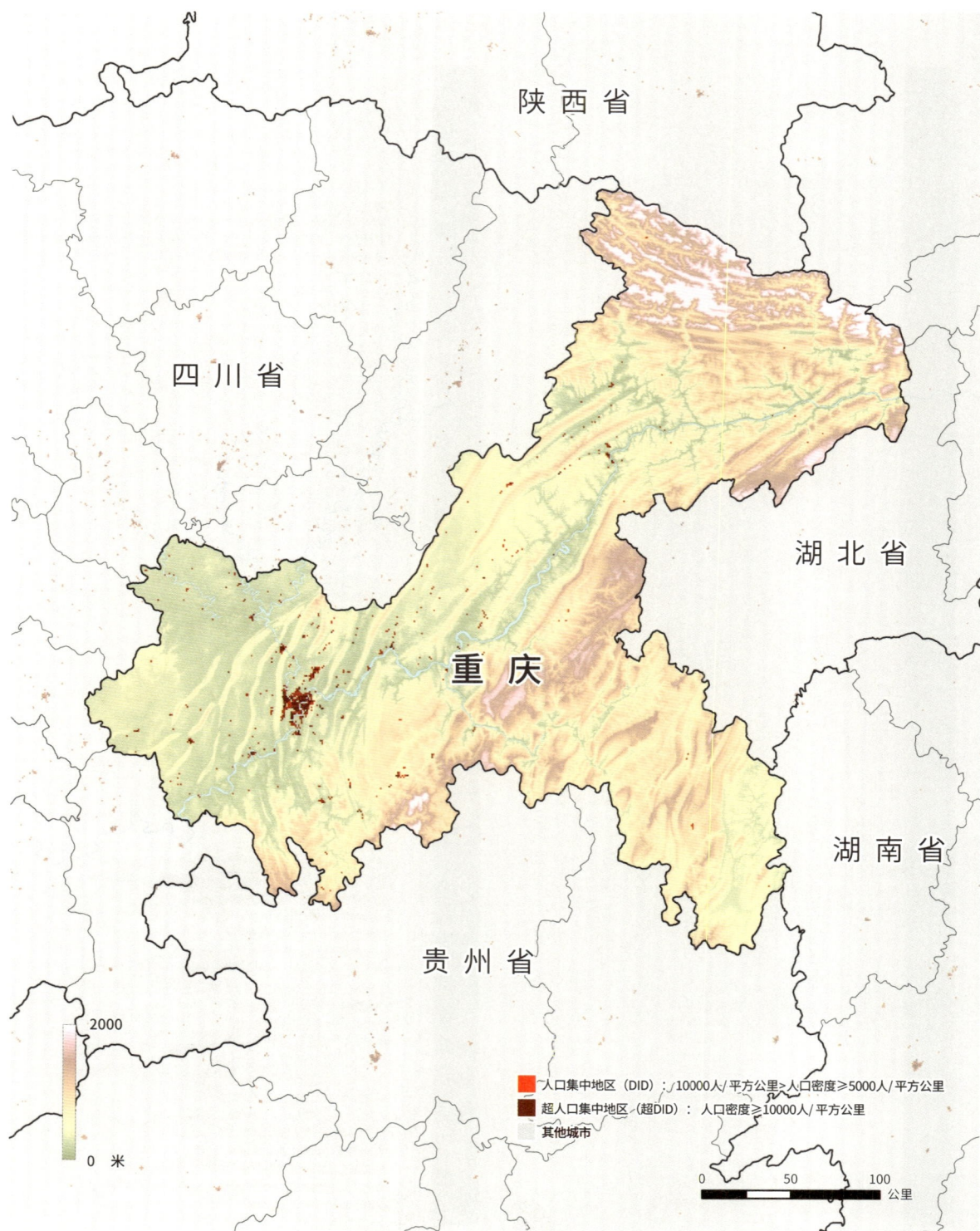

陕 西 省

四 川 省

湖 北 省

重 庆

湖 南 省

贵 州 省

2000

0 米

人口集中地区（DID）：10000人/平方公里>人口密度≥5000人/平方公里
超人口集中地区（超DID）：人口密度≥10000人/平方公里
其他城市

0   50   100
公里

图 3-69   DID 分析

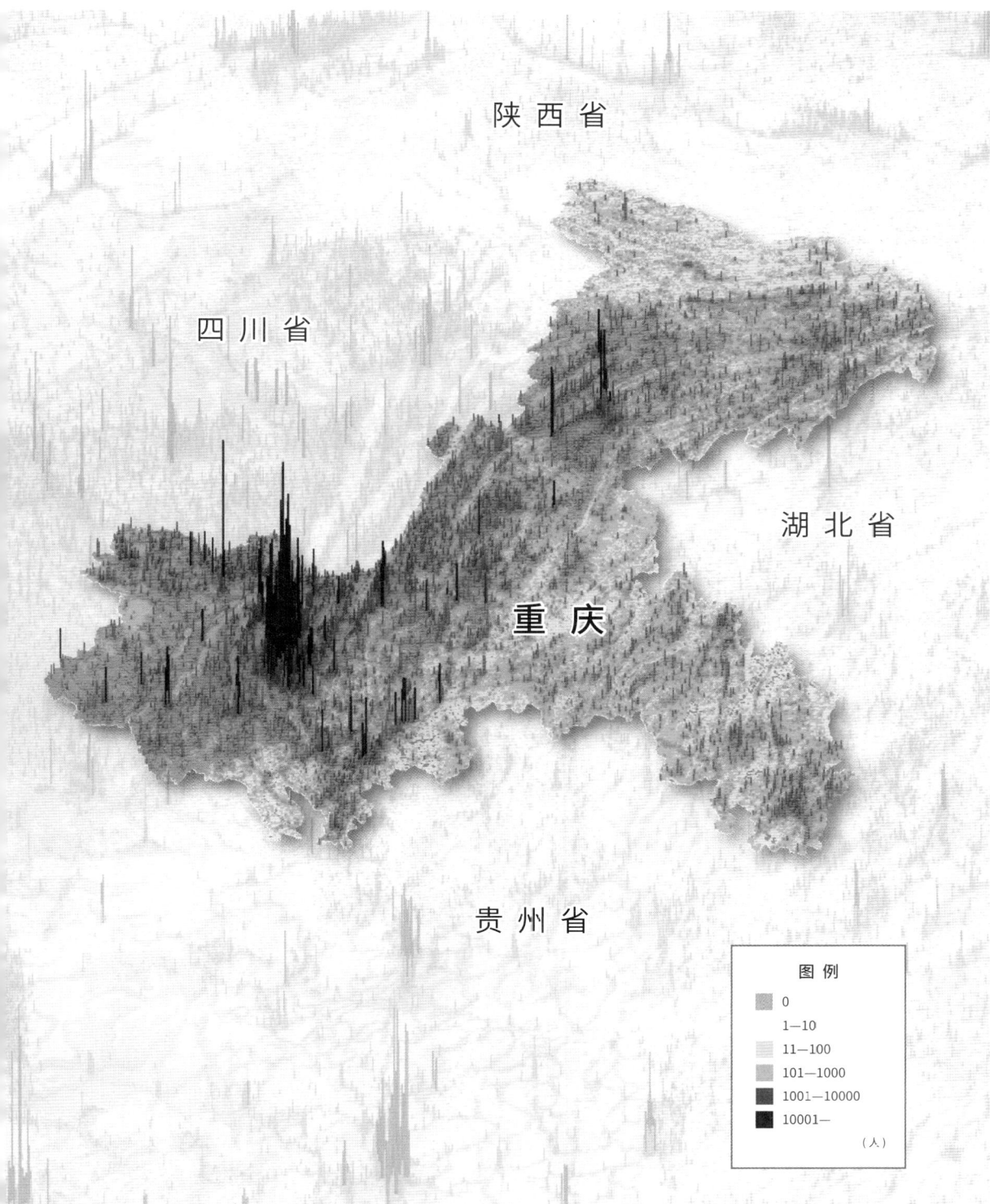

陕西省

四川省

湖北省

重 庆

贵州省

图 例

0

1—10

11—100

101—1000

1001—10000

10001—

（人）

图 3-70   人口规模和密度分析

8. 成都
Chengdu

成都的综合排名较 2017 年提升了 2 个位次，排名全国第 8 位。

成都的社会大项排名全国第 7 位，较 2017 年提升了 2 个位次。社会大项 3 个中项指标中，传承与交流居全国第 6 位，地位与治理名列全国第 7 位，生活品质排名全国第 10 位。从小项指标来看，成都的交流居全国第 3 位，社会管理排名全国第 4 位，文化娱乐名列全国第 5 位，生活服务与城市地位分别排名全国第 8 位和第 9 位，人口素质排名全国第 10 位。成都在社会大项的 9 个小项指标中有 6 个指标入围全国前十。

成都的经济大项也排名全国第 7 位，较 2017 年提升了 1 个位次。经济大项 3 个中项指标中，城市影响居全国第 5 位，发展活力名列全国第 7 位，经济质量排名全国第 9 位。小项指标中，核力辐射提升至全国排名第 3 位，商务环境与经济总量分别排名全国第 5 位和第 8 位，开放度与广域枢纽均排名全国第 9 位。成都在经济大项的 9 个小项指标中有 6 个指标入围全国前十。

成都的环境大项较 2017 年有大幅提升，排名全国第 36 位。环境大项 3 个中项指标中，空间结构排名全国第 11 位，环境质量排名全国第 58 位，自然生态排名全国第 143 位。小项指标中，城市设施排名全国第 5 位，环境努力和紧凑城区分别居全国第 8 位和第 10 位，但是水土禀赋、自然灾害和污染负荷都低于全国平均值。

表 3-8　主要指标

环　境

常住人口	1633 万人
行政区域土地面积	14335 平方公里
人均可利用国土面积全国排名	280 位
森林覆盖率全国排名	149 位
人均水资源全国排名	200 位
气候舒适度全国排名	67 位
PM2.5 指数全国排名	247 位
人口集中地区（DID）人口全国排名	7 位
城市轨道交通距离全国排名	11 位

社　会

平均房价全国排名	28 位
剧场・影剧院数全国排名	4 位
博物馆・美术馆数全国排名	4 位
国内游客数	19756 万人
入境游客数	268 万人
世界遗产数全国排名	14 位
国际会议数全国排名	5 位

经　济

GDP 规模	15343 亿元
人均 GDP	94782 元/人
GDP 增长率	8.0 %
人均财政收入全国排名	51 位
平均工资全国排名	24 位
主板上市企业全国排名	10 位
货物出口额全国排名	25 位
机场便利性全国排名	5 位
集装箱港口便利性全国排名	255 位
金融业辐射力全国排名	9 位
制造业辐射力全国排名	15 位
IT 产业辐射力全国排名	4 位
高等教育辐射力全国排名	8 位
科学技术辐射力全国排名	4 位
医疗辐射力全国排名	5 位
文化体育娱乐辐射力全国排名	3 位
餐饮酒店辐射力全国排名	3 位
批发零售业辐射力全国排名	3 位

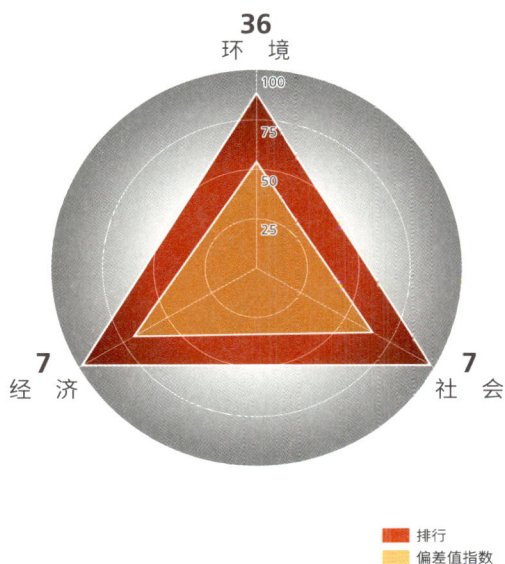

图 3-71　大项指标表现

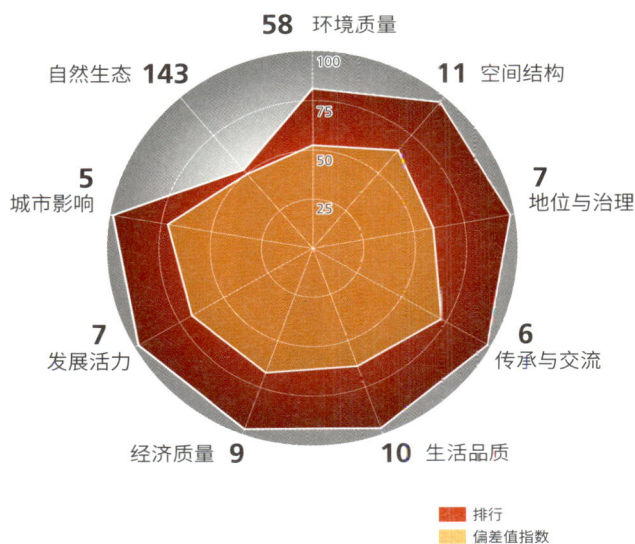

图 3-72　中项指标表现

成都

大项	中项	小项	排行	偏差值指数
环境	自然生态	水 土 禀 赋	156	48.8
		气 候 条 件	120	51.7
		自 然 灾 害	170	48.8
	环境质量	污 染 负 荷	187	47.2
		环 境 努 力	8	65.4
		资 源 效 率	22	59.4
	空间结构	紧 凑 城 区	10	71.4
		交 通 网 络	25	60.3
		城 市 设 施	5	71.1
社会	地位与治理	城 市 地 位	9	54.5
		人 口 素 质	10	63.3
		社 会 管 理	4	65.9
	传承与交流	历 史 遗 存	15	57.9
		文 化 娱 乐	5	77.2
		交 流	3	76.9
	生活品质	人 居 环 境	45	54.6
		消 费 水 平	12	65.3
		生 活 服 务	8	69.4
经济	经济质量	经 济 总 量	8	75.7
		经 济 结 构	12	66.2
		经 济 效 率	44	54.0
	发展活力	商 务 环 境	5	71.6
		开 放 度	9	66.9
		创 新 创 业	10	66.2
	城市影响	城 乡 一 体	19	60.4
		广 域 枢 纽	9	65.5
		核 力 辐 射	3	79.7

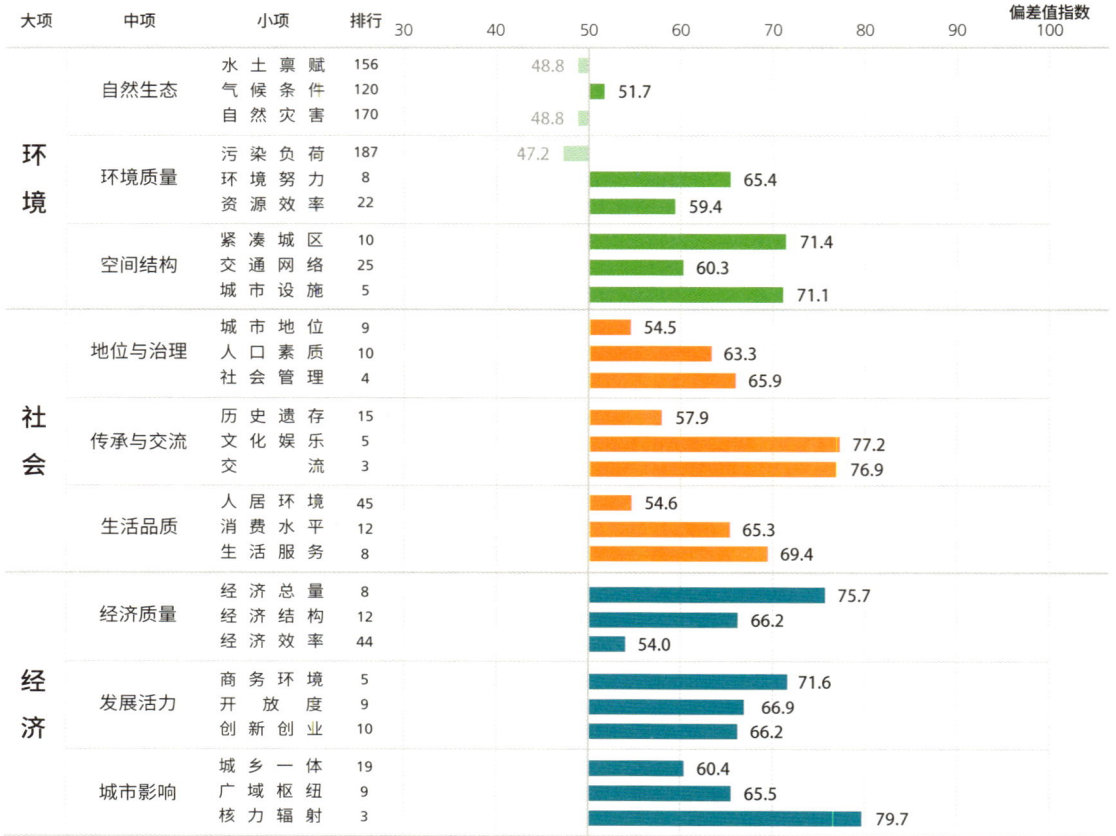

图 3-73　小项偏差值

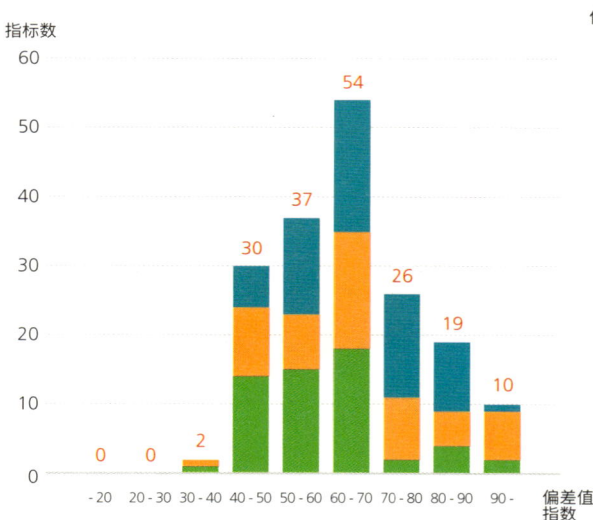

图 3-74　指标偏差值分布

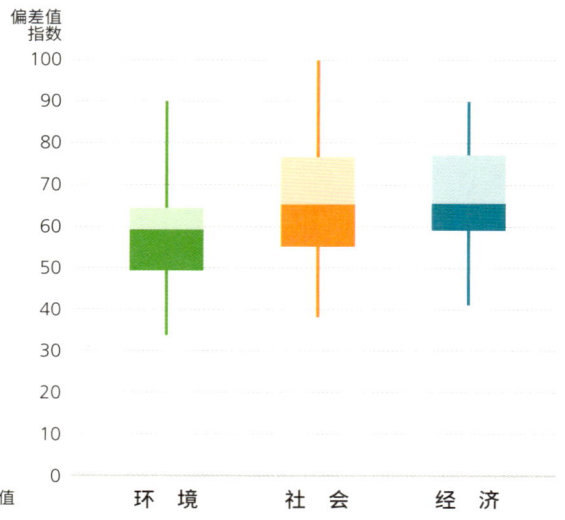

图 3-75　指标偏差值箱形分析

大项	中项	小项	ID	指标	偏差值指数	排行
环境	自然生态	水土禀赋	1	每万人可利用国土面积	47.6	280
			2	森林面积	47.2	149
			3	农田面积	51.0	95
			4	牧草面积	48.1	122
			5	水面面积	47.6	217
			6	每万人水资源	48.8	200
			7	国家公园·保护区·景区指数	64.4	10
		气候条件	8	气候舒适度	53.9	67
			9	降雨量	49.6	138
		自然灾害	10	自然灾害直接经济损失指数	46.8	127
			11	地质灾害直接经济损失指数	53.3	1
			12	灾害预警	47.6	198
	环境质量	污染负荷	13	空气质量指数 (AQI)	40.8	243
			14	PM2.5 指数	42.1	247
			15	单位 GDP 二氧化碳排放量	62.6	39
			16	工业二氧化硫排放量	48.3	133
			17	工业烟(粉)尘排放量	48.0	181
			18	城镇生活污水未处理排放量	42.8	78
			19	国定、省定断面三类及以上水质达标率	59.1	53
			20	区域环境等效声级	61.8	48
			21	辐射环境空气吸收剂量率	64.9	45
		环境努力	22	环境努力指数	54.2	28
			23	节水努力指数	50.8	97
			24	生态环境社会团体	59.5	11
			25	国家环境保护城市指数	83.8	2
			26	国家生态环境评价指数	90.0	1
		资源效率	27	实际城市用地土地产出率	59.9	44
			28	农林牧水产土地产出率	60.4	33
			29	单位 GDP 能耗	62.6	39
			30	绿色建筑设计评价标识项目	57.0	18
			31	工业固体废物综合利用率	57.3	63
			32	循环经济城市指数	50.5	61
	空间结构	紧凑城区	33	人口集中地区 (DID) 人口	81.6	7
			34	人口集中地区 (DID) 面积	79.4	7
			35	人口集中地区 (DID) 人口比重	64.6	31
			36	人口集中地区 (DID) 比率	61.8	12
			37	超人口集中地区（超 DID）人口	85.8	6
			38	超人口集中地区（超 DID）面积	90.1	5
			39	超人口集中地区（超 DID）人口比重	66.8	27
			40	超人口集中地区（超 DID）比率	67.0	11
		交通网络	41	城市轨道交通密度指数	64.6	28
			42	城市干线道路密度指数	60.2	32
			43	城市生活道路密度指数	60.1	34
			44	城市人行道·自行车道密度指数	60.7	32
			45	城市轨道交通距离	64.0	11
			46	每万人公共汽(电)车客运量	60.9	36
			47	每万人公共汽(电)车拥有量	62.4	33
			48	每万人私人机动车拥有量	48.4	273
			49	每万人出租汽车拥有量	53.4	80
			50	高峰拥堵延时指数	33.8	278
		城市设施	51	固定资产投资规模指数	84.0	4
			52	公园绿地面积	72.8	7
			53	建成区绿化覆盖率	53.5	115
			54	建成区供排水管道密度	56.5	49
			55	燃气普及率	51.8	202
			56	城市地下设施指数	69.0	5

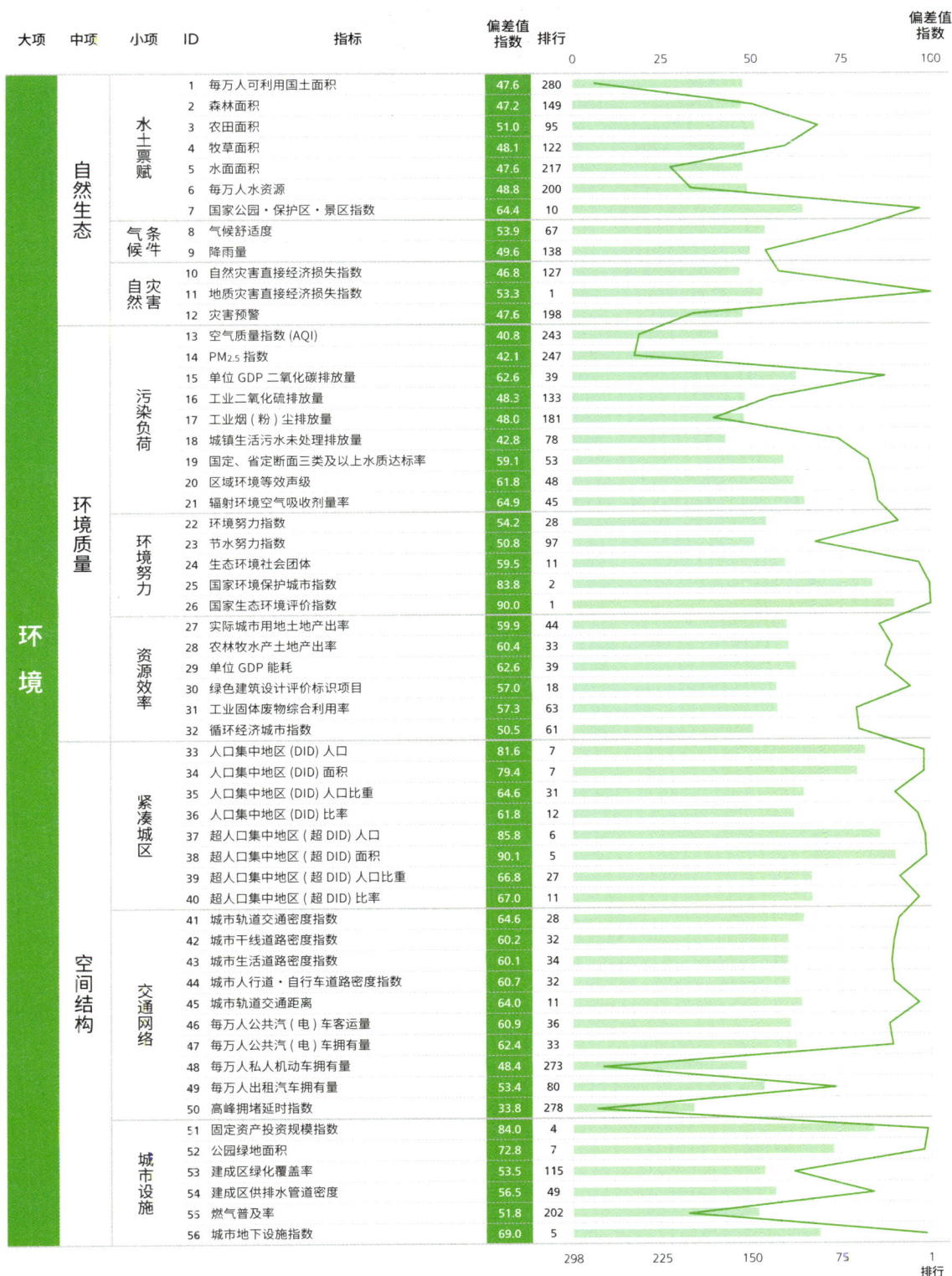

图 3-76　各项指标表现：环境

成都

大项	中项	小项	ID	指标	偏差值指数	排行
社会	地位与治理	城市地位	57	行政层级	49.8	46
			58	大城市群层级	44.1	10
			59	核心城市层级	55.8	5
			60	大使馆·领事馆	62.0	4
			61	国际组织	49.4	3
			62	"一带一路"指数	62.5	9
		人口素质	63	人口自然增长率指数	43.1	218
			64	人口社会增长率指数	81.3	4
			65	人口结构指数	55.3	46
			66	人口教育结构指数	63.2	26
			67	高等教育指数	91.1	4
			68	杰出人才培养指数	66.6	9
			69	地方财政教育支出指数	57.2	29
		社会管理	70	社会服务指数	77.1	4
			71	安全安心城市指数	87.7	3
			72	交通安全指数	41.7	287
			73	社会安全指数	38.6	282
			74	社会团体	76.7	9
			75	文明卫生城市指数	72.6	6
			76	政府网站绩效	64.3	4
	传承与交流	历史遗存	77	历史地位	47.9	64
			78	世界遗产	60.7	14
			79	历史文化名城	78.8	1
			80	非物质文化遗产	61.6	21
			81	重点文物保护单位	61.0	24
		文化娱乐	82	影剧院消费指数	93.9	5
			83	博物馆·美术馆	89.7	4
			84	体育场馆指数	56.9	44
			85	动物园·植物园·水族馆	73.6	13
			86	公共图书馆藏书量	69.8	11
			87	文化大师指数	59.7	7
			88	奥运冠军指数	65.4	14
			89	全国文化先进单位指数	75.1	6
		交流	90	入境游客	70.2	10
			91	国内游客	86.5	5
			92	国际旅游外汇收入	66.1	12
			93	国内旅游收入	87.0	6
			94	国际会议	67.6	5
			95	展览业发展指数	71.6	5
			96	世界旅游城市指数	98.0	3
	生活品质	人居环境	97	平均寿命	49.2	178
			98	医疗保险·养老保险参保指数	46.9	158
			99	平均房价与收入比	41.9	237
			100	人居城市指数	66.6	18
			101	中国幸福感城市指数	100.0	1
		消费水平	102	每万人社会消费品零售额	62.5	34
			103	每万人住宿和餐饮业营业收入	53.7	24
			104	每万人电信消费	54.5	61
			105	每万人居民生活用水量	72.3	16
			106	国际顶级品牌指数	95.0	3
			107	国际餐饮连锁品牌指数	68.2	10
		生活服务	108	每万人公共财政支出	50.8	93
			109	每万人在园儿童数	49.4	156
			110	养老服务机构年末床位数	60.4	30
			111	执业(助理)医师数	94.2	4
			112	卫生机构床位数	96.0	3
			113	三甲医院	68.1	16

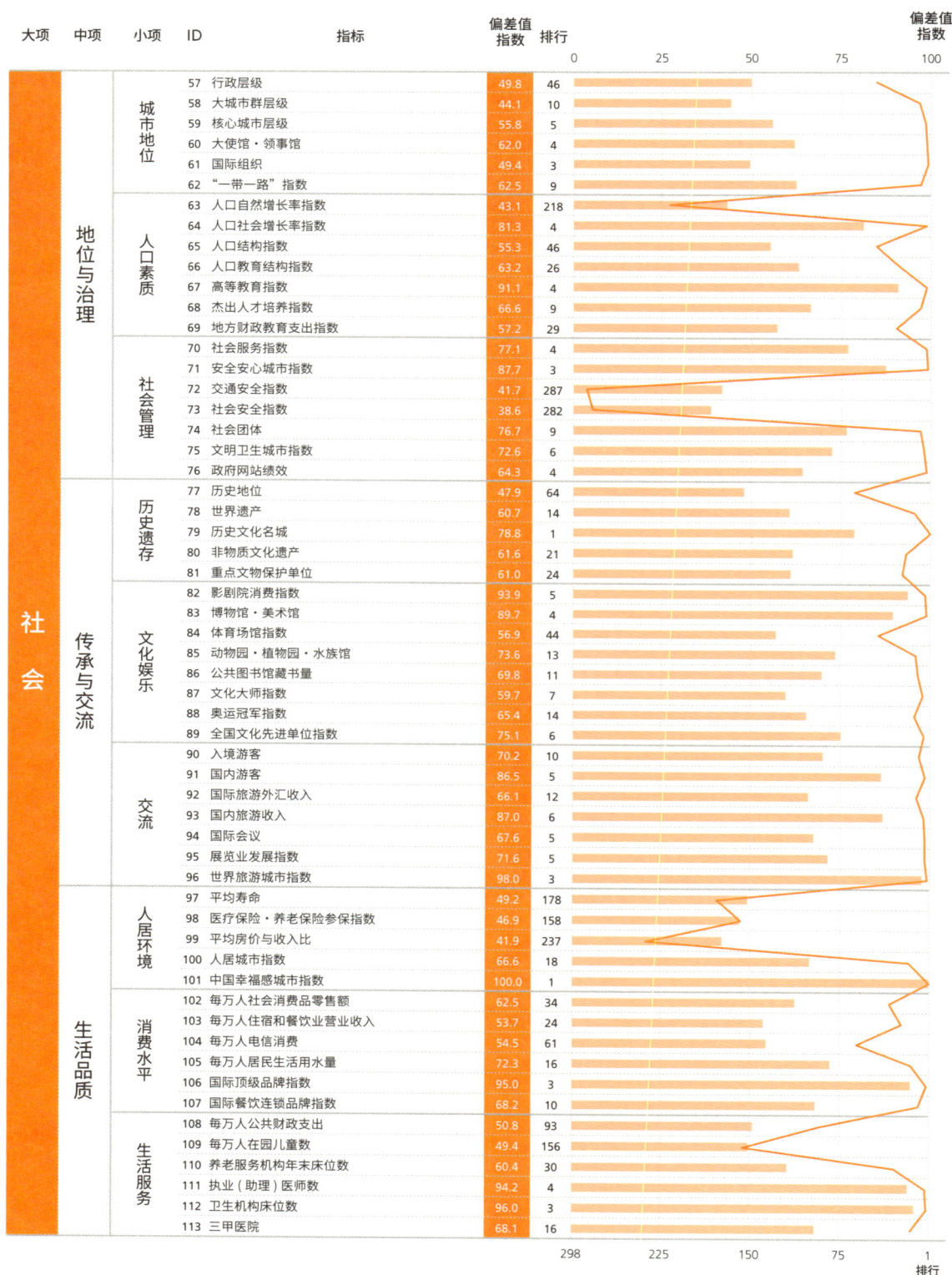

图 3-77 各项指标表现：社会

大项	中项	小项	ID	指标	偏差值指数	排行
经济	经济质量	经济总量	114	GDP 规模	79.3	8
			115	常住人口规模	83.5	4
			116	税收规模	63.6	12
			117	电力消耗量	65.6	16
		经济结构	118	产业结构指数	77.2	8
			119	主板上市企业	62.8	10
			120	世界 500 强中国企业	48.9	29
			121	中国 500 强企业	53.3	19
			122	中国民营企业 500 强企业	64.5	19
			123	规模以上工业总产值	66.9	23
		经济效率	124	GDP 增长率指数	59.9	30
			125	每万人 GDP	59.2	48
			126	每万人财政收入	56.9	51
			127	被抚养人口指数	46.3	209
			128	发债城投企业有息债券规模及债务率	60.6	35
			129	每万人登记失业人员数	41.2	261
	发展活力	商务环境	130	职工平均工资	61.6	24
			131	对企业服务业从业人数	87.0	3
			132	星级酒店指数	72.8	9
			133	国际顶级餐厅指数	71.0	5
			134	国家园区指数	70.0	22
		开放度	135	人口流动	62.7	13
			136	货物出口·进口	56.7	22
			137	实际使用外资	77.5	6
			138	对外直接投资	52.6	25
			139	规模以上外商投资企业产值	63.5	16
			140	国际学校	73.8	6
			141	自贸区指数	83.3	12
		创新创业	142	世界顶级大学指数	71.1	8
			143	R&D 支出指数	63.3	13
			144	R&D 人力资源	68.5	14
			145	创业板·新三板上市企业指数	69.6	7
			146	独角兽企业指数	50.3	13
			147	专利申请授权量指数	60.7	6
			148	商标注册指数	70.3	6
			149	两院院士指数	57.2	8
			150	国家改革试验区指数	74.7	8
			151	国家创新示范城市指数	77.9	12
			152	信息·知识产业城市指数	75.5	9
			153	国家重点实验室·工程研究中心指数	61.6	11
	城市影响	城乡一体	154	城乡居民收入比指数	59.2	26
			155	小学教育程度人口比率	51.9	103
			156	文盲率	52.0	87
			157	义务教育发展均衡指数	80.7	6
		广域枢纽	158	机场便利性	85.5	5
			159	航空运量指数	83.6	5
			160	集装港口便利性	46.7	255
			161	港口集装箱吞吐量	48.1	26
			162	水运运量指数	46.1	202
			163	铁路便利性	71.6	15
			164	铁路运量指数	66.9	14
			165	铁路密度	59.9	38
			166	公路运量指数	57.7	14
			167	高速公路密度	58.2	34
			168	国道·省道密度	62.6	26
			169	流通城市指数	79.8	
		核力辐射	170	高等教育辐射力	77.0	8
			171	科学技术辐射力	79.9	4
			172	IT 产业辐射力	85.0	4
			173	文化体育娱乐辐射力	88.0	3
			174	金融业辐射力	67.6	9
			175	制造业辐射力	63.4	15
			176	医疗辐射力	81.7	5
			177	批发零售业辐射力	90.0	3
			178	餐饮酒店辐射力	85.0	3

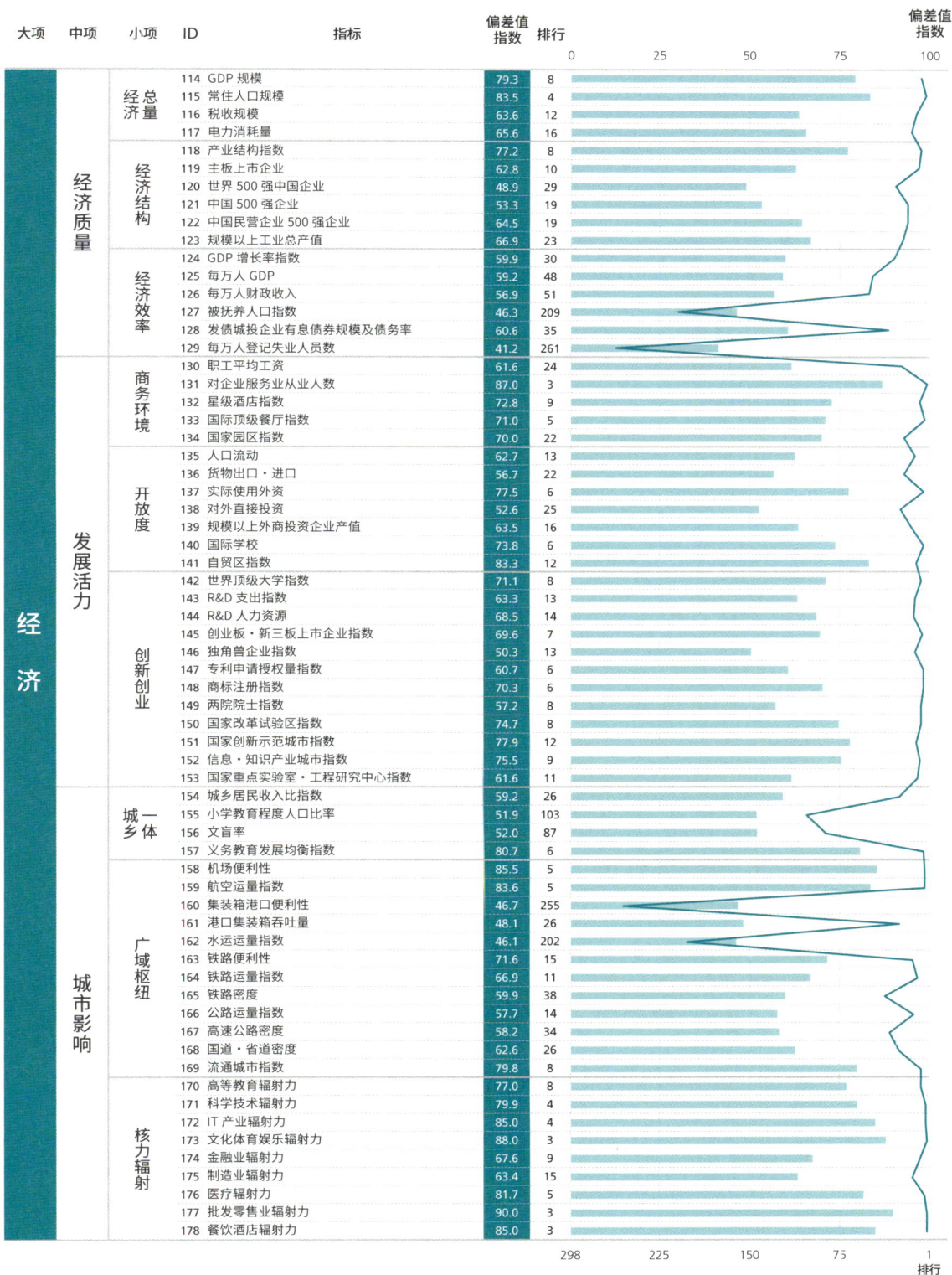

图 3-78　各项指标表现：经济

成都

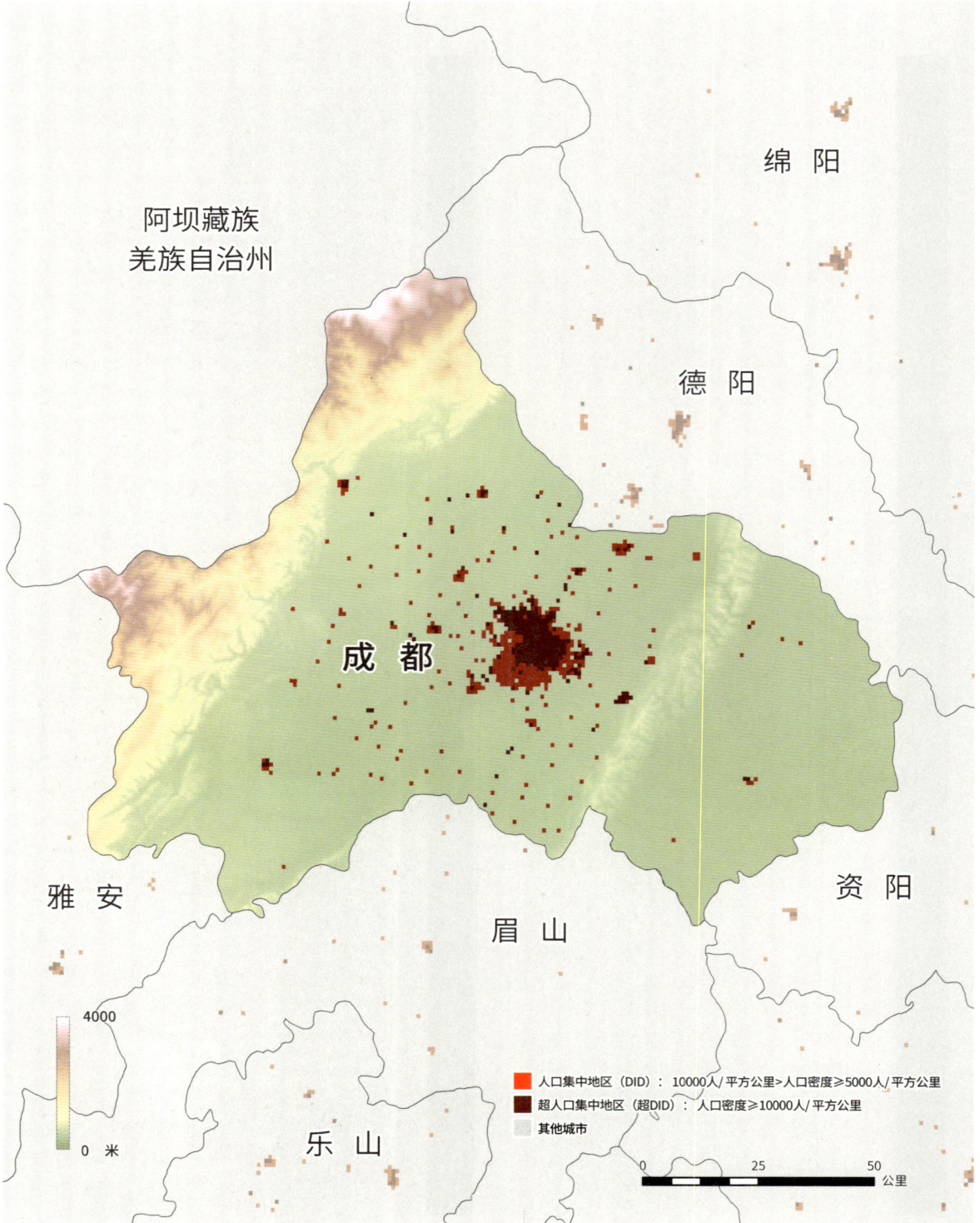

图例：
- 人口集中地区（DID）：10000人/平方公里>人口密度≥5000人/平方公里
- 超人口集中地区（超DID）：人口密度≥10000人/平方公里
- 其他城市

图 3-79　DID 分析

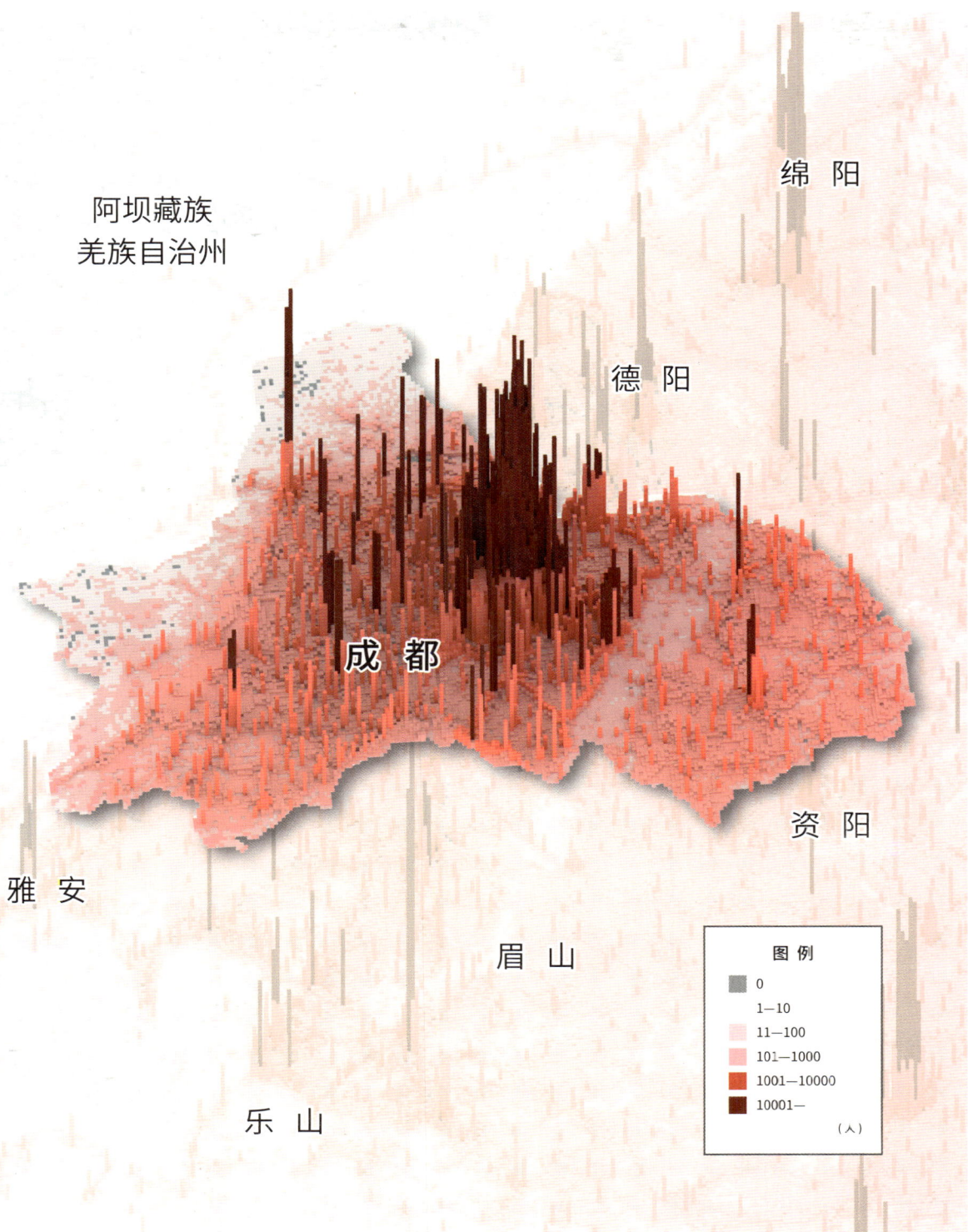

图 3-80 人口规模和密度分析

图例

	0
	1—10
	11—100
	101—1000
	1001—10000
	10001—

（人）

9. 武汉
Wuhan

武汉时隔一年重返综合排名全国前十，较 2017 年上升了 2 个位次排名全国第 9 位。

武汉的社会大项较 2017 年上升了 2 个位次，排名全国第 9 位。社会大项的中项指标中，地位与治理居全国第 6 位，传承与交流和生活品质均名列全国第 8 位。小项指标中，人口素质排名全国第 4 位，文化娱乐与生活服务均名列全国第 6 位，城市地位排名全国第 8 位，交流与消费水平都排名全国第 9 位。

武汉的经济大项较 2017 年上升了 1 个位次，排名全国第 10 位。经济大项的中项指标中，发展活力与城市影响均居全国第 9 位，经济质量排名全国第 10 位。小项指标中，广域枢纽居全国第 7 位，开放度名列全国第 8 位，经济总量、创新创业、城乡一体、核力辐射均排名全国第 9 位。武汉在经济大项的 9 个小项指标中有 7 个指标都入围全国前十。

武汉的环境大项较 2017 年有大幅下跌，排名全国第 27 位。环境大项的中项指标中，空间结构居全国第 5 位，环境质量排名全国第 91 位，自然生态排名全国第 145 位。小项指标中，交通网络与城市设施均名列全国第 6 位，紧凑城区排名全国第 9 位，但是水土禀赋、自然灾害、污染负荷均低于全国平均值。

表 3-9　主要指标

环 境

常住人口	1108 万人
行政区域土地面积	8569 平方公里
人均可利用国土面积全国排名	283 位
森林覆盖率全国排名	221 位
人均水资源全国排名	167 位
气候舒适度全国排名	130 位
PM$_{2.5}$ 指数全国排名	255 位
人口集中地区（DID）人口全国排名	8 位
城市轨道交通距离全国排名	4 位

社 会

平均房价全国排名	15 位
剧场·影剧院数全国排名	11 位
博物馆·美术馆数全国排名	5 位
国内游客数	23100 万人
入境游客数	225 万人
世界遗产数全国排名	65 位
国际会议数全国排名	8 位

经 济

GDP 规模	14847 亿元
人均 GDP	135136 元/人
GDP 增长率	8.0 %
人均财政收入全国排名	15 位
平均工资全国排名	34 位
主板上市企业全国排名	10 位
货物出口额全国排名	33 位
机场便利性全国排名	16 位
集装箱港口便利性全国排名	117 位
金融业辐射力全国排名	13 位
制造业辐射力全国排名	31 位
IT 产业辐射力全国排名	27 位
高等教育辐射力全国排名	3 位
科学技术辐射力全国排名	11 位
医疗辐射力全国排名	7 位
文化体育娱乐辐射力全国排名	6 位
餐饮酒店辐射力全国排名	15 位
批发零售业辐射力全国排名	8 位

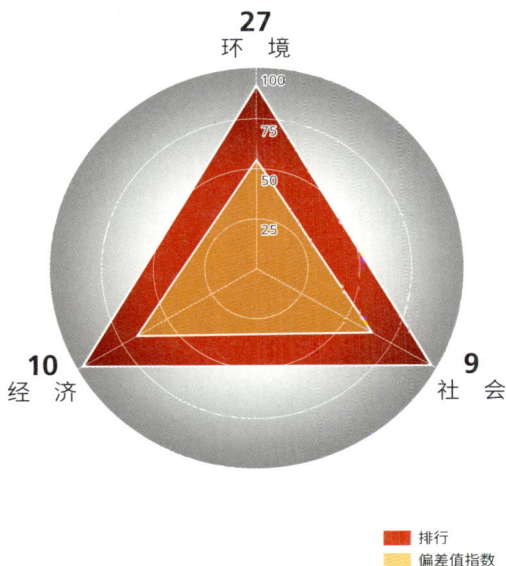

图 3-81　大项指标表现

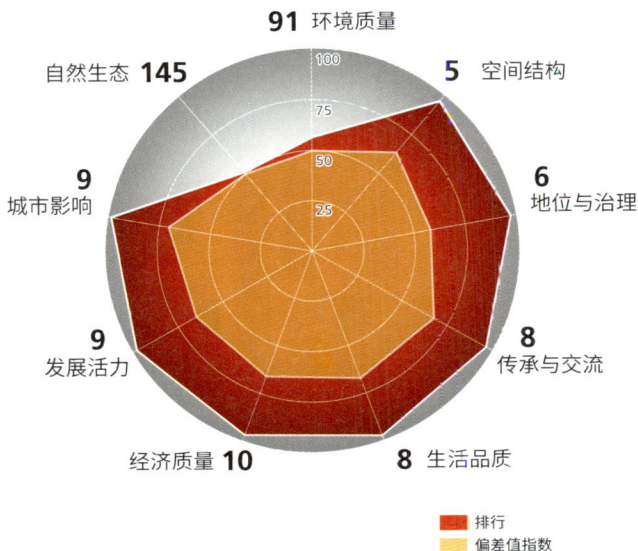

图 3-82　中项指标表现

武汉

大项	中项	小项	排行	偏差值指数
环境	自然生态	水 土 禀 赋	117	49.5
		气 候 条 件	114	52.3
		自 然 灾 害	275	44.6
	环境质量	污 染 负 荷	199	46.6
		环 境 努 力	73	51.2
		资 源 效 率	17	60.1
	空间结构	紧 凑 城 区	9	72.8
		交 通 网 络	6	69.1
		城 市 设 施	6	70.2
社会	地位与治理	城 市 地 位	8	55.0
		人 口 素 质	4	70.7
		社 会 管 理	12	58.0
	传承与交流	历 史 遗 存	43	53.4
		文 化 娱 乐	6	74.3
		交 流	9	72.4
	生活品质	人 居 环 境	165	49.3
		消 费 水 平	9	69.3
		生 活 服 务	6	72.3
经济	经济质量	经 济 总 量	9	71.2
		经 济 结 构	10	67.0
		经 济 效 率	19	59.4
	发展活力	商 务 环 境	20	59.5
		开 放 度	8	67.6
		创 新 创 业	9	69.1
	城市影响	城 乡 一 体	9	64.3
		广 域 枢 纽	7	68.2
		核 力 辐 射	9	67.1

图 3-83　小项偏差值

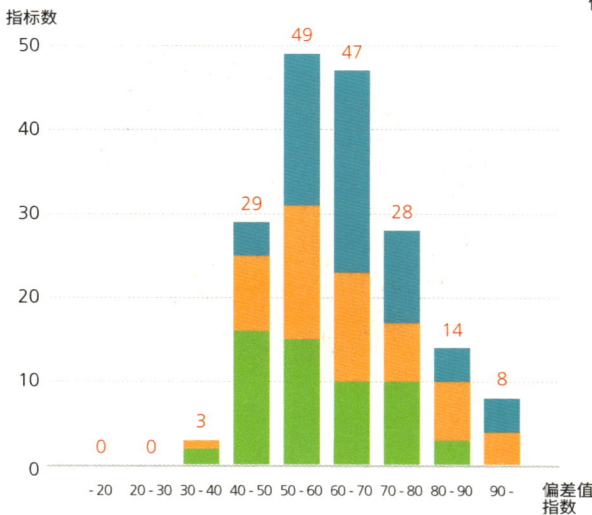

图 3-84　指标偏差值分布

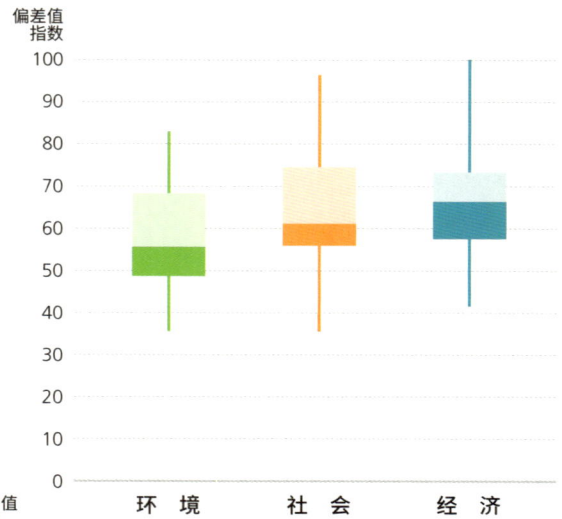

图 3-85　指标偏差值箱形分析

大项	中项	小项	ID	指标	偏差值指数	排行
环境	自然生态	水土禀赋	1	每万人可利用国土面积	47.6	283
			2	森林面积	44.6	221
			3	农田面积	50.6	102
			4	牧草面积	48.1	186
			5	水面面积	55.9	13
			6	每万人水资源	48.9	167
			7	国家公园·保护区·景区指数	56.9	28
		气候条件	8	气候舒适度	49.4	130
			9	降雨量	55.2	90
		自然灾害	10	自然灾害直接经济损失指数	47.8	94
			11	地质灾害直接经济损失指数	35.6	282
			12	灾害预警	47.4	271
	环境质量	污染负荷	13	空气质量指数(AQI)	40.8	244
			14	PM$_{2.5}$ 指数	41.9	255
			15	单位 GDP 二氧化碳排放量	51.4	117
			16	工业二氧化硫排放量	48.2	138
			17	工业烟(粉)尘排放量	47.5	255
			18	城镇生活污水未处理排放量	43.2	77
			19	国定、省定断面三类及以上水质达标率	59.3	1
			20	区域环境等效声级	54.6	92
			21	辐射环境空气吸收剂量率	72.4	11
		环境努力	22	环境努力指数	53.6	34
			23	节水努力指数	50.5	108
			24	生态环境社会团体	54.7	24
			25	国家环境保护城市指数	48.9	110
			26	国家生态环境评价指数	45.8	187
		资源效率	27	实际城市用地土地产出率	75.7	6
			28	农林牧水产土地产出率	54.7	53
			29	单位 GDP 能耗	51.3	117
			30	绿色建筑设计评价标识项目	74.2	8
			31	工业固体废物综合利用率	57.9	49
			32	循环经济城市指数	44.5	101
	空间结构	紧凑城区	33	人口集中地区(DID)人口	78.5	8
			34	人口集中地区(DID)面积	74.0	9
			35	人口集中地区(DID)人口比重	72.6	10
			36	人口集中地区(DID)比率	63.5	10
			37	超人口集中地区(超 DID)人口	82.8	7
			38	超人口集中地区(超 DID)面积	81.1	7
			39	超人口集中地区(超 DID)人口比重	74.2	11
			40	超人口集中地区(超 DID)比率	68.0	10
		交通网络	41	城市轨道交通密度指数	76.1	5
			42	城市干线道路密度指数	66.2	10
			43	城市生活道路密度指数	65.9	11
			44	城市人行道·自行车道密度指数	66.8	10
			45	城市轨道交通距离	77.9	4
			46	每万人公共汽(电)车客运量	71.3	15
			47	每万人公共汽(电)车拥有量	67.6	17
			48	每万人私人机动车拥有量	48.7	240
			49	每万人出租汽车拥有量	62.3	32
			50	高峰拥堵延时指数	35.4	252
		城市设施	51	固定资产投资规模指数	80.1	5
			52	公园绿地面积	65.7	12
			53	建成区绿化覆盖率	56.0	55
			54	建成区供排水管道密度	66.5	20
			55	燃气普及率	54.5	93
			56	城市地下设施指数	69.0	5

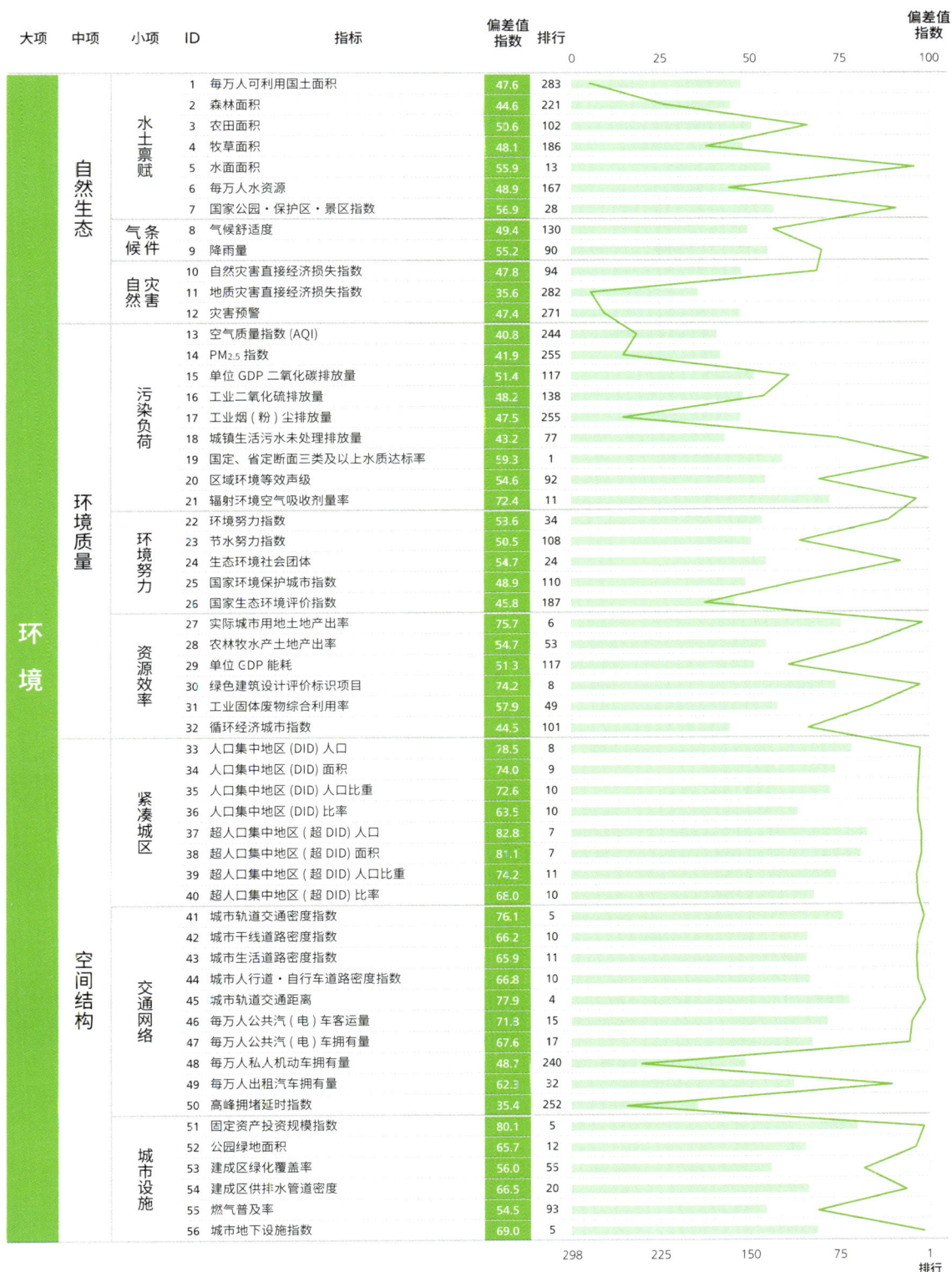

图 3-86　各项指标表现: 环境

武汉

大项	中项	小项	ID	指标	偏差值指数	排行	偏差值指数 (0-100)
社会	地位与治理	城市地位	57	行政层级	49.8	46	
			58	大城市群层级	59.3	4	
			59	核心城市层级	55.8	5	
			60	大使馆·领事馆	52.6	9	
			61	国际组织	49.4	3	
			62	"一带一路"指数	61.0	12	
		人口素质	63	人口自然增长率指数	47.2	173	
			64	人口社会增长率指数	94.4	2	
			65	人口结构指数	59.7	11	
			66	人口教育结构指数	77.9	4	
			67	高等教育指数	96.3	2	
			68	杰出人才培养指数	67.7	8	
			69	地方财政教育支出指数	63.1	16	
		社会管理	70	社会服务指数	61.1	13	
			71	安全安心城市指数	81.2	5	
			72	交通安全指数	42.6	271	
			73	社会安全指数	40.6	251	
			74	社会团体	62.9	24	
			75	文明卫生城市指数	57.0	30	
			76	政府网站绩效	63.5	8	
	传承与交流	历史遗存	77	历史地位	56.1	12	
			78	世界遗产	45.8	65	
			79	历史文化名城	60.7	10	
			80	非物质文化遗产	53.9	59	
			81	重点文物保护单位	57.5	38	
		文化娱乐	82	影剧院消费指数	81.8	8	
			83	博物馆·美术馆	83.7	5	
			84	体育场馆指数	58.7	33	
			85	动物园·植物园·水族馆	70.4	19	
			86	公共图书馆藏书量	67.6	12	
			87	文化大师指数	58.4	9	
			88	奥运冠军指数	93.4	3	
			89	全国文化先进单位指数	65.2	14	
		交流	90	入境游客	66.3	14	
			91	国内游客	94.1	4	
			92	国际旅游外汇收入	66.4	11	
			93	国内旅游收入	86.6	7	
			94	国际会议	61.0	8	
			95	展览业发展指数	66.5	8	
			96	世界旅游城市指数	51.8	70	
	生活品质	人居环境	97	平均寿命	49.8	166	
			98	医疗保险·养老保险参保指数	58.5	46	
			99	平均房价与收入比	35.4	278	
			100	人居城市指数	46.7	40	
			101	中国幸福感城市指数	59.6	19	
		消费水平	102	每万人社会消费品零售额	76.0	6	
			103	每万人住宿和餐饮业营业收入	55.8	16	
			104	每万人电信消费	55.9	49	
			105	每万人居民生活用水量	80.1	9	
			106	国际顶级品牌指数	81.6	6	
			107	国际餐饮连锁品牌指数	73.2	8	
		生活服务	108	每万人公共财政支出	59.3	28	
			109	每万人在园儿童数	45.3	205	
			110	养老服务机构年末床位数	70.0	12	
			111	执业（助理）医师数	74.4	8	
			112	卫生机构床位数	79.0	7	
			113	三甲医院	83.4	6	

298　225　150　75　1
排行

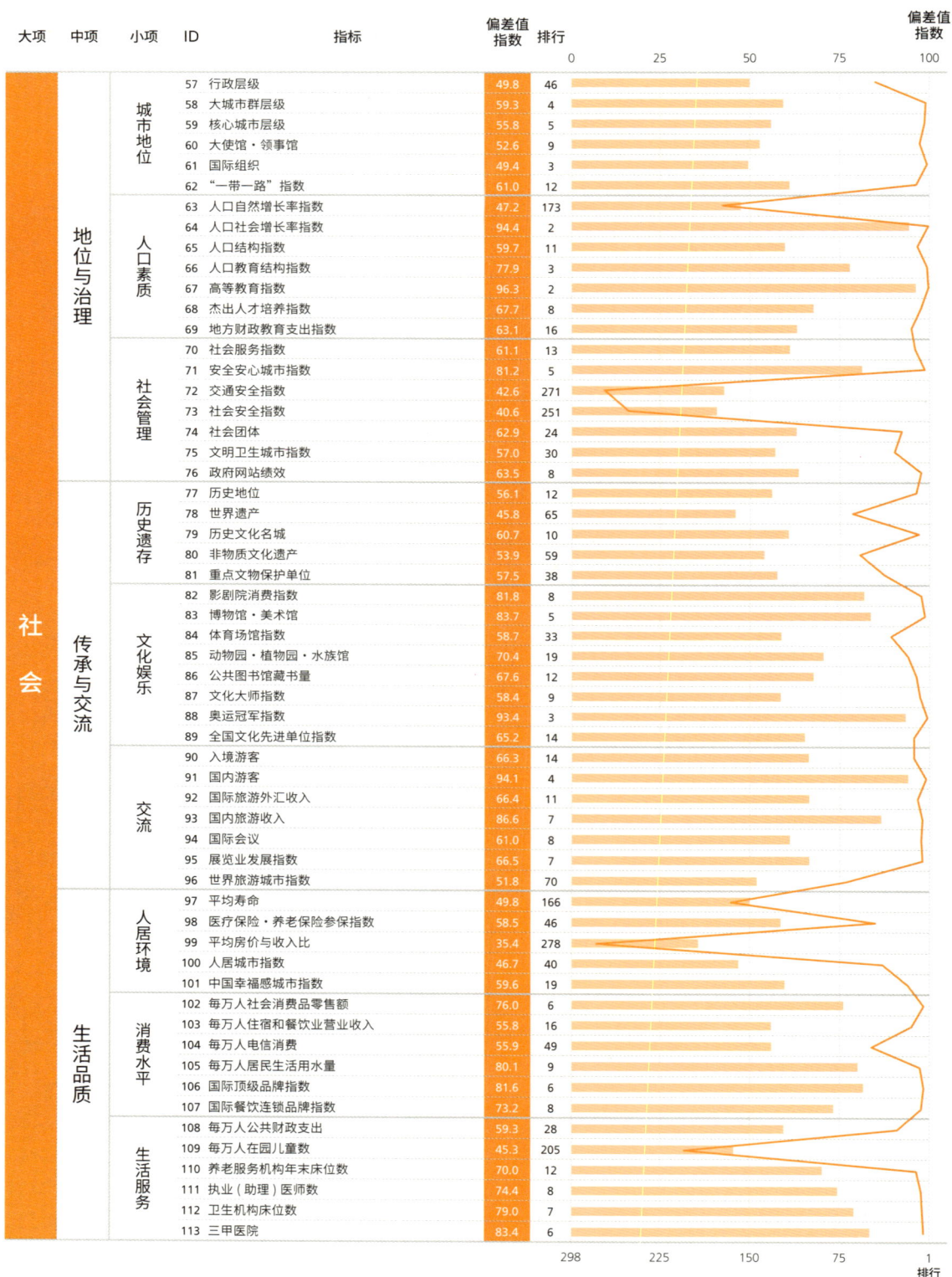

图 3-87　各项指标表现：社会

大项	中项	小项	ID	指标	偏差值指数	排行
经济	经济质量	经济总量	114	GDP 规模	78.1	9
			115	常住人口规模	68.7	10
			116	税收规模	68.8	8
			117	电力消耗量	69.0	12
		经济结构	118	产业结构指数	75.4	9
			119	主板上市企业	62.8	10
			120	世界 500 强中国企业	52.0	11
			121	中国 500 强企业	57.4	11
			122	中国民营企业 500 强企业	69.0	16
			123	规模以上工业总产值	68.1	20
		经济效率	124	GDP 增长率指数	59.8	32
			125	每万人 GDP	70.5	17
			126	每万人财政收入	69.0	9
			127	被抚养人口指数	46.1	227
			128	发债城投企业有息债券规模及债务率	69.3	9
			129	每万人登记失业人员数	41.4	257
	发展活力	商务环境	130	职工平均工资	60.2	34
			131	对企业服务业从业人数	60.8	10
			132	星级酒店指数	66.3	16
			133	国际顶级餐厅指数	52.5	18
			134	国家园区指数	55.1	44
		开放度	135	人口流动	67.7	9
			136	货物出口・进口	52.8	29
			137	实际使用外资	77.1	7
			138	对外直接投资	50.9	31
			139	规模以上外商投资企业产值	68.9	11
			140	国际学校	65.5	11
			141	自贸区指数	86.1	9
		创新创业	142	世界顶级大学指数	96.1	4
			143	R&D 支出指数	71.7	11
			144	R&D 人力资源	69.8	11
			145	创业板・新三板上市企业指数	60.9	14
			146	独角兽企业指数	55.6	5
			147	专利申请授权量指数	58.7	11
			148	商标注册指数	58.5	18
			149	两院院士指数	59.3	5
			150	国家改革试验区指数	69.3	14
			151	国家创新示范城市指数	79.1	10
			152	信息・知识产业城市指数	73.2	13
			153	国家重点实验室・工程研究中心指数	75.8	4
	城市影响	城乡一体	154	城乡居民收入比指数	58.4	30
			155	小学教育程度人口比率	82.4	3
			156	文盲率	53.2	72
			157	义务教育发展均衡指数	74.6	7
		广域枢纽	158	机场便利性	64.2	16
			159	航空运量指数	63.2	15
			160	集装箱港口便利性	48.1	117
			161	港口集装箱吞吐量	48.1	26
			162	水运量指数	53.4	47
			163	铁路便利性	84.3	7
			164	铁路运量指数	100.0	1
			165	铁路密度	90.1	2
			166	公路运量指数	57.2	16
			167	高速公路密度	69.0	11
			168	国道・省道密度	64.1	22
			169	流通城市指数	89.3	3
		核力辐射	170	高等教育辐射力	92.2	3
			171	科学技术辐射力	64.0	11
			172	IT 产业辐射力	50.4	27
			173	文化体育娱乐辐射力	67.8	6
			174	金融业辐射力	61.6	13
			175	制造业辐射力	54.7	31
			176	医疗辐射力	79.1	7
			177	批发零售业辐射力	76.2	8
			178	餐饮酒店辐射力	57.4	15

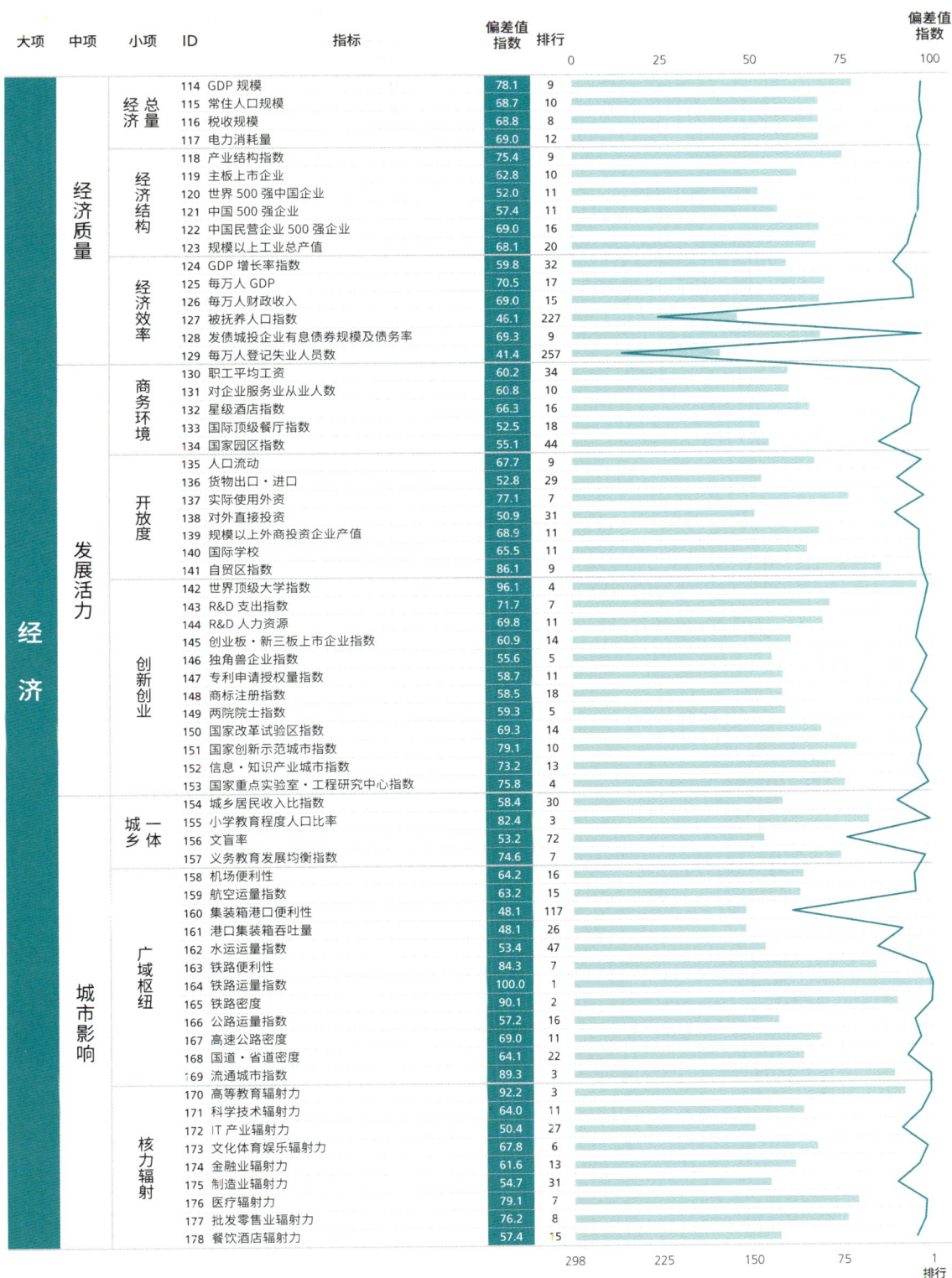

图 3-88　各项指标表现：经济

武汉

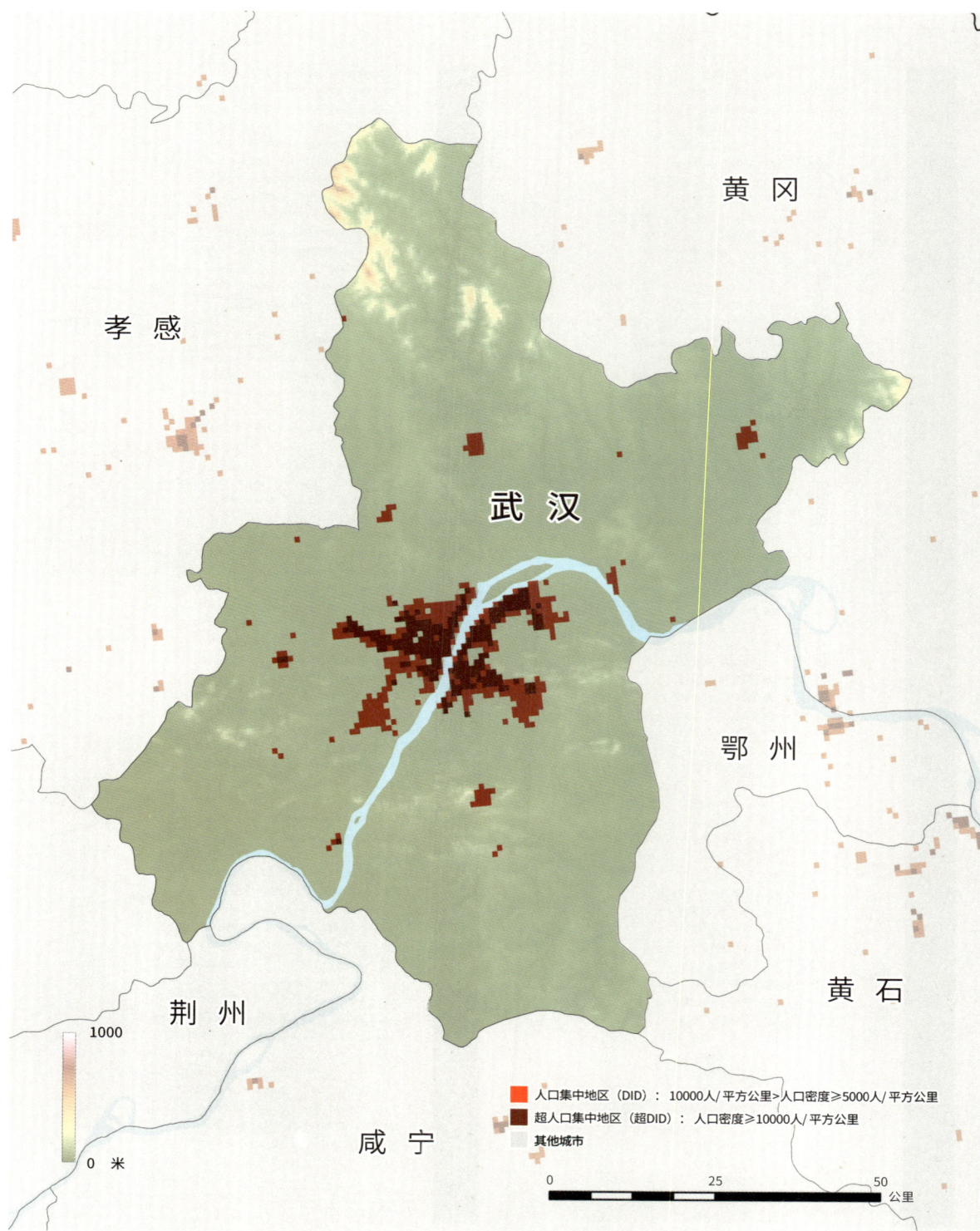

黄 冈

孝 感

武 汉

鄂 州

荆 州

黄 石

咸 宁

1000

0 米

人口集中地区（DID）：10000人／平方公里＞人口密度≥5000人／平方公里
超人口集中地区（超DID）：人口密度≥10000人／平方公里
其他城市

0   25   50
公里

图 3-89   DID 分析

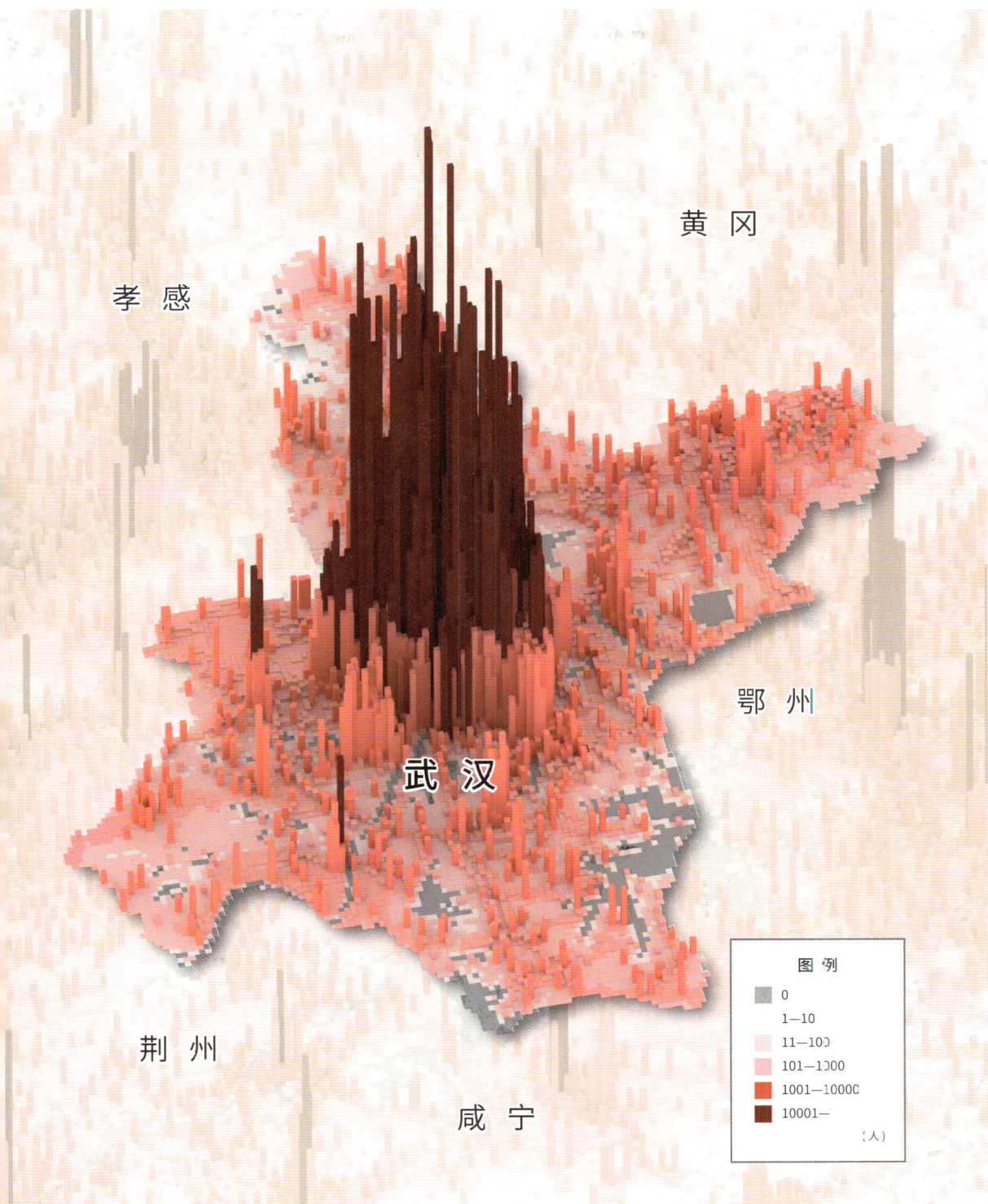

图 3-90　人口规模和密度分析

图例

▦	0
▧	1—10
▨	11—100
▥	101—1000
▥	1001—10000
▮	10001—

〔人〕

黄　冈

孝　感

鄂　州

武　汉

荆　州

咸　宁

10. 南京
Nanjing

南京的综合排名从 2017 年的全国第 9 位下跌至 2018 年的全国第 10 位。

南京的社会大项较 2017 年下降了 2 个位次，排名全国第 10 位。社会大项的中项指标中，生活品质排名全国第 6 位，地位与治理排名全国第 8 位，传承与交流排名全国第 11 位。从小项指标的表现来看，南京的历史遗存居全国第 6 位，城市地位与人口素质均名列全国第 7 位，消费水平排名全国第 8 位，文化娱乐、人居环境、生活服务均排名全国第 10 位。

南京的经济大项较 2017 年下降了 1 个位次，跌出全国前十，排名全国第 11 位。经济大项的中项指标中，城市影响居全国第 7 位，发展活力名列全国第 10 位，经济质量排名全国第 11 位。从小项指标的表现来看，创新创业与广域枢纽均居全国第 6 位，核力辐射名列全国第 7 位，商务环境与经济结构分别排名全国第 8 位和第 9 位。

南京的环境大项较 2017 年也下降了 2 个位次，排名全国第 25 位。环境大项的中项指标中，空间结构居全国第 7 位，环境质量排名全国第 52 位，自然生态排名全国第 163 位。从小项指标的表现来看，环境努力与交通网络分别排名全国第 6 位和第 7 位，污染负荷、水土禀赋都低于全国平均值。

表 3-10　主要指标

环 境

常住人口	844 万人
行政区域二地面积	6587 平方公里
人均可利用国土面积全国排名	279 位
森林覆盖率全国排名	233 位
人均水资源全国排名	173 位
气候舒适度全国排名	145 位
PM$_{2.5}$ 指数全国排名	200 位
人口集中地区（DID）人口全国排名	14 位
城市轨道交通距离全国排名	5 位

社 会

平均房价全国排名	8 位
剧场·影剧院数全国排名	15 位
博物馆·美术馆数全国排名	13 位
国内游客数	10657 万人
入境游客数	64 万人
世界遗产数全国排名	14 位
国际会议数全国排名	14 位

经 济

GDP 规模	12820 亿元
人均 GDP	152886 元/人
GDP 增长率	8.0 %
人均财政收入全国排名	13 位
平均工资全国排名	8 位
主板上市企业全国排名	4 位
货物出口额全国排名	17 位
机场便利性全国排名	12 位
集装箱港口便利性全国排名	15 位
金融业辐射力全国排名	12 位
制造业辐射力全国排名	21 位
IT 产业辐射力全国排名	6 位
高等教育辐射力全国排名	4 位
科学技术辐射力全国排名	10 位
医疗辐射力全国排名	12 位
文化体育娱乐辐射力全国排名	8 位
餐饮酒店辐射力全国排名	11 位
批发零售业辐射力全国排名	9 位

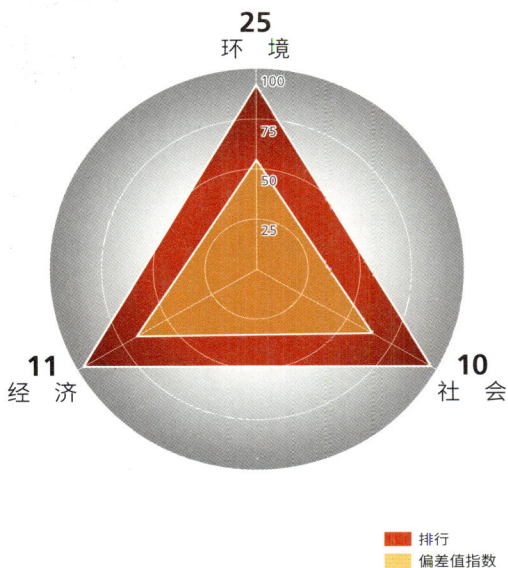

图 3-91　大项指标表现

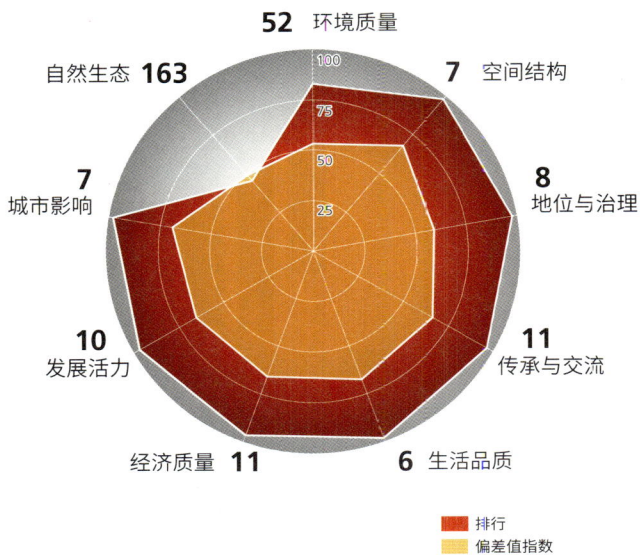

图 3-92　中项指标表现

南京

大项	中项	小项	排行	偏差值指数
环境	自然生态	水 土 禀 赋	188	48.2
		气 候 条 件	134	50.7
		自 然 灾 害	82	50.2
	环境质量	污 染 负 荷	144	49.0
		环 境 努 力	6	65.5
		资 源 效 率	33	57.9
	空间结构	紧 凑 城 区	12	69.0
		交 通 网 络	7	68.0
		城 市 设 施	14	63.7
社会	地位与治理	城 市 地 位	7	56.6
		人 口 素 质	7	66.4
		社 会 管 理	14	57.0
	传承与交流	历 史 遗 存	6	72.2
		文 化 娱 乐	10	71.9
		交 流	14	60.3
	生活品质	人 居 环 境	10	60.6
		消 费 水 平	8	71.3
		生 活 服 务	10	66.9
经济	经济质量	经 济 总 量	11	67.9
		经 济 结 构	9	67.4
		经 济 效 率	14	60.3
	发展活力	商 务 环 境	8	67.2
		开 放 度	17	60.9
		创 新 创 业	6	71.2
	城市影响	城 乡 一 体	25	58.4
		广 域 枢 纽	6	70.4
		核 力 辐 射	7	69.4

图 3-93　小项偏差值

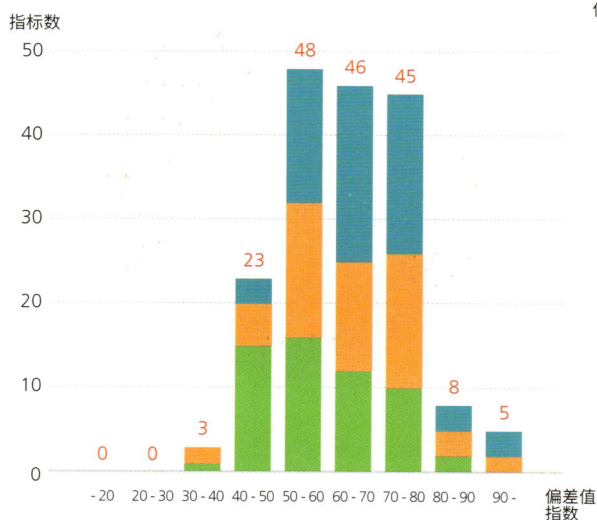

图 3-94　指标偏差值分布

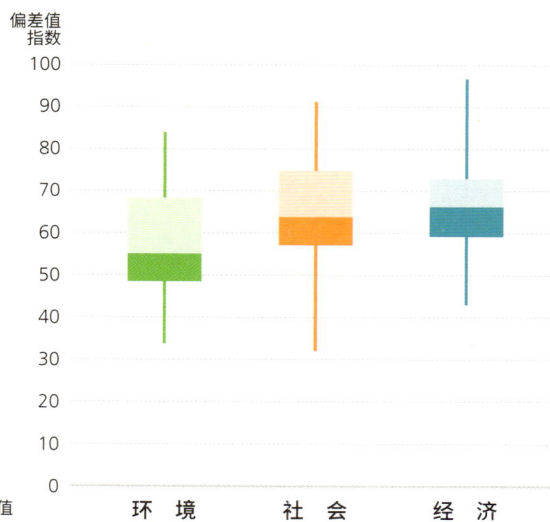

图 3-95　指标偏差值箱形分析

大项	中项	小项	ID	指标	偏差值指数	排行
环境	自然生态	水土禀赋	1	每万人可利用国土面积	47.7	279
			2	森林面积	44.4	233
			3	农田面积	48.5	130
			4	牧草面积	48.1	157
			5	水面面积	51.0	52
			6	每万人水资源	48.9	173
			7	国家公园·保护区·景区指数	52.7	79
		气候条件	8	气候舒适度	48.8	145
			9	降雨量	52.6	111
		自然灾害	10	自然灾害直接经济损失指数	51.7	72
			11	地质灾害直接经济损失指数	53.3	1
			12	灾害预警	47.9	80
	环境质量	污染负荷	13	空气质量指数 (AQI)	44.6	190
			14	PM2.5 指数	44.8	200
			15	单位 GDP 二氧化碳排放量	53.7	91
			16	工业二氧化硫排放量	47.6	199
			17	工业烟(粉)尘排放量	47.5	248
			18	城镇生活污水未处理排放量	43.6	72
			19	国定、省定断面三类及以上水质达标率	56.2	112
			20	区域环境等效声级	62.2	46
			21	辐射环境空气吸收剂量率	80.8	1
		环境努力	22	环境努力指数	61.7	10
			23	节水努力指数	50.3	113
			24	生态环境社会团体	55.8	15
			25	国家环境保护城市指数	79.4	6
			26	国家生态环境评价指数	84.2	7
		资源效率	27	实际城市用地土地产出率	68.2	17
			28	农林牧水产土地产出率	52.3	81
			29	单位 GDP 能耗	53.7	91
			30	绿色建筑设计标识项目	74.9	7
			31	工业固体废物综合利用率	53.2	164
			32	循环经济城市指数	44.5	101
	空间结构	紧凑城区	33	人口集中地区 (DID) 人口	69.4	14
			34	人口集中地区 (DID) 面积	62.1	18
			35	人口集中地区 (DID) 人口比重	69.2	21
			36	人口集中地区 (DID) 比率	59.9	18
			37	超人口集中地区(超 DID) 人口	77.5	10
			38	超人口集中地区(超 DID) 面积	72.8	11
			39	超人口集中地区(超 DID) 人口比重	76.2	8
			40	超人口集中地区(超 DID) 比率	68.0	9
		交通网络	41	城市轨道交通密度指数	75.6	6
			42	城市干线道路密度指数	63.7	21
			43	城市生活道路密度指数	64.2	18
			44	城市人行道·自行车道路密度指数	64.4	21
			45	城市轨道交通距离	73.4	5
			46	每万人公共汽(电)车客运量	66.6	22
			47	每万人公共汽(电)车拥有量	77.0	6
			48	每万人私人机动车拥有量	48.4	272
			49	每万人出租汽车拥有量	63.9	29
			50	高峰拥堵延时指数	33.9	275
		城市设施	51	固定资产投资规模指数	72.4	12
			52	公园绿地面积	72.2	9
			53	建成区绿化覆盖率	57.2	38
			54	建成区供排水管道密度	53.9	73
			55	燃气普及率	54.8	78
			56	城市地下设施指数	45.5	54

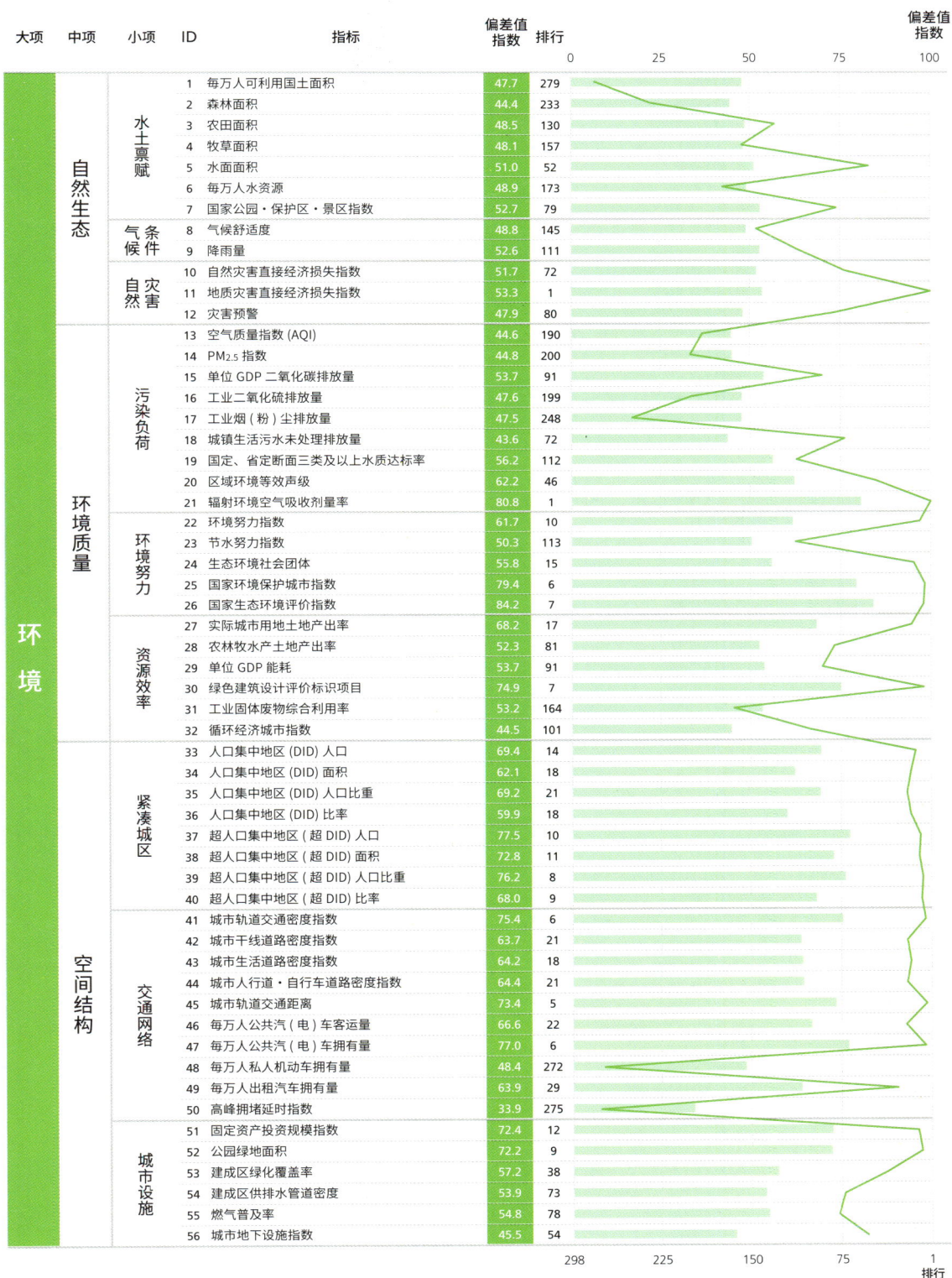

图 3-96　各项指标表现：环境

南京

大项	中项	小项	ID	指标	偏差值指数	排行
社会	地位与治理	城市地位	57	行政层级	68.8	1
			58	大城市群层级	59.3	4
			59	核心城市层级	55.8	5
			60	大使馆·领事馆	48.9	17
			61	国际组织	49.4	3
			62	"一带一路"指数	59.6	17
		人口素质	63	人口自然增长率指数	44.9	198
			64	人口社会增长率指数	56.0	43
			65	人口结构指数	58.1	21
			66	人口教育结构指数	77.9	24
			67	高等教育指数	87.3	7
			68	杰出人才培养指数	75.4	5
			69	地方财政教育支出指数	64.0	14
		社会管理	70	社会服务指数	61.4	11
			71	安全安心城市指数	71.7	14
			72	交通安全指数	41.7	288
			73	社会安全指数	39.1	276
			74	社会团体	71.9	13
			75	文明卫生城市指数	55.5	37
			76	政府网站绩效	62.8	13
	传承与交流	历史遗存	77	历史地位	90.0	3
			78	世界遗产	60.7	14
			79	历史文化名城	60.7	10
			80	非物质文化遗产	57.3	34
			81	重点文物保护单位	76.8	10
		文化娱乐	82	影剧院消费指数	71.2	13
			83	博物馆·美术馆	69.4	13
			84	体育场馆指数	77.2	6
			85	动物园·植物园·水族馆	74.6	10
			86	公共图书馆藏书量	73.9	7
			87	文化大师指数	59.0	8
			88	奥运冠军指数	75.9	10
			89	全国文化先进单位指数	75.1	6
		交流	90	入境游客	52.1	37
			91	国内游客	65.8	11
			92	国际旅游外汇收入	55.5	24
			93	国内旅游收入	75.6	10
			94	国际会议	56.0	14
			95	展览业发展指数	66.2	8
			96	世界旅游城市指数	55.0	30
	生活品质	人居环境	97	平均寿命	58.8	15
			98	医疗保险·养老保险参保指数	66.8	20
			99	平均房价与收入比	32.2	287
			100	人居城市指数	79.8	5
			101	中国幸福感城市指数	91.4	5
		消费水平	102	每万人社会消费品零售额	83.9	2
			103	每万人住宿和餐饮业营业收入	58.0	13
			104	每万人电信消费	58.9	31
			105	每万人居民生活用水量	76.9	10
			106	国际顶级品牌指数	80.8	7
			107	国际餐饮连锁品牌指数	69.8	9
		生活服务	108	每万人公共财政支出	59.3	27
			109	每万人在园儿童数	46.0	192
			110	养老服务机构年末床位数	78.6	4
			111	执业(助理)医师数	65.0	20
			112	卫生机构床位数	61.8	24
			113	三甲医院	74.9	8

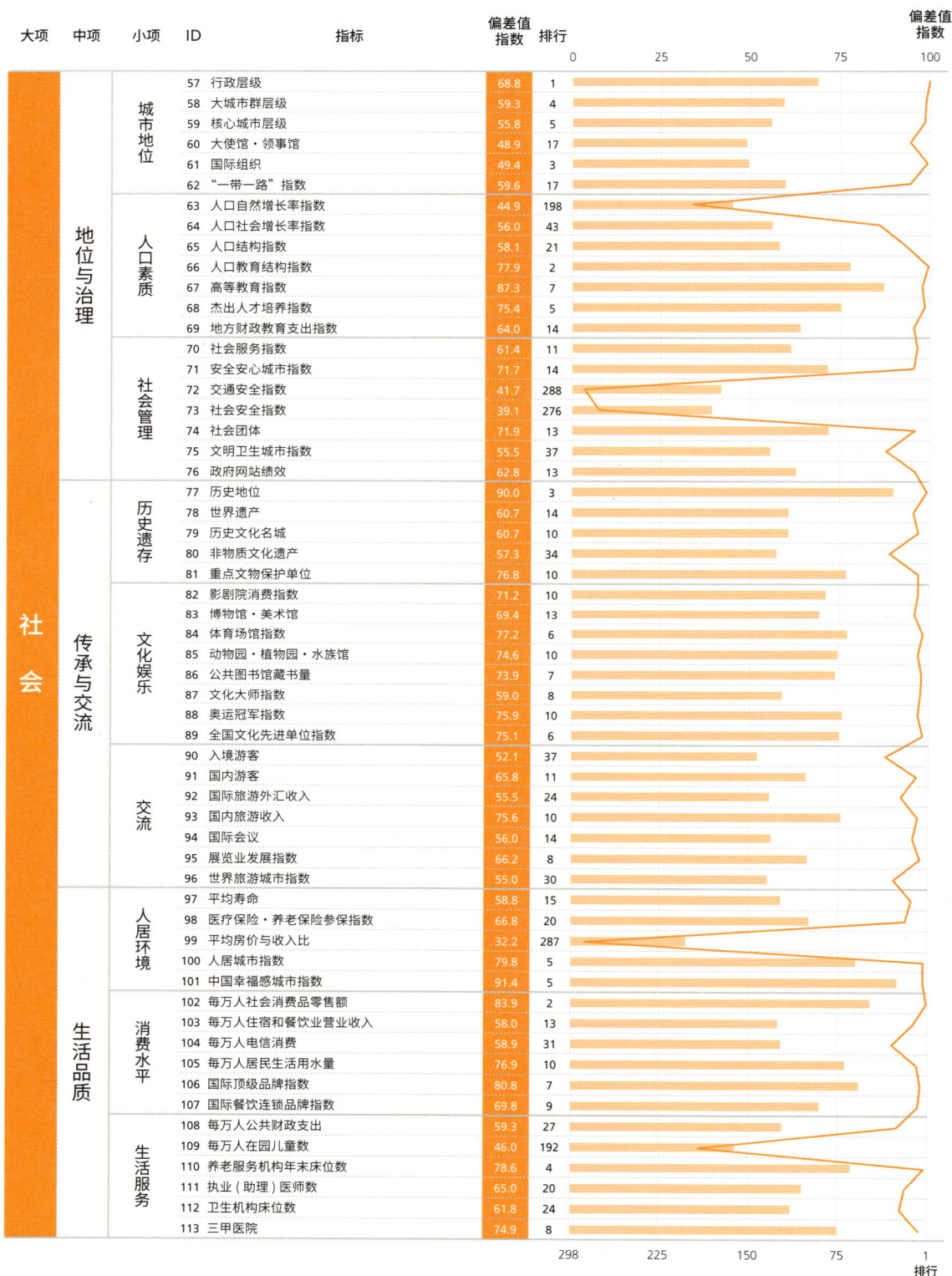

图 3-97　各项指标表现: 社会

大项	中项	小项	ID	指标	偏差值指数	排行
经济	经济质量	经济总量	114	GDP 规模	73.3	11
			115	常住人口规模	61.3	29
			116	税收规模	66.0	10
			117	电力消耗量	75.5	11
		经济结构	118	产业结构指数	69.8	11
			119	主板上市企业	70.0	4
			120	世界 500 强中国企业	55.1	7
			121	中国 500 强企业	62.8	6
			122	中国民营企业 500 强企业	75.9	10
			123	规模以上工业总产值	68.2	19
		经济效率	124	GDP 增长率指数	56.9	59
			125	每万人 GDP	75.9	9
			126	每万人财政收入	72.8	13
			127	被抚养人口指数	45.6	262
			128	发债城投企业有息债券规模及债务率	67.1	12
			129	每万人登记失业人员数	43.2	226
	发展活力	商务环境	130	职工平均工资	73.2	8
			131	对企业服务业从业人数	60.6	11
			132	星级酒店指数	71.9	9
			133	国际顶级餐厅指数	52.5	18
			134	国家园区指数	72.5	17
		开放度	135	人口流动	61.5	16
			136	货物出口·进口	58.8	16
			137	实际使用外资	61.9	19
			138	对外直接投资	55.8	16
			139	规模以上外商投资企业产值	75.0	7
			140	国际学校	63.1	12
			141	自贸区指数	56.2	26
		创新创业	142	世界顶级大学指数	97.0	3
			143	R&D 支出指数	66.4	10
			144	R&D 人力资源	76.8	9
			145	创业板·新三板上市企业指数	65.1	8
			146	独角兽企业指数	53.4	7
			147	专利申请授权量指数	58.6	12
			148	商标注册指数	59.9	15
			149	两院院士指数	75.8	3
			150	国家改革试验区指数	57.6	42
			151	国家创新示范城市指数	74.9	14
			152	信息·知识产业城市指数	74.3	11
			153	国家重点实验室·工程研究中心指数	81.9	3
	城市影响	城乡一体	154	城乡居民收入比指数	60.9	23
			155	小学教育程度人口比率	70.8	11
			156	文盲率	51.1	94
			157	义务教育发展均衡指数	45.7	157
		广域枢纽	158	机场便利性	67.2	12
			159	航空运量指数	66.4	11
			160	集装箱港口便利性	59.8	15
			161	港口集装箱吞吐量	56.6	15
			162	水运量指数	53.7	44
			163	铁路便利性	88.8	4
			164	铁路运量指数	64.3	17
			165	铁路密度	88.3	3
			166	公路运量指数	52.9	47
			167	高速公路密度	75.7	8
			168	国道·省道密度	73.0	11
			169	流通城市指数	95.1	1
		核力辐射	170	高等教育辐射力	92.1	4
			171	科学技术辐射力	67.8	10
			172	IT 产业辐射力	72.0	6
			173	文化体育娱乐辐射力	65.2	8
			174	金融业辐射力	62.1	12
			175	制造业辐射力	59.5	21
			176	医疗辐射力	70.2	12
			177	批发零售业辐射力	75.3	9
			178	餐饮酒店辐射力	60.5	11

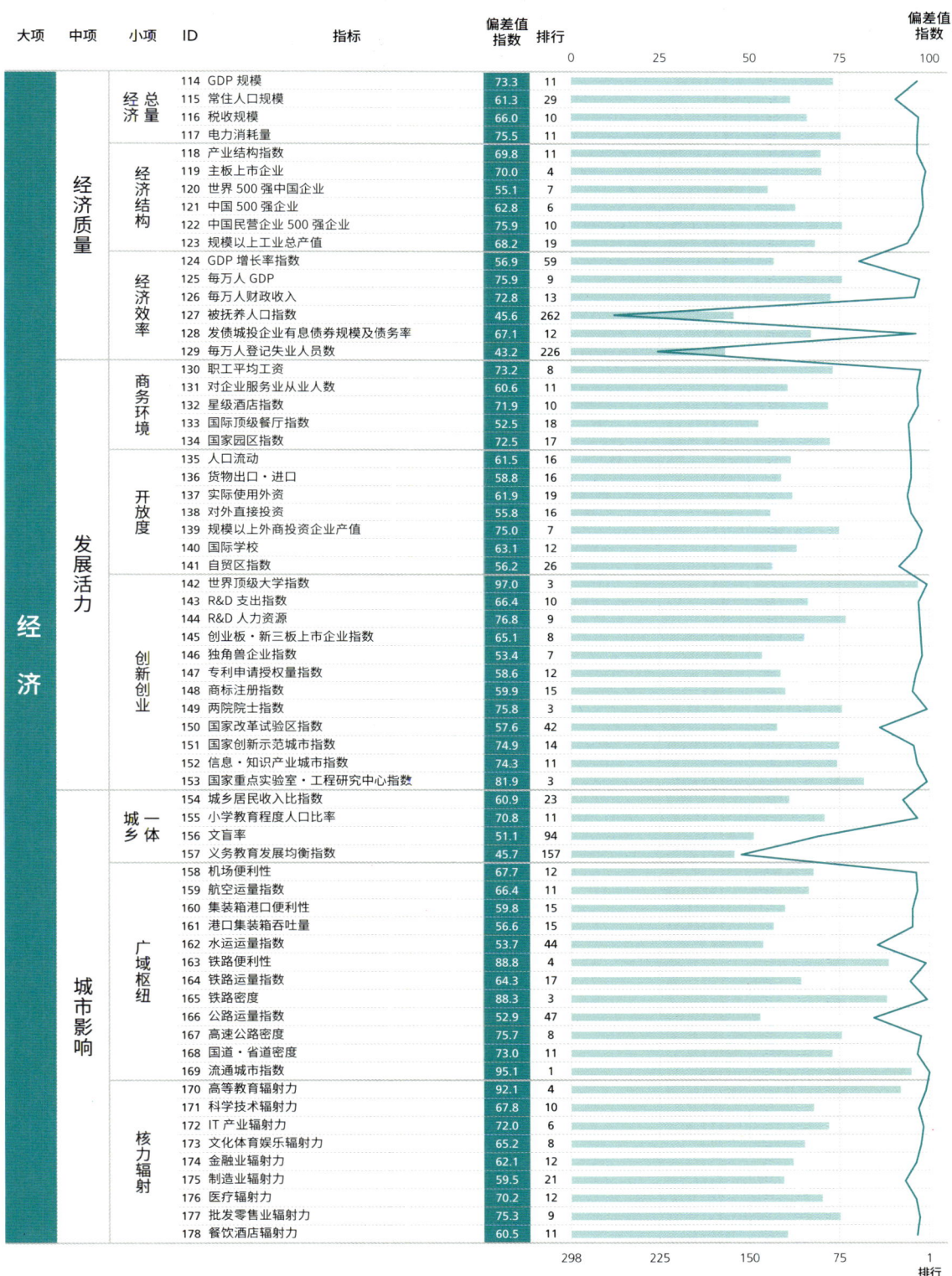

图 3-98 各项指标表现: 经济

南京

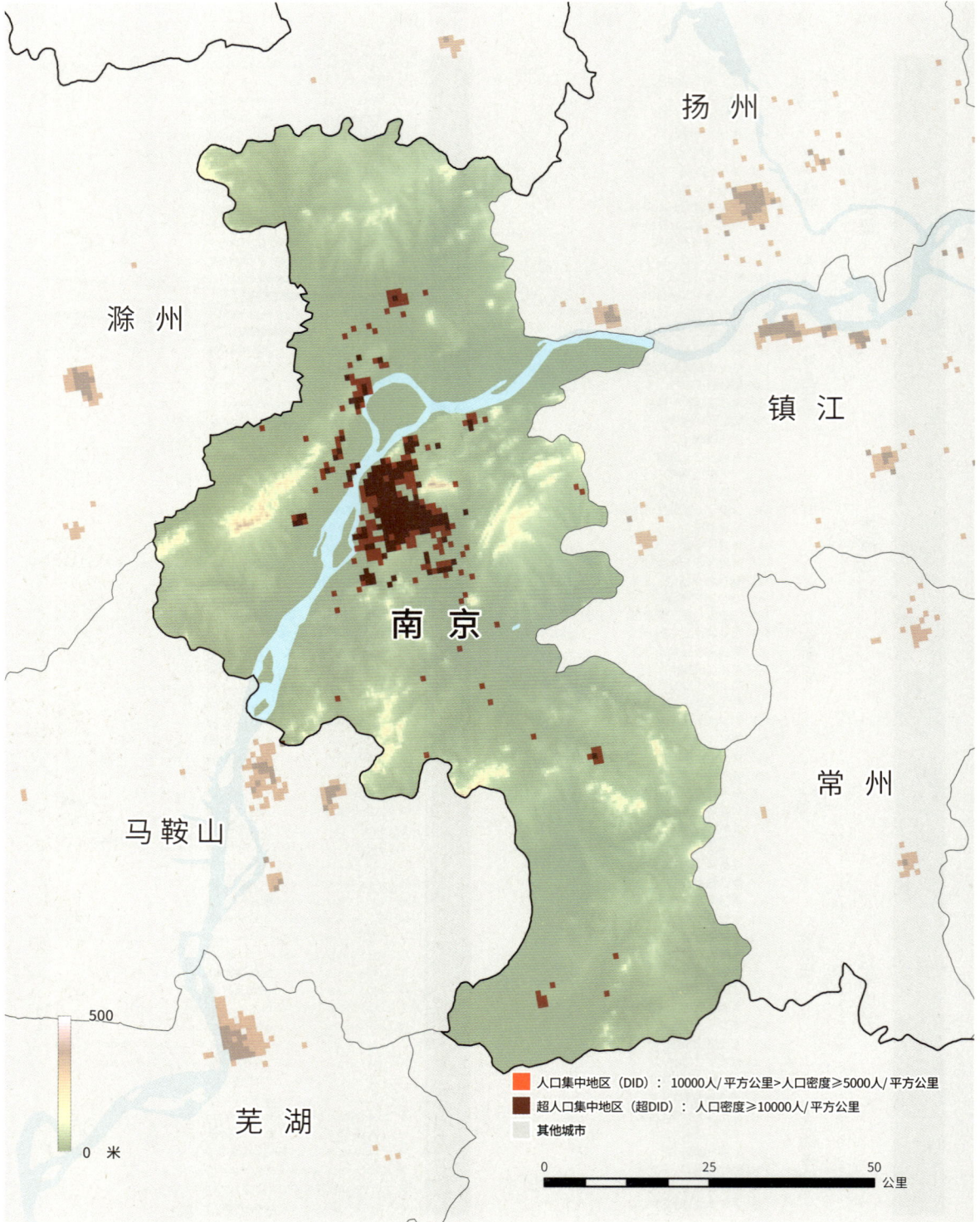

人口集中地区（DID）：10000人/平方公里>人口密度≥5000人/平方公里
超人口集中地区（超DID）：人口密度≥10000人/平方公里
其他城市

图 3-99　DID 分析

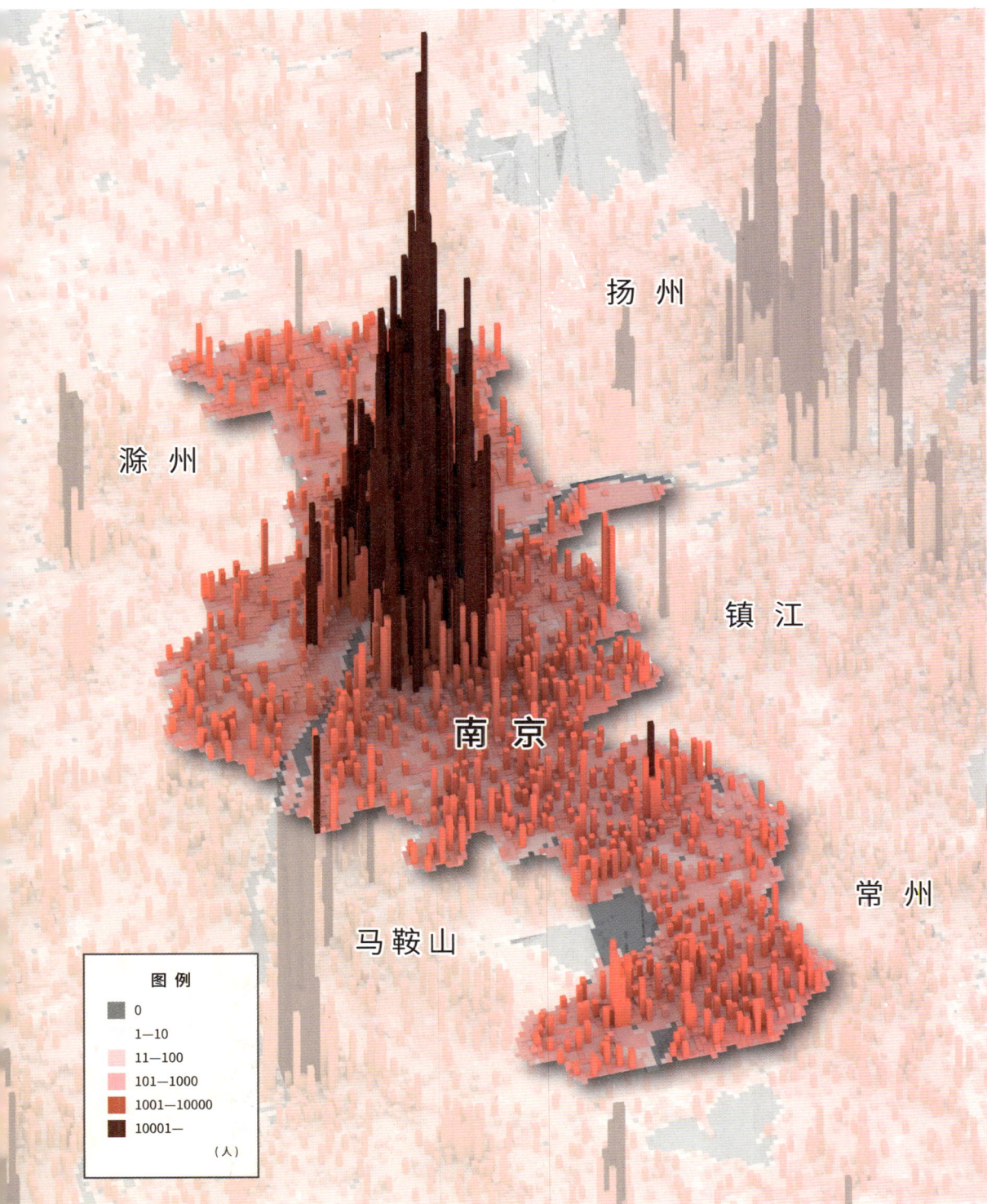

图例

■	0
▨	1—10
▨	11—100
▨	101—1000
■	1001—10000
■	10001—
	（人）

扬 州

滁 州

镇 江

南 京

常 州

马鞍山

图 3-100　人口规模和密度分析

第四章 | 中国城市发展表现图示分析

1. GDP规模

前10位城市

1位	上海
2位	北京
3位	深圳
4位	广州
5位	重庆
6位	天津
7位	苏州
8位	成都
9位	武汉
10位	杭州

偏差值指数
100

42

非对象地区

图4-1　GDP规模广域分析示意图①

2. DID人口

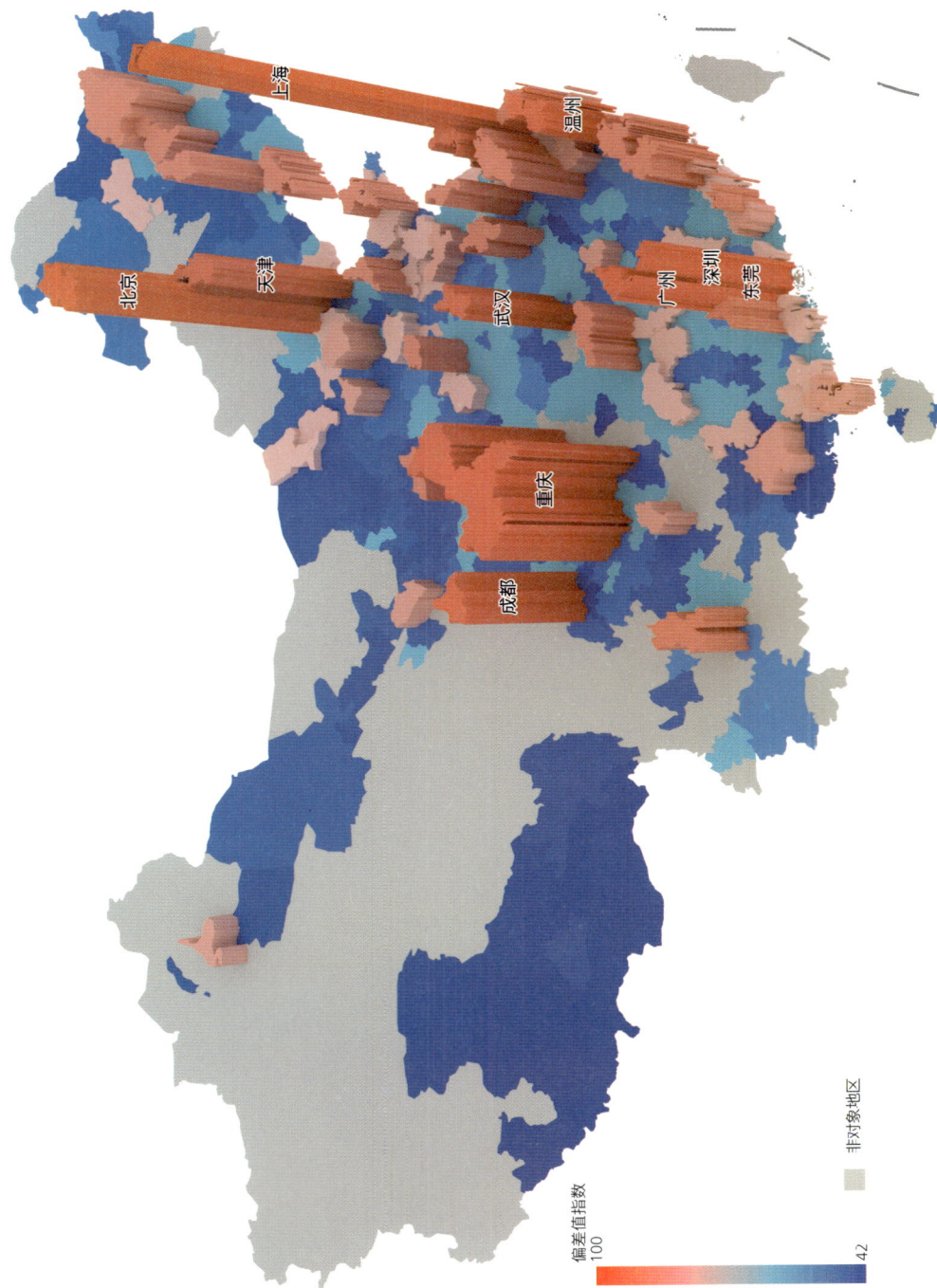

前10位城市

1位	上海	
2位	北京	
3位	广州	
4位	深圳	
5位	天津	
6位	重庆	
7位	成都	
8位	武汉	
9位	东莞	
10位	温州	

偏差值指数
100
42

非对象地区

图4-2　DID人口广域分析示意图

3. 人口流动：流入

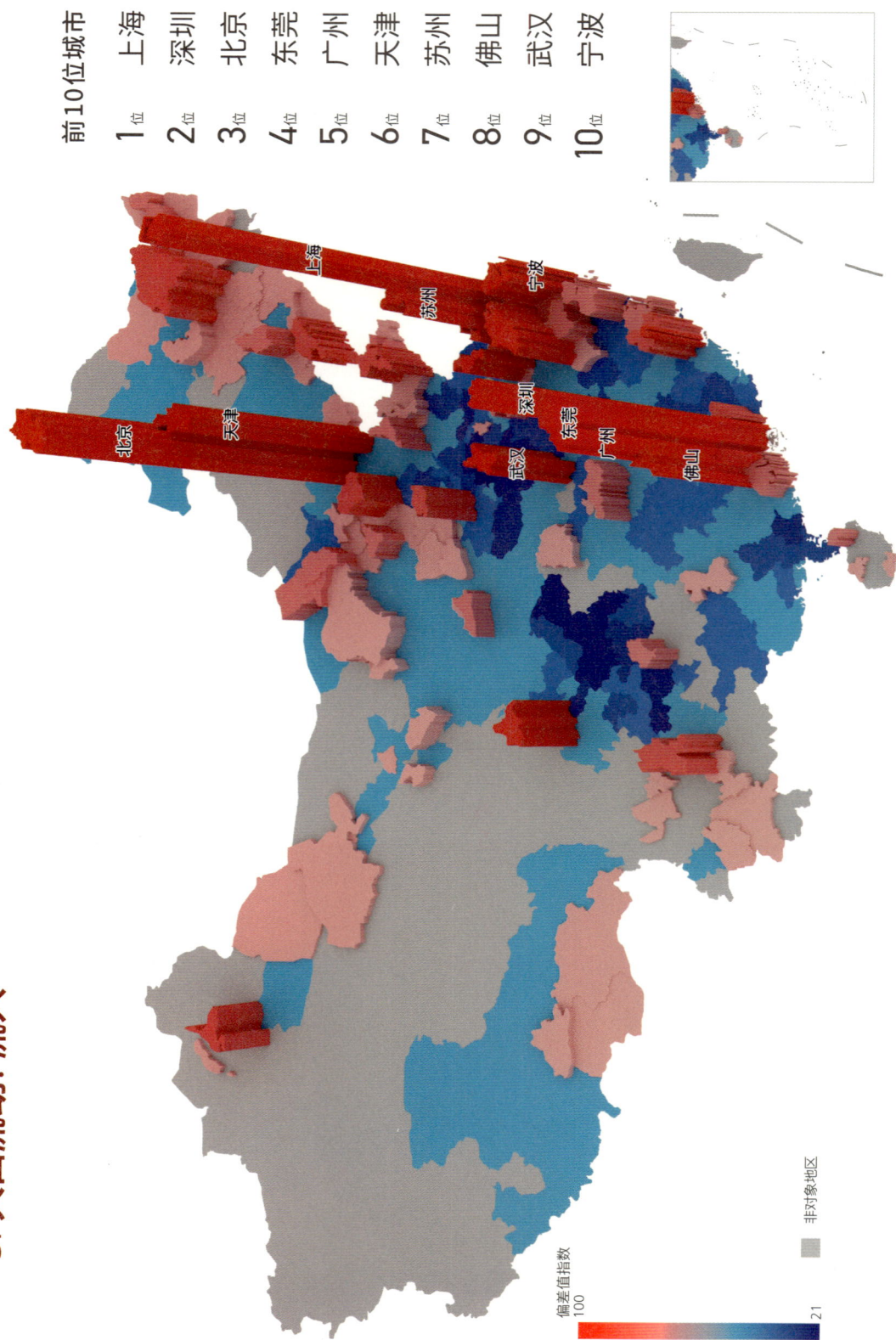

前10位城市

1位	上海
2位	深圳
3位	北京
4位	东莞
5位	广州
6位	天津
7位	苏州
8位	佛山
9位	武汉
10位	宁波

偏差值指数
100
21

非对象地区

图4-3　人口流动广域分析示意图：流入 ①

4. 人口流动：流出

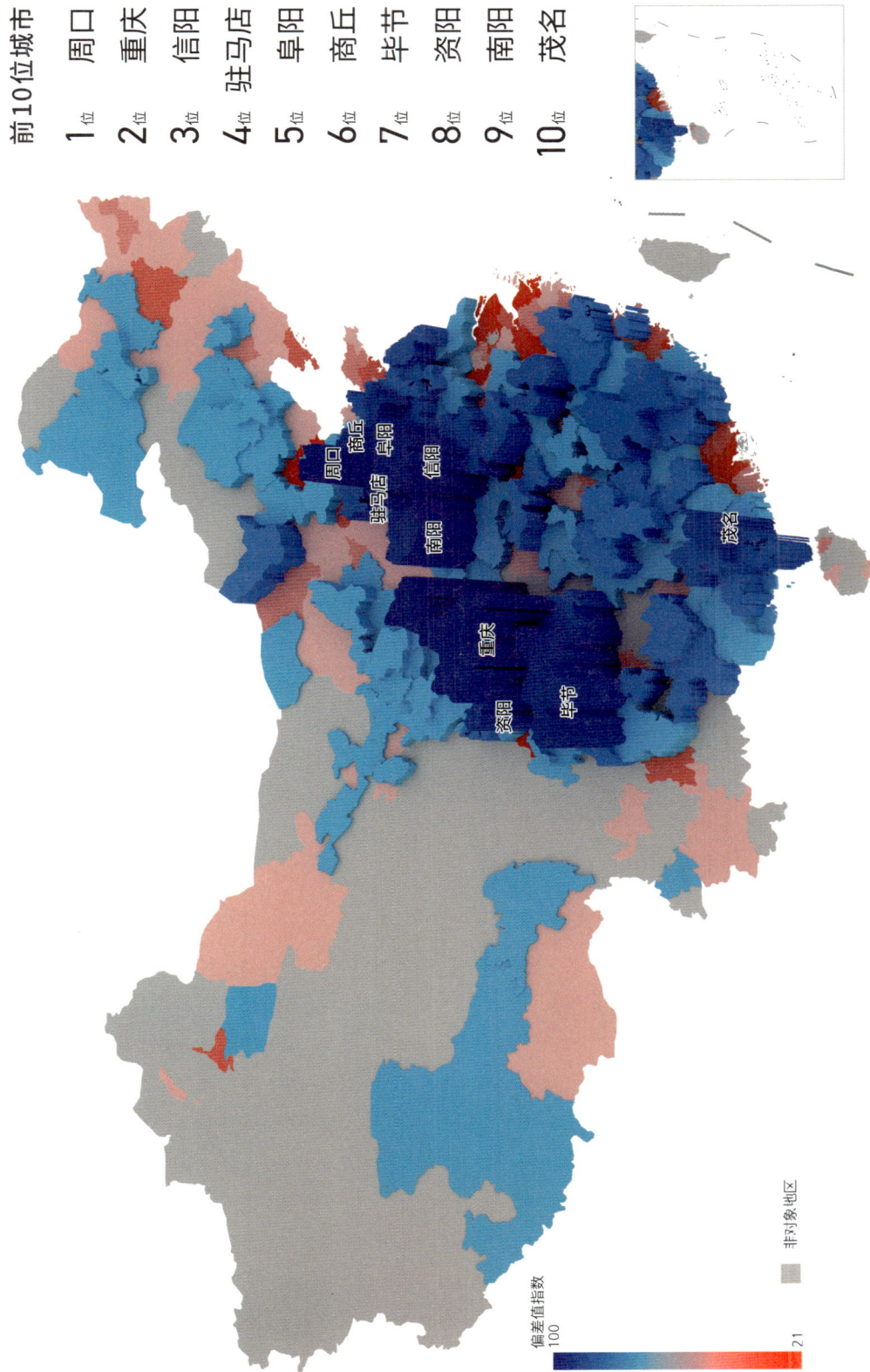

前10位城市

1位	周口
2位	重庆
3位	信阳
4位	驻马店
5位	阜阳
6位	商丘
7位	毕节
8位	资阳
9位	南阳
10位	茂名

偏差值指数
100
21

非对象地区

图 4-4　人口流动"域分析示意图：流出 ①

① 户籍人口大于常住人口的城市为人口流出城市。

5. 规模以上工业总产值

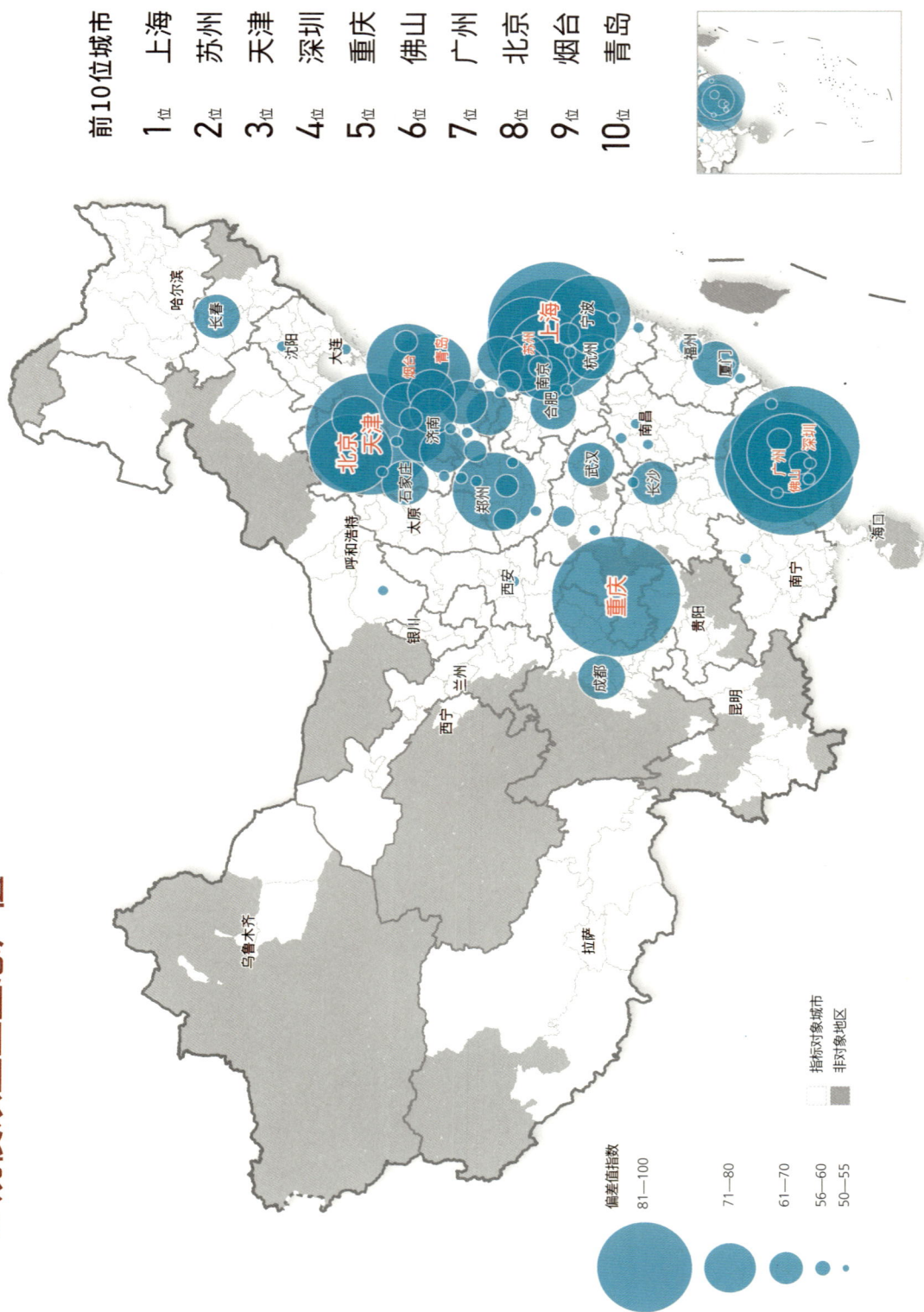

前10位城市

1位	上海
2位	苏州
3位	天津
4位	深圳
5位	重庆
6位	佛山
7位	广州
8位	北京
9位	烟台
10位	青岛

偏差值指数
- 81—100
- 71—80
- 61—70
- 56—60
- 50—55

指标对象城市
非对象地区

图 4-5 规模以上工业总产值广域分析示意图 ①

6. 货物出口额

前10位城市

1位	深圳
2位	上海
3位	东莞
4位	苏州
5位	广州
6位	宁波
7位	北京
8位	杭州
9位	金华
10位	佛山

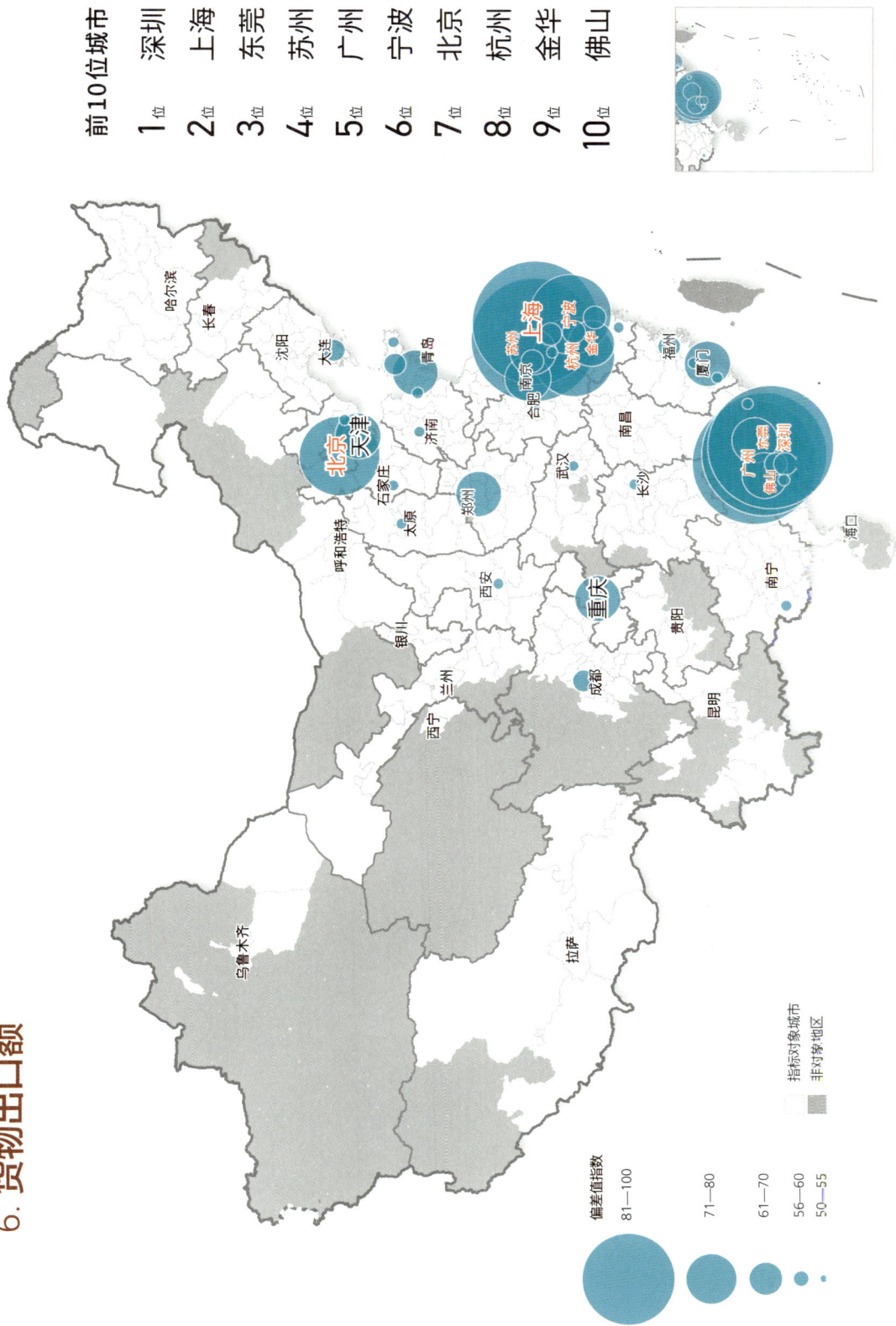

图 4-6 货物出口额广域分析示意图

偏差值指数

81—100

71—80

61—70

56—60

50—55

指示对象城市

非对象地区

7. 集装箱港口便利性

前10位城市
1 位 上海
2 位 深圳
3 位 宁波
4 位 广州
5 位 青岛
6 位 天津
7 位 厦门
8 位 大连
9 位 苏州
10 位 营口

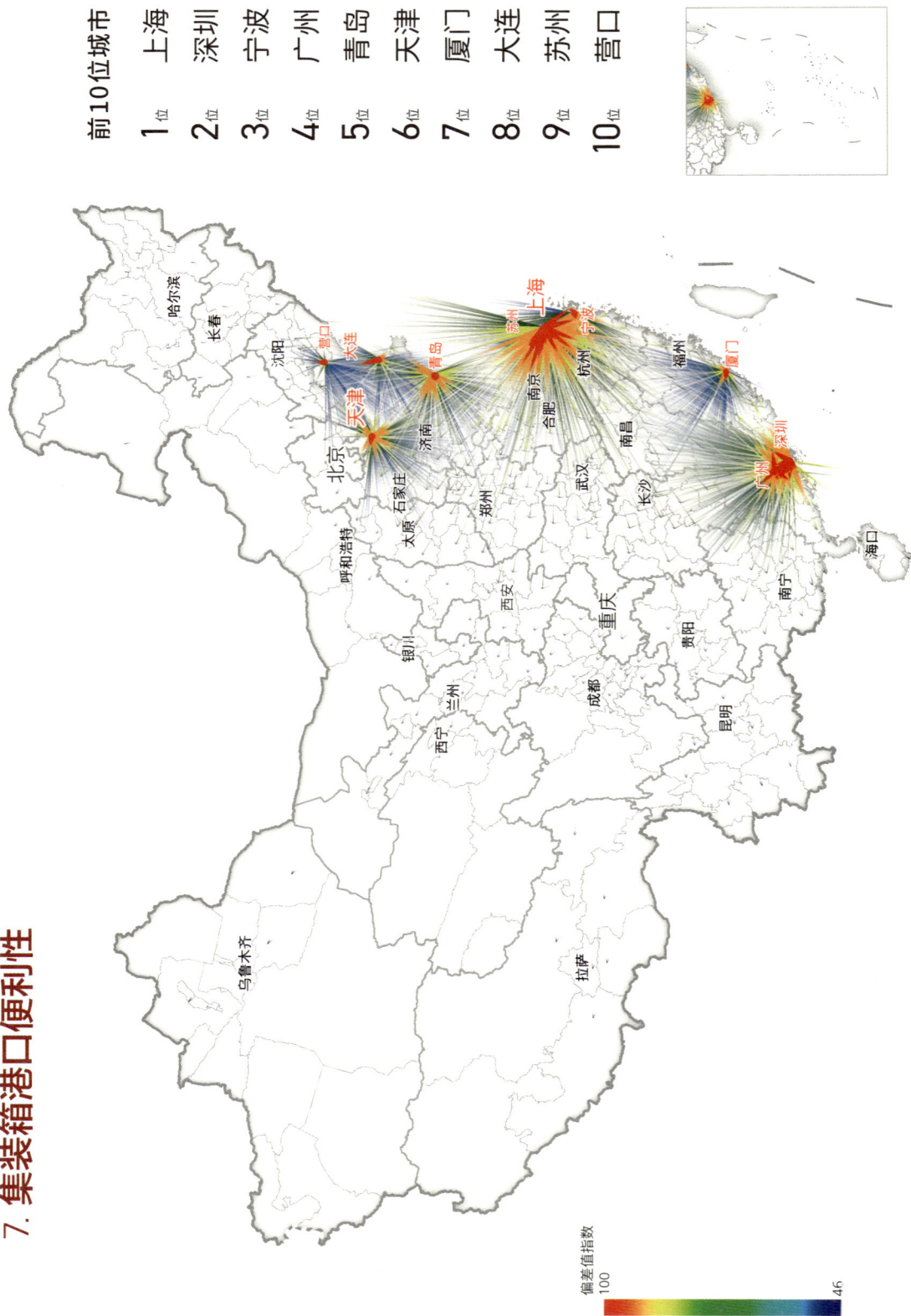

偏差值指数
100
46

图 4-7　集装箱港口便利性广域分析示意图

8. 机场便利性

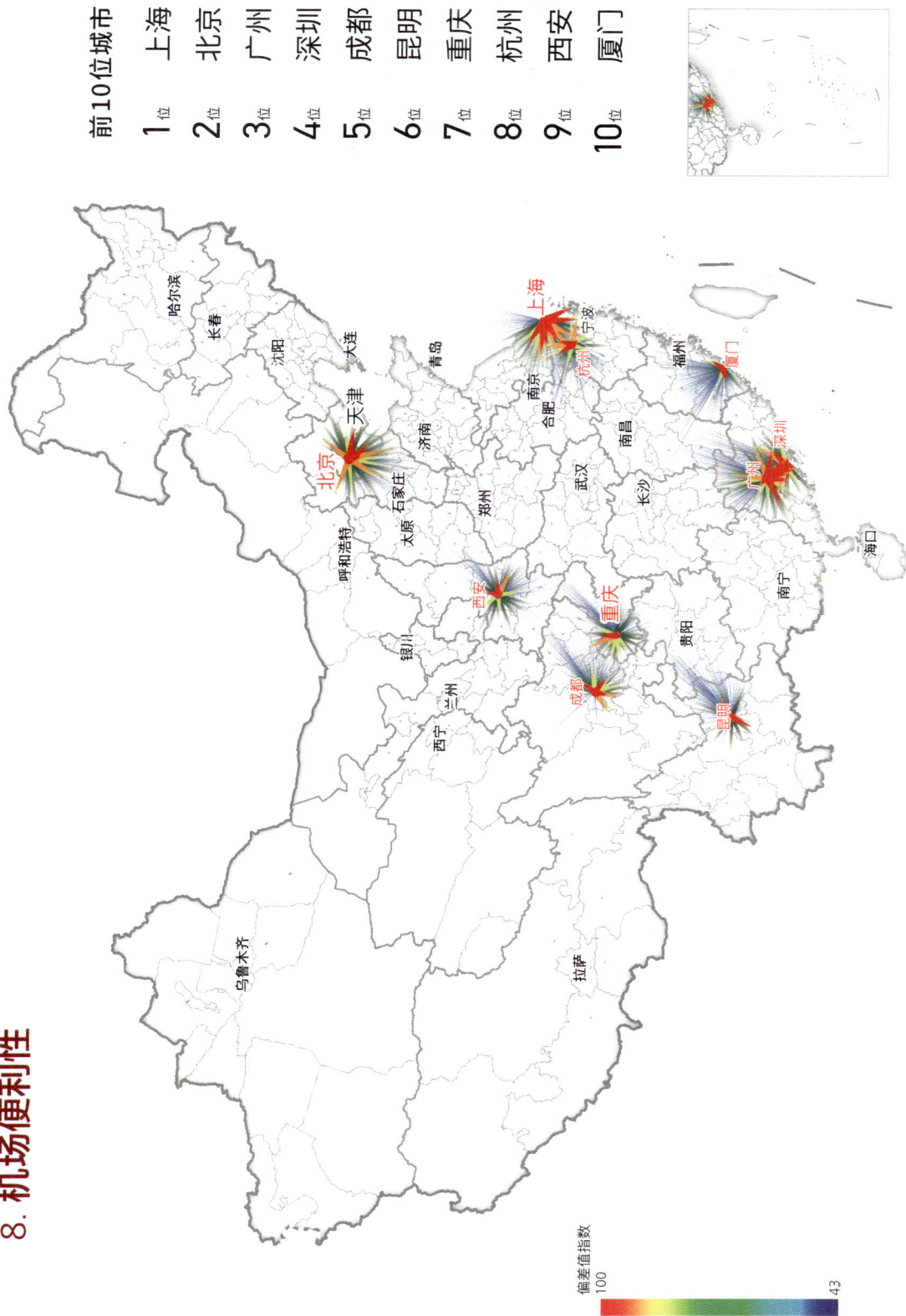

前10位城市

1位	上海	
2位	北京	
3位	广州	
4位	深圳	
5位	成都	
6位	昆明	
7位	重庆	
8位	杭州	
9位	西安	
10位	厦门	

偏差值指数
100
43

图 4—8　机场便利性广域分析示意图

9. 空气质量指数（AQI）

前10位城市

1 位 林芝
2 位 山南
3 位 黑河
4 位 普洱
5 位 伊春
6 位 临沧
7 位 三亚
8 位 保山
9 位 呼伦贝尔
10 位 莆田

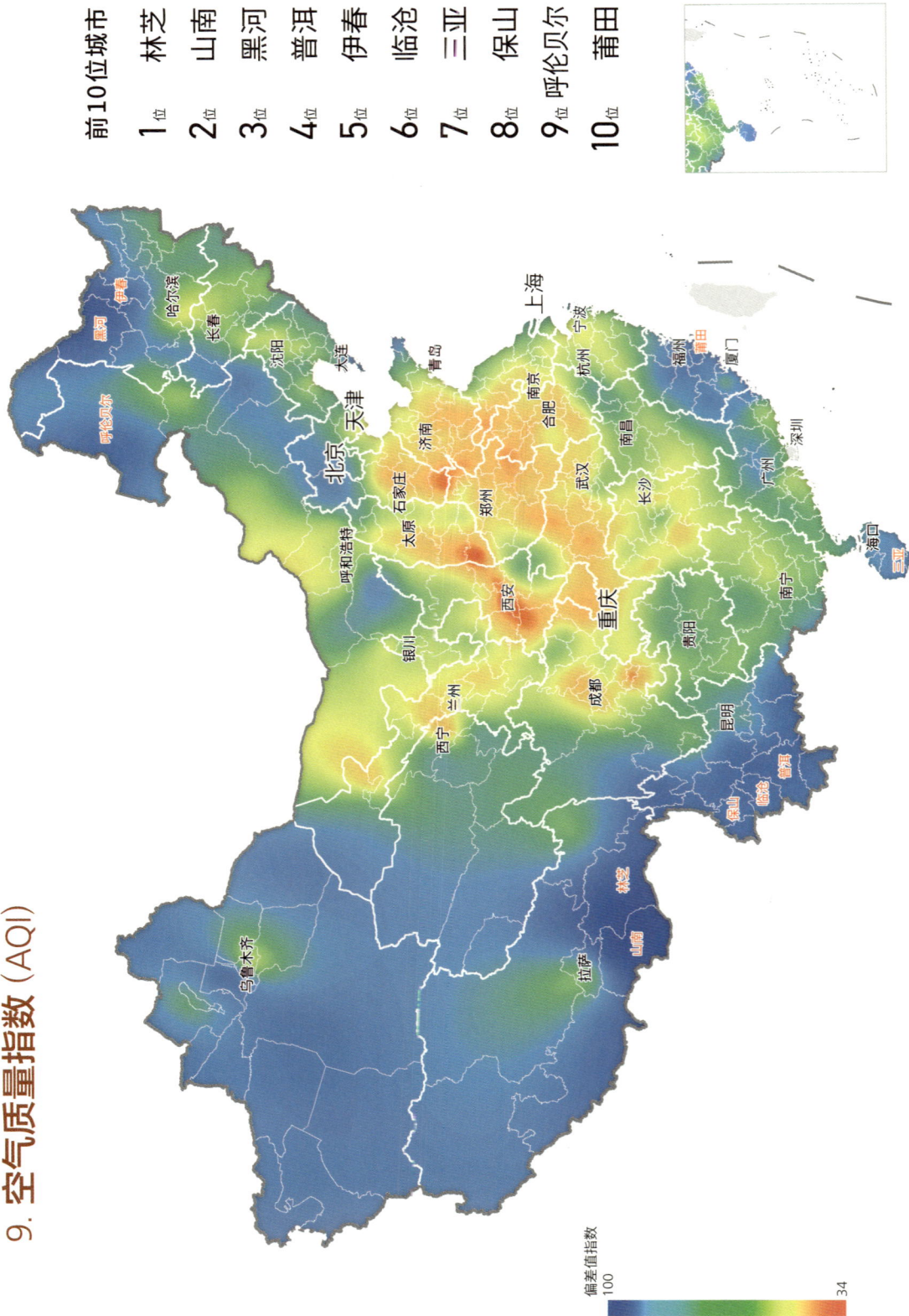

偏差值指数

100

34

图4—9 空气质量指数（AQI）广域分析示意图

10. PM₂.₅指数

前 10 位城市 ①

1 位	山南
2 位	林芝
3 位	鄂尔多斯
4 位	黑河
5 位	保山
6 位	普洱
7 位	丽江
8 位	三亚
9 位	临沧
10 位	日喀则

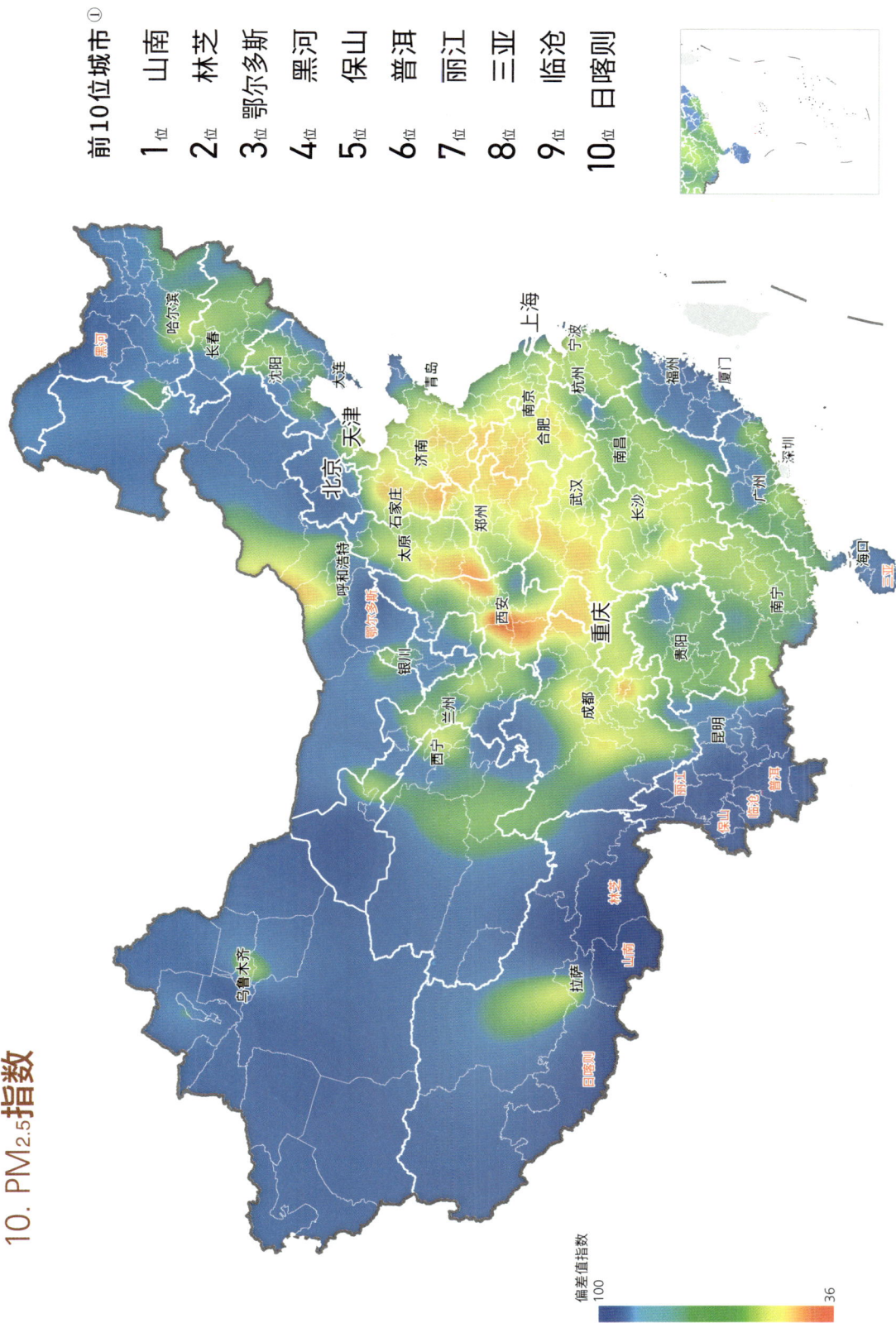

图 4–10　PM₂.₅ 指数广域分析示意图

偏差值指数
100
36

① 指 PM₂.₅ 偏差值指数高的城市。

11. 降雨量

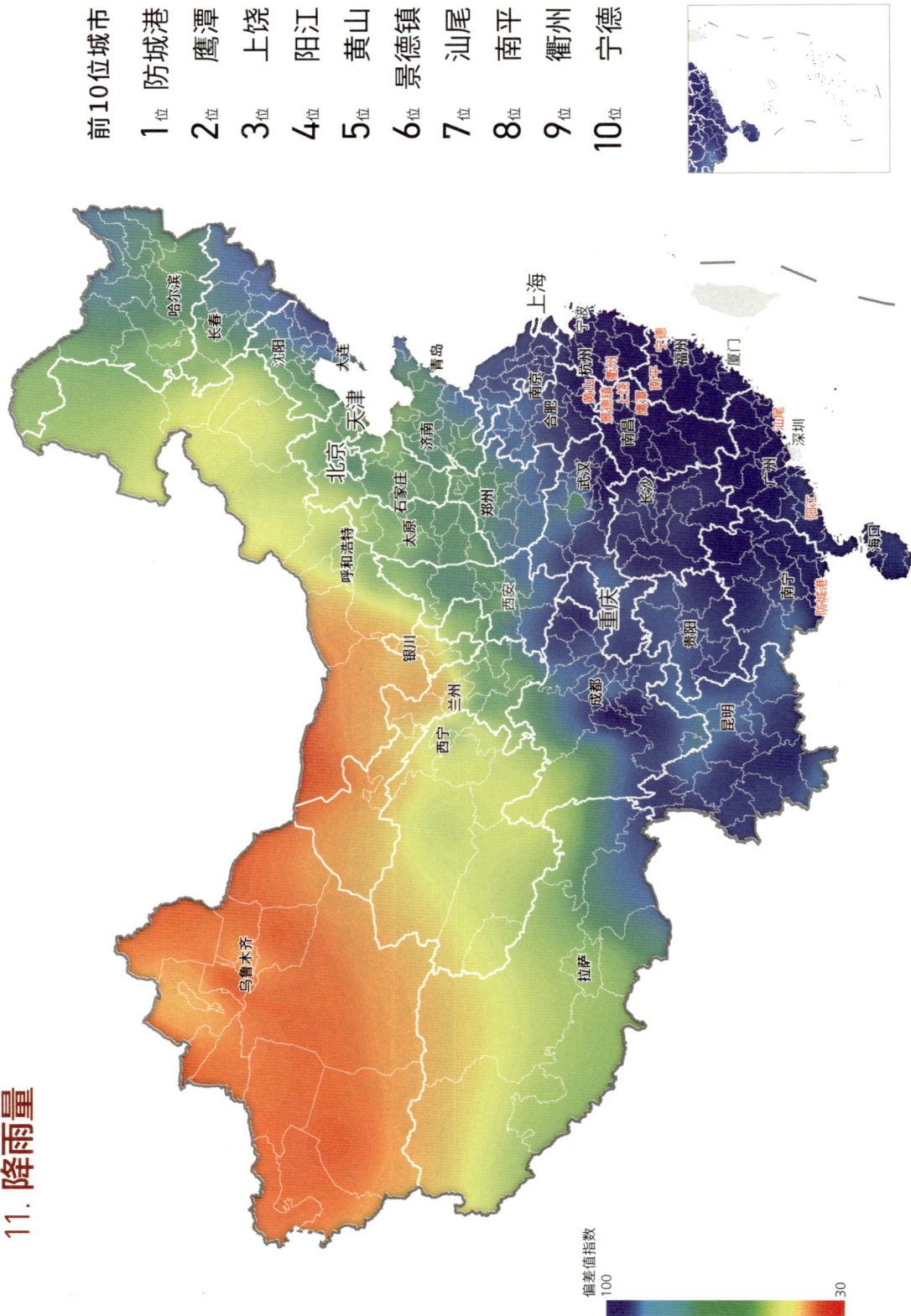

图 4-11　降雨量广域分析示意图

偏差值指数
100
30

12. 人均水资源

前10位城市

1位	林芝
2位	山南
3位	那曲
4位	昌都
5位	日喀则
6位	南平
7位	拉萨
8位	三明
9位	龙岩
10位	呼伦贝尔

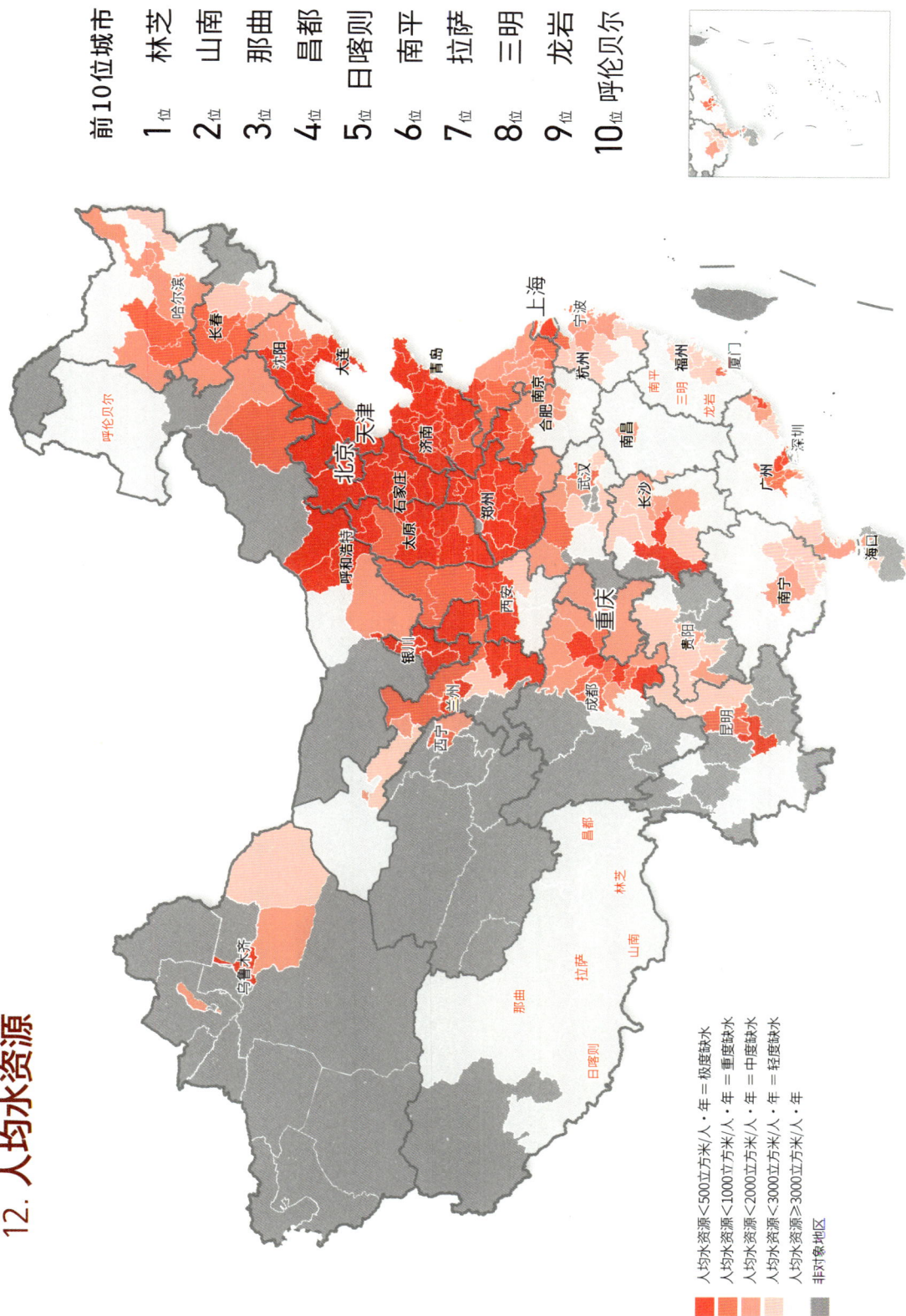

图4-12 人均水资源广域分析示意图

人均水资源<500立方米/人·年 = 极度缺水
人均水资源<1000立方米/人·年 = 重度缺水
人均水资源<2000立方米/人·年 = 中度缺水
人均水资源<3000立方米/人·年 = 轻度缺水
人均水资源>3000立方米/人·年
非对象地区

13. 森林覆盖率

前10位城市

1位	伊春
2位	白山
3位	巴中
4位	丽水
5位	黄山
6位	本溪
7位	三明
8位	普洱
9位	广元
10位	南平

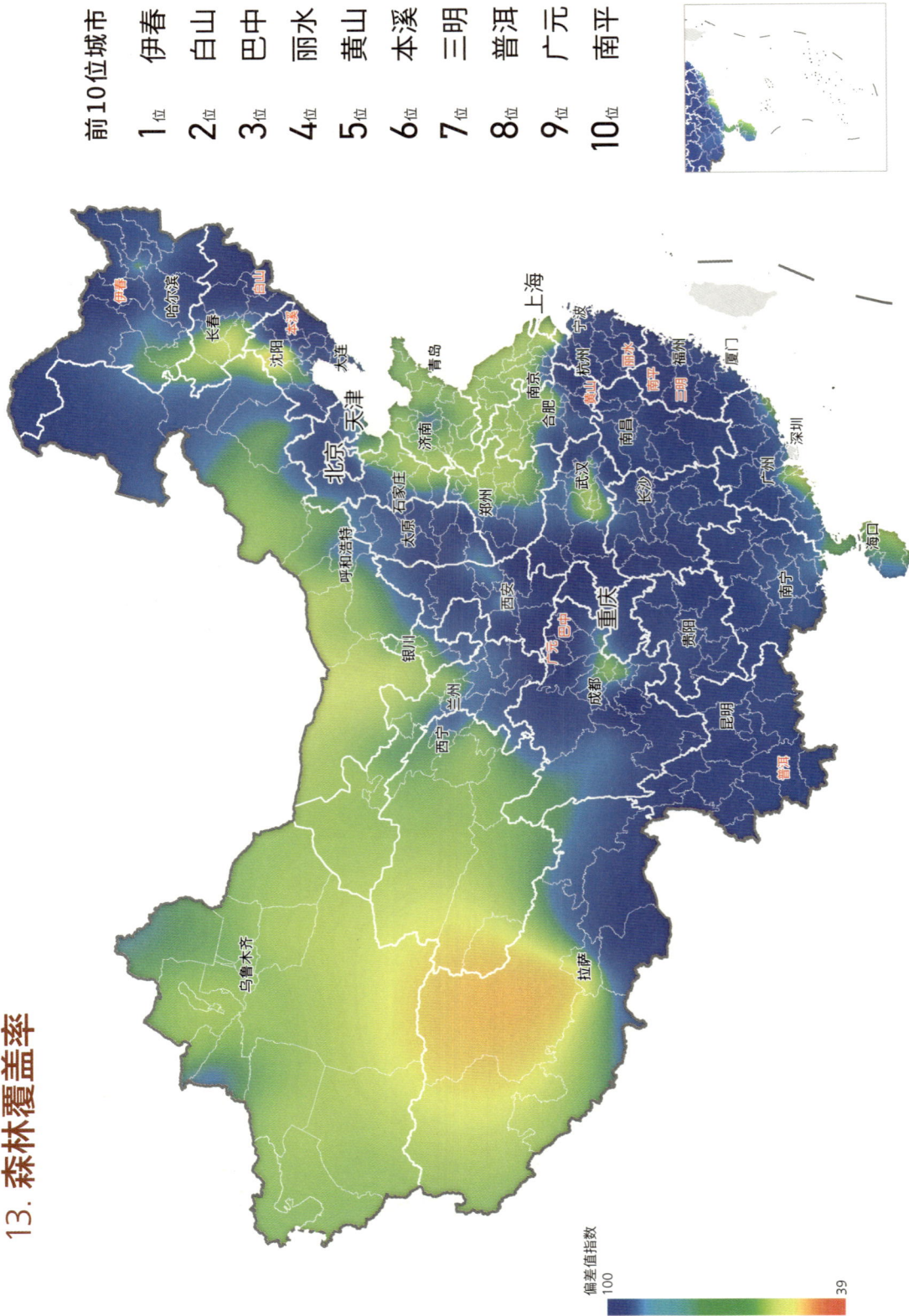

图4-13 森林覆盖率广域分析示意图

偏差值指数
100
39

14. 农地比率

前10位城市

1位 亳州
2位 四平
3位 商丘
4位 阜阳
5位 宿州
6位 周口
7位 长春
8位 德州
9位 菏泽
10位 聊城

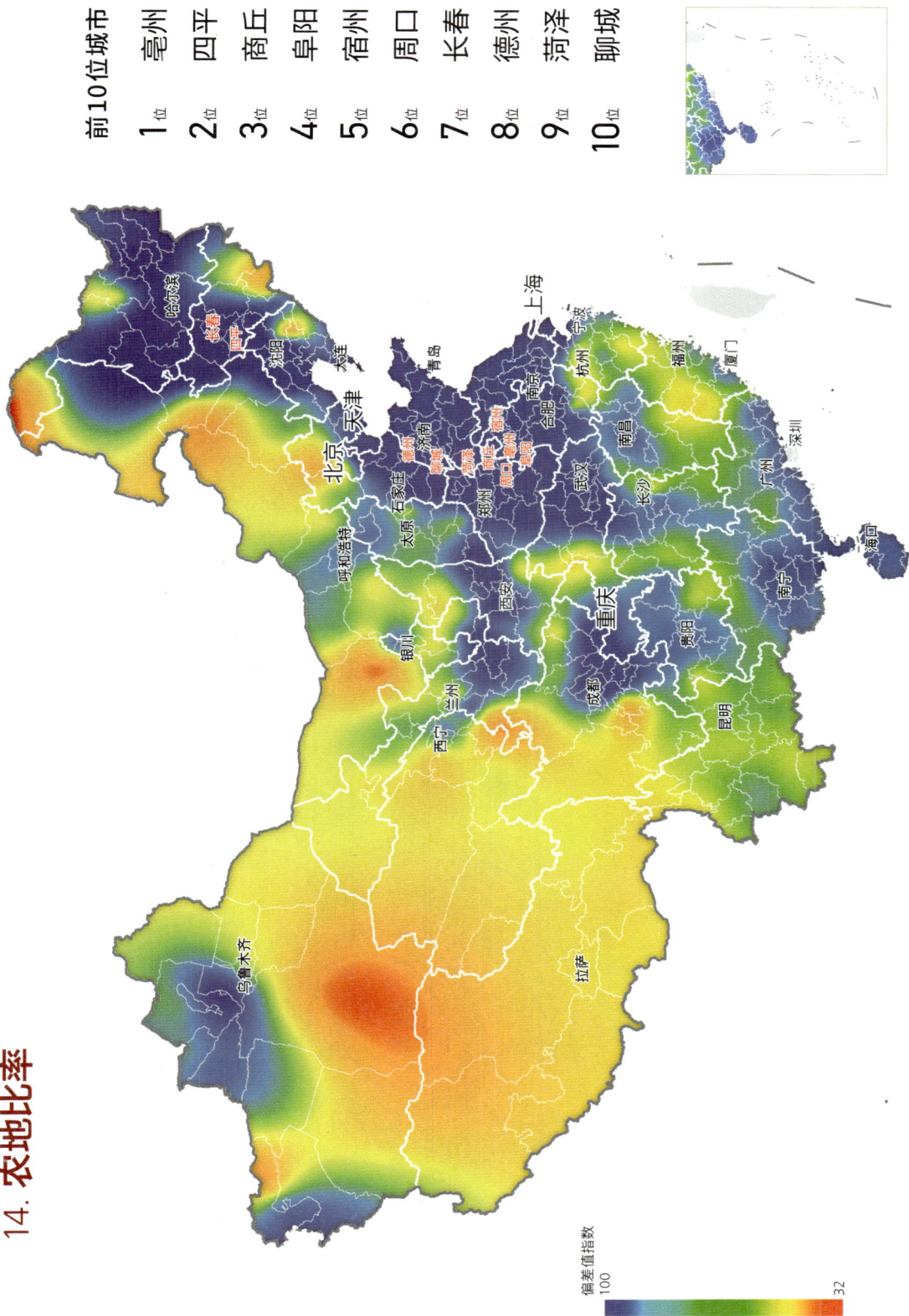

图4-14 农地比率广域分析示意图

偏差值指数
100
32

15. 气候舒适度

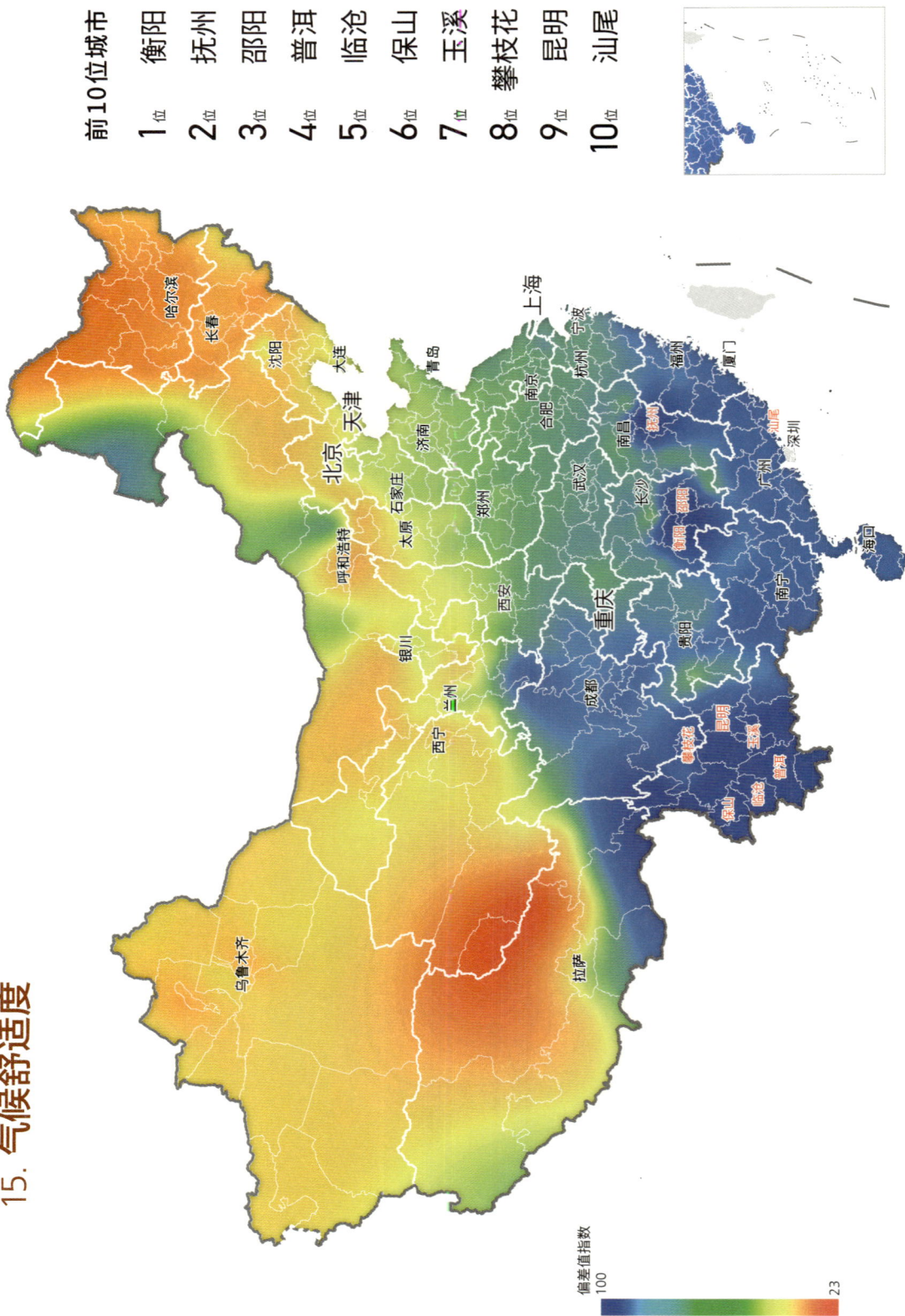

前10位城市

1位 衡阳
2位 抚州
3位 邵阳
4位 普洱
5位 临沧
6位 保山
7位 玉溪
8位 攀枝花
9位 昆明
10位 汕尾

偏差值指数
100
23

图4-15 气候舒适度广域分析示意图

16. 历史遗存

前10位城市

1位	北京
2位	西安
3位	洛阳
4位	杭州
5位	重庆
6位	南京
7位	苏州
8位	郑州
9位	上海
10位	天津

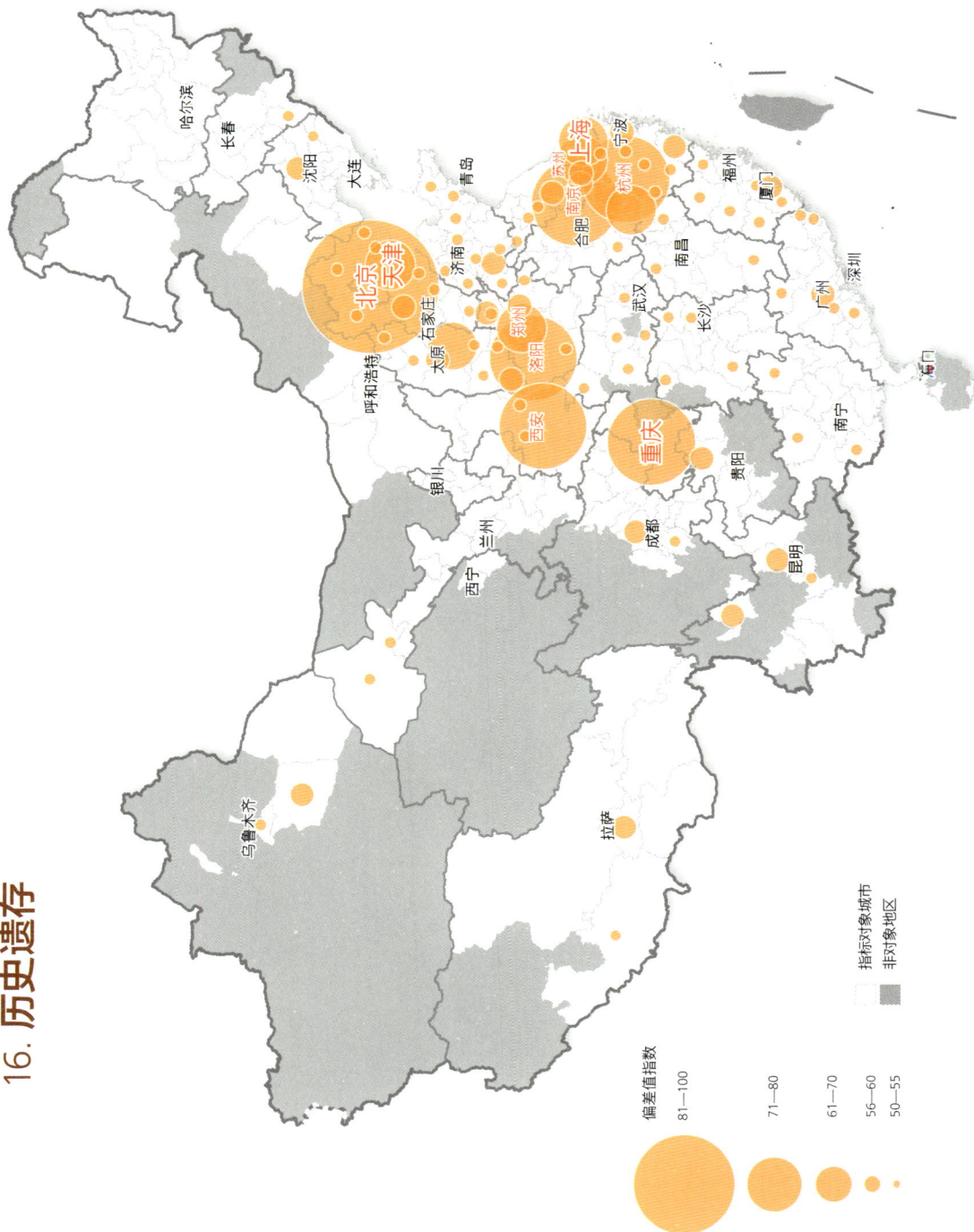

偏差值指数

81—100

71—80

61—70

56—60

50—55

指标对象城市
非对象地区

图4-16　历史遗存广试分析示意图

17. 国内游客

前10位城市

1 位	重庆
2 位	上海
3 位	北京
4 位	武汉
5 位	成都
6 位	天津
7 位	郑州
8 位	杭州
9 位	苏州
10 位	贵阳

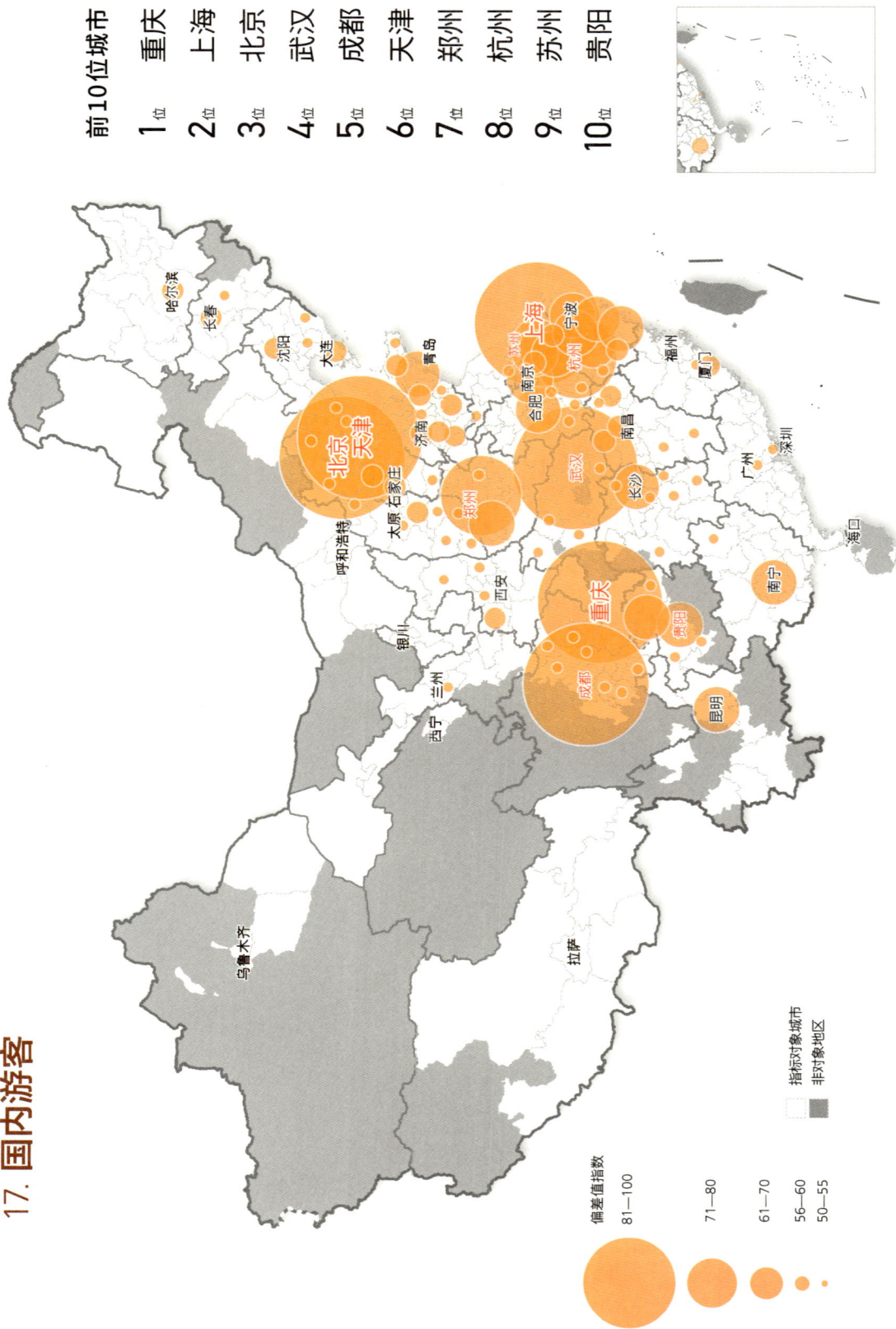

图 4–17　国内游客广域分析示意图

指标对象城市
非对象地区

偏差值指数
81—100
71—80
61—70
56—60
50—55

18. 入境游客

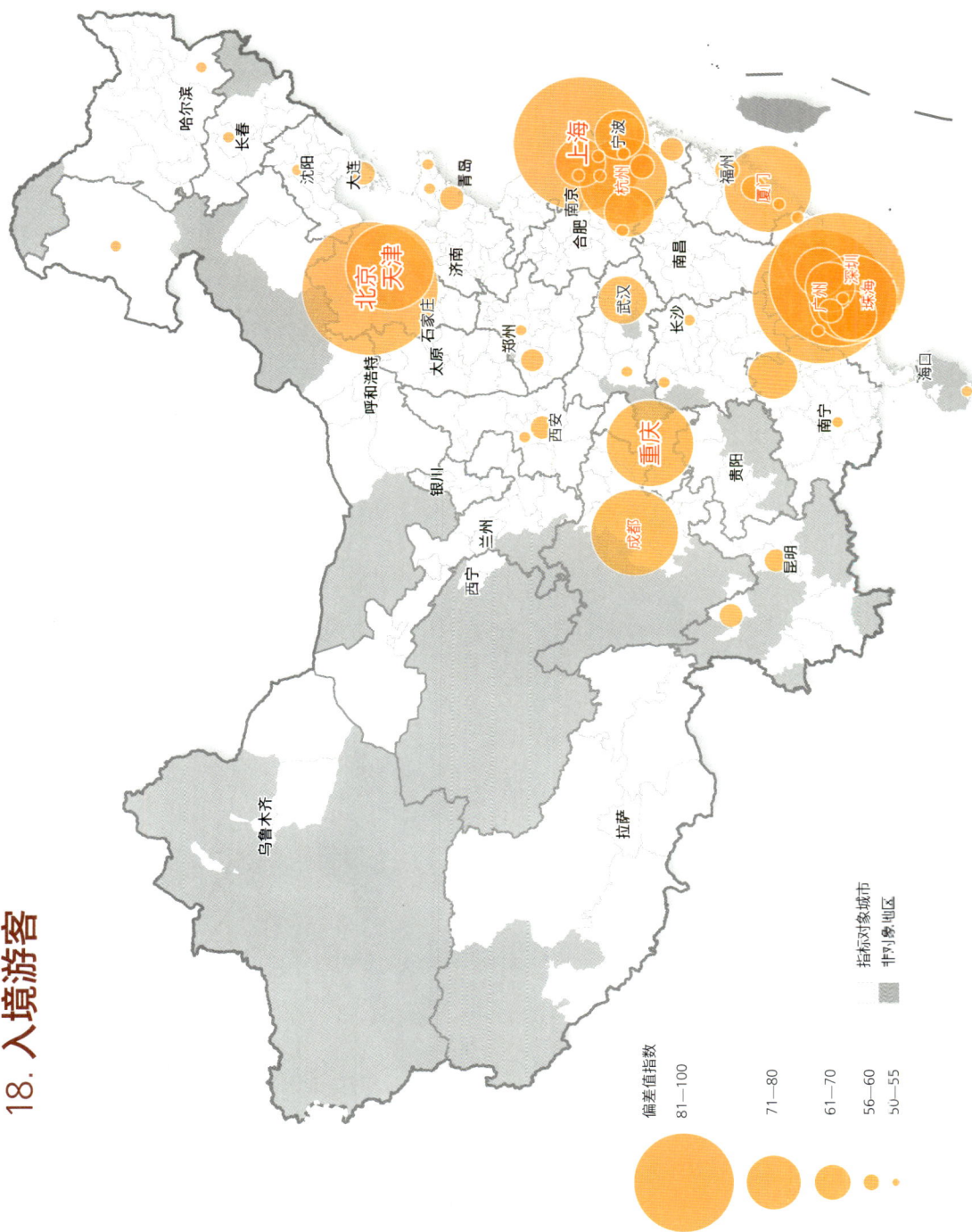

图 4-18　入境游客广域分析示意图

偏差值指数

81—100

71—80

61—70

56—60

50—55

指示对象城市

非对象地区

19. 主板上市企业 [1]

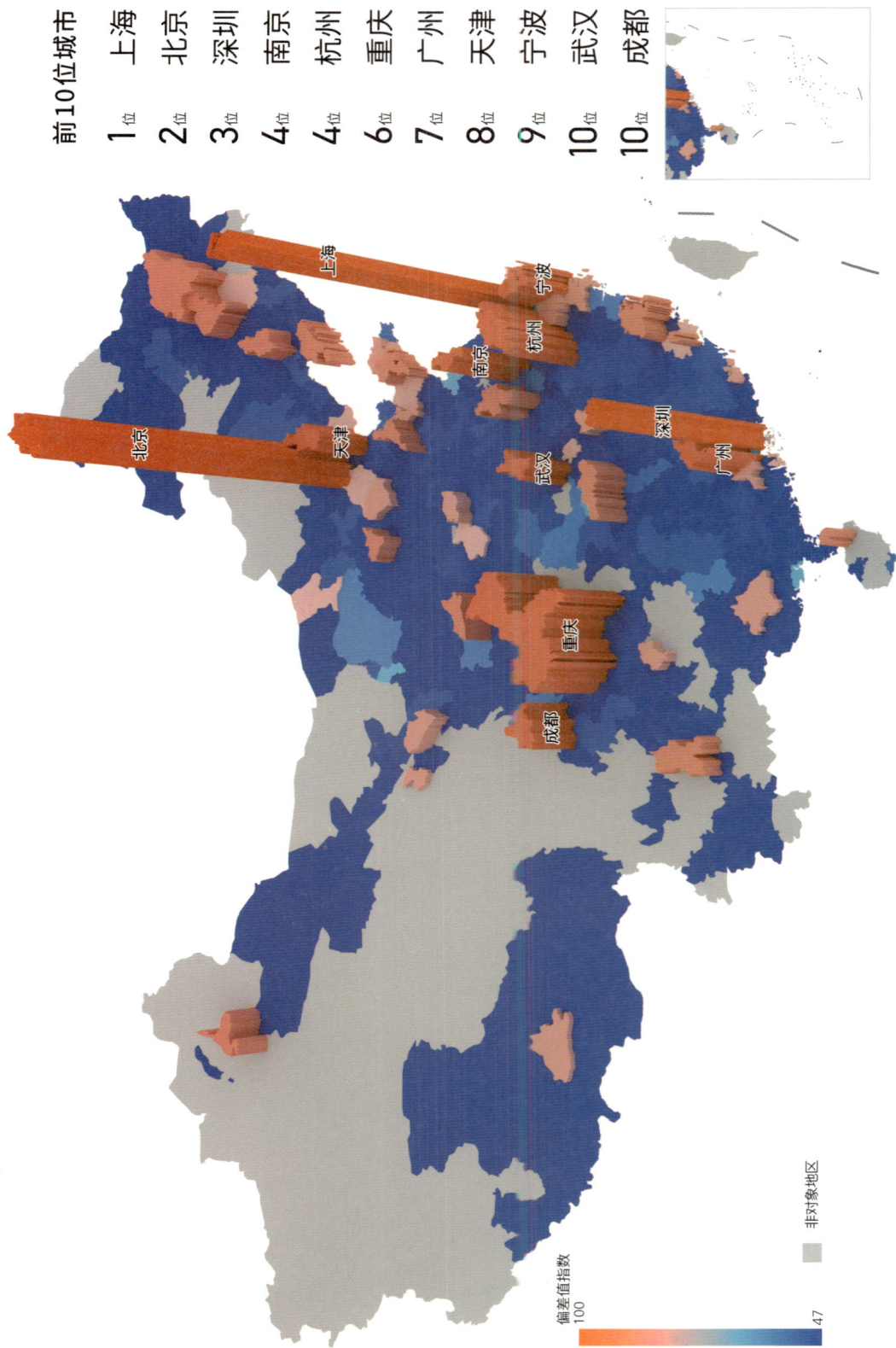

前10位城市	
1 位	上海
2 位	北京
3 位	深圳
4 位	南京
4 位	杭州
6 位	重庆
7 位	广州
8 位	天津
9 位	宁波
10 位	武汉
10 位	成都

偏差值指数
100

47

非对象地区

图 4-19　主板上市企业广域分析示意图

20. 金融业辐射力 [1]

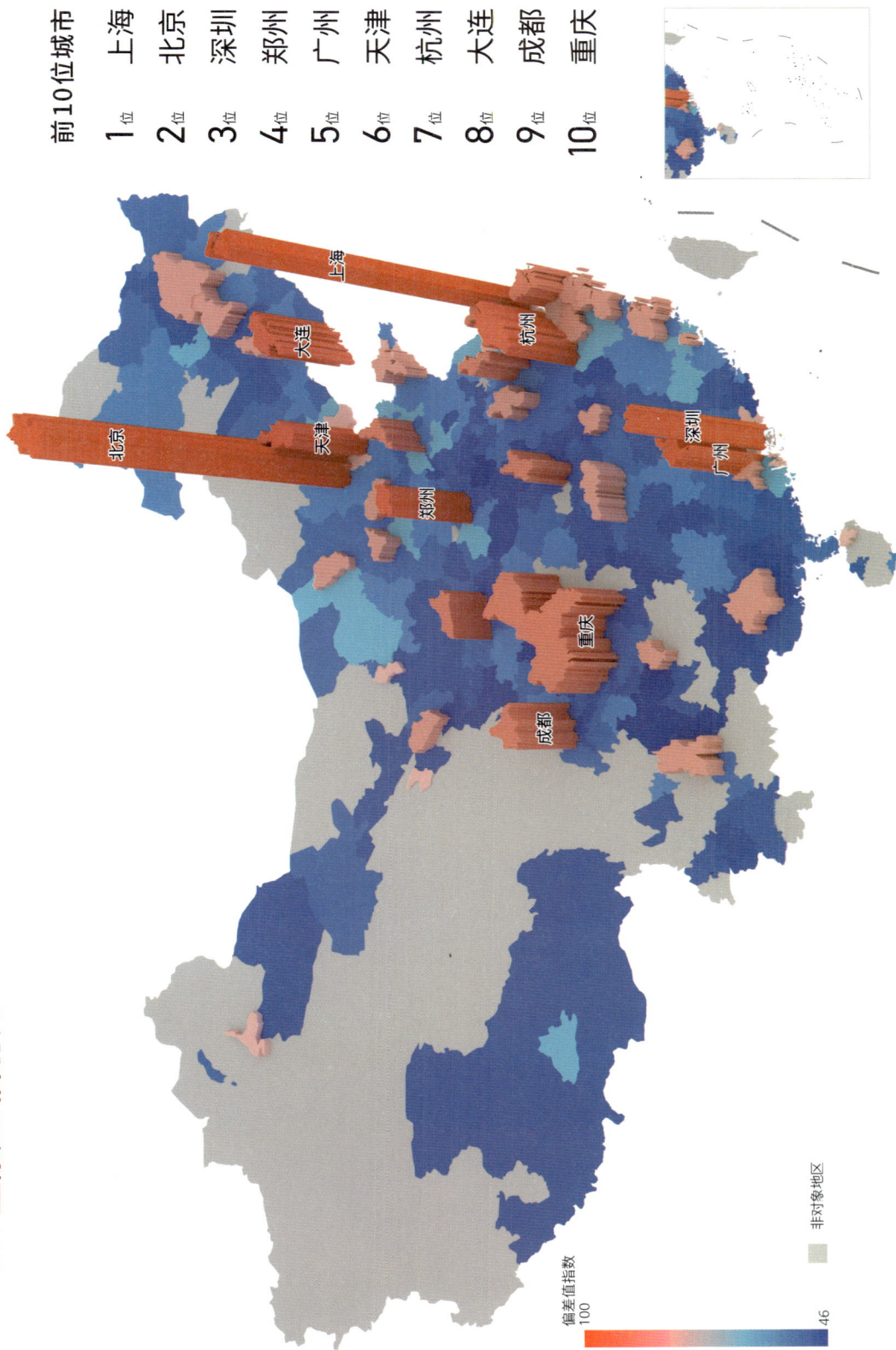

偏差值指数

100

46

非对象地区

图4-20　金融业辐射力广域分析示意图

① 辐射力是界定城市某一功能为外部所利用程度的指数，根据城市某领域从业人员数与全国该领域从业人员数的关系，以及其他相关参数综合计算而成。

21. 制造业辐射力

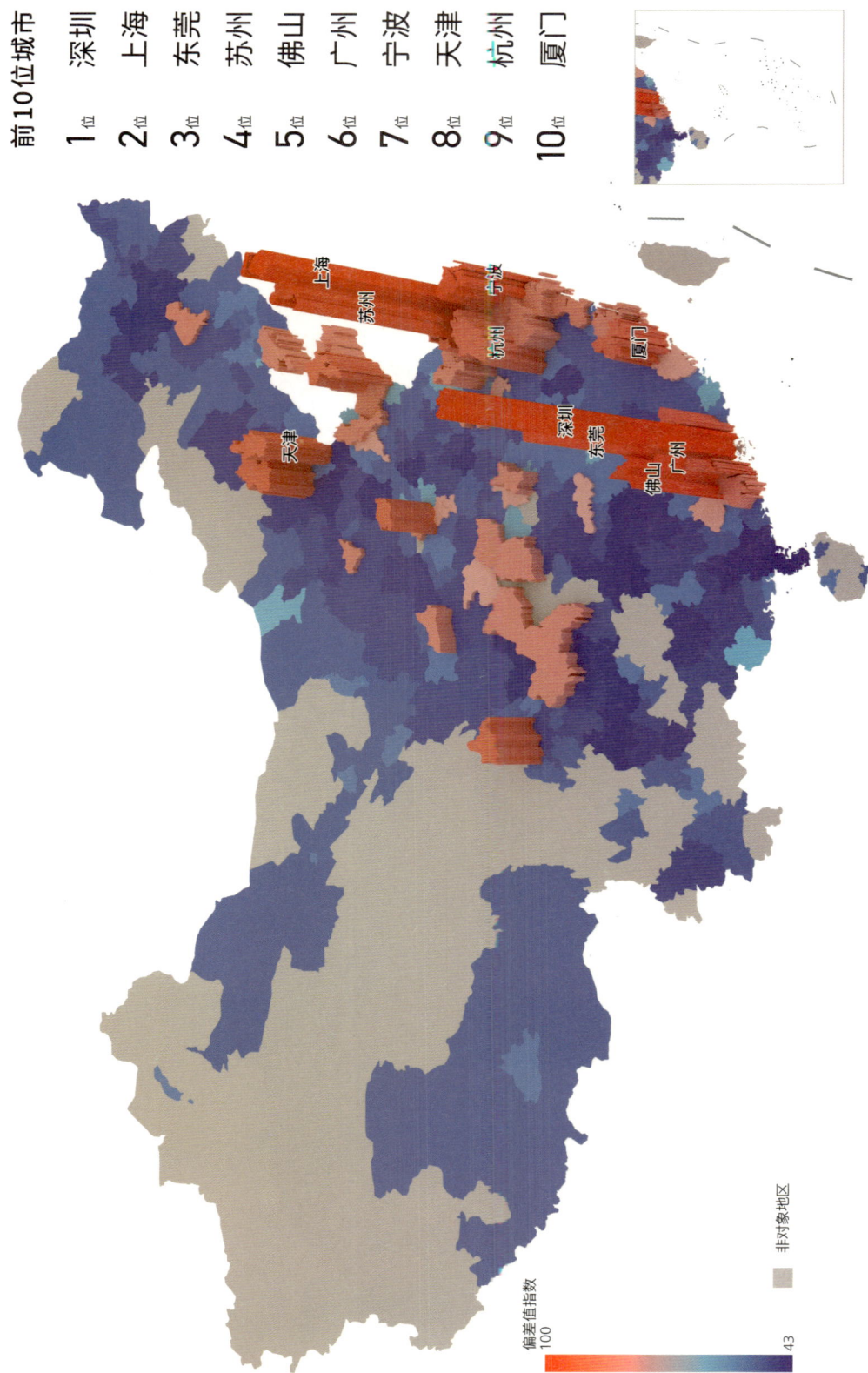

偏差值指数

100

43

非对象地区

图4-21　制造业辐射力广域分析示意图

22. IT产业辐射力

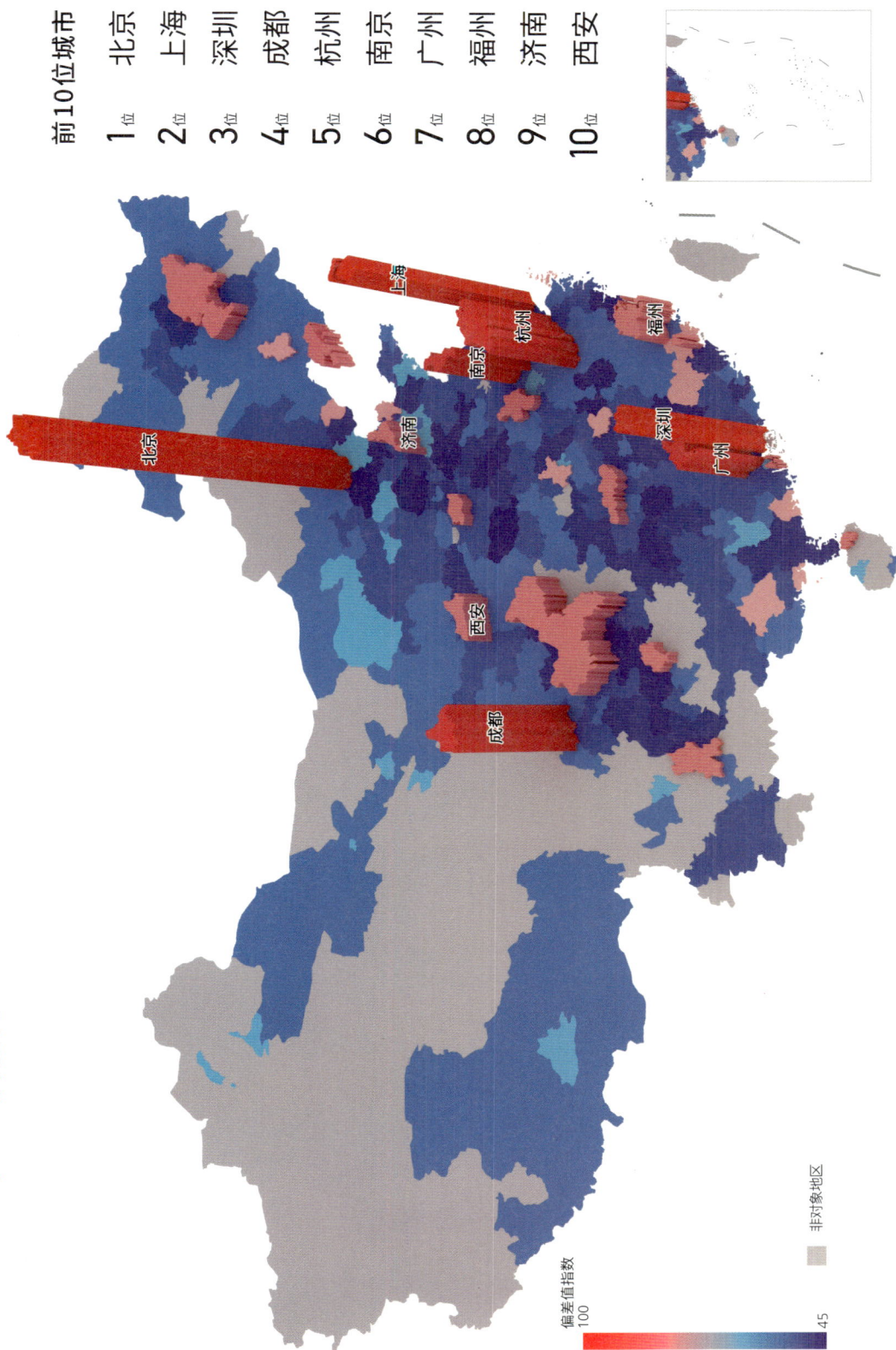

前10位城市

1位	北京
2位	上海
3位	深圳
4位	成都
5位	杭州
6位	南京
7位	广州
8位	福州
9位	济南
10位	西安

偏差值指数

100

45

非对象地区

图4-22　IT产业辐射力域分析示意图

23. 高等教育辐射力

前10位城市

位次	城市
1位	北京
2位	上海
3位	武汉
4位	南京
5位	西安
6位	广州
7位	长沙
8位	成都
9位	天津
10位	哈尔滨

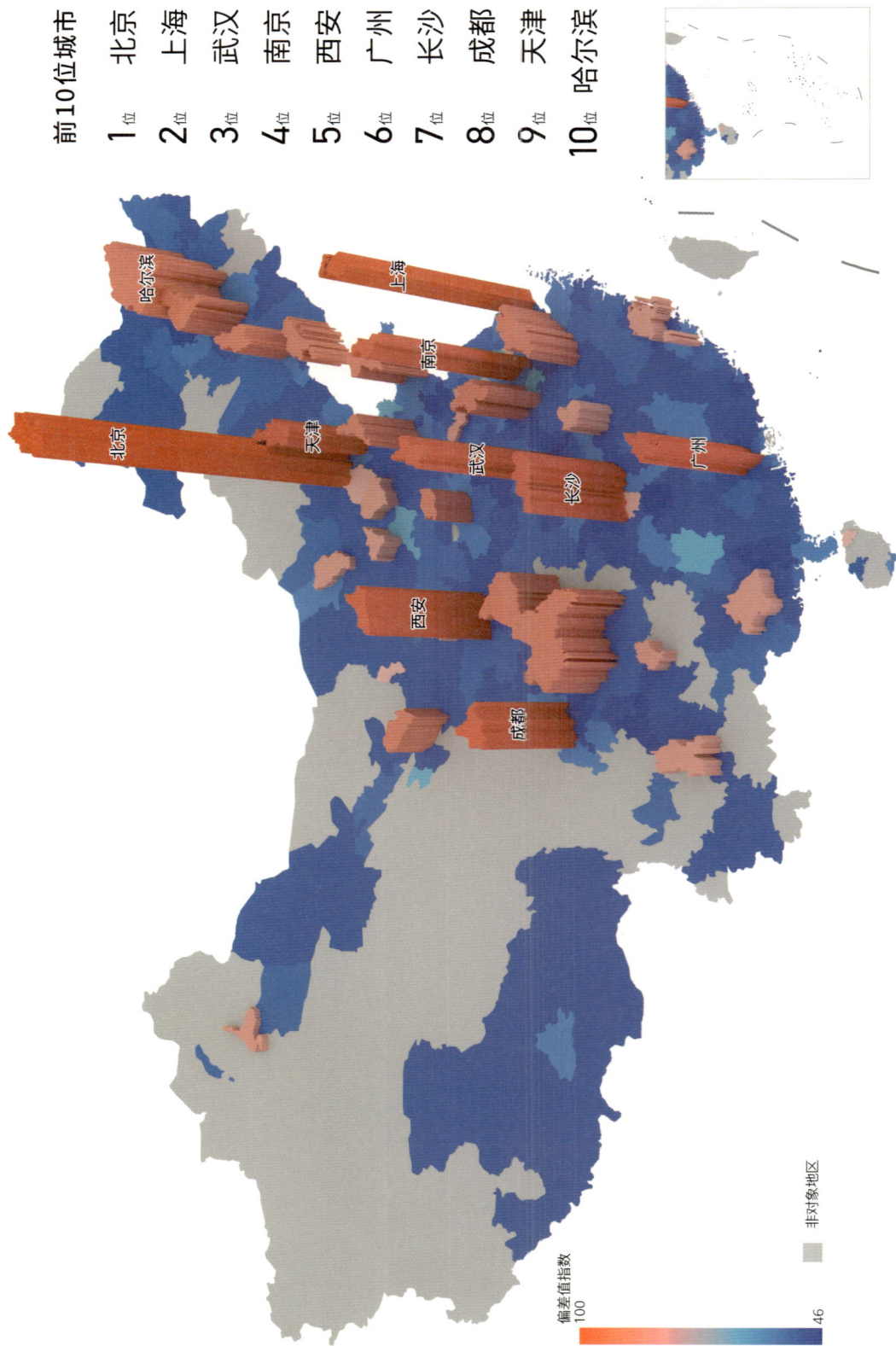

图4-23　高等教育辐射力广域分析示意图

偏差值指数
100
46

非对象地区

24. 科学技术辐射力

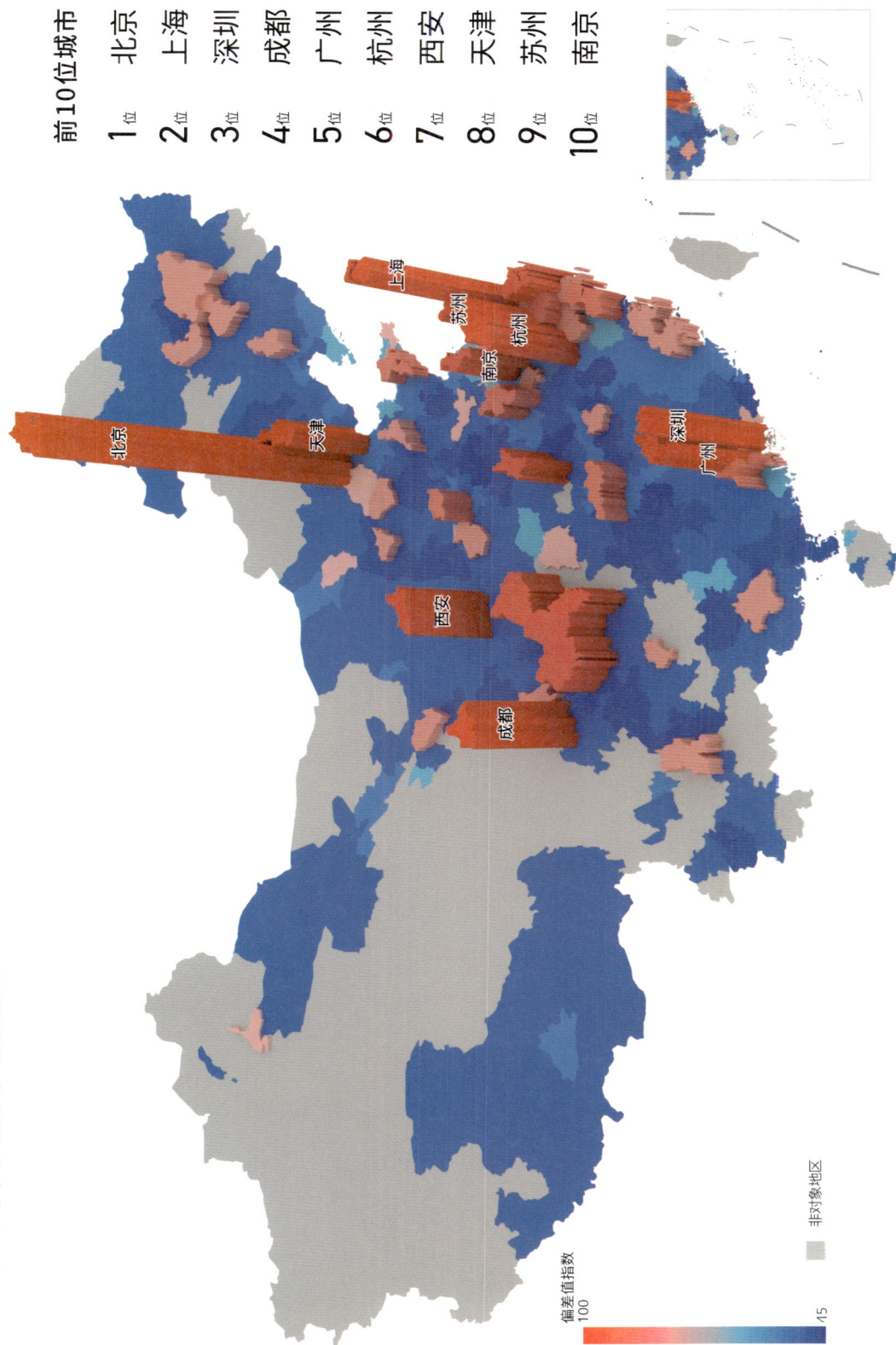

前10位城市

前10位城市	
1位	北京
2位	上海
3位	深圳
4位	成都
5位	广州
6位	杭州
7位	西安
8位	天津
9位	苏州
10位	南京

偏差值指数
100

45

非对象地区

图4-24 科学技术辐射力广域分析示意图

25. 医疗辐射力

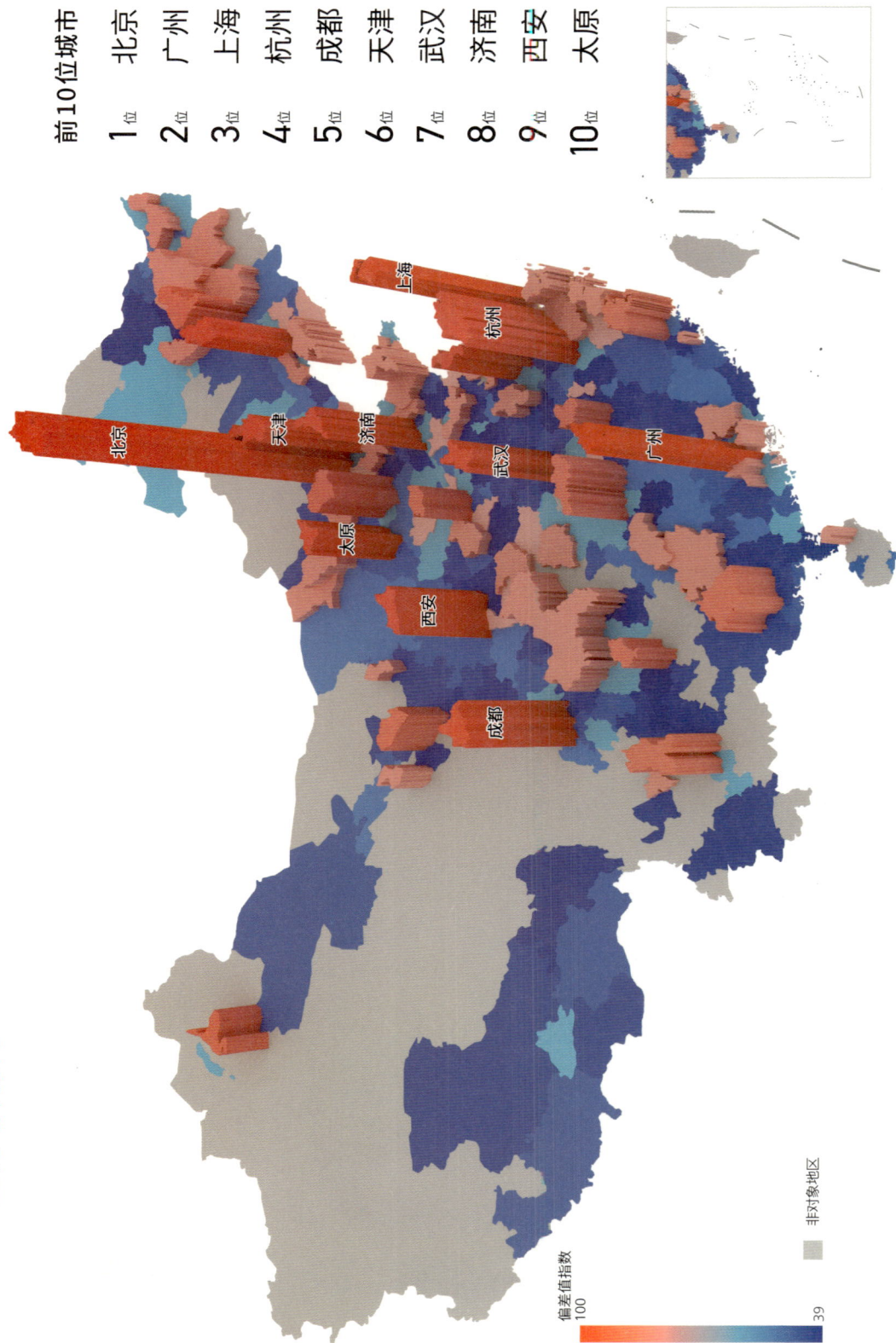

前10位城市

1位	北京
2位	广州
3位	上海
4位	杭州
5位	成都
6位	天津
7位	武汉
8位	济南
9位	西安
10位	太原

偏差值指数
100

39

非对象地区

图4-25 医疗辐射力广域分析示意图

26. 文化体育娱乐辐射力

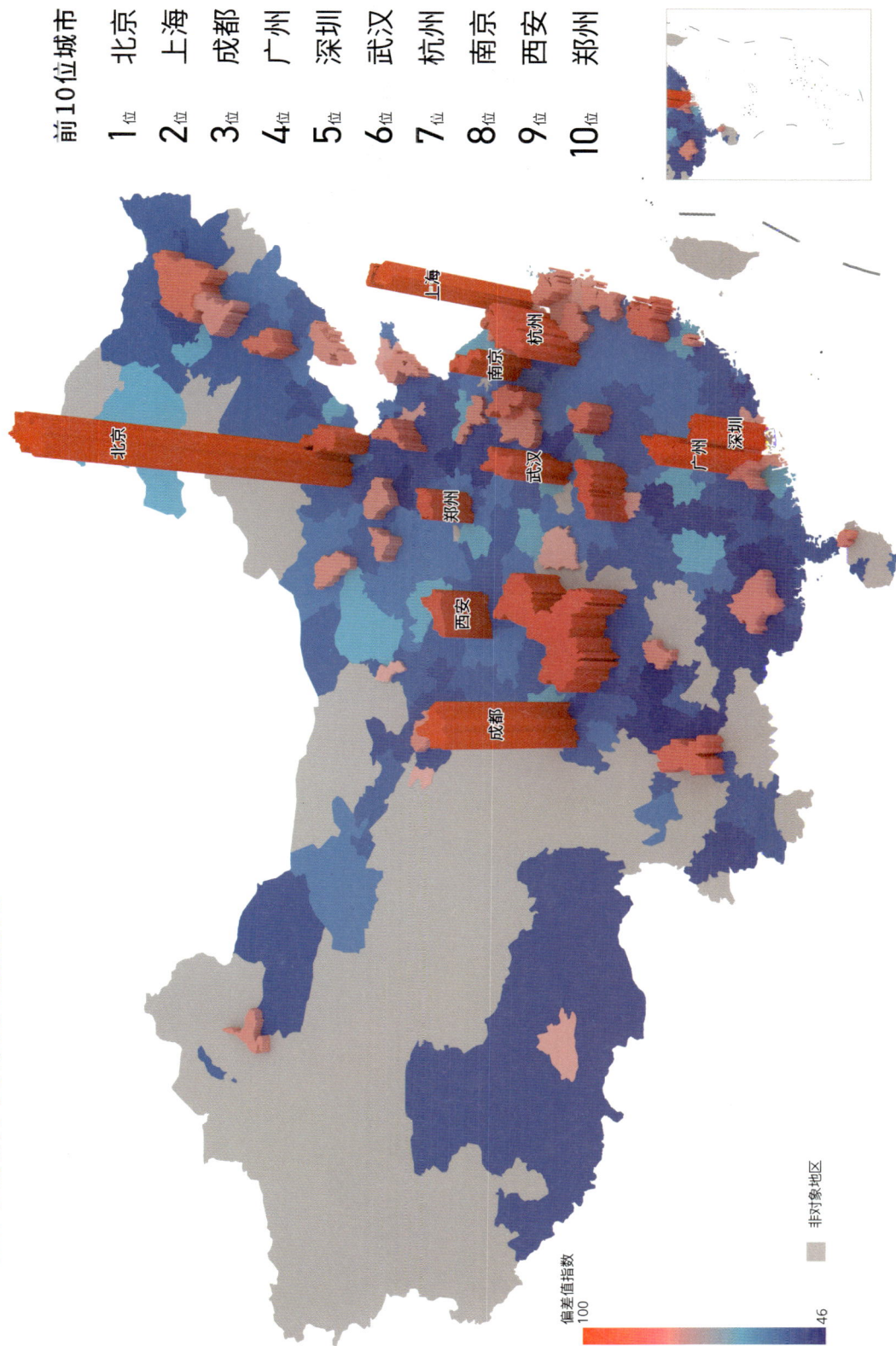

前10位城市

位次	城市
1位	北京
2位	上海
3位	成都
4位	广州
5位	深圳
6位	武汉
7位	杭州
8位	南京
9位	西安
10位	郑州

偏差值指数
100

46

非对象地区

图 4-26　文化体育娱乐辐射力广域分析示意图

27. 餐饮酒店辐射力

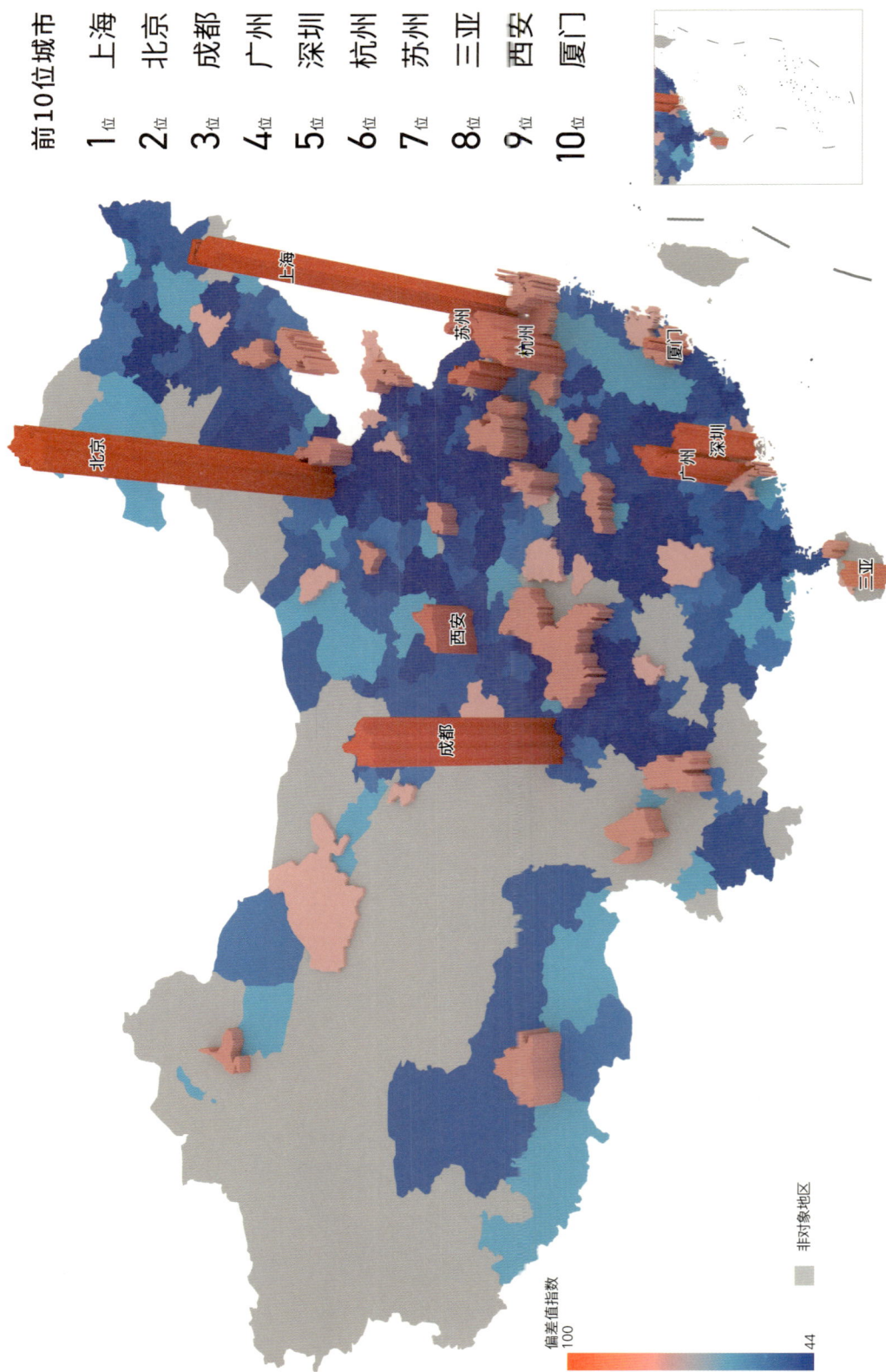

前10位城市

1位	上海
2位	北京
3位	成都
4位	广州
5位	深圳
6位	杭州
7位	苏州
8位	三亚
9位	西安
10位	厦门

偏差值指数
100
44

非对象地区

图4-27　餐饮酒店辐射力广域分析示意图

28. 批发零售业辐射力

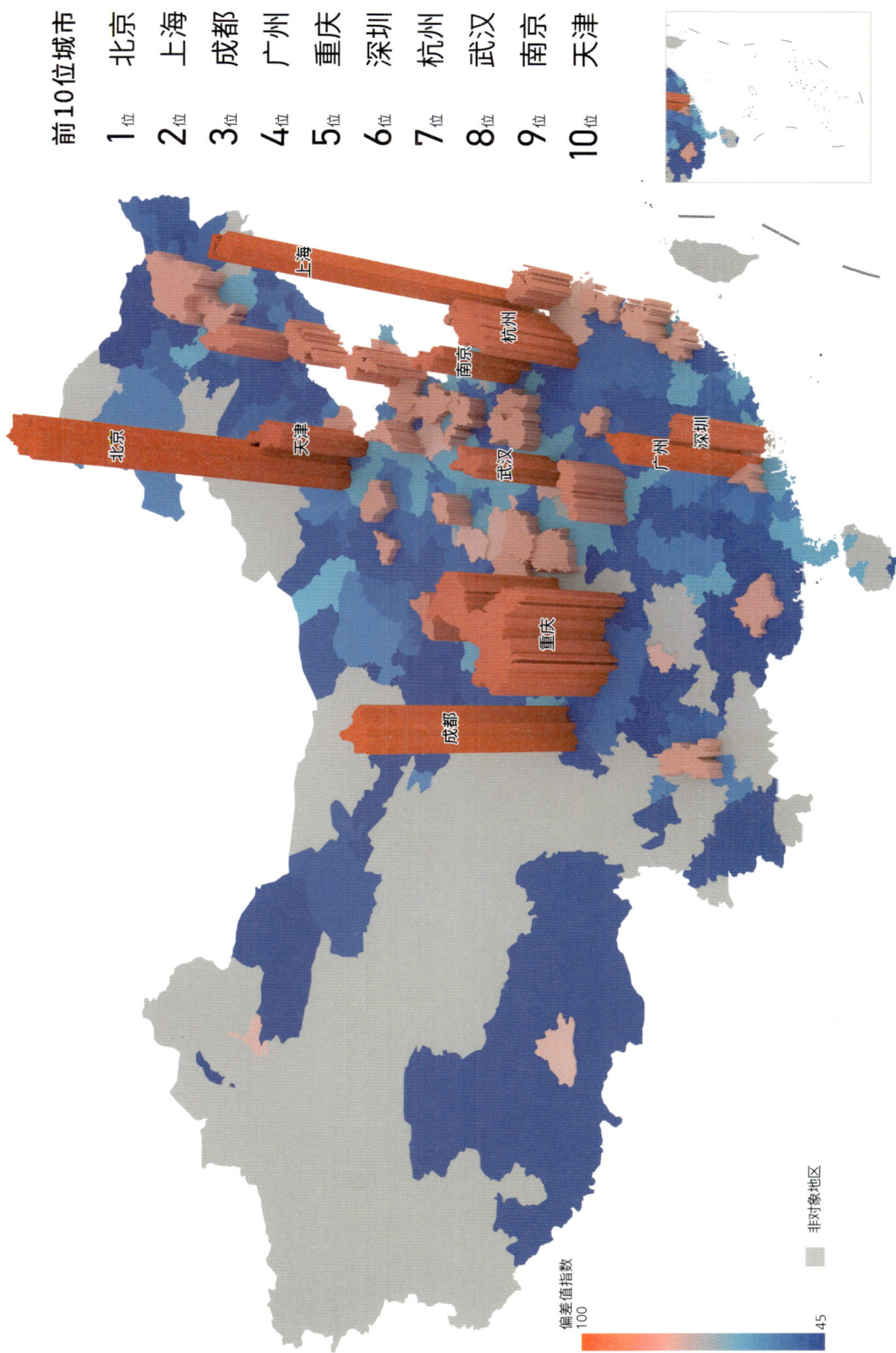

前10位城市

1位	北京
2位	上海
3位	成都
4位	广州
5位	重庆
6位	深圳
7位	杭州
8位	武汉
9位	南京
10位	天津

偏差值指数
100

45

非对象地区

图4-28　批发零售业辐射力广域分析示意图

第五章

周牧之：主报告——大都市圈
发展战略

1. 进入21世纪后中国经济发展和城镇化的表现

（1）两大引擎推动下的大发展

中国 40 年的改革开放大致可以凭借加入 WTO 为界划分为两个阶段，前一个阶段一方面在观念和经济制度的改革上努力，另一方面是努力进入西方国际市场。2001 年加入 WTO 终于使中国进入国际自由贸易体制，国际市场向中国大门洞开，同时在市场经济观念上的改变和制度改革在此时期也已取得初步成效。由是，中国的改革开放与世界自由贸易体制相结合迸发出巨大的能量，中国一瞬成为"世界工厂"，跃进为世界第一出口大国。[①] 与中国经济在此之前的步履艰难相比，加入 WTO 后的中国一举步入大发展阶段。因此可以说，强劲的出口工业发展是拉动中国经济大发展的第一大原动力。

如图 5-1 所示，2000—2018 年，德国的出口从 5504 亿美元增长到 15608 亿美元，增长了 1.8 倍。美国的出口从 7819 亿美元增长到 16641 亿美元，将近翻了一番。这期间，法国、英国、日本都只增长了 50%，全球出口总额增长了 2 倍。与此相比，2000 年中国还只有 2492 亿美元的出口，2018 年爆长到 24874 亿美元，达到 2000 年规模的近 10 倍，无论是增长速度还是扩张规模都是其他国家所不可企及的。由此可见，中国的出口工业发展是何等强劲。改革开放松绑释放出的活力与加入 WTO 相结合给中国带来了巨大的国际贸易红利。

出口工业的迅猛发展在沿海地区带动了迅猛的城镇化。

进入 21 世纪后，推动中国经济大发展的另一大原动力正是城镇化。[②] 由于新中国成立以来长期采取逆城镇化政策，实行严格限制人口移动的户籍制度，以及严格限制城市空间扩张的土地利用制度，导致长期以来中国不仅人口的城镇化率一直被压制在极低水平，同时中国城市在空间上也一直被限制发展。改革开放初期，中国政府对城镇化采取的也是保守态度，为了阻止农民进城，先是鼓励农民就地办"乡镇企业"[③]，继而推行"小城镇政策"[④]，企图阻止农民流入大中型城市。

---

① 2009 年中国跃升为世界第一出口大国。2017 年全球出口按金额排名前 10 位的国家和地区分别为中国、美国、德国、日本、荷兰、韩国、中国香港、法国、意大利、英国。

② 周牧之早在 2009 年与美国哈佛大学傅高义教授的对谈中就指出出口和城镇化是推动进入 21 世纪以后中国经济大发展的两大原动力，并将这一时期中国经济的大发展与日本的高速经济增长进行了类比分析。详细请参照《Newsweek（日文版）》2010 年 2 月 10 日封面故事"日本第三"。

③ 乡镇企业的前身是社队企业。1978 年改革开放以后，社队企业发展迅速。1984 年中央 4 号文件将社队企业正式改称为乡镇企业，并给予了充分的肯定。此后乡镇企业高速发展，国务院连续下发了国发〔1992〕19 号和国发〔1993〕10 号文件，充分肯定了乡镇企业的重要作用。1996 年我国历史上首部保护和规范乡镇企业行为的法律《中华人民共和国乡镇企业法》出台。到 1995 年，乡镇企业发展到 2460 万家，就业人数达到 1.26 亿人，一度支撑了中国工业经济的半壁江山。

④ 为控制农村剩余劳动力流动，1978 年中共十一届三中全会通过的《中共中央关于加快农业发展若干问题的决定（草案）》认为要"有计划地发展小城镇建设和加强城市对农村的支援"。1998 年，党的十五届三中全会更是提出了"发展小城镇，是带动农村经济和社会发展的大战略"，即所谓"小城镇政策"。

(单位:10亿美元)

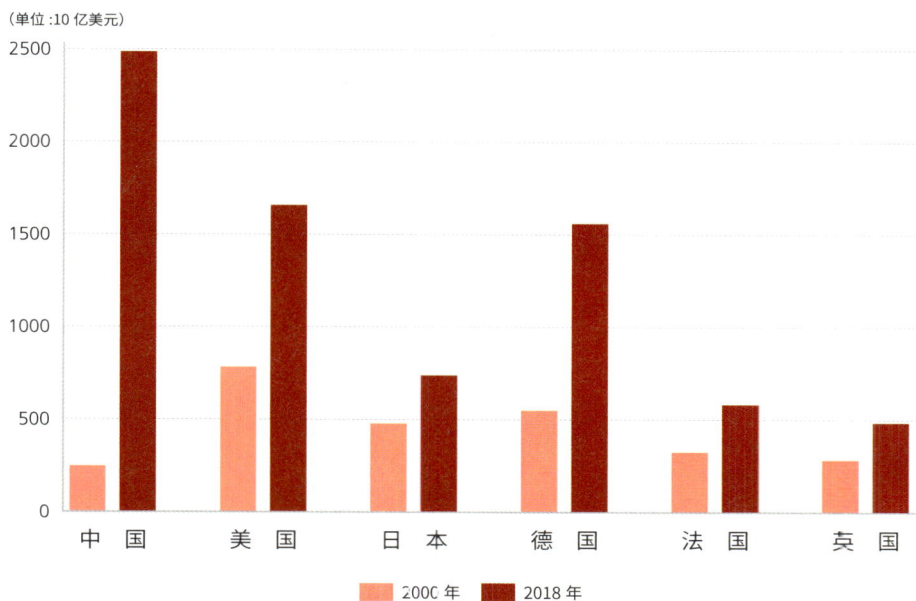

图 5-1　主要国家出口规模增长比较

资料来源: 根据联合国贸易和发展会议(UNCTAD)数据制作。

2001 年 9 月,"中国城市化论坛——大城市群发展战略"在上海、广州相继召开。[①] 笔者在基调报告中明确提出:城市化是中国现代化发展的主旋律,大城(都)市圈、大城市群应该成为中国城市化发展重要战略[②]。一时间"城市化""大城市群"成为舆论热点,一举打破了当时对于城镇化问题讨论的禁锢。

此后,城镇化问题成为政策讨论的焦点。到第十一个五年规划明确提出城市群发展战略,中国进入了快速推进城镇化的阶段。可以说,在城镇化问题上最重大的政策大转折是 2006 年开始实施的第十一个五年规划。该规划明确提出"要把城市群作为推进城镇化的主体形态"[③],直接引爆了中

____

①　基于中国国家发展计划委员会地区经济司与日本国际协力事业团合作的,关于中国城市化政策大型调研的结果发布,国家发展计划委员会地区经济司、中国日报、中国市长协会、日本国际协力事业团联合主办的"中国城市化论坛——大城市群发展战略"于 2001 年 9 月 3 日和 9 月 7 日相继在上海和广州隆重召开。这两次论坛提出的"大城市群发展战略"在当时引起了社会热议。周牧之主持了这一次中日合作的大型调研,并组织和主导了这两次的论坛。关于这次中日合作调研的内容,详细请参照中国国家发展计划委员会地区经济司与日本国际协力事业团联合编撰:《城市化:中国现代化的主旋律》,湖南人民出版社 2001 年版。

②　周牧之在"中国城市化论坛——大城市群发展战略"基调报告的主要内容请参见《南方日报》2001 年 9 月 8 日、《人民日报》2001 年 9 月 12 日。基调报告的全文请参见周牧之著《步入云时代》,人民出版社 2010 年版,第 255—281 页。

③　2006 年 3 月 14 日,第十届全国人民代表大会第四次会议批准《中华人民共和国国民经济和社会发展第十一个五年规划纲要》。

（单位：万人）

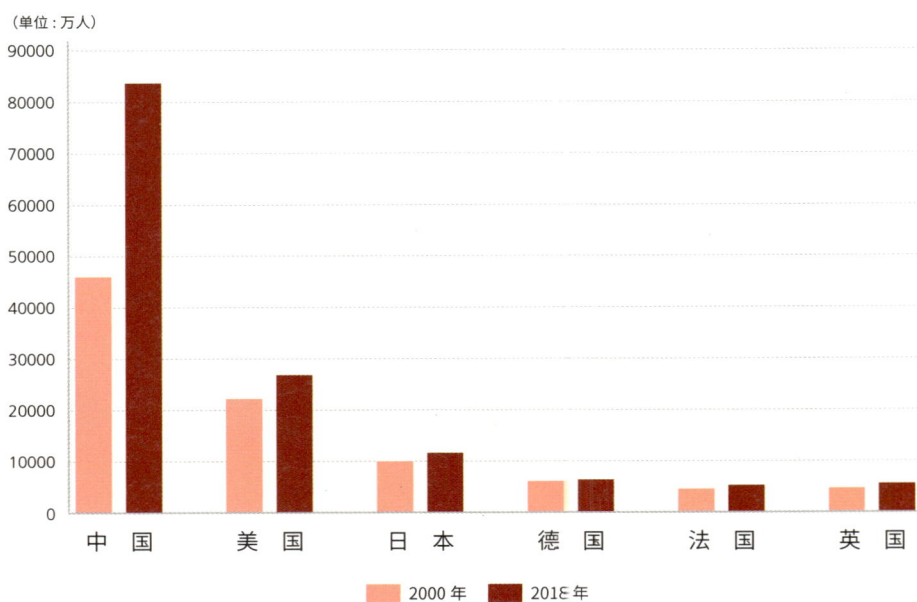

图 5-2　主要国家城市人口增长比较

资料来源：根据联合国数据制作。

（单位：%）

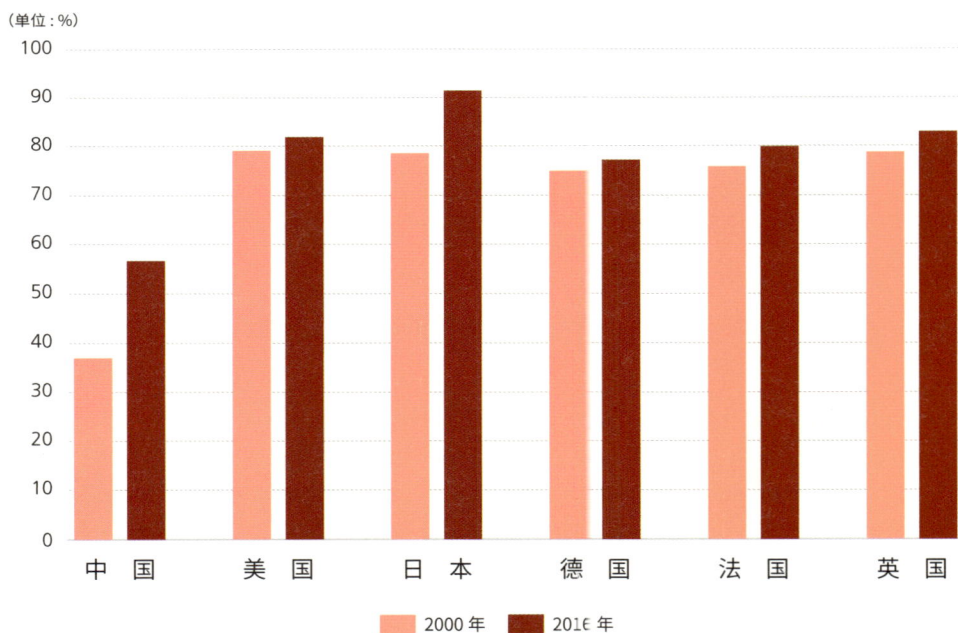

图 5-3　主要国家城镇化率变化

资料来源：根据联合国数据制作。

国大规模、快速的城镇化。2000 年 4.6 亿的中国城市人口，到 2018 年，中国城镇常住人口达到 8.3 亿人（见图 5-2）。短短 18 年间，中国的城镇人口将近翻了一番，城镇化率也从 2000 年的 36.2% 迅速攀升到 2018 年的 59.6%（见图 5-3）。

在出口与城镇化两大引擎的推动下，中国经济奇迹般地迅猛发展。2018 年中国国内生产总值（GDP）超过 90 万亿元，按平均汇率折算，经济总量达到 13.6 万亿美元，人均 GDP 已经接近 1 万美元。

2000—2017 年，美国、英国的实际 GDP 增长了 30%，是发达国家中经济增长最高的国家。德国、法国增长了 20%，日本只增长了 10%。相比之下，中国的实际 GDP 增长了 3.5 倍，中国更是替代美国成为对世界经济发展贡献最大的国家（见图 5-5）。[①] 在中国经济的拉动下，全球实际 GDP 增长了 60%。

（2）高速发展的粗放性

如图 5-4 所示，2000—2016 年，中国实际城市用地面积[②] 扩大了 1.8 倍。这期间，中国人口增长了 10%，但是，DID[③] 人口却只增长了 20%。这组数据说明在此期间，中国城市的实际城市用地面积快速膨胀，但是高密度的人口集聚严重滞后。可以说这一时期的中国，人口城镇化远远落后于钢筋水泥堆积下土地的城镇化。

快速、无序的低密度城镇化导致经济发展模式的扭曲和经济发展效率的低下。

如图 5-6 所示，2000—2016 年，中国的单位 GDP 二氧化碳排放量虽然下降了 32%，但仍然是法国的 9.5 倍、英国的 6.8 倍、日本的 5 倍、德国的 4.9 倍、能耗大户美国的 3.3 倍、全球的 2.3 倍。

更加值得注意的是，同一时期，发达国家的人均二氧化碳排放量大多在下降[④]，而中国的人均二氧化碳排放量却暴增了 1.7 倍（见图 5-7）。今天，中国的人均二氧化碳排放量已经超过法国和英国，正在逼近德国与日本的水平。

2000—2016 年，中国的二氧化碳排放量增长了近 3 倍，一次能源对煤炭的高度依赖和粗放型高速发展使中国超过美国成为世界上最大的碳排放大国。2016 年，中国的二氧化碳排放量已经达到美国的 1.9 倍、日本的 7.9 倍、德国的 12.4 倍、英国的 24.4 倍、法国的 30.9 倍（见图 5-8）。

---

① 第二次世界大战以后，美国在绝大部分时间里都是对世界经济增长贡献度最大的国家。虽然 1991 年、1993 年和 1995 年这三个年度，中国曾经在对世界经济增长的贡献上超过美国，但美国是全球经济增长最大引擎仍然是一个常态。然而 2001 年，中国超过美国成为对全球 GDP 增长贡献最大的国家，此后一直稳坐这一宝座。

② 实际城市用地面积（Urban Area）指达到一定的建筑用地和基础设施用地标准的城市型用地面积。关于实际城市用地面积，本报告采用 European Space Agency 的标准。

③ 密度是讨论城市问题的一个至为重要的关键，"中国城市综合发展指标"将每平方公里 5000 人以上的地区定义成 DID（Densely Inhabited District：人口集中地区），借此对人口密度进行准确有效的分析。

④ 2011 年 3 月 11 日，日本东北大地震引爆福岛核泄漏事故，导致日本核电全面停止运营，这一事态使日本的电力供应瞬间向化石燃料火力发电倾斜，造成碳排放量大幅度增长。因此，在 2000—2016 年间，日本的人均二氧化碳排放量不减反增。

大量的碳排放不仅加速了全球变暖，恶化人类的生存空间，同时严重的空气污染也正在蚕食中国人民的身心健康。

如何从粗放型发展转向高质量发展是下一阶段中国经济发展和城镇化最大的挑战。中国的经济品质、城市品质、生活品质亟待提高。

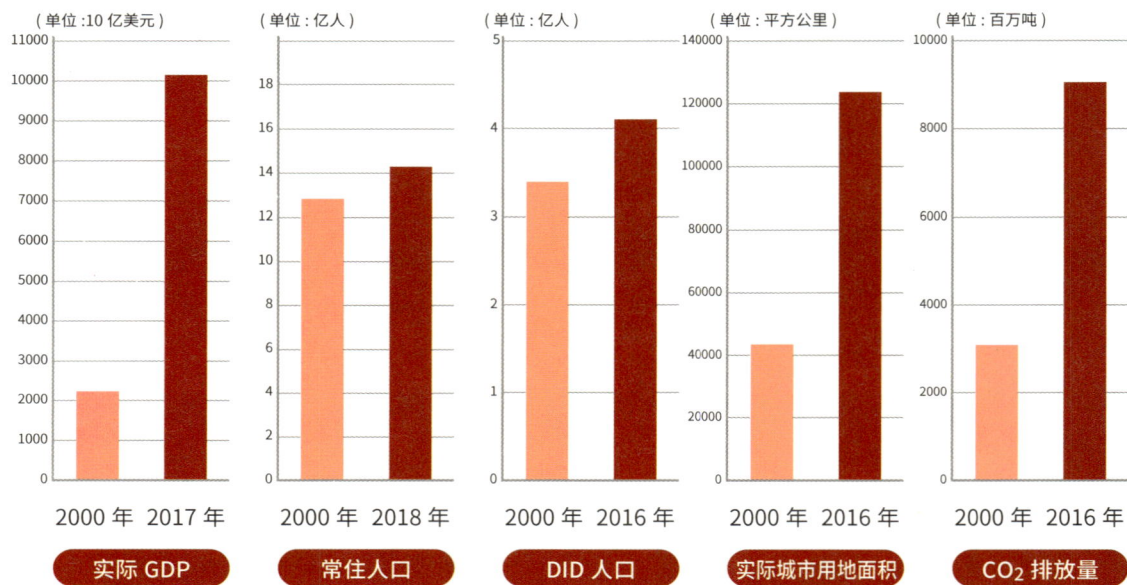

图 5-4　中国经济和城镇化主要指标表现

资料来源：根据联合国、国际能源署、"中国城市综合发展指标 2018"数据制作。

（单位：10 亿美元）

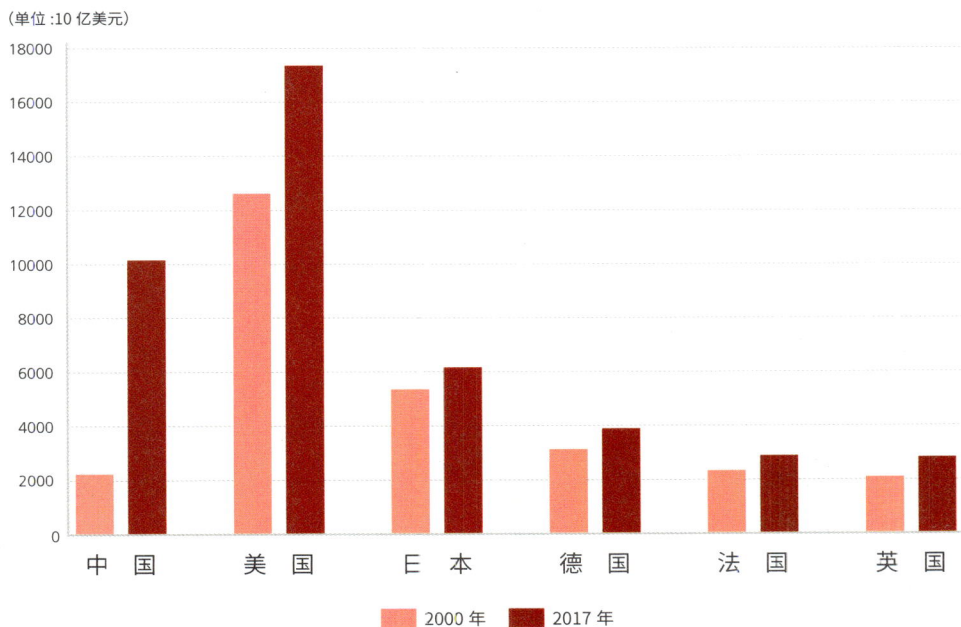

图 5-5　主要国家实际 GDP 增长比较

资料来源：根据联合国数据制作。

（单位：千克 / 美元）

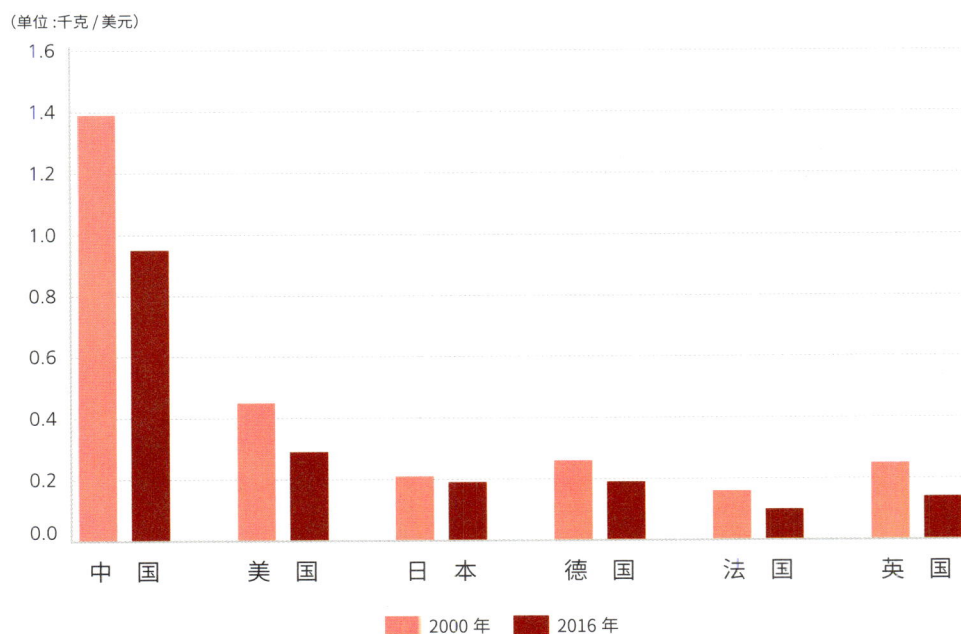

图 5-6　主要国家单位 GDP 碳排放量变化比较

资料来源：根据国际能源署数据制作。

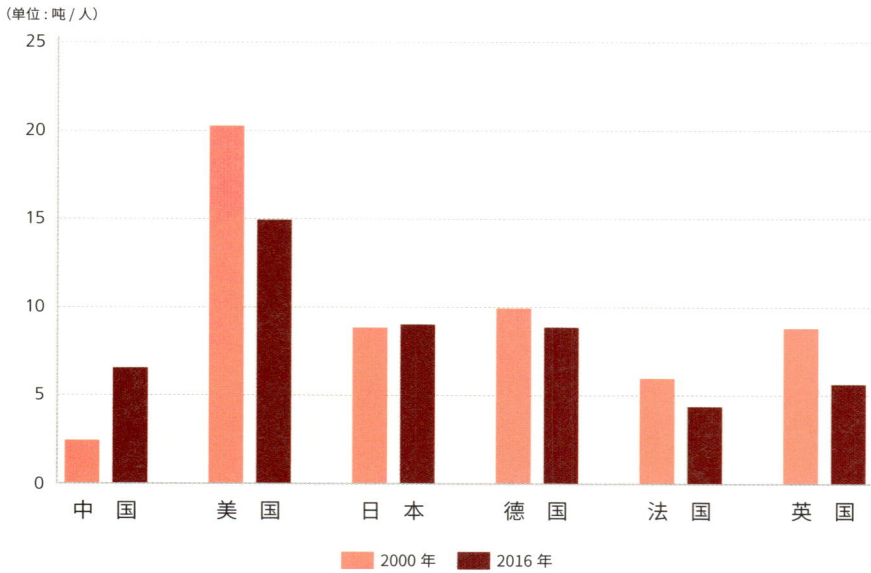

（单位：吨／人）

图 5-7　主要国家人均碳排放量变化比较

资料来源：根据国际能源署数据制作。

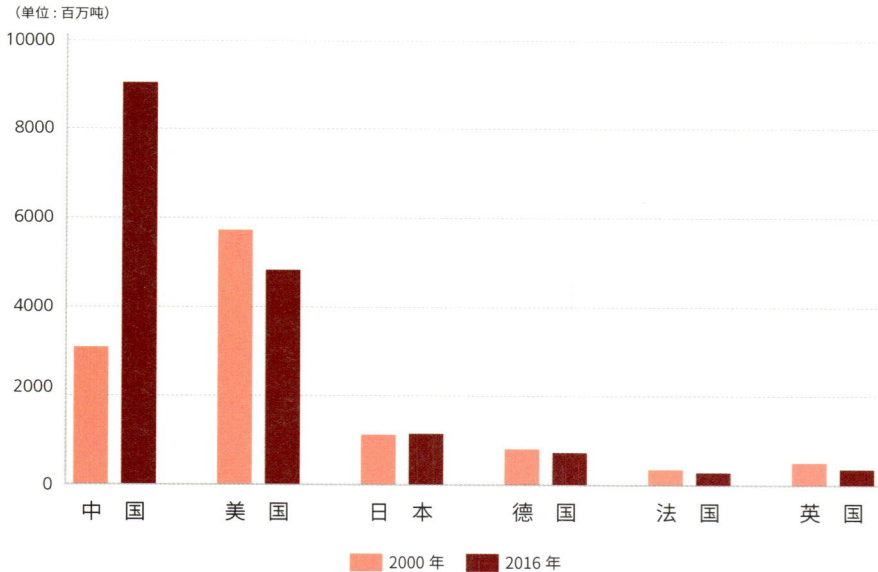

（单位：百万吨）

图 5-8　主要国家碳排放量变化比较

资料来源：根据国际能源署数据制作。

2. 中国城市发展大趋势：集中与分化

中国的城市发展今天呈现出非常明显的集中与分化的现象。也就是说，在各种功能上对上位城市高度集中的现象日渐突出，而且越是高端的功能，这种集中的程度越高。与此相对应，城市之间的分化现象日趋严重。

本报告运用"中国城市综合发展指标 2018"，对诸多重要指标和功能的集中度进行分析，验证中国城市的分化现象。

（1）GDP 排名前 30 位城市

如图 5-9 所示，中国 GDP 排名前 10 位的城市分别是上海、北京、深圳、广州、重庆、天津、苏州、成都、武汉、杭州，这 10 个城市 GDP 的总额占到全国 GDP 的 23.6%。排名前 30 位城市 GDP 的合计更是占到全国的 43.5%。也就是说，上位 10% 的城市创造了全国 4 成以上的 GDP，中国经济发展高度依赖 GDP 排名前 30 位城市的现象明显。

这种集中不仅体现在对特定的城市，同时在区域上对三大城市群的倾斜也越来越显著。京津冀、长三角、珠三角三大城市群占全国 GDP 的比重分别达到 8.6%、19.8%、9.0%，三大城市群在全国的占比高达 37.5%。三大城市群支撑中国经济发展的格局跃然纸上。

（2）DID 人口排名前 30 位城市

如图 5-10 所示，DID 人口排名前 10 位的城市分别为上海、北京、广州、深圳、天津、重庆、成都、武汉、东莞、温州，这 10 个城市的 DID 总人口占全国 DID 总人口的 22.8%。排名前 30 位城市的 DID 总人口更是占到全国 DID 总人口的 43.2%。也就是说，今天在 DID 人口排名上位 10% 的城市集中了全国超过 4 成以上的 DID 人口。

从三大城市群的角度看，京津冀、长三角、珠三角三大城市群占全国 DID 人口的比重分别达到 7.9%、17.1%、9.3%，三大城市群在全国的占比高达 34.4%。

更加值得注意的是，将中国 298 个地级及以上城市的 GDP 与 DID 人口进行相关关系分析，发现两者之间存在高度的相关关系，其相关系数高达 0.93，呈"完全相关"关系[1]。而且，对比 GDP 和 DID 人口这两个指标排名前 30 位的城市，竟然有 26 个城市是重合的（顺序有所不同）。这一切都显示了 DID 人口的重要性，今后中国的城市发展需要高度关注 DID 人口的规模和品质。

---

① 相关关系分析是用于分析两个因素相互关联性强弱的手法。"正""负"的相关系数在 0—1 之间，系数越接近"1"表示两个因素之间的关联性越强，其中，0.9—1 被认为是"完全相关"；0.8—0.9 被认为是"极强相关"，0.7—0.8 被认为是"强相关"；0.4—0.7 被认为是"相关"；0.2—0.4 被认为是"弱相关"；0—0.2 被认为是"无相关"。

排行	城市名	偏差值指数
1	上海市	100.0
2	北京市	99.0
3	深圳市	98.0
4	广州市	97.2
5	重庆市	91.3
6	天津市	87.6
7	苏州市	87.1
8	成都市	79.3
9	武汉市	78.1
10	杭州市	74.9
11	南京市	73.3
12	青岛市	71.4
13	无锡市	70.0
14	长沙市	69.0
15	宁波市	68.0
16	郑州市	66.9
17	佛山市	66.5
18	泉州市	63.0
19	南通市	62.9
20	西安市	62.7
21	东莞市	62.5
22	福州市	61.5
23	济南市	61.5
24	烟台市	61.4
25	合肥市	61.4
26	大连市	61.0
27	长春市	59.7
28	常州市	59.6
29	唐山市	59.4
30	徐州市	58.9

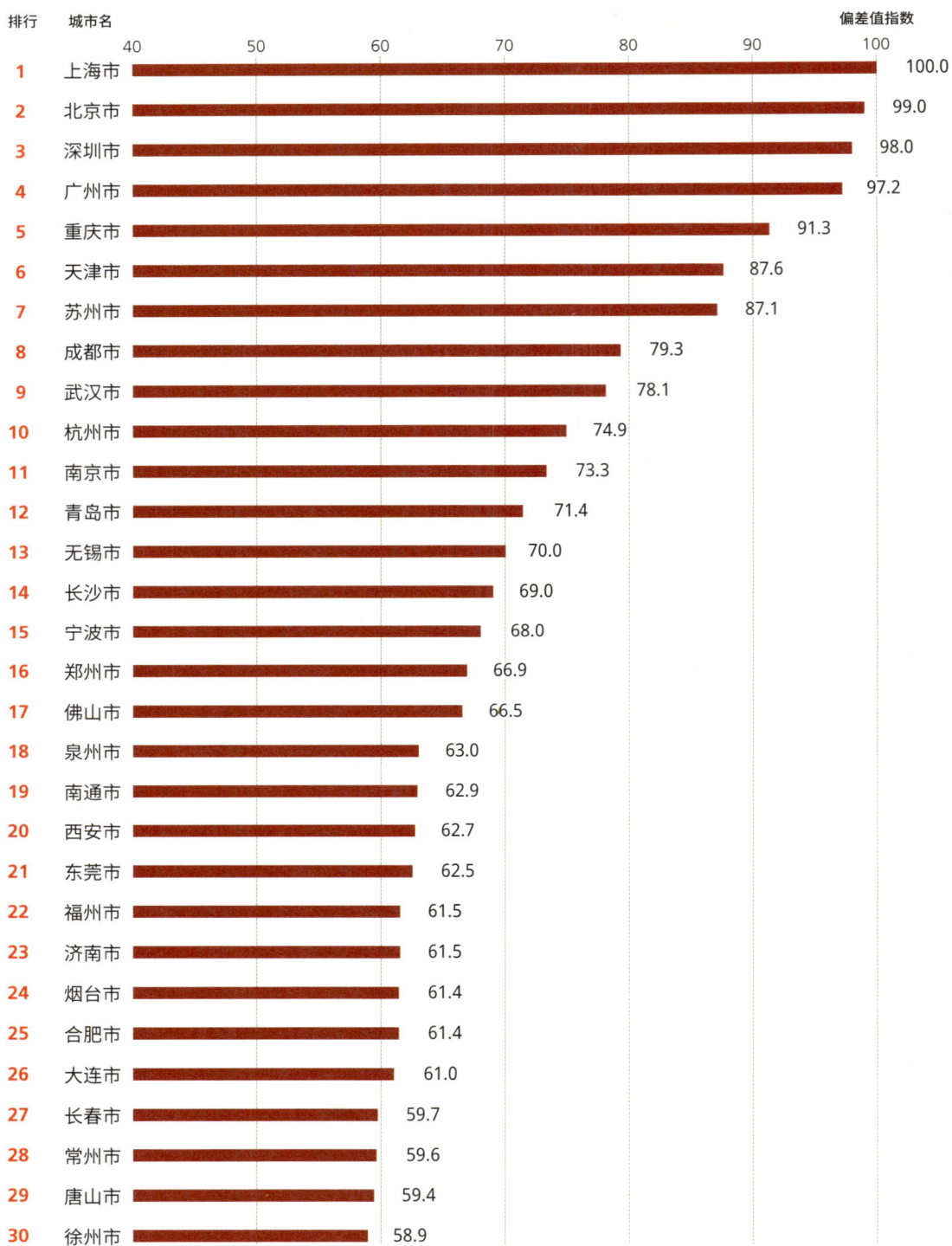

图 5-9　GDP 排名前 30 位城市

排行	城市名	偏差值指数
1	上海市	100.0
2	北京市	95.0
3	广州市	92.2
4	深圳市	90.4
5	天津市	85.2
6	重庆市	82.1
7	成都市	81.6
8	武汉市	78.5
9	东莞市	75.4
10	温州市	74.0
11	苏州市	70.4
12	沈阳市	69.8
13	杭州市	69.5
14	南京市	69.4
15	佛山市	67.2
16	西安市	67.1
17	泉州市	66.6
18	福州市	66.3
19	哈尔滨市	64.0
20	宁波市	63.8
21	汕头市	63.2
22	郑州市	62.7
23	长沙市	62.7
24	昆明市	61.9
25	合肥市	61.6
26	青岛市	61.1
27	大连市	60.6
28	无锡市	60.5
29	长春市	60.4
30	济南市	60.0

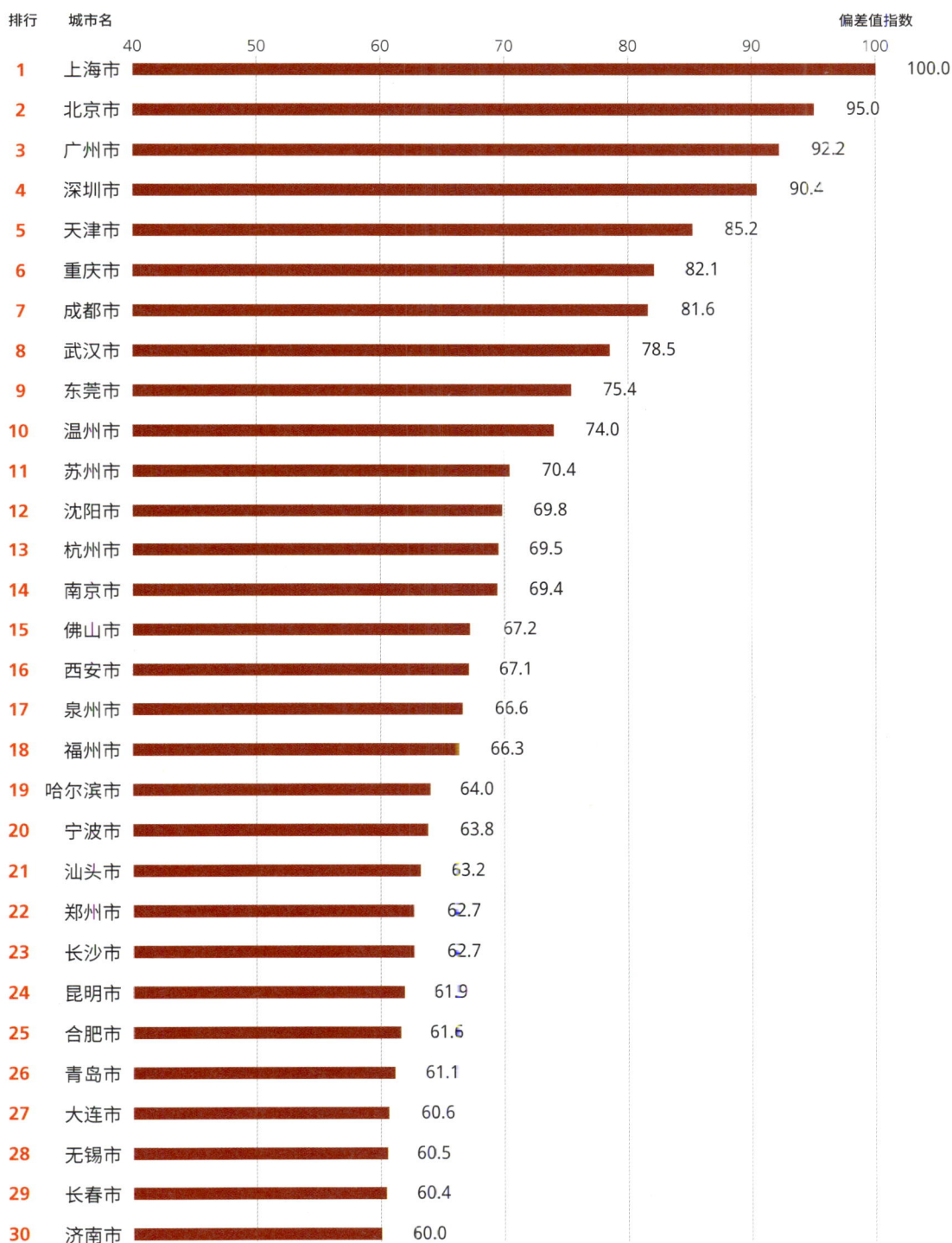

图 5-10　DID 人口排名前 30 位城市

（3）主板上市公司排名前30位城市

如图5-11所示，在上海、深圳、香港三大主板上市的公司数量排名前3位城市分别为上海、北京、深圳，这3个城市主板上市公司总数占全国主板上市公司的39.6%。排名前30位城市的主板上市公司数量的合计更是占到全国的69.7%。也就是说，今天在主板上市公司排名上位10%的城市集中了全国近7成的主板上市公司。

从三大城市群的角度看，京津冀、长三角、珠三角三大城市群占全国主板上市公司数量的比重分别达到15.9%、28%、10.3%，三大城市群在全国的占比高达54.2%。三大城市群集中了全国半数以上的主板上市公司。

主板上市公司向大城市，特别是向中心城市高度集中的态势越来越明显。

（4）世界500强中国企业排名前30位城市

30年前，财富世界500强中的中国企业只有3家。然而到2018年，中国已有105家企业跻身其中，数量仅次于美国的126家。特别值得一提的是，还有3家中国企业入围前十。

如图5-12所示，世界500强中国企业集中分布在28座中国城市，其中66.7%集中在北京、上海、深圳3个城市。相比普通的主板上市公司，跻身世界500强的中国企业向全国性中心城市集聚的集中指向更加强烈。

从三大城市群的角度看，京津冀、长三角、珠三角三大城市群占世界500强中国企业数量的比重分别达到54.3%、14.3%、11.4%，三大城市群在全国的占比高达80%。

从对主板上市公司排名前30位城市和世界500强中国企业排名前30位城市的分析可以看到，中国最优秀企业的总部，也就是所谓经济的中枢管理功能高度集中在以北京、上海、深圳为代表的上位中心城市。

（5）制造业辐射力排名前30位城市

如图5-13所示，制造业辐射力排名前10位的城市分别为深圳、上海、东莞、苏州、佛山、广州、宁波、天津、杭州、厦门，这10个城市无一例外都有着便捷利用大型集装箱港口的优势，这10个城市货物出口额的合计占到全国的48.2%。排名前30位城市货物出口额的合计更是达到全国的74.9%。也就是说，今天制造业辐射力上位10%的城市创造了全国3/4的货物出口。

从三大城市群的角度看，京津冀、长三角、珠三角三大城市群占全国货物出口总额的比重分别达到6.2%、32.7%、28.8%，三大城市群在全国的占比高达67.8%。三大城市群，特别是长三角和珠三角是支撑中国出口工业发展的巨擘。

排行	城市名	偏差值指数
1	上海市	100.0
2	北京市	95.0
3	深圳市	93.0
4	南京市	70.0
4	杭州市	70.0
6	重庆市	68.1
7	广州市	67.1
8	天津市	64.3
9	宁波市	63.8
10	武汉市	62.8
10	成都市	62.8
12	长沙市	59.0
13	合肥市	58.5
13	乌鲁木齐市	58.5
15	哈尔滨市	58.1
16	西安市	57.6
16	海口市	57.6
18	大连市	57.1
18	厦门市	57.1
18	福州市	57.1
21	苏州市	56.6
21	长春市	56.6
21	沈阳市	56.6
24	无锡市	56.1
24	济南市	56.1
26	青岛市	55.7
26	昆明市	55.7
28	太原市	55.2
29	郑州市	54.2
29	南昌市	54.2

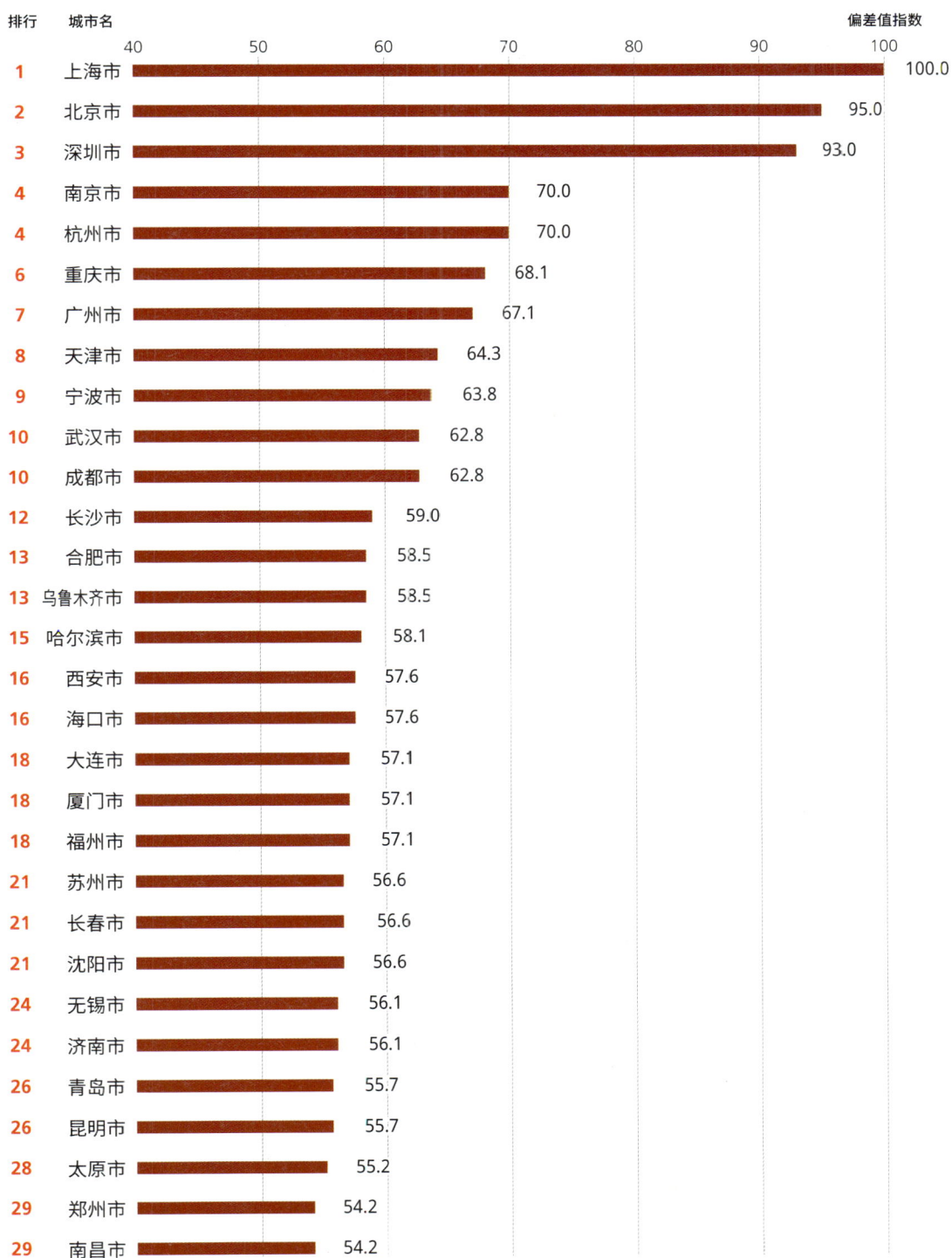

图 5-11　主板上市公司排名前 30 位城市

排行	城市名	偏差值指数
1	北京市	100.0
2	上海市	73.5
3	深圳市	70.4
4	杭州市	58.1
4	广州市	58.1
4	厦门市	58.1
7	南京市	55.1
7	西安市	55.1
7	苏州市	55.1
7	佛山市	55.1
11	天津市	52.0
11	武汉市	52.0
11	乌鲁木齐市	52.0
11	福州市	52.0
11	长春市	52.0
11	济南市	52.0
11	青岛市	52.0
11	郑州市	52.0
11	石家庄市	52.0
11	滨州市	52.0
11	鞍山市	52.0
11	大同市	52.0
11	济宁市	52.0
11	阳泉市	52.0
11	邢台市	52.0
11	长治市	52.0
11	晋城市	52.0
11	鹰潭市	52.0

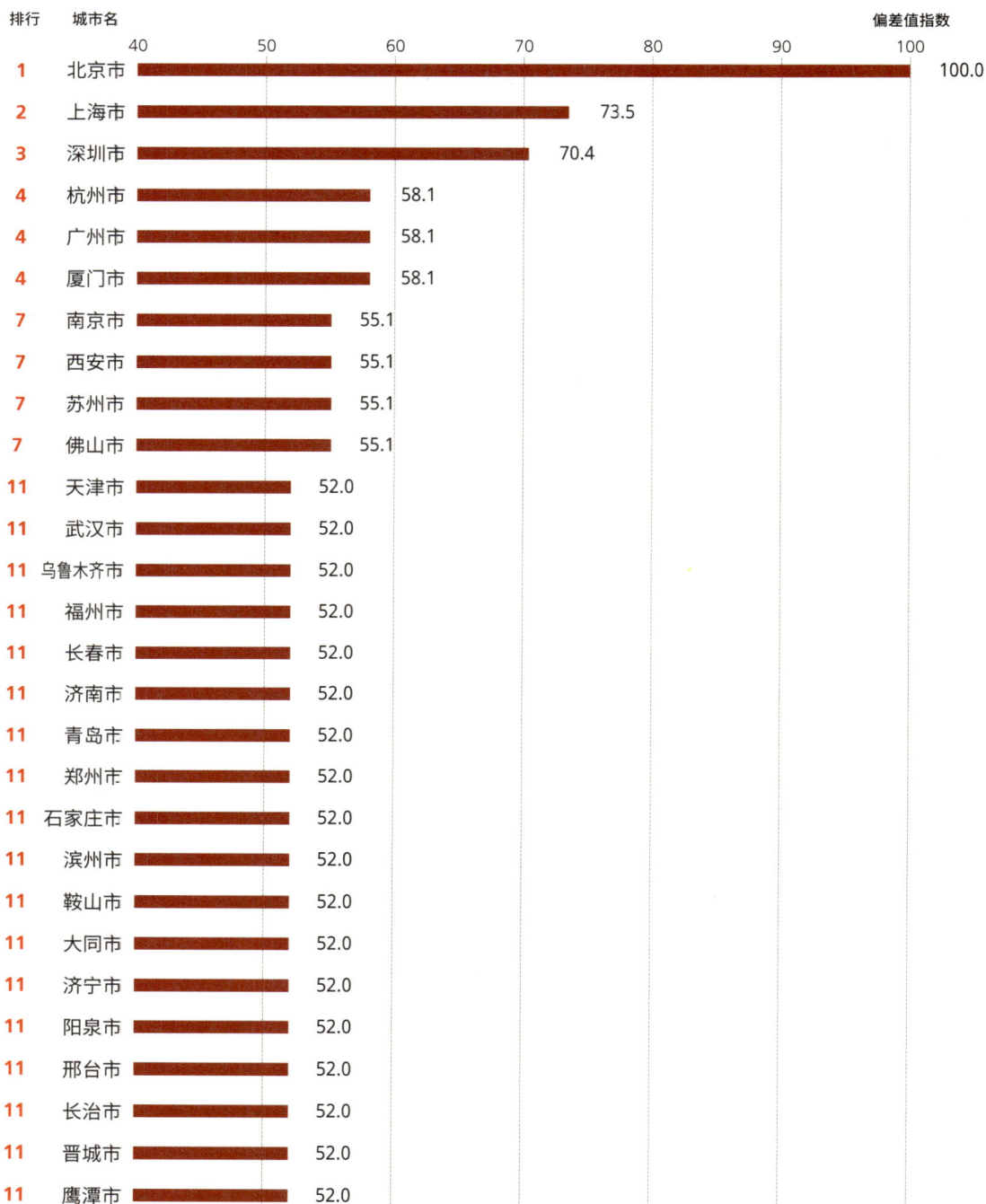

图 5-12　世界 500 强中国企业排名前 28 位城市

排行	城市名	偏差值指数
1	深圳市	100.0
2	上海市	90.0
3	东莞市	88.0
4	苏州市	85.0
5	佛山市	80.5
6	广州市	73.8
7	宁波市	71.9
8	天津市	68.5
9	杭州市	67.4
10	厦门市	66.5
11	惠州市	66.1
12	青岛市	65.0
13	中山市	64.9
14	无锡市	63.7
15	成都市	63.4
16	郑州市	63.2
17	北京市	62.5
18	泉州市	62.3
19	珠海市	61.8
20	嘉兴市	60.4
21	南京市	59.5
22	烟台市	58.4
23	金华市	58.1
24	绍兴市	57.6
25	大连市	57.3
26	常州市	56.6
27	威海市	56.4
28	福州市	55.7
29	南通市	55.7
30	江门市	54.9

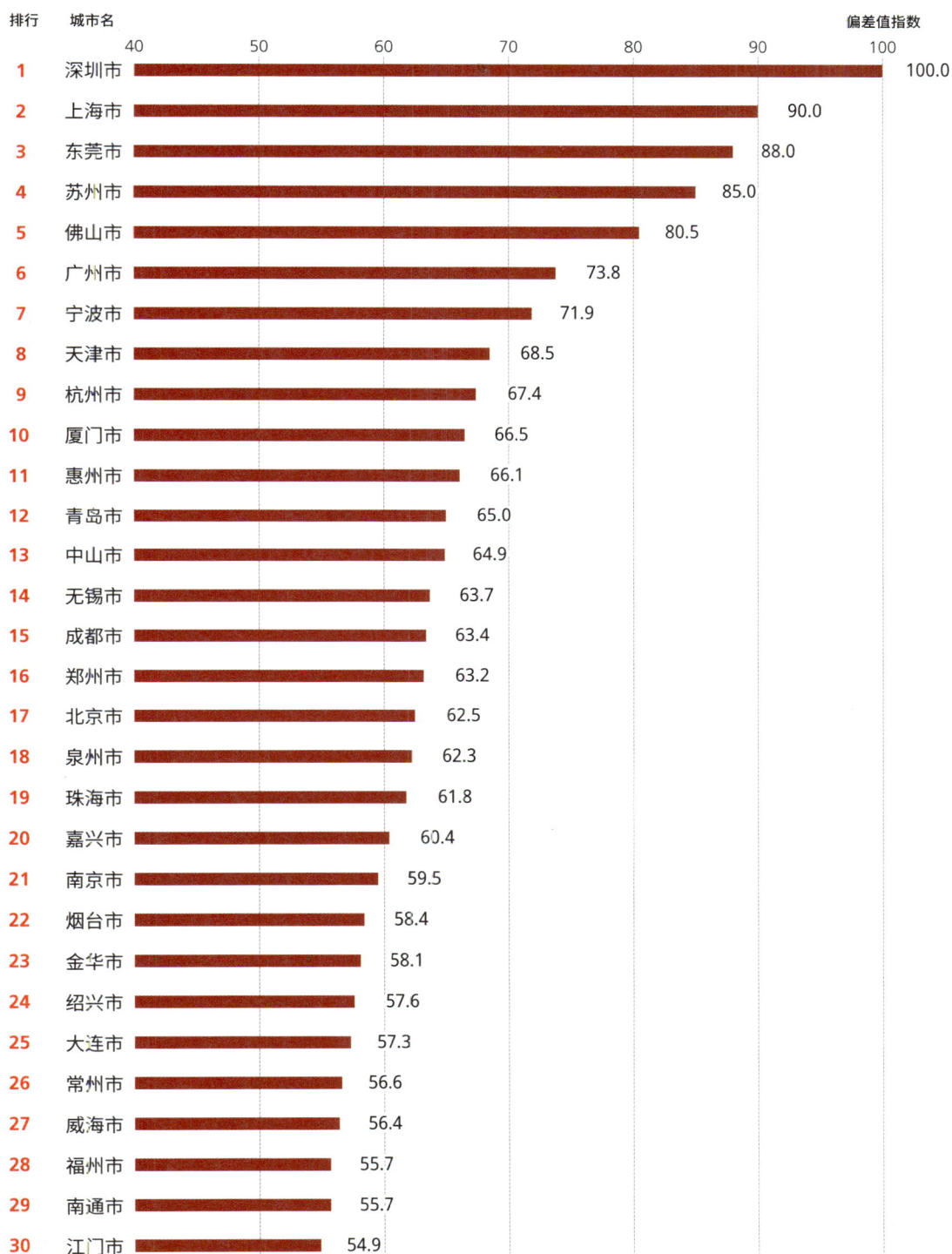

图 5-13　制造业辐射力排名前 30 位城市

（6）集装箱港口便利性^①排名前 30 位城市

如图 5-14 所示，集装箱港口便利性排名前 10 位的城市分别为上海、深圳、宁波、广州、青岛、天津、厦门、大连、苏州、营口，这 10 个城市的港口集装箱吞吐总量占到全国的 82%。排名前 30 位城市的港口集装箱吞吐总量更是高达全国的 97.8%。换句话说，中国今天几乎所有的港口集装箱吞吐量都被集装箱港口便利性排名上位 10% 的城市所囊括。

从三大城市群的角度看，京津冀、长三角、珠三角三大城市群占全国港口集装箱吞吐量的比重分别达到 8.3 %、35.2%、26%，三大城市群在全国的占比高达 69.5%。

本报告利用"中国城市综合发展指标 2018"，将中国 298 个地级及以上城市的货物出口额与港口集装箱吞吐量进行相关分析，结果发现两者之间高度密切相关，相关系数高达 0.81，呈"极强相关"关系。而且，在制造业辐射力和集装箱港口便利性这两个指标排名前 30 位的城市中，竟然有 24 个城市是重合的（顺序有所不同）。这一切都显示，制造业，特别是出口工业高度依赖优良的港口条件。可以预见，今后中国的制造业，特别是出口工业还将越来越向港口条件优越的城市持续、高度地集中与集聚。

对工业发展与港口条件关系的清醒认识，将对中国未来工业布局有着极其重要的意义。今天，中国应该认真检讨过去工业化在空间上遍地开花的模式，反思在内陆地区实施分散型工业化的不合理和低效率，谋求未来工业的高质量发展。

（7）IT 产业辐射力排名前 30 位城市

如图 5-15 所示，IT 产业辐射力排名前 10 位的城市分别为北京、上海、深圳、成都、杭州、南京、广州、福州、济南、西安，这 10 个城市合计的 IT 业就业人数、主板 IT 业上市公司数量、中小企业板 IT 业上市公司数量，以及创业板 IT 业上市公司数量分别占到全国的 52.8%、76.1%、60%、81%。排名前 30 位城市合计的 IT 业就业人数、主板 IT 业上市公司数量、中小企业板 IT 业上市公司数量，以及创业板 IT 业上市公司数量更是分别占到全国的 68%、94%、78.2%、91.2%。今天中国 IT 产业向 IT 产业辐射力排名上位城市高度集中集聚的状况十分显著。

从三大城市群的角度看，京津冀、长三角、珠三角三大城市群占全国主板 IT 业上市公司数量的比重分别达到 32.5 %、24.8%、14.5%，三大城市群在全国的占比高达 71.8%。

今天，虽然中国的大部分城市都在把 IT 产业作为重点产业着力发展，但现实情况却是 IT 产业高度集中在北京、上海、深圳、成都、杭州、南京、广州等城市，其向特定城市集中和收敛的程度甚至远胜于制造业。从这种意义上来说，谋求发展 IT 产业的城市需要认真研究和剖析 IT 产业发展所必备的条件。

---

① 集装箱港口便利性是根据港口吞吐量（万 TEU）、市中心与港口距离（公里）等数据计算而成的。

排行	城市名	偏差值指数
1	上海市	100.0
2	深圳市	85.0
3	宁波市	79.5
4	广州市	73.4
5	青岛市	73.1
6	天津市	72.8
7	厦门市	72.5
8	大连市	67.0
9	苏州市	63.5
10	营口市	63.4
11	连云港市	61.7
12	舟山市	60.5
13	东莞市	60.1
14	佛山市	60.0
15	南京市	59.8
16	福州市	59.6
17	南通市	59.6
18	中山市	59.5
19	日照市	59.5
20	嘉兴市	59.3
21	珠海市	59.2
22	烟台市	59.1
23	无锡市	58.6
24	泉州市	57.7
25	江门市	57.2
26	湖州市	57.1
27	惠州市	56.2
28	唐山市	56.2
29	常州市	55.8
30	绍兴市	55.3

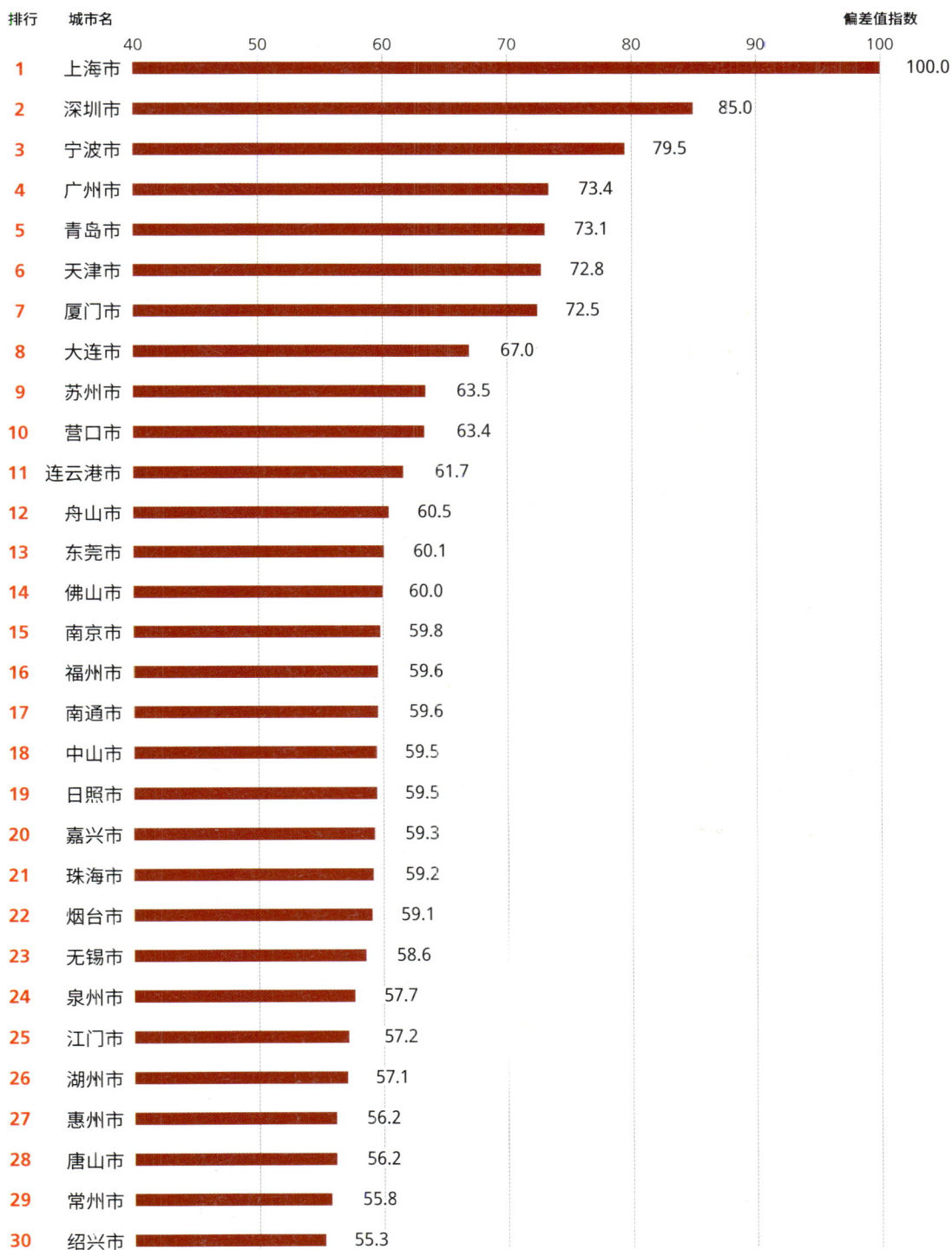

图 5-14　集装箱港口便利性排名前 30 位城市

排行	城市名	偏差值指数
1	北京市	100.0
2	上海市	95.0
3	深圳市	93.3
4	成都市	85.0
5	杭州市	75.5
6	南京市	72.0
7	广州市	70.8
8	福州市	59.0
9	济南市	57.5
10	西安市	57.1
11	重庆市	56.8
12	厦门市	56.2
13	大连市	54.8
14	长春市	54.2
15	苏州市	53.3
16	长沙市	53.1
17	贵阳市	52.9
18	哈尔滨市	52.6
19	郑州市	52.6
20	珠海市	52.3
21	合肥市	52.0
22	海口市	51.3
23	昆明市	51.1
24	无锡市	50.8
25	沈阳市	50.8
26	南昌市	50.5
27	武汉市	50.4
28	东营市	50.3
29	北海市	50.2
30	泉州市	50.1

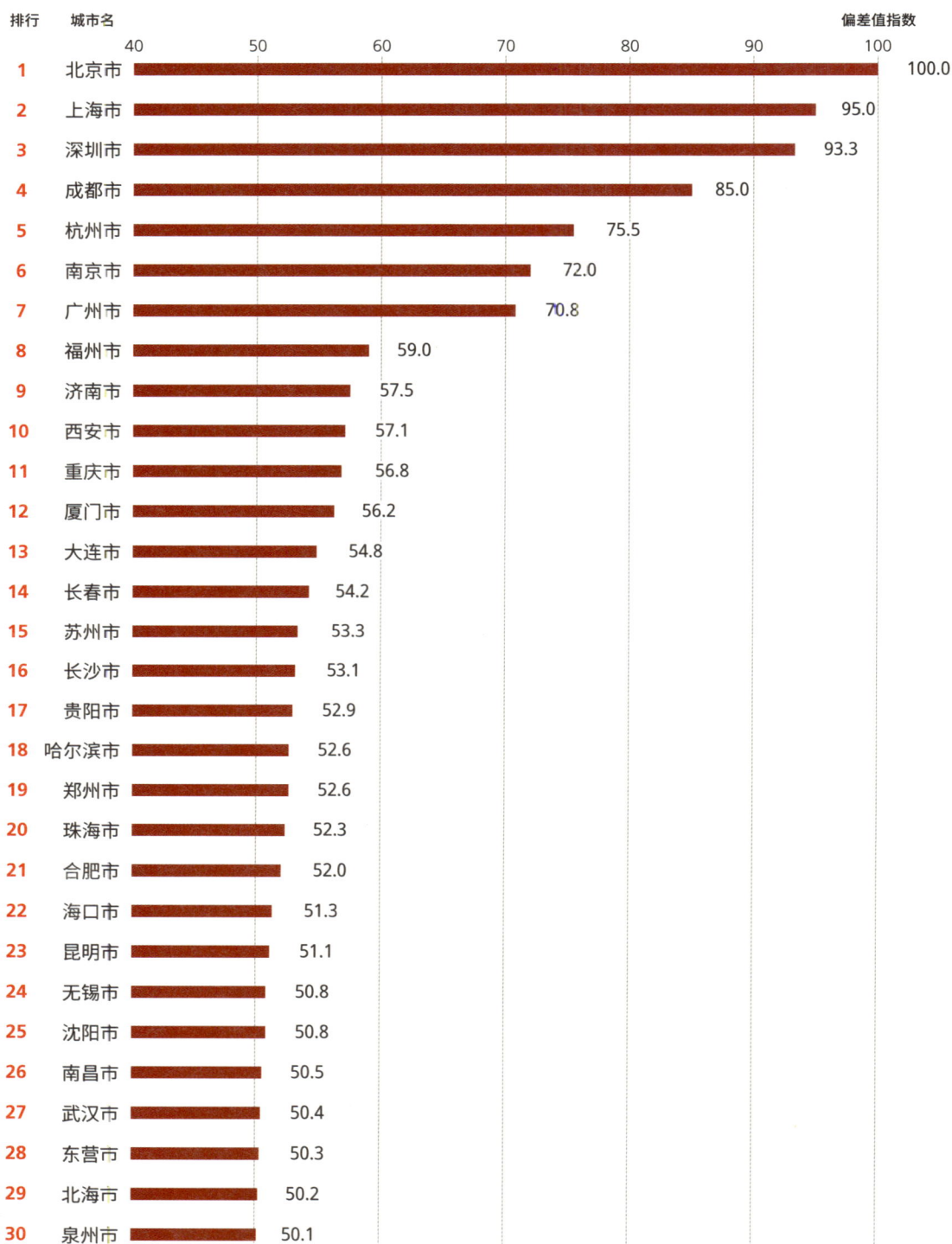

图 5-15　IT 产业辐射力排名前 30 位城市

（8）**机场便利性**^① 排名前 30 位城市

如图 5-16 所示，机场便利性排名前 10 位的城市分别为上海、北京、广州、深圳、成都、昆明、重庆、杭州、西安、厦门，这 10 个城市合计的旅客吞吐量和货邮吞吐量分别占到全国的 49.9% 和 73.5%。排名前 30 位城市合计的旅客吞吐量和货邮吞吐量更是分别达到全国的 81.3% 和 92.9%。可以看到实际上，在中国今天大部分的航空运输人流和物流都高度集中在机场便利性排名上位 10% 的城市。

从三大城市群的角度看，京津冀、长三角、珠三角三大城市群占全国机场旅客吞吐量的比重分别达到 11.9%、18.7%、10.9%，三大城市群在全国的占比高达 41.5%。

京津冀、长三角、珠三角三大城市群占全国机场货邮吞吐量的比重分别达到 14.7%、34.6%、18.5%，三大城市群在全国的占比更是高达 67.8%。

本报告利用"中国城市综合发展指标 2018"，对中国 298 个地级及以上城市的 IT 产业辐射力与机场便利性进行相关分析。结果发现两者之间高度密切相关，相关系数高达 0.84，呈"极强相关"关系，甚至更甚于制造业辐射力与集装箱港口便利性之间的相关关系。在 IT 产业辐射力和机场便利性这两个指标排名前 30 位城市中，竟然有 21 个城市是重合的（顺序有所不同）。这一切都显示，作为交流经济的代表产业，IT 产业的发展高度依赖便捷的机场条件。可以预见，今后的 IT 产业还将越来越向机场条件优越的城市持续、高度地集中和集聚。

（9）**高等教育辐射力排名前 30 位城市**

如图 5-17 所示，高等教育辐射力排名前 10 位的城市分别为北京、上海、武汉、南京、西安、广州、长沙、成都、天津、哈尔滨，这 10 个城市合计的"211""985"大学数量、普通高校在校学生数分别占到全国的 69.3%、26.0%。排名前 30 位城市合计的"211""985"大学数量、普通高校在校学生数更是分别占到全国的 92.8%、57.1%。今天中国的高等教育资源，特别是优质的高等教育资源向高等教育辐射力排名上位城市高度集中的状况十分显著。

从三大城市群的角度看，京津冀、长三角、珠三角三大城市群占全国"211""985"大学数量的比重分别达到 26.8%、20.9%、3.9%，三大城市群在全国的占比高达 51.6%。

（10）**科技辐射力排名前 30 位城市**

如图 5-18 所示，科技辐射力排名前 10 位的城市分别为北京、上海、深圳、成都、广州、杭州、西安、天津、苏州、南京，这 10 个城市合计的 R&D 人力资源、专利授权量分别占到全国的 36.3%、33.2%。排名前 30 位城市合计的 R&D 人力资源、专利授权量更是分别占到全国的 59.8%、62.6%。

---

① 机场便利性是根据旅客吞吐量（万人）、货邮吞吐量（万吨）、执行航班（次）、准点率（%）、跑道总距离（米）、跑道（条）、市中心与机场的距离（公里）等数据计算而成的。

今天中国的科技资源向科技辐射力排名上位城市高度集中的状况十分显著。

从三大城市群的角度看，京津冀、长三角、珠三角三大城市群占全国 R&D 人力资源的比重分别达到 12.2%、28.5%、12.7%，三大城市群在全国的占比高达 53.4%。

京津冀、长三角、珠三角三大城市群占全国专利授权量的比重分别达到 10.3%、30.9%、14.4%，三大城市群在全国的占比高达 55.6%。

特别值得注意的是，从 R&D 人力资源集中度和专利授权量来看，无论是从科技辐射力排名前 30 位城市，还是三大城市群，这些科技资源集聚的城市抑或城市群都实现了比其他地区更好的科技研发效率，以及更好的市场转化效率。

（11）文化体育娱乐辐射力排名前 30 位城市

如图 5-19 所示，文化体育娱乐辐射力排名前 10 位的城市分别为北京、上海、成都、广州、深圳、武汉、杭州、南京、西安、郑州，这 10 个城市合计的影剧院票房、观影人次分别占到全国的 34%、30.6%。排名前 30 位城市合计的影剧院票房、观影人次更是分别占到全国的 57.7%、54.6%。

从三大城市群的角度看，京津冀、长三角、珠三角三大城市群占全国影剧院票房的比重分别达到 9.6%、23.6%、12.8%，三大城市群在全国的占比高达 46%。

京津冀、长三角、珠三角三大城市群占全国观影人次的比重分别达到 8.5%、22.8%、11.9%，三大城市群在全国的占比高达 43.2%。

今天在中国无论是文化体育娱乐资源，还是以票房为代表的文化体育娱乐消费向文化体育娱乐辐射力排名上位城市抑或三大城市群高度集中的状况十分显著。

（12）餐饮酒店辐射力排名前 30 位城市

如图 5-20 所示，餐饮酒店辐射力排名前 10 位的城市分别为上海、北京、成都、广州、深圳、杭州、苏州、三亚、西安、厦门，这 10 个城市合计的五星级酒店数量、国际顶级餐厅[①] 数量分别占到全国的 35.7%、77.1%。该辐射量排名前 30 位城市合计的五星级酒店数量、国际顶级餐厅数量的更是分别占到全国的 61.1%、91.8%。今天中国的高端餐饮酒店向餐饮酒店辐射力排名上位城市高度集中的状况十分显著。

从三大城市群的角度看，京津冀、长三角、珠三角三大城市群占全国五星级酒店数量的比重分别达到 11.4%、29.5%、10.9%，三大城市群在全国的占比高达 51.8%。

京津冀、长三角、珠三角三大城市群占全国国际顶级餐厅数量的比重分别达到 20.0%、37.5%、15.4%，三大城市群在全国的占比高达 72.9%。

---

① 国际顶级餐厅是根据米其林餐厅（家）、Tripadvisor 国际顶级餐厅（家）、The Asias 50 Best 国际顶级餐厅（家）等数据计算而成的。

利用"中国城市综合发展指标 2018"，本报告对 IT 产业辐射力和餐饮酒店辐射力进行了相关分析。结果发现，两者的相关系数达到 0.9，两者之间存在着"完全相关"关系。作为典型交流经济的 IT 产业，收入高、见识广的 IT 产业主导者们大多"好吃"，"吃"本身无疑也是他们"交流"的一个重要的场景。

北京、上海、深圳、成都、杭州、南京、广州，是 IT 产业辐射力最强大的前 7 位城市，这些城市无疑都是中国的美食之城。今天，吃得好已经是城市发展交流经济不容忽视的"重要生产力"。

没有比较就没有"伤害"，制造业辐射力与餐饮酒店辐射力的相关系数竟然只有 0.68。显然，相对 IT 产业，制造业人群对美食的敏感性要低得多。

从以上分析可以看到，今天在中国无论是经济总量、DID 人口总量，还是各类功能都已经向少数的大城市、超大城市、大城市群高度集中（见图 5-21），而且还呈现出越是高端的功能，越向上位城市集中集聚的现象。可以预见，这种趋势还将愈演愈烈。因此，如何优化这些集聚有各类中心功能的大城市、超大城市、大城市群的经济结构和空间结构，对中国未来的高质量发展至关重要。

排行	城市名		偏差值指数
1	上海市		100.0
2	北京市		100.0
3	广州市		90.0
4	深圳市		87.3
5	成都市		85.5
6	昆明市		81.0
7	重庆市		79.8
8	杭州市		76.2
9	西安市		74.6
10	厦门市		69.5
11	海口市		67.7
12	南京市		67.7
13	天津市		67.4
14	郑州市		66.3
15	青岛市		65.5
16	武汉市		64.2
17	乌鲁木齐市		64.2
18	长沙市		63.7
19	贵阳市		63.6
20	三亚市		61.8
21	大连市		61.7
22	沈阳市		61.6
23	哈尔滨市		59.9
24	济南市		57.1
25	太原市		56.4
26	南宁市		56.1
27	珠海市		55.9
28	呼和浩特市		55.7
29	福州市		55.6
30	南昌市		55.4

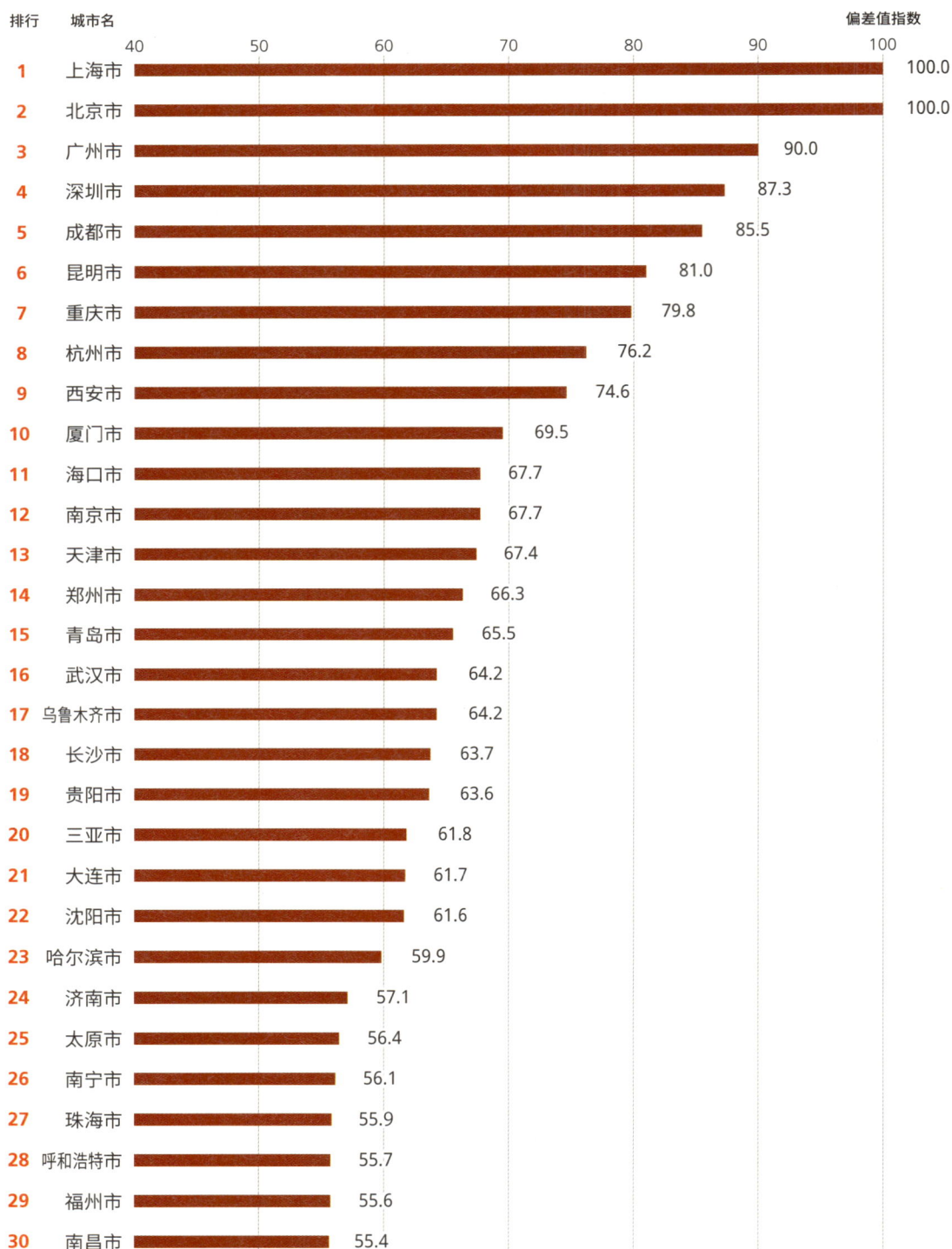

图 5-16　机场便利性排名前 30 位城市

排行	城市名		偏差值指数
1	北京市		100.0
2	上海市		94.0
3	武汉市		92.2
4	南京市		92.1
5	西安市		84.8
6	广州市		81.5
7	长沙市		78.3
8	成都市		77.0
9	天津市		72.9
10	哈尔滨市		69.1
11	济南市		66.5
12	合肥市		65.7
13	重庆市		64.5
14	杭州市		64.2
15	长春市		64.2
16	青岛市		63.7
17	沈阳市		63.5
18	大连市		61.3
19	郑州市		60.7
20	兰州市		60.4
21	南昌市		59.6
22	厦门市		58.6
23	昆明市		55.7
24	太原市		55.2
25	咸阳市		54.9
26	福州市		54.6
27	南宁市		54.2
28	贵阳市		54.1
29	石家庄市		53.5
30	苏州市		53.1

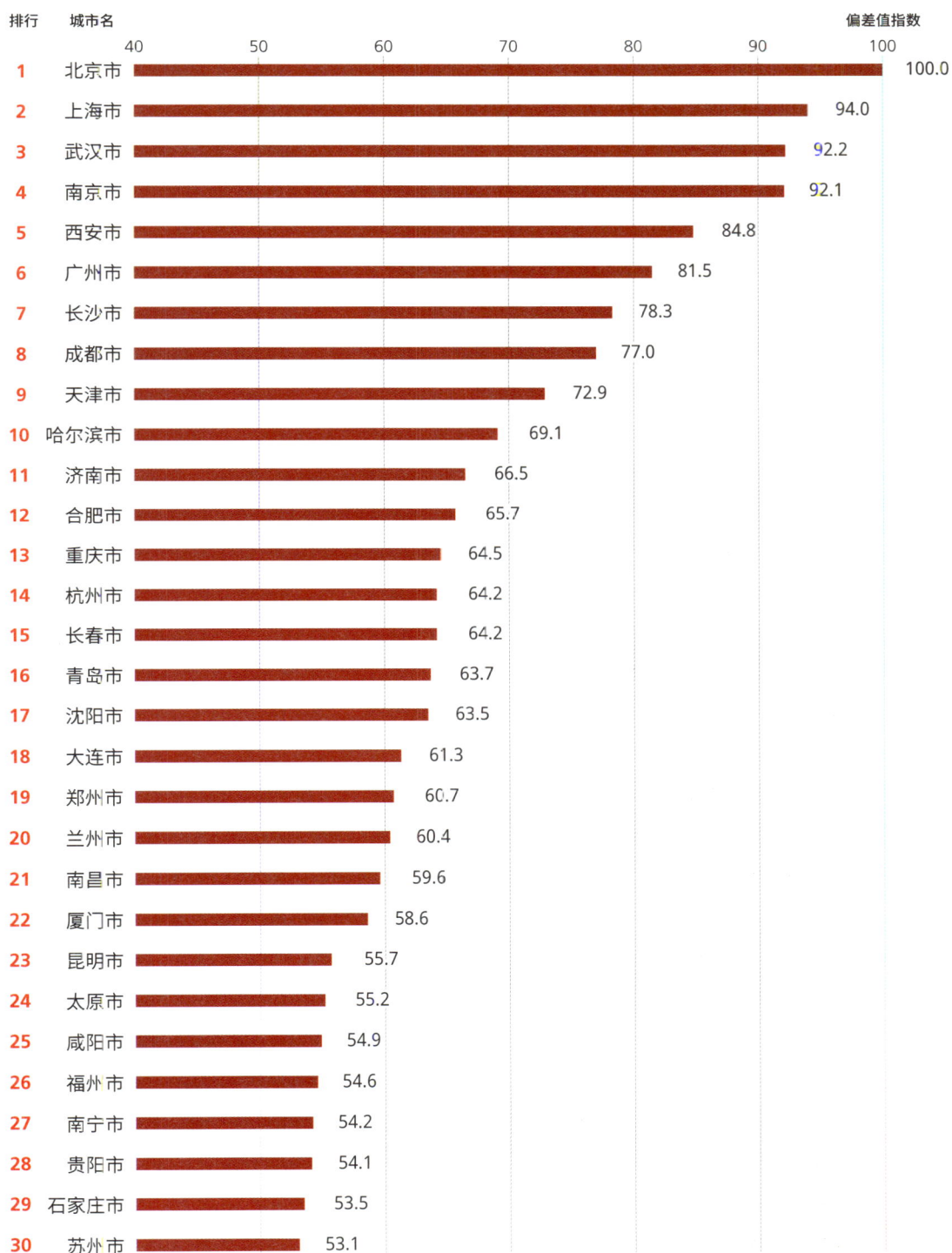

图 5-17　高等教育辐射力排名前 30 位城市

排行	城市名	偏差值指数
1	北京市	100.0
2	上海市	96.5
3	深圳市	87.0
4	成都市	79.9
5	广州市	78.8
6	杭州市	75.7
7	西安市	73.9
8	天津市	71.6
9	苏州市	70.2
10	南京市	67.8
11	武汉市	64.0
12	宁波市	63.4
13	重庆市	61.3
14	无锡市	59.6
15	郑州市	58.6
16	佛山市	58.2
17	合肥市	57.8
18	东莞市	57.5
19	长沙市	57.4
20	绍兴市	57.3
21	南通市	56.8
22	温州市	56.7
23	青岛市	55.2
24	中山市	55.1
25	泉州市	54.9
26	昆明市	54.8
27	嘉兴市	54.8
28	济南市	54.8
29	福州市	54.8
30	常州市	54.6

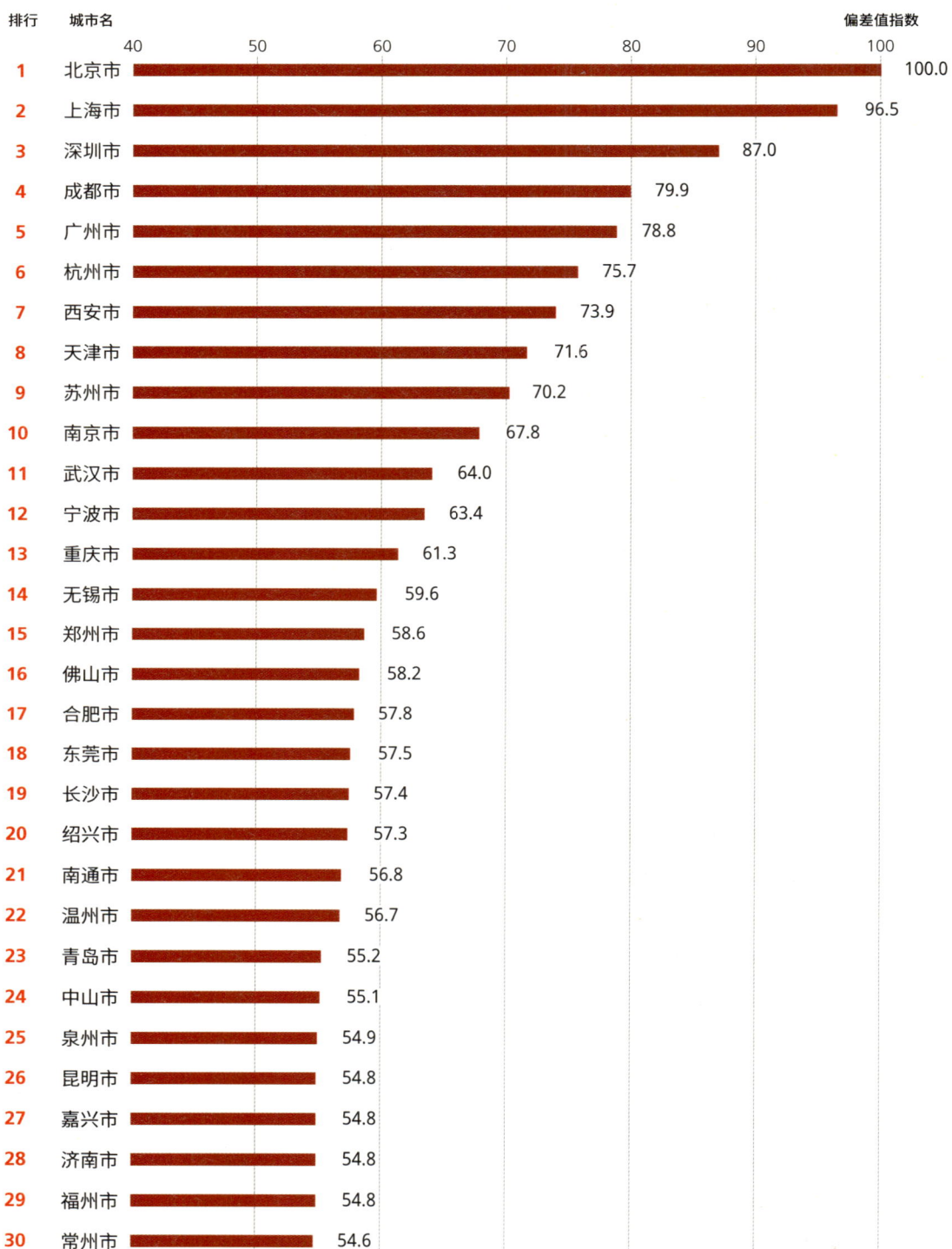

图 5-18　科技辐射力排名前 30 位城市

排行	城市名	偏差值指数
1	北京市	100.0
2	上海市	90.7
3	成都市	88.0
4	广州市	77.0
5	深圳市	72.2
6	武汉市	67.8
7	杭州市	67.1
8	南京市	65.2
9	西安市	64.0
10	郑州市	62.1
11	重庆市	60.6
12	长沙市	60.6
13	天津市	60.0
14	苏州市	58.1
15	济南市	56.8
16	南昌市	56.7
17	合肥市	55.8
18	沈阳市	55.7
19	昆明市	55.6
20	东莞市	55.5
21	哈尔滨市	55.4
22	福州市	55.3
23	佛山市	54.9
24	长春市	54.8
25	宁波市	54.3
26	无锡市	54.3
27	太原市	53.9
28	大连市	53.6
29	青岛市	53.3
30	南宁市	53.1

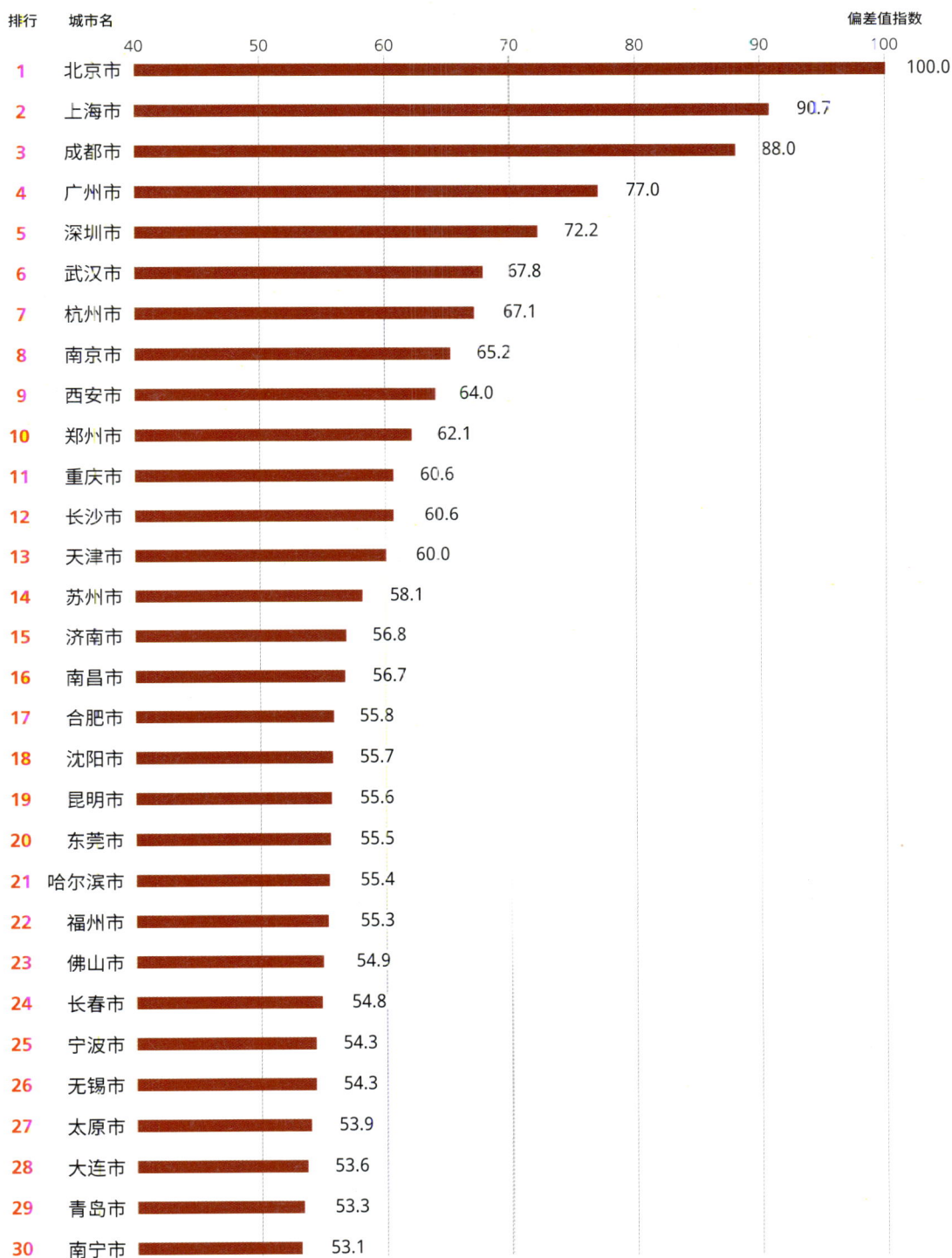

图 5-19 文化体育娱乐辐射力排名前 30 位城市

排行	城市名	偏差值指数
1	上海市	100.0
2	北京市	100.0
3	成都市	85.0
4	广州市	78.7
5	深圳市	73.9
6	杭州市	67.5
7	苏州市	64.3
8	三亚市	62.6
9	西安市	62.1
10	厦门市	61.5
11	南京市	60.5
12	拉萨市	58.5
13	大连市	58.3
14	宁波市	57.7
15	武汉市	57.4
16	天津市	56.4
17	昆明市	56.1
18	舟山市	55.4
19	丽江市	55.2
20	珠海市	54.9
21	青岛市	54.7
22	重庆市	54.6
23	郑州市	54.5
24	长沙市	54.3
25	海口市	54.1
26	无锡市	54.0
27	东莞市	53.9
28	沈阳市	53.2
29	合肥市	53.1
30	泉州市	53.1

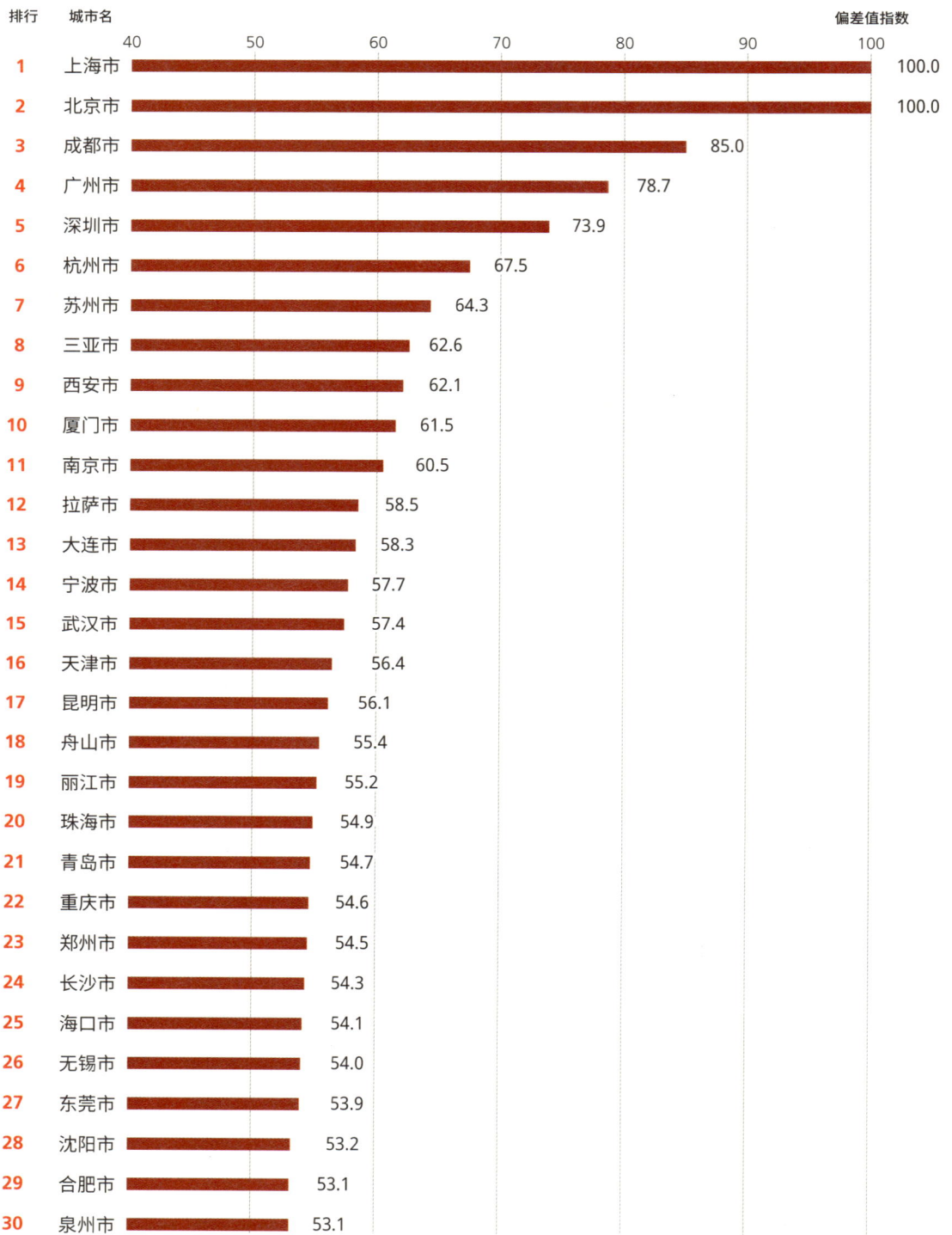

图 5-20　餐饮酒店辐射力排名前 30 位城市

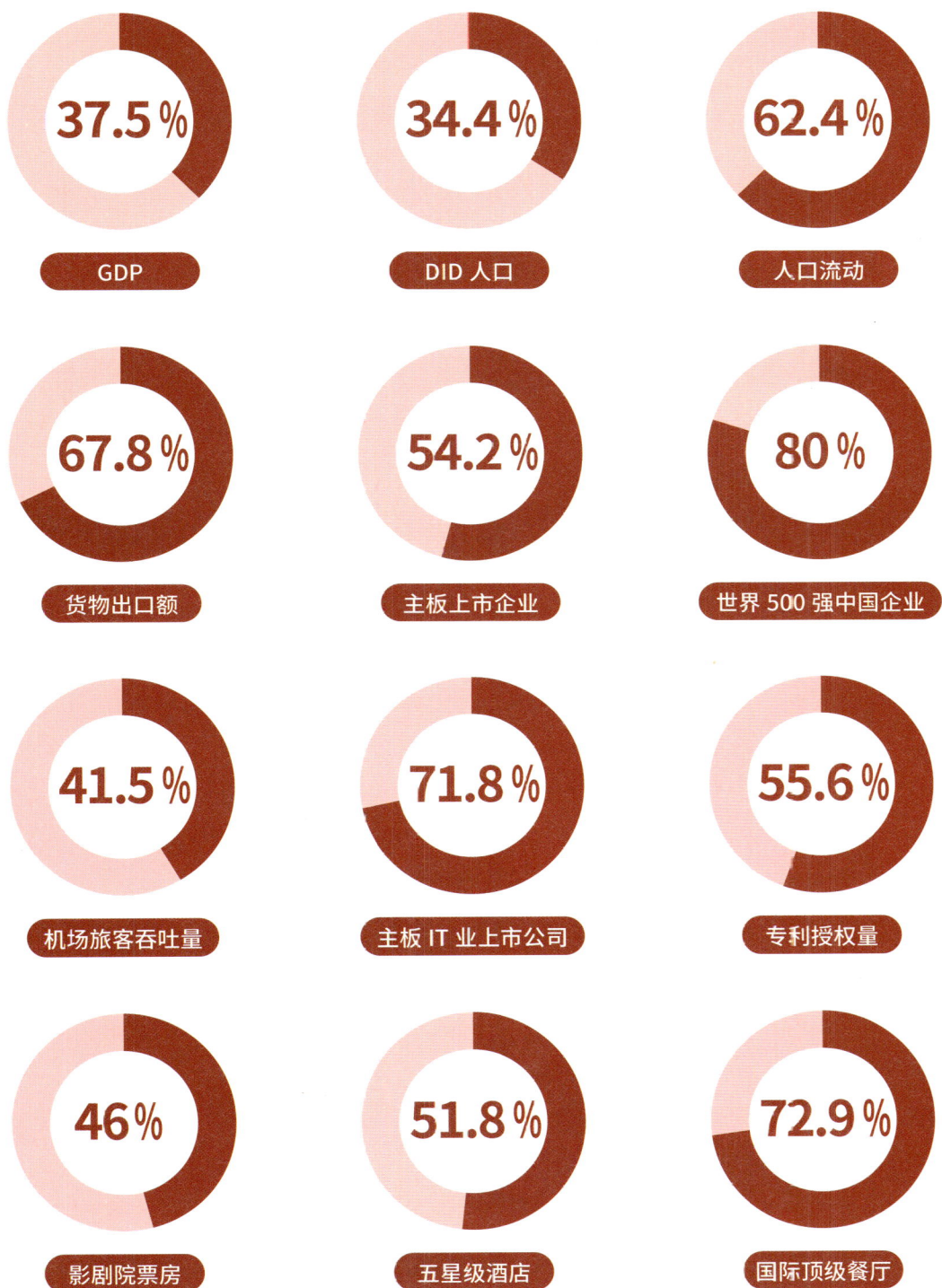

37.5%	34.4%	62.4%
GDP	DID 人口	人口流动
67.8%	54.2%	80%
货物出口额	主板上市企业	世界 500 强中国企业
41.5%	71.8%	55.6%
机场旅客吞吐量	主板 IT 业上市公司	专利授权量
46%	51.8%	72.9%
影剧院票房	五星级酒店	国际顶级餐厅

图 5-21　主要指标三大城市群全国占比

3. DID与中国城市高质量发展

城市之所以称之为城市，关键在于它的高密度人口的规模和质量。

（1）DID人口的重要性

本报告对 298 个地级及以上城市的 DID 人口指标与"中国城市综合发展指标 2018"的 9 个中项指标进行相关分析。结果发现，DID 人口与经济大项的城市影响、经济质量和发展活力三个中项的相关系数分别高达 0.925、0.913、0.909，都呈"完全相关"关系。DID 人口与社会大项的传承与交流中项的相关系数也高达 0.902，呈"完全相关"关系。其与社会大项的地位与治理、生活品质两个中项的相关系数分别为 0.846 和 0.834，呈"极强相关"关系。DID 人口与环境大项的空间结构中项相关系数也达到 0.820，呈"极强相关"关系。但是，其与环境大项的环境质量和自然生态的相关系数却分别只有 0.317 和 0.046，相关关系微弱（见图 5-22）。

从 DID 人口与 9 个中项指标的相关关系分析可以看到，DID 人口对城市的社会经济发展而言可谓是至关重要，其与城市的空间结构也息息相关。相反，DID 人口与城市的环境质量和自然生态之间的相关关系却显得甚为微弱。这是一个颠覆所谓"人口越多对城市生态环境压力越大"传统概念的重大发现。

再将 DID 人口指标与"中国城市综合发展指标 2018"的相关关系分析更进一步细化到 27 个小项指标，可以看到，DID 人口与文化娱乐、创新创业、经济总量、广域辐射、经济结构、交流、广域枢纽等小项之间的相关系数高达 0.93—0.90，存在"完全相关"关系；DID 人口与生活服务、开放度、紧凑城区、商务环境等小项之间的相关系数高达 0.88—0.82，存在"极强相关"关系；DID 人口与城市设施、消费水平、人口素质、交通网络等小项之间的相关系数高达 0.79—0.71，存在"强相关"关系；DID 人口与社会管理、城乡一体、历史遗存、经济效率、资源效率、人居环境等小项之间的相关系数也为 0.68—0.43，也呈一定的"相关关系"。这一组数据更加翔实地说明 DID 人口对于城市的社会经济发展而言，可谓至关重要。

相反，DID 人口与环境负荷、水土禀赋小项之间的相关系数却分别只有 0.049、-0.074。这一组数据说明 DID 人口对环境所造成的实际影响并不强烈。其实，这是因为 DID 人口规模越大的城市越富裕，产业结构越好，其社会治理能力和环境治理能力也就越强。因此，这些城市降解环境负荷和修复自然生态的实力也越强。与此相比，实际上产业结构差、环境治理能力低的中小城市环境问题更加严峻。

同时，人口集聚本身也有利于提高交通、能源等城市功能的效率。东京大都市圈的单位 GDP 碳排放量只有日本全国平均的 1/10，就是极好的佐证。

但是在中国，直至今日仍然有许多的城市管理者、规划者、学者还在担心高密度的人口集聚一方面会造成对环境负荷的压力，另一方面会增加社会管理的难度。因此，中国的大城市，特别是超大城市对人口规模仍然持谨慎态度。一些超大城市甚至还在限制和压缩城市人口规模。

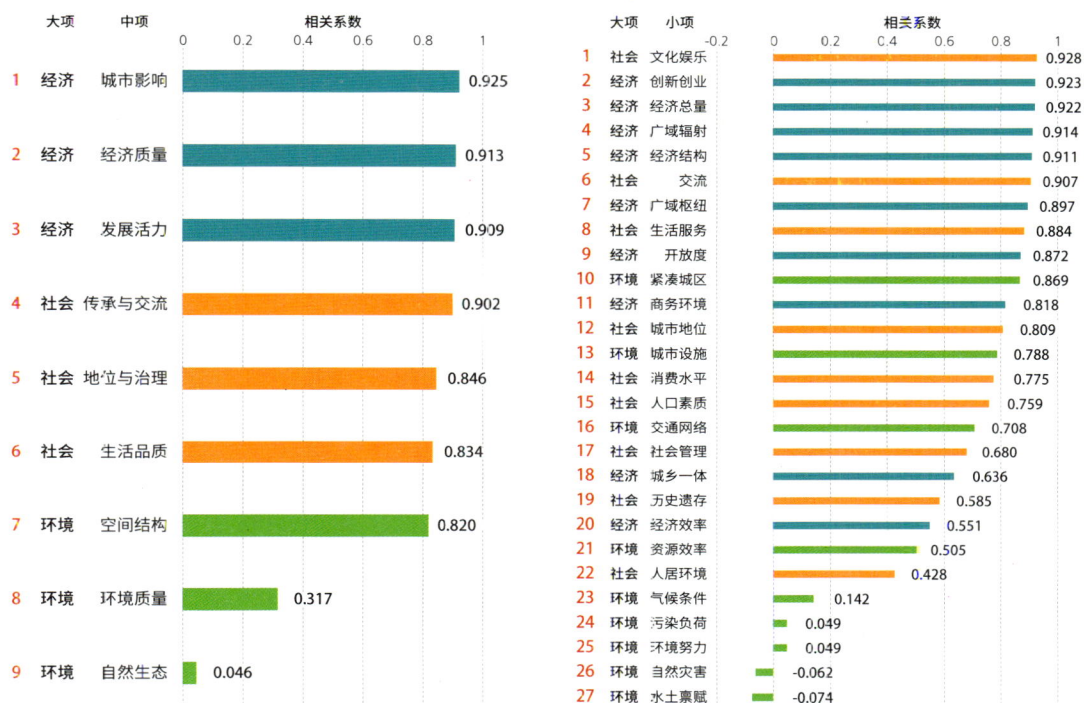

图 5-22　DID 人口与"中国城市综合发展指标 2018"中项、小项指标的相关关系分析

DID 人口与社会经济发展的正面相关关系极强，对城市的经济和社会发展非常重要。但是这一点在中国一直没有得到充分认识，相反却过分强调 DID 人口给环境质量、自然生态和社会管理带来的负面影响。这种长期的、群体性的错误认知一直阻碍着中国城市的健康发展，必须纠正。

（2）城市智力与"过密"

值得注意的是，同样是大规模高密度，城市的发展品质却不尽相同，其中的关键在于是否"过密"。

今天世界上人口最多的城市是集东京都、神奈川县、千叶县、埼玉县为一体的东京大都市圈，人口规模达到 3800 万人。该大都市圈以不到日本 3% 的国土面积，创造了日本 1/3 的 GDP 和 30% 的出口，以及 60.6% 的专利授权量。更加难能可贵的是，东京大都市圈即使在世界级大都市中，也以安全、平和、环境品质优良著称。所以说，东京虽然"高密"，但并非"过密"，虽然它过去曾经也备受"过密"之苦。

图 5-23　城市智力示意图

　　相反，以巴西的圣保罗、印度的孟买、尼日利亚的格拉斯为代表的发展中国家超大城市，虽然在功能和经济规模上都是各国的中心城市。但是，无论是经济、环境，还是社会各方面的表现都远不及东京大都市圈。这些城市大多都被庞大的贫民窟、巨大的贫富差距、严峻的治安问题和灾难性的环境污染所困扰。

　　发展中国家大城市普遍存在的这些大城市病，究竟是"谁之罪"？是一个值得深思的问题。在中国，大多把这一问题归结为人口的过多、高密。其实不然，大城市病应该罪在城市治理能力的低下。城市治理能力包括城市的空间规划、基础设施安排、交通组织、能源组织、生活组织、生态环境治理、文化教育、开放交流、治安管理，甚至财富分配等许多方面（见图 5-23）。城市治理能力的高下直接左右城市发展品质的优劣。

　　云河都市研究院的研究发现，臭名昭著的巴西里约热内卢的罗西尼贫民窟，其实密度最高的地区每平方公里的人口密度也只有 1.5 万人。相反，该市 CBD 地区的人口密度达到每平方公里 2.7 万人。

日本的东京丰岛区、中国的北京西城区和上海黄浦区、美国纽约的曼哈顿地区每平方公里的人口密度分别达到 2.4 万人、3.8 万人、5.9 万人、10.9 万人，都远高于里约热内卢贫民窟的人口密度。这些拥有超高密度人口的区域都是超大城市中最富裕的板块。由此可见，人口的高密度集聚并非恶化城市治安和环境质量的元凶，关键在于统筹城市治理能力的"城市智力"①（见图 5-23）。"过密"其实只是一个表现城市智力不够的残酷现实。

值得注意的是，在更多的情况下，高 DID 能带来集聚和规模效应的福利。例如，东京大都市圈的单位 GDP 二氧化碳排放量只有日本全国平均水平的 1/10。又如，很多的高端服务业和交流经济产业的发展需要一定规模高密度人口的支持。

城市病并非大城市的专利，只要是城市都有患病的可能，只是大城市的"病情"更加扎眼而已。城市病更并非发展中国家的专利，曾几何时，发达国家的大城市也曾被大城市病的噩梦所困扰。只是随着城市治理能力的提高，不仅出现了像东京大都市圈这样成功的典范，大多数发达国家的大城市也都大幅度缓解了大城市病的征兆。相反，值得注意的是，无论是发达国家，还是发展中国家，中小城市的衰退问题今天却越来越严峻。

针对国内对城市高密度人口的"戒备"，以及在城市治理上过分强调"技术与硬件"的思潮，云河都市研究院提倡要更加注重在如何提高城市智力上下功夫做文章，凭借提高统筹城市治理能力的城市智力水平，最大化人口集聚的效益，谋求城市的高质量发展。

---

① 最早提出"城市智力"这一概念的是云河都市研究院首席经济学家张仲梁。

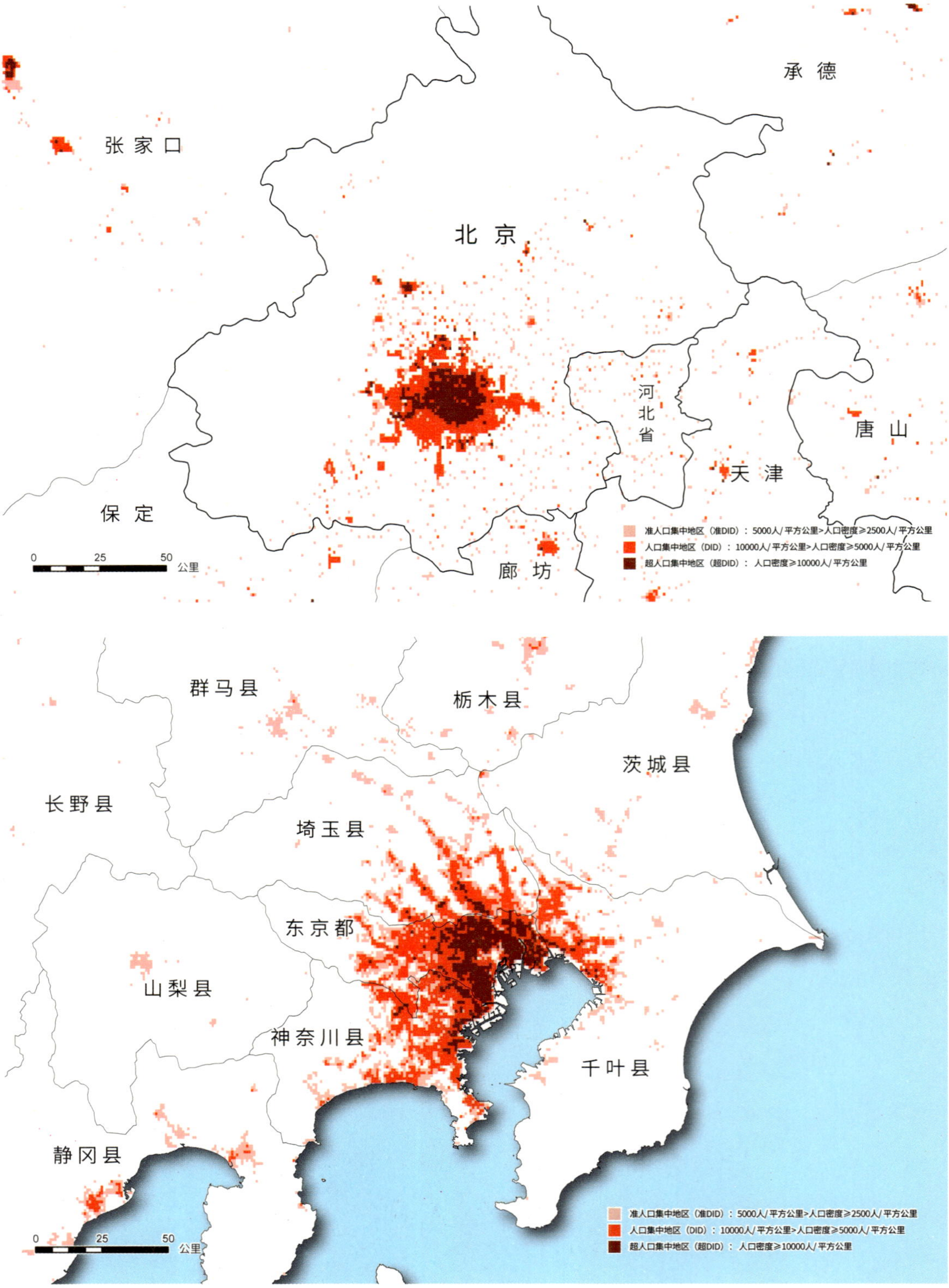

图 5-24　北京大都市圈与东京大都市圈 DID 分析图

4. 为什么是都市圈

2019年2月19日国家发展改革委印发了《关于培育发展现代化都市圈的指导意见》，指出城市群是新型城镇化主体形态，是支撑全国经济增长、促进区域协调发展、参与国际竞争合作的重要平台；都市圈是城市群内部以超大特大城市或辐射带动功能强的大城市为中心、以1小时通勤圈为基本范围的城镇化空间形态。指导意见明确提出要培育发展现代化的都市圈。[①]

为什么国家现在要出台培育现代化都市圈的政策？

本报告对东亚地区两大都市圈——北京大都市圈（北京市域）和东京大都市圈（由东京都、神奈川县、埼玉县、千叶县组成）进行比较分析（见图5-24）。如图5-25所示，本报告分别提取两大都市圈土地面积、常住人口、GDP、二氧化碳排放量等方面的数值进行了比对。分析表明，北京的市域面积约为东京大都市圈的1.2倍，常住人口和DID人口都约为东京大都市圈的60%，北京的GDP大致只有东京大都市圈的三成，人均GDP也只有东京大都市圈的一半。但是，北京的单位GDP二氧化碳排放量为东京大都市圈的4.7倍。结果导致，人口规模和GDP规模都远低于东京大都市圈的北京，其二氧化碳排放量却是前者的1.2倍。

特别是在与国际交流相关指标上，两大都市圈的差距显著。东京大都市圈的入境游客数量是北京的5.6倍。同时，北京的国际顶级餐厅、国际学校、留学生数量、国际顶级品牌门店数量都分别只有东京大都市圈的10%、70%、60%、50%。

北京是"中国城市综合发展指标2018"综合排名全国首位城市。但是，这组从国际比较中找差距的数据反映，与东京大都市圈相比，北京亟待优化城市DID空间结构，优化经济结构，改善生活模式，提高资源利用效率。

早在2001年，笔者就呼吁中国应该实施城（都）市圈政策，优化城市结构，杜绝以开发区为借口的低密度乱开发。[②] 但非常遗憾的是，此后中国的城镇化却一直被开发区和房地产两大冲动所绑架。结果造成如前所述的，一方面城市低密度开发蔓延，另一方面DID人口却增长缓慢的畸形城镇化，导致中国城市普遍存在结构不合理、生活不方便、经济不效率的现象。

今天，进入了新阶段的中国城镇化，迫切需要重视人口向大城市的高密度集聚，更需要重视优化高密度集聚的人口，做大做强做优DID。这大概就是都市圈政策的第一要义。

都市圈政策的另一个重点是周边的中小城市。"承接由大城市分散出来的居住功能和产业集聚

---

① 详细请参照国家发展改革委《关于培育发展现代化都市圈的指导意见》（发改规划〔2019〕328号）。

② 关于这一点，详细请参照周牧之"总论"，中国国家发展计划委员会地区经济司与日本国际协力事业团联合编撰：《城市化：中国现代化的主旋律》，湖南人民出版社2001年版，第30—31页。

的空间，是大城市周围的中小城市。所以说，大城市周边的中小城市是大城市圈的重要组成部分。大城市通过不断地向周边进行功能和集聚的分散，在缓解大城市病的同时，也在逐渐扩大城市圈的范围。中小城市通过发挥大城市圈内近郊、远郊或卫星城市的作用，获取城市发展的原动力。"[①] 推动形成中心城市与周边中小城市的互动发展格局，无疑是都市圈政策的一个重要目标。

都市圈之所以称之为都市圈，其中一个重要的原因在于它有着一般城市所缺乏的中心功能。因此，都市圈政策的另一个重要目标是如何培育和强化中心功能的辐射力，诸如行政功能、交通枢纽中心、金融中心、科技创新中心，同时高等教育、文化娱乐、餐饮酒店、批发零售、医疗保健等领域的辐射力也不可忽视。

这里特别要强调的是作为国际交流平台的中心功能。在当今的全球化时代，国际竞争和国际交流是决胜国家命运的根本。一个国家的国际竞争和国际交流的水准，最终都体现在都市圈的国际性上。而且，随着以 IT 和信息内容为代表的交流经济的重要性不断提高，国际交流平台之间的竞争也将愈演愈烈。因此，如何强化都市圈的国际交流功能至关重要。

图 5-25　北京大都市圈与东京大都市圈重要指标数据比较—1

①　周牧之"总论"，中国国家发展计划委员会地区经济司与日本国际协力事业团联合编撰：《城市化：中国现代化的主旋律》，湖南人民出版社 2001 年版，第 27 页。

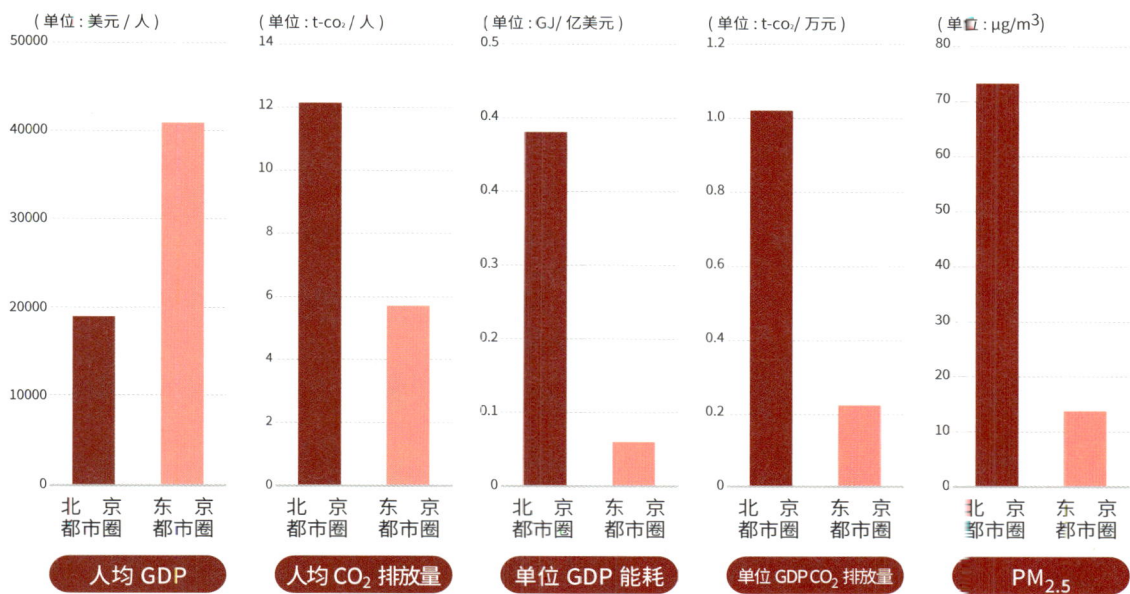

（单位：美元／人）　（单位：t-co₂／人）　（单位：GJ／亿美元）　（单位：t-co₂／万元）　（单位：μg/m³）

人均 GDP　　人均 CO₂ 排放量　　单位 GDP 能耗　　单位 GDP CO₂ 排放量　　PM₂.₅

图 5-26　北京大都市圈与东京大都市圈重要指标数据比较—2

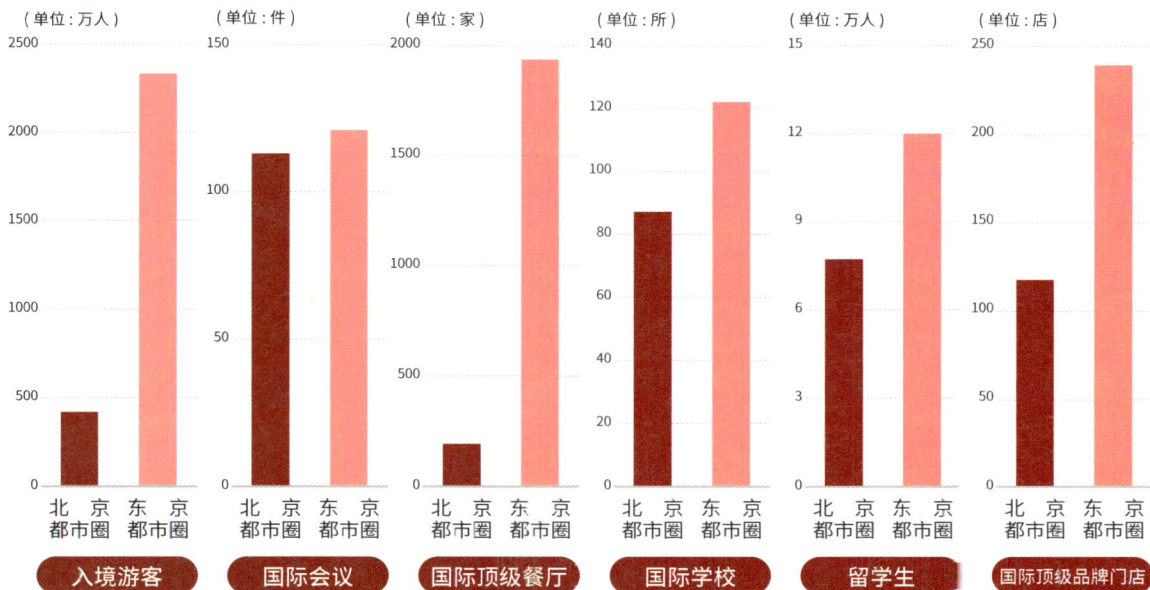

（单位：万人）　（单位：件）　（单位：家）　（单位：所）　（单位：万人）　（单位：店）

入境游客　　国际会议　　国际顶级餐厅　　国际学校　　留学生　　国际顶级品牌门店

图 5-27　北京大都市圈与东京大都市圈重要指标数据比较—3

5. 什么是都市圈

关于都市圈，在不同的国家和不同的时期有各种各样不同的定义，但大多离不开以下三个要素：一是一个可以通勤的圈域[1]，二是作为城市空间有一定的连续性，三是有一定的人口密度。但是由于缺乏对这三个要素定量分析的手段，导致关于大都市圈一直没有一个大家公认的定义。同时，不同国家在城市人口密度上的差异也是造成都市圈定义多样性的一个重要原因。[2]

2012年，经济合作与发展组织（OECD）与欧盟（EU）给予了都市圈新的定义，在连续性与人口密度上将欧洲、日本、韩国、墨西哥的都市圈用每平方公里1500人以上连续相邻区域定义，将美国、加拿大、澳大利亚的都市圈定义为每平方公里1000人以上连续相邻的区域。[3]OECD-EU还把人口50万—150万人之间的都市圈定义为大都市圈，把人口150万人以上的都市圈定义为超大都市圈（Large Metropolitan Areas）。[4]

OECD-EU这种定义无论是从人口规模还是密度来讲，显然不适用于拥有大量大规模高密度人口城市的中国，以及亚洲的现实，同时也不适用于全球越来越多的以超大城市为核心发展起来的大都市圈的情况。对此，本报告在借助卫星数据解析来定量分析城市人口的规模和密度基础上，将每平方公里10000人以上的区域，每平方公里5000人以上的区域，每平方公里2500—5000人的区域分别定义为超DID地区、DID地区[5]、准DID地区，把都市圈定义为以中心城市为核心，准DID以上基本连续相邻的区域。

本报告在这一定义的基础上，对中国的都市圈做了全面的梳理，在2018年发布的"中国中心城市指数"的基础上，研发出"中国中心城市&都市圈发展指数"。关于这一点将在本报告的后半部分

---

[1]　关于大城市圈（Metropolitan Areas）有很多的定义，其中一个比较简单的定义是通勤圈。大城市通过建设近郊和远郊地区，通勤的距离能够延伸到20公里、50公里、100公里乃至更长，这种通勤圈域可以称作"大城市圈"。周牧之主编：《大转折：解读城市化与中国经济发展模式》，世界知识出版社2005年版，第48页。

[2]　不同的国家在不同的时期对大都市圈有着不同的定义。例如在美国，1947年提出了"标准大都市圈（Standard Metropolitan Areas，SMA）"概念。1959年改称为"标准大都市统计圈（Standard Metropolitan Statistical Areas，SMSA）"，1983年改称为"大都市统计圈（Metropolitan Statistical Area，MSA）"。1990年将MSA改订为"联合都市统计圈（Consolidated Metropolitan Statistical Areas，CMSA）"与"主要大都市统计圈（Primary Metropolitan Statistical Areas，PMSA）"，MSA、PMSA、CMSA统称为"大都市圈（Metropolitan Areas，MA）"。2000年，美国又提出"核心统计圈（Core-based Statistical Areas，CBSA）"概念。在英国，"标准大都市劳动圈（Standard Metropolitan Labour Areas，SMLA）"与"大都市经济劳动圈（Metropolitan Economic Labour Areas，MELA）"的概念大体上与美国"标准大都市统计圈"相同。在日本，1960年东京都以及政令指定城市作为中心，开始利用通勤通学人员比率界定大都市圈，1975年开始将50万人口以上的城市作为都市圈核心城市考虑都市圈。

[3]　OECD, *Redefining "Urban": A New Way to Measure Metropolitan Areas*, OECD Publishing, Paris，2012.

[4]　小都市圈（Small Metropolitan Areas）：人口20万以下；中都市圈（Medium-Sized Urban Areas）：人口20万以上50万以下；大都市圈（Metropolitan Areas）：人口50万以上150万以下；超大都市圈（Large Metropolitan Areas）：人口150万以上。

[5]　本报告在没有使用超DID概念进行分析的时候，DID人口中包含有超DID人口部分。

详细阐述。

在密度和连续性上对都市圈的统一定义，也使得大都市圈之间的国际比较成为可能。上述对北京大都市圈与东京大都市圈的比较分析就是得益于这一定义。大都市圈的国际比较之所以重要，是因为"大城（都）市圈是今天全球一体化下国际竞争的基本单位"[①]，只有在比较中戏出优势，找出差距，才能实现在大都市圈国际竞争中的追赶。

当然，还有一个不容忽视的重要因素是大都市圈的内容。随着 IT 革命的兴起，全球化的深化，主导世界经济的引擎也在不断更迭。大都市圈由于其多样性和包容性，比较容易成为这种主角演变的舞台。今天，所谓现代化都市圈一定要有现代化的经济内容——"交流经济"。

[①]　周牧之"总论"，"全球经济一体化意味着全球都市圈间分工、交流、合作、竞争诸关系的日益强化。只有大城市才具备能与世界进行分工交流所需完善的基础设施，只有大城市才能拥有足够的产业集聚和经济规模参与全球性城市间竞争。大城（都）市圈是全球一体化下国际竞争的基本单位"，中国国家发展计划委员会地区经济司与日本国际协力事业团联合编撰：《城市化：中国现代化的主旋律》，湖南人民出版社 2001 年版，第 26 页。

6. 从交易经济到交流经济

（1）从交易经济到交流经济

30 年前，全球企业市值排名前 10 位企业中有 7 家是日本企业。当时，日本虽然是以席卷全球的制造业著称，但是排行榜上的日本企业却都集中在金融、通信和电力行业，其中最突出的是银行，竟达 5 家之多，由此可见日本泡沫经济之严重。彼时，以电子产业发展为主导的 IT 革命 1.0 版已经兴起，但是以"电子立国"称雄世界的日本并没有一家电子企业跻身全球市值排名前 10 位。名列全球市值首位的日本电报电话公司（NTT）是一家以电话业务为主的通讯公司，营业范围基本局限于日本国内。反倒是美国的 IBM 作为大型计算机业界的巨人，跻身全球市值排名第 6 位，算是给当时的 IT 业界挣得了些许地位。

1995 年，微软 Windows 95 将世界带入了互联网时代。此后，全球化的重心逐渐从制造业供应链全球化的交易经济转向信息生产与传播全球化的交流经济。

30 年后，截至 2019 年 4 月末，全球市值排名前 10 位企业中，竟然有 7 家是互联网企业。由此可见今天互联网经济的强劲。另一个值得注意的是，有两家中国互联网企业，阿里巴巴、腾讯分别跻身全球市值排名第 7 位和第 8 位。

与 30 年前相比，这些市值排名上位公司的市值规模要庞大得多。例如，2019 年排名首位的微软其市值是 30 年前排名首位的日本电报电话公司的 6 倍以上。2019 年排名第 2 位的亚马逊、排名第 3 位的苹果、排名第 4 位的谷歌分别是 30 年前排名第 2 位的日本兴业银行、排名第 3 位的住友银行、排名第 4 位的富士银行的 13.2 倍、13.6 倍和 12.4 倍（见图 5-28）。以全球作为市场的互联网企业的吸金能力，是 30 年前主要以国民国家作为市场的企业所无法比拟的。

世界经济格局的重心从交易经济向交流经济的转变无疑也给城市的发展带来了繁荣条件的变化。

改革开放 40 年来，中国主要是依靠交易经济，也就是制造业国际大分工带来的出口贸易大发展实现了高速经济增长，带动了一批沿海城市的崛起，形成了珠三角、长三角、京津冀三大城市群。

如上所述，全国 74.9% 的货物出口额都集中在制造业辐射力排名前 30 位的城市，而这 30 个城市大多集中在广东、江苏、浙江、天津等东部沿海省份（直辖市），集中在珠三角、长三角、京津冀三大城市群（见图 5-21）。20 世纪 70 年代末还是渔村的深圳今天已经蝶变为在"中国城市综合发展指标 2018"中综合排名第 3 位的一线超大城市。

问题是在交流经济已经成为世界经济主要引擎的今天，如何认识交流经济的繁荣条件，将左右城市未来的发展，甚至中国的未来。

1989 年					**2019 年**			
排名	企业名称	时价总额 (亿美元)	国家		排名	企业名称	时价总额 (亿美元)	国家
1	日本电报电话公司	1639	🇯🇵		1	微软	10008	🇺🇸
2	日本兴业银行	716	🇯🇵		2	亚马逊	9485	🇺🇸
3	住友银行	696	🇯🇵		3	苹果	9462	🇺🇸
4	富士银行	671	🇯🇵		4	Alphabet (Google)	8287	🇺🇸
5	第一劝业银行	661	🇯🇵		5	Facebook	5521	🇺🇸
6	IBM	647	🇺🇸		6	伯克希尔·哈撒韦	5334	🇺🇸
7	三菱银行	593	🇯🇵		7	阿里巴巴集团	4773	🇨🇳
8	Exxon	549	🇺🇸		8	腾讯控股	4746	🇨🇳
9	东京电力	545	🇯🇵		9	JP 摩根	3800	🇺🇸
10	壳牌	544	🇬🇧		10	强生	3760	🇺🇸

图 5-28　全球企业市值排名前 10 位企业 1989 年 vs 2019 年

资料来源：1989 年数据出自《美国经济周刊》(1989 年 7 月 17 日号)"THE BUSINESS WEEK GLOBAL 1000"；2019 年为 2019 年 4 月末数据。云河都市研究院根据世界各大交易所数据制作。

（2）制造业 vs IT 产业

如何发展产业是中国城市为政者最关注的焦点之一。为探求主导产业发展对城市功能要求的变化，本报告对比分析了作为交易经济主体的制造业和作为交流经济象征的 IT 产业与城市主要功能之间相关性的差异。

利用"中国城市综合发展指标 2018"，本报告将中国 298 个地级及以上城市的制造业辐射力与城市的主要功能进行了相关分析。结果发现，首先从交通枢纽的角度来看，制造业辐射力与集装箱港口便利性的相关系数最高，为 0.70，存在"强相关"关系；其与铁路便利性、机场便利性之间的相关系数分别为 0.68 和 0.57（见图 5-29）。

从开放交流的角度来看，制造业辐射力与货物进出口之间的相关关系最强，相关系数高达 0.90，存在"完全相关"关系；其与入境游客之间的相关系数也高达 0.78，存在"强相关"关系；其与实际使用外资、国际会议、国内游客之间的相关系数分别只有 0.65、0.53、0.41。

从辐射力的角度来看，制造业辐射力与科学技术辐射力、金融辐射力之间的相关关系最强，其相关系数分别达到 0.77、0.72，存在"强相关关系"；其与餐饮酒店辐射力、批发零售业辐射力、文

化体育娱乐辐射力、医疗辐射力，以及高等教育辐射力之间的相关系数分别为 0.68、0.67、0.65、0.53
和 0.43。

　　制造业发展需要如此众多城市功能的支撑，就必然需要一定规模高密度人群的存在。因此也
就不难理解，制造业辐射力与 DID 人口之间的相关系数高达 0.72，存在"强相关"关系。

图 5-29　制造业辐射力与主要城市功能相关关系分析

　　在分析了制造业发展与城市功能之间关系的基础上，本报告将中国 298 个地级及以上城市
的 IT 产业辐射力与上述城市功能指标进行了相关分析。结果发现，首先从交通枢纽的角度来看，
IT 产业辐射力与机场便利性之间的相关系数高达 0.84，呈显"极强相关"关系；其与铁路便利
性和集装箱港口便利性之间的相关系数分比为 0.64 和 0.57（见图 5-30）。对比制造业辐射力可以
发现两个产业对于交通枢纽的需求有相当的差异，制造业看重集装箱港口便利性，而 IT 产业更加
仰仗机场便利性。

　　从开放交流的角度来看，IT 产业辐射力与国际会议的相关系数高达 0.80，两者之间呈"极强相关"
关系；其与入境游客、货物进出口之间的相关系数也分别高达 0.77、0.76，呈"强相关"关系；其与

实际使用外资、国内游客之间的相系分系数别为 0.61、0.54。在此特别值得注意的是，相对制造业辐射力，IT 产业辐射力与国际会议、入境游客之间的相关关系强烈，可以说，IT 产业是典型的交流经济产业。

从辐射力的角度来看，IT 产业辐射力与餐饮酒店辐射力、文化体育娱乐辐射力、批发零售业辐射力等生活型服务业辐射力的相关关系极强，其相关系数分别高达 0.90、0.90、0.83；其与医疗辐射力、高等教育辐射力的相关系数也分别到达 0.70 和 0.70。与制造业辐射力相比，IT 产业辐射力与以上这些产业辐射力的相关关系强度更高的现象说明，IT 产业相关人群较制造业而言，其素质更高，对生活服务和医疗服务的要求当然也更高，这也是 IT 产业向中心大城市集聚倾向强烈的原因所在。

需要如此众多城市功能支撑的 IT 产业发展，必然也需要一定规模高密度人群的存在。IT 产业辐射力与 DID 人口之间的相关系数高达 0.77，存在"强相关关系"。而且相对制造业而言，IT 产业所需要 DID 人口的素质更高。

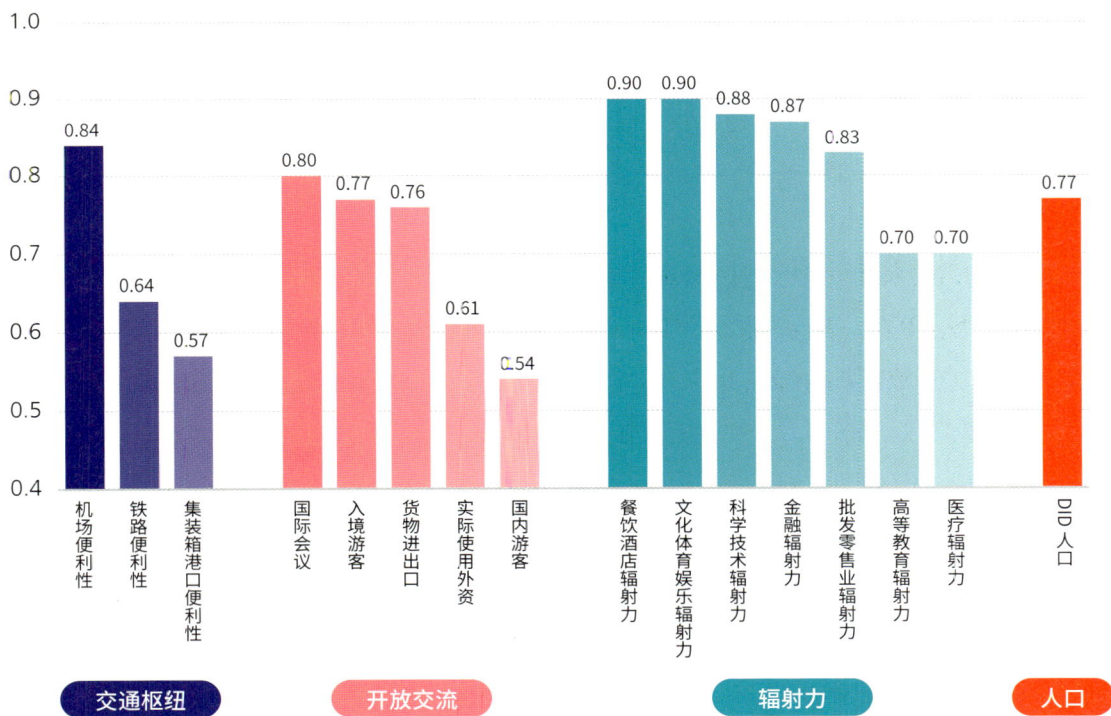

图 5-30　IT 产业辐射力与主要城市功能相关关系分析

通过以上对比分析可以发现，制造业与IT产业在对城市功能的需求上有着相当大的差异。改革开放以来，中国城市在产业发展上大多一直将重心放在制造业，城市功能配置也比较重视如何为制造业发展配套。

今天城市的指导者们应该需要清晰地认识到培育以IT产业为代表的交流经济，城市需要不同的定位和发展思路。

（3）从招商引资到交流创新

改革开放的前期，中国城市的产业大多是通过招商引资发展起来的。进入21世纪以后，内生机制活力高涨，创新创业活跃，涌现出一大批成功企业。为了研究成功企业的总部功能与城市功能之间的关系，本报告将中国298个地级及以上城市的主板沪深港上市公司数量与主要城市功能指标进行了相关分析。

结果发现，首先从交通枢纽的角度来看，主板上市公司与机场便利性的相关系数高达0.87，两者之间存在"极强相关"关系；其与集装箱港口便利性、铁路便利性之间的相关系数分别为0.70、0.63（见图5-31）。从这一分析结果可以看到，对于上市公司的总部功能而言，沟通其与世界往来的机场便利性至关重要。

从开放交流的角度来看，总部功能是典型的交流经济，主板上市公司与国际会议的相关系数高达0.91，呈"完全相关"关系。其与货物进出口、入境游客、实际使用外资、国内游客的相关系数也分别达到0.81、0.72、0.70、0.64。从这一组数据可以看到，上市企业的总部功能与国际交流之间的关系至关重要。

从辐射力的角度来看，主板上市公司首先是与金融辐射力的相关关系最为强烈，两者之间都呈"完全相关"关系。其次，其与文化体育娱乐辐射力、餐饮酒店辐射力、科学技术辐射力、批发零售业辐射力的相关系数也高达0.87、0.87、0.86、0.80，呈"极强相关"关系。这里特别值得注意的是，上市公司与文化体育娱乐辐射力、餐饮酒店辐射力、批发零售业辐射力这些生活文化产业之间强烈的相关关系在中国远还没有受到充分的重视。

上市公司与高等教育辐射力、医疗辐射力的相关系数也分别达到0.72和0.71，呈"强相关关系"，反映了上市公司对高等教育人才的需求和对医疗服务的诉求。

一个城市要孕育，而且不断培育出上市企业需要众多城市功能支撑，当然就必然需要一定规模的高密度人群。因此，主板上市公司与DID人口之间的相关系数高达0.85，呈"极强相关"关系，也就理所当然了。

从主板上市公司与DID人口之间的相关系数大幅度高于IT产业辐射力以及制造业辐射力的现象可以看到，企业中枢管理功能的高效运转需要更加庞大的DID人口支撑。

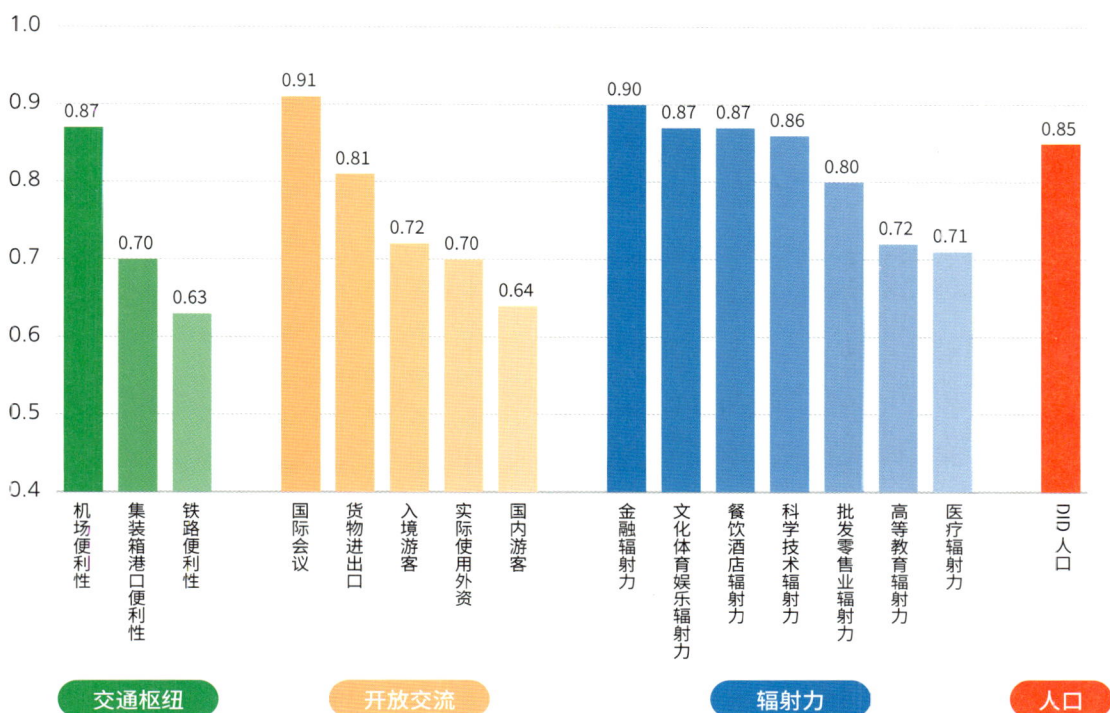

图 5-31　沪深港主板上市公司与主要城市功能相关关系分析

（4）向交流经济转型势在必行

中国城市向交流经济的转型迫在眉睫。以珠三角大城市群为例，隶属该大城市群的 9 个城市，在粤港澳大湾区发展国家战略的号令下风头正劲，但这些城市在交易经济与交流经济中的表现却有种相当大的差异。

在上述全国制造业辐射力排名前 30 位城市中，珠三角大城市群有 8 个城市跻身其中：深圳夺得第 1 位的桂冠，东莞、佛山、广州、惠州、中山、珠海、江门分别名列第 3 位、第 5 位、第 6 位、第 11 位、第 13 位、第 19 位、第 30 位（见图 5-13）。珠三角货物出口额在全国的占比更是高达 28.8%。可见，其在以制造业、特别是以出口贸易为代表的交易经济领域的领军地位。

然而，在 IT 产业辐射力排名前 30 位城市中，珠三角大城市群却只有 3 个城市榜上有名：深圳、广州、珠海分别排名第 3 位、第 7 位、第 20 位（见图 5-15）。从 IT 产业就业人数来看，珠三角在全国的占比只有 10.2%。从全国沪深港主板上市 IT 企业数量来看，珠三角也只占全国的 14.5%。

可以看出，珠三角大城市群 IT 产业的发展与制造业的发展格局相比，有着相当大的差距。

中国改革开放 40 年波澜壮阔，能够取得今天的成就，得益于全球化，珠三角地区正是依靠工业经济全球化发展起来的典型。然而时代在变化，今天世界步入了交流经济时代。以 IT、信息内涵的创意制作为中心的交流经济已经全球性爆发，珠三角大城市群向交流经济的转型刻不容缓。

"中国城市综合发展指标 2018" 分析显示，全国的 DID 人口比率为 30%，珠三角地区 DID 人口比率高达 64.2%，DID 人口数量也占到全国 DID 总人口的 30.9%。珠三角城镇化属全国最高水平。然而，珠三角的城市大多是在交易经济基础上发展起来的，所沉淀人口也大多与交易经济相关。从这种意义上来讲，一方面该地区转型的压力很大，另一方面作为全国工业化、城镇化的先行地区，如果能够成功地向交流经济转型，其示范效应巨大。

转型成功与否的关键在于开放与交流。好在粤港澳大湾区既有中国最国际化的香港、澳门，还有创新活力超强的深圳和包容性极强的中心城市广州，相信该地区一定会在交流经济发展浪潮中再领风骚。

7. 中国中心城市&都市圈发展指数

2018 年，云河都市研究院推出了"中国中心城市指数 2017"①，得到了社会的高度关注和好评。本报告在此指数的基础上，综合以上分析的问题意识，更进一步地强化了对都市圈的关注，推出"中国中心城市 & 都市圈发展指数 2018"，全面评价中国都市圈的发展品质。

"中国中心城市 & 都市圈发展指数"保持了原来中国中心城市指数的框架，覆盖全国 298 个地级及以上城市，设置了"城市地位、都市圈实力、辐射能力、广域枢纽、开放交流、商务环境、创新创业、生态资源环境、生活品质、文化教育"10 个大项指数和 30 个小项指数，由 114 组数据支撑（见图 5-33）。

"中国中心城市 & 都市圈发展指数"的一个重要特色是将 4 个直辖市、22 个省会城市、5 个自治区首府，以及 5 个计划单列市，共 36 个城市作为对象，放在全国 298 个地级及以上城市中进行评价（见图 5-32）。如图 5-34 所示，"中国中心城市 & 都市圈发展指数 2018"综合排名前 3 位的城市分别是北京、上海、深圳，排名第 4 位到第 10 位的城市分别是广州、天津、成都、杭州、重庆、南京、武汉。

这 36 座城市，创造了全国 39.7% 的 GDP、55.2% 的货物出口、48.7% 的专利授权量，集中了全国 25% 的常住人口、41.4% 的 DID 人口、71.6% 的主板上市公司，拥有全国 94.8% 的 "985" "211" 高等学校、34.1% 的影剧院、58.1% 的五星级酒店、54.1% 的三甲医院。

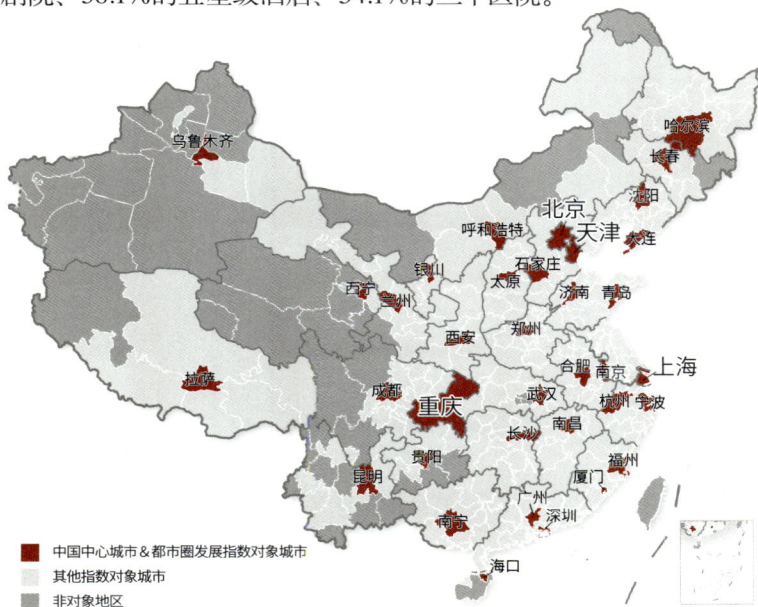

图 5-32　中国中心城市&都市圈发展指数对象城市示意图

---

① "中国中心城市指数 2017"是受国家发展和改革委员会发展战略和规划司委托研究开发的。

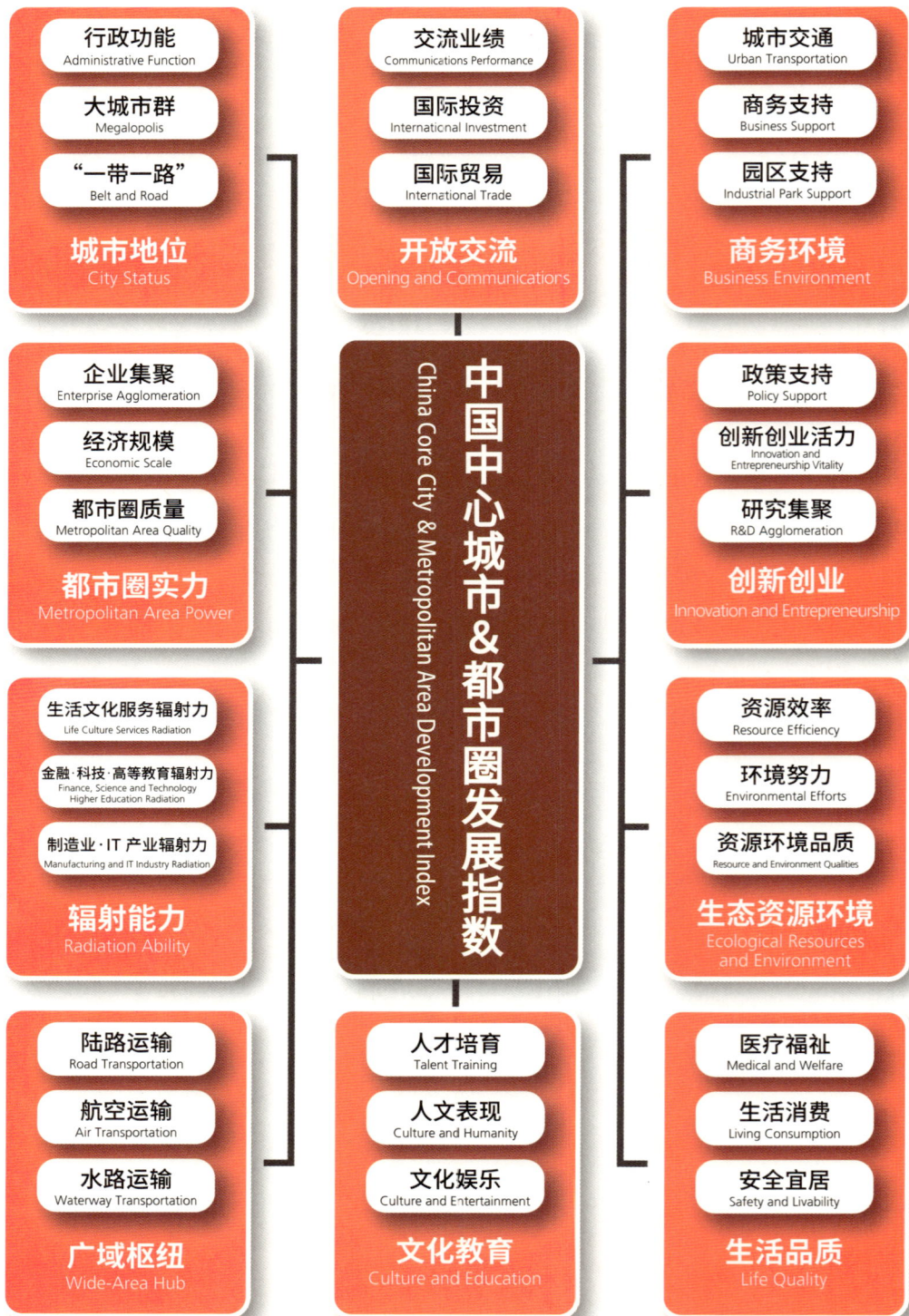

行政功能
Administrative Function

大城市群
Megalopolis

"一带一路"
Belt and Road

城市地位
City Status

交流业绩
Communications Performance

国际投资
International Investment

国际贸易
International Trade

开放交流
Opening and Communications

城市交通
Urban Transportation

商务支持
Business Support

园区支持
Industrial Park Support

商务环境
Business Environment

企业集聚
Enterprise Agglomeration

经济规模
Economic Scale

都市圈质量
Metropolitan Area Quality

都市圈实力
Metropolitan Area Power

中国中心城市&都市圈发展指数
China Core City & Metropolitan Area Development Index

政策支持
Policy Support

创新创业活力
Innovation and Entrepreneurship Vitality

研究集聚
R&D Agglomeration

创新创业
Innovation and Entrepreneurship

生活文化服务辐射力
Life Culture Services Radiation

金融·科技·高等教育辐射力
Finance, Science and Technology Higher Education Radiation

制造业·IT产业辐射力
Manufacturing and IT Industry Radiation

辐射能力
Radiation Ability

资源效率
Resource Efficiency

环境努力
Environmental Efforts

资源环境品质
Resource and Environment Qualities

生态资源环境
Ecological Resources and Environment

陆路运输
Road Transportation

航空运输
Air Transportation

水路运输
Waterway Transportation

广域枢纽
Wide-Area Hub

人才培育
Talent Training

人文表现
Culture and Humanity

文化娱乐
Culture and Entertainment

文化教育
Culture and Education

医疗福祉
Medical and Welfare

生活消费
Living Consumption

安全宜居
Safety and Livability

生活品质
Life Quality

图 5-33　中国中心城市&都市圈发展指数结构图

偏差值指数

全国排行	城市名	偏差值指数
1	北京市	100.0
2	上海市	100.0
3	深圳市	88.2
4	广州市	80.2
5	天津市	72.6
6	成都市	67.5
7	杭州市	67.2
8	重庆市	65.9
9	南京市	65.0
10	武汉市	64.9
12	西安市	60.9
13	宁波市	60.3
14	青岛市	59.7
15	厦门市	58.3
16	长沙市	58.0
17	郑州市	57.9
18	大连市	57.1
19	沈阳市	56.4
21	济南市	56.4
22	合肥市	55.7
23	福州市	55.6
24	昆明市	55.4
25	长春市	55.0
26	哈尔滨市	54.7
29	贵阳市	53.2
30	南昌市	53.1
31	石家庄市	52.7
32	乌鲁木齐市	52.7
33	太原市	52.4
34	海口市	52.1
36	南宁市	52.0
37	兰州市	51.7
44	呼和浩特市	50.1
50	西宁市	49.3
51	银川市	49.3
53	拉萨市	49.0

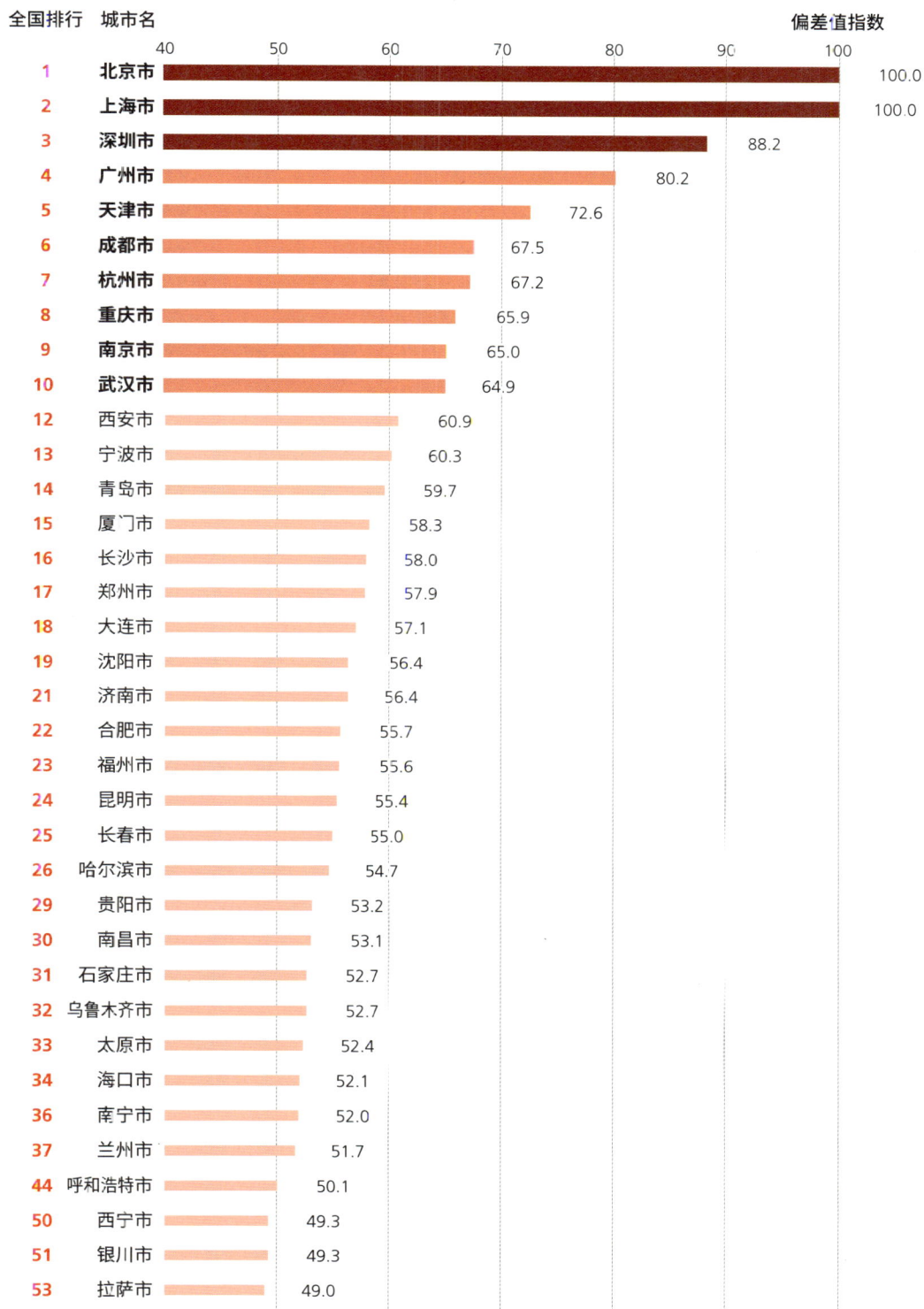

图 5-34　中国中心城市&都市圈发展指数综合排名①

---

① 图中排名为 36 个对象城市在全国 298 个地级及以上城市中的排名，以下同。

（1）城市地位

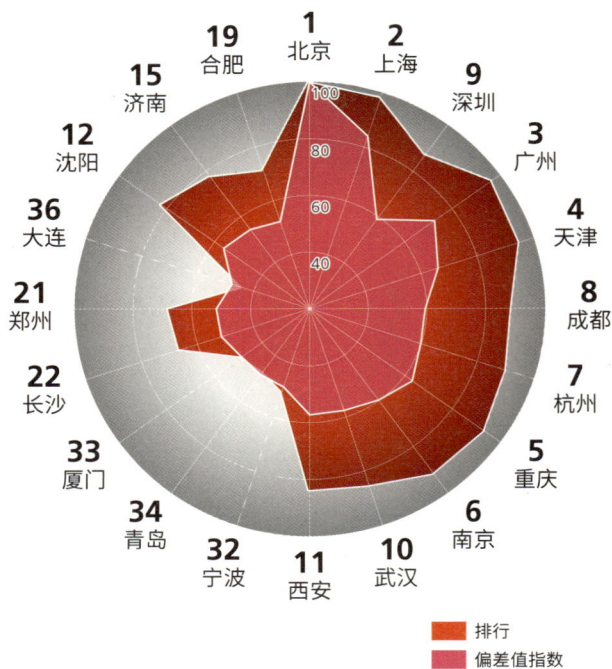

图 5-35　城市地位大项表现①

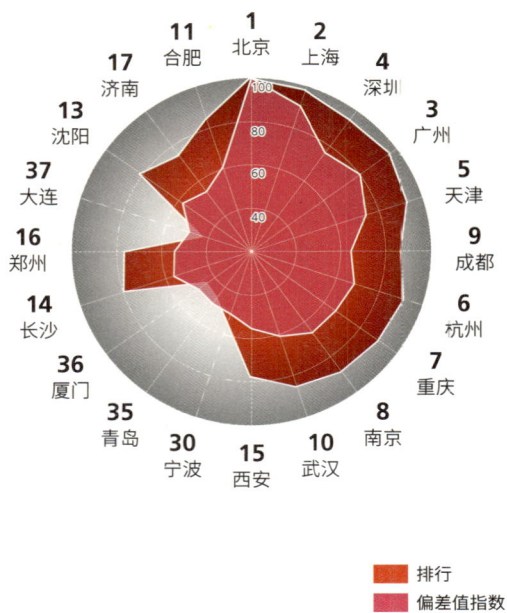

图 5-36　大城市群小项表现

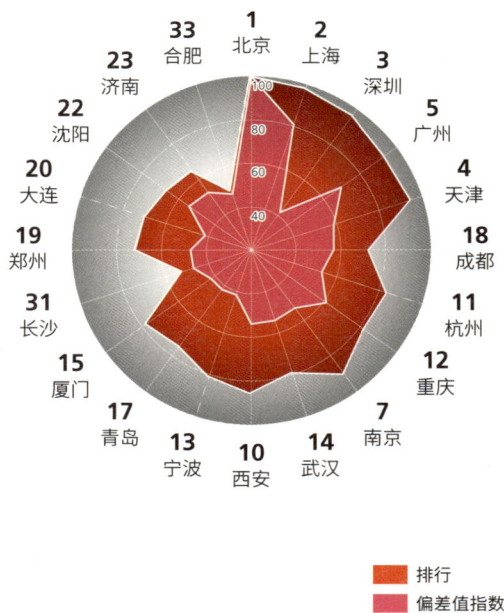

图 5-37　行政功能小项表现

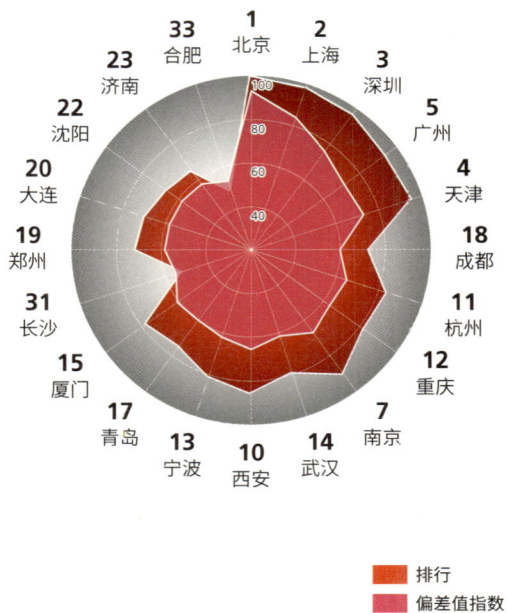

图 5-38　"一带一路"小项表现

---

① 图中城市是在"中国中心城市 & 都市圈发展指数"综合排名前 20 位的城市，以下同。

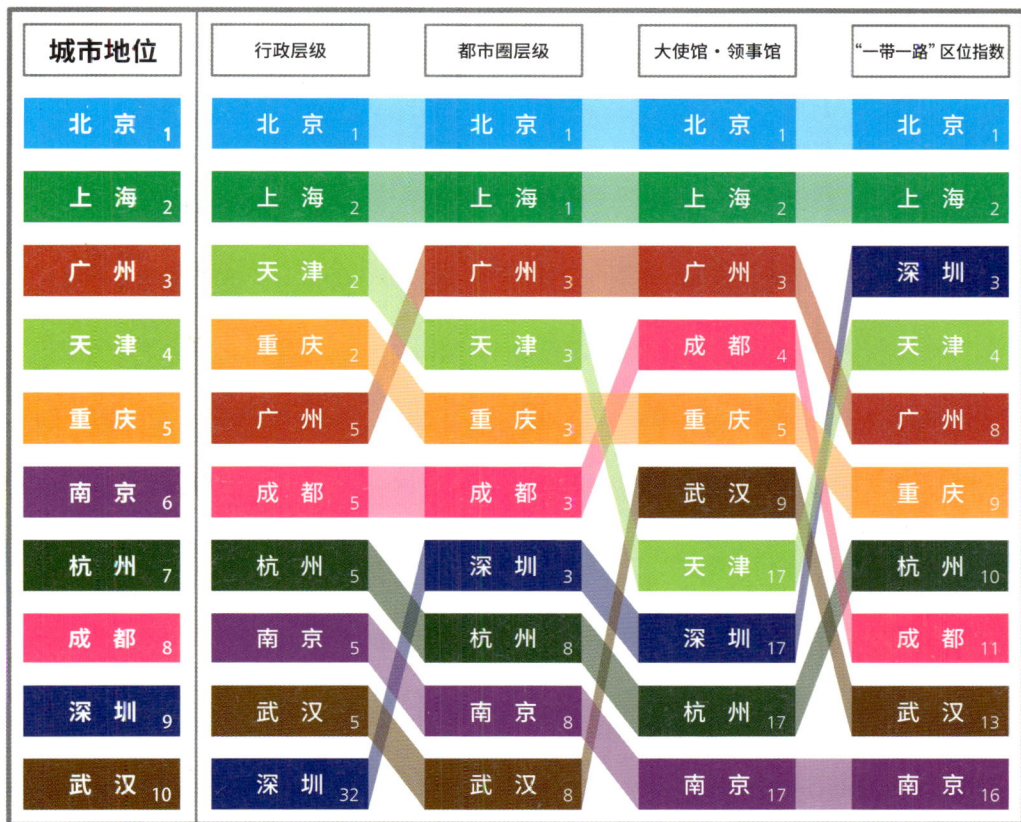

图 5-39　城市地位大项排名前 10 位城市重要指标表现[①]

城市地位	行政层级	都市圈层级	大使馆·领事馆	"一带一路"区位指数
北京 1	北京 1	北京 1	北京 1	北京 1
上海 2	上海 2	上海 1	上海 2	上海 2
广州 3	天津 2	广州 3	广州 3	深圳 3
天津 4	重庆 2	天津 3	成都 4	天津 4
重庆 5	广州 5	重庆 3	重庆 5	广州 8
南京 6	成都 5	成都 3	武汉 9	重庆 9
杭州 7	杭州 5	深圳 3	天津 17	杭州 10
成都 8	南京 5	杭州 8	深圳 17	成都 11
深圳 9	武汉 5	南京 10	杭州 17	武汉 13
武汉 10	深圳 32	武汉 8	南京 17	南京 16

　　城市地位大项排名前 3 位的城市是北京、上海、广州。排名第 4 位至第 10 位的城市分别是天津、重庆、南京、杭州、成都、深圳、武汉（见图 5-35）。

　　城市地位大项设置大城市群、行政功能、"一带一路" 3 个小项指标（见图 5-36、图 5-37、图 5-38），由行政层级、大使馆·领事馆、国际组织、大城市群层级、中心城市层级、都市圈层级、"一带一路"区位指数、历史地位 8 组指标数据构成（见图 5-39）。

　　首都、直辖市、省会城市在行政功能小项中占尽优势；长三角、珠三角、京津冀三大城市群的城市在大城市群小项中得分较高；"一带一路"节点城市和贸易投资以及人员往来表现较佳的城市占据"一带一路"小项的上位。

---

① 　图中数字为该城市在全国 298 个地级及以上城市中的排名，以下同。

（2）都市圈实力

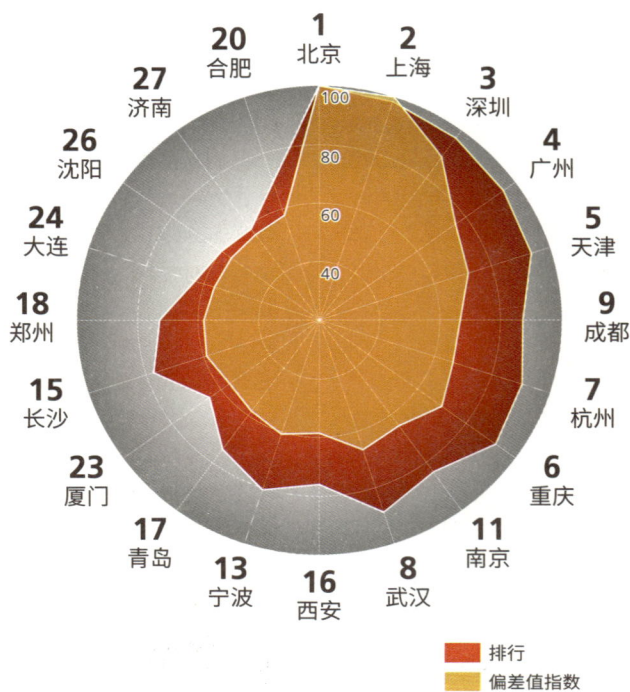

图 5-40 都市圈实力大项表现

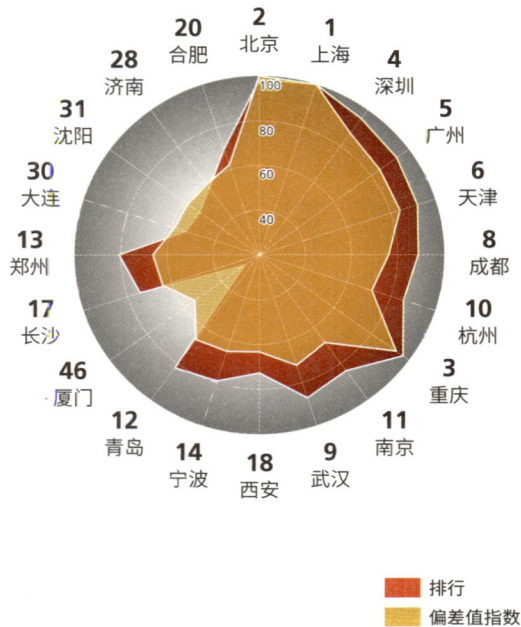

图 5-41 经济规模小项表现

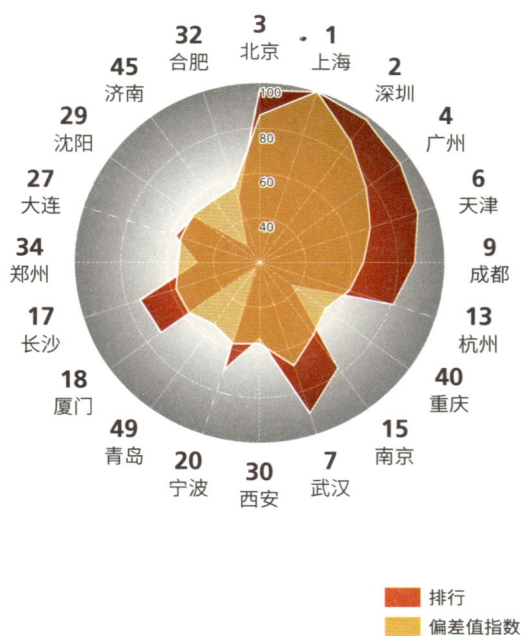

图 5-42 都市圈质量小项表现

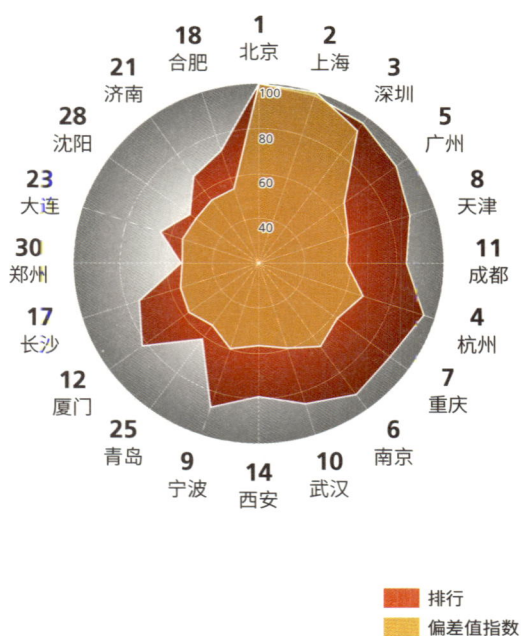

图 5-43 企业集聚小项表现

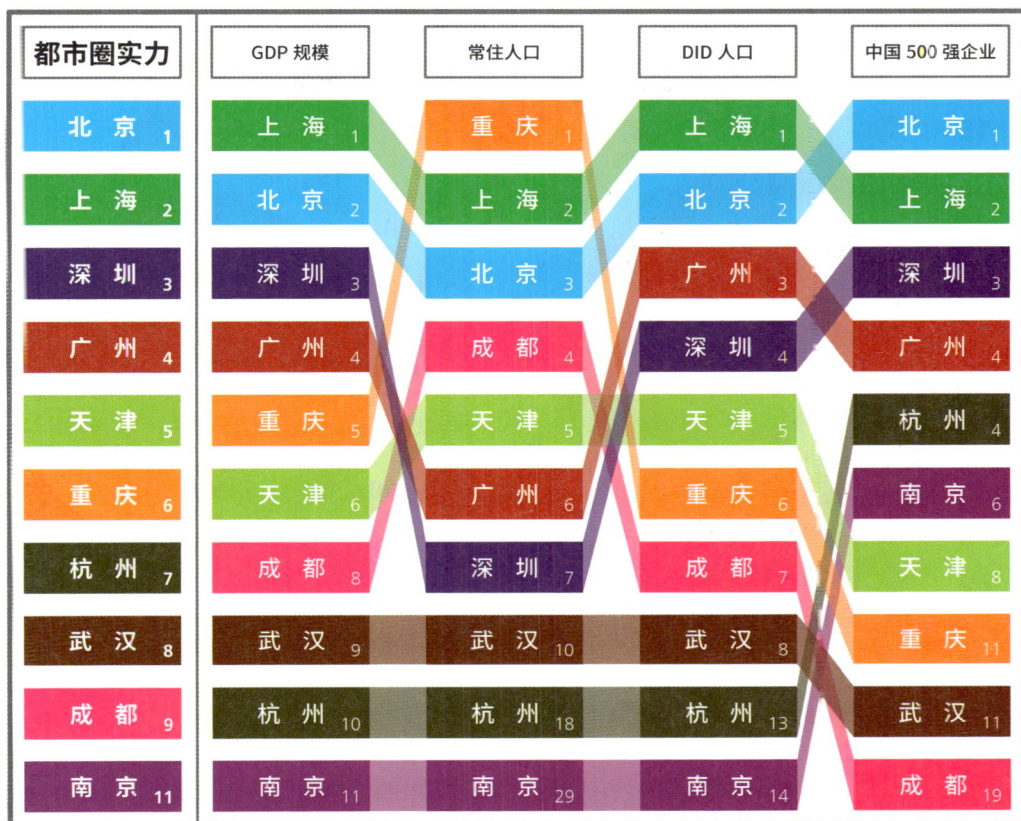

图 5-44　都市圈实力大项排名前 10 位城市重要指标表现

都市圈实力大项排名前 3 位的是北京、上海、深圳。排名第 4 位至第 10 位的城市分别是广州、天津、重庆、杭州、武汉、成都、苏州（见图 5-40）。

都市圈实力大项设置经济规模、都市圈质量、企业集聚 3 个小项指标（见图 5-41、图 5-42、图 5-43），由常住人口、GDP 规模、税收规模、固定资产投资规模指数、电力消耗量、DID 人口、常住人口增长率指数、人口流动、DID 面积指数、世界 500 强中国企业、中国 500 强企业、主板上市企业指数 12 组指标数据构成（见图 5-44）。

体量庞大的四大直辖市囊括了经济规模的前 4 位；北京、上海、深圳在企业集聚小项上以压倒性的优势雄踞前 3 位；都市圈质量小项上海、深圳、北京位居前三。

（3）辐射能力

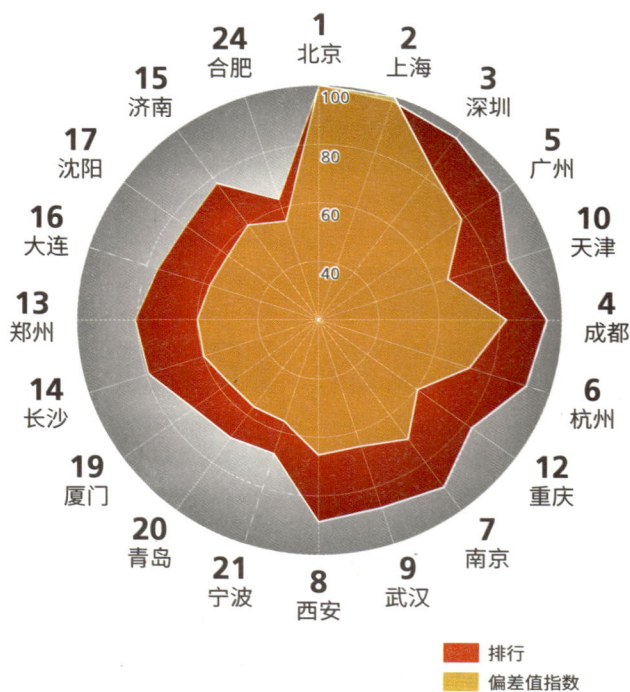

图 5-45　辐射能力大项表现

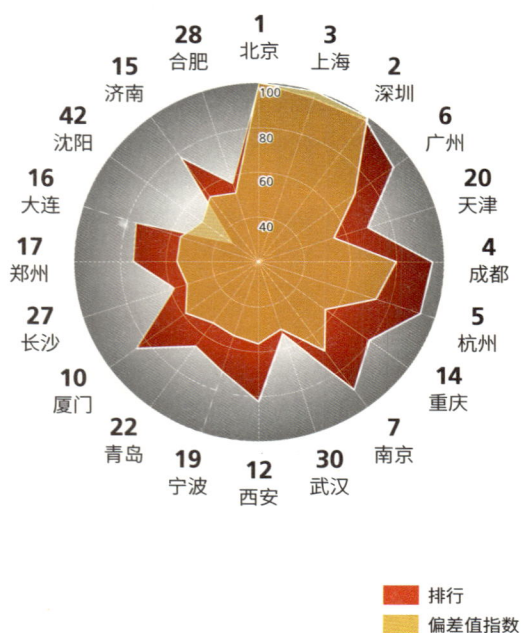

图 5-46　制造业・IT 产业辐射力小项表现

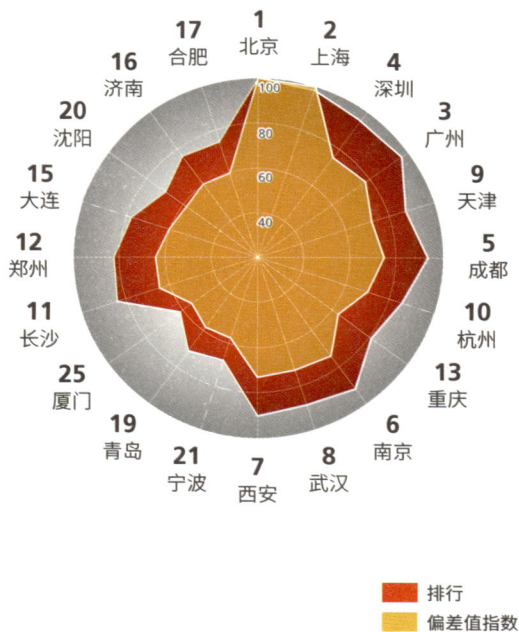

图 5-47　金融・科技・高等教育辐射力小项表现

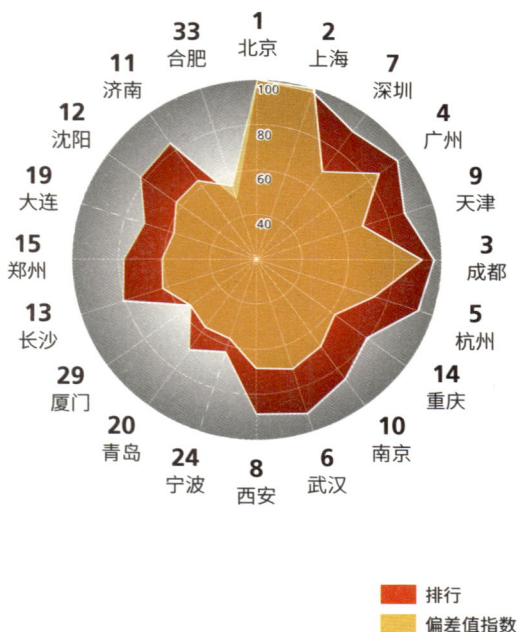

图 5-48　生活文化服务辐射力小项表现

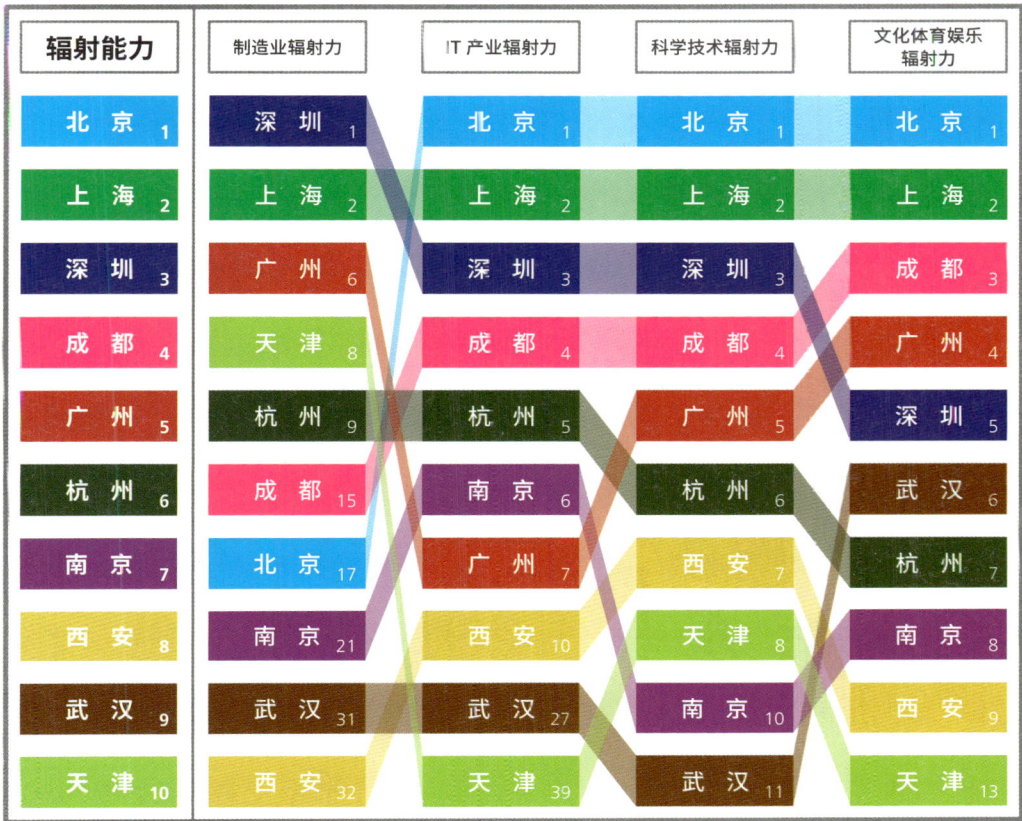

辐射能力	制造业辐射力	IT产业辐射力	科学技术辐射力	文化体育娱乐辐射力
北京 1	深圳 1	北京 1	北京 1	北京 1
上海 2	上海 2	上海 2	上海 2	上海 2
深圳 3	广州 6	深圳 3	深圳 3	成都 3
成都 4	天津 8	成都 4	成都 4	广州 4
广州 5	杭州 9	杭州 5	广州 5	深圳 5
杭州 6	成都 15	南京 6	杭州 6	武汉 6
南京 7	北京 17	广州 7	西安 7	杭州 7
西安 8	南京 21	西安 10	天津 8	南京 8
武汉 9	武汉 31	武汉 27	南京 10	西安 9
天津 10	西安 32	天津 39	武汉 11	天津 13

图5-49　辐射能力大项排名前10位城市重要指标表现

辐射能力大项排名前3位的城市是北京、上海、深圳。成都、广州、杭州、南京、西安、武汉、天津分别排名第4位至第10位（见图5-45）。

辐射能力大项设置制造业·IT产业辐射力、金融·科技·高等教育辐射力、生活文化服务辐射力3个小项指标（见图5-46、图5-47、图5-48），由制造业辐射力、IT产业辐射力、金融辐射力、科学技术辐射力、高等教育辐射力、文化体育娱乐辐射力、医疗辐射力、批发零售业辐射力、餐饮酒店辐射力9组指标数据组成（见图5-49）。

北京囊括了3个小项的第1位。上海位居金融·科技·高等教育辐射力、生活文化服务辐射力两个小项的第2位，深圳位居制造业·IT产业辐射力小项的第2位。广州和成都分别位居金融·科技·高等教育辐射力、生活文化服务辐射力小项的第3位。

（4）广域枢纽

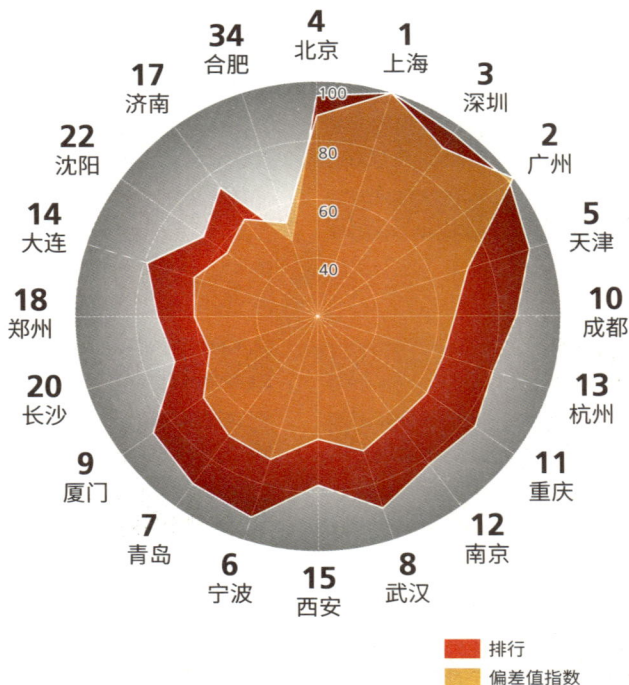

图 5-50　广域枢纽大项表现

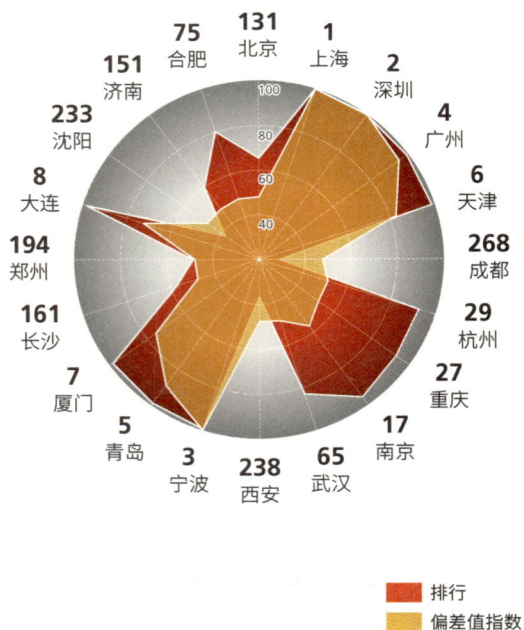

图 5-51　水路运输小项表现

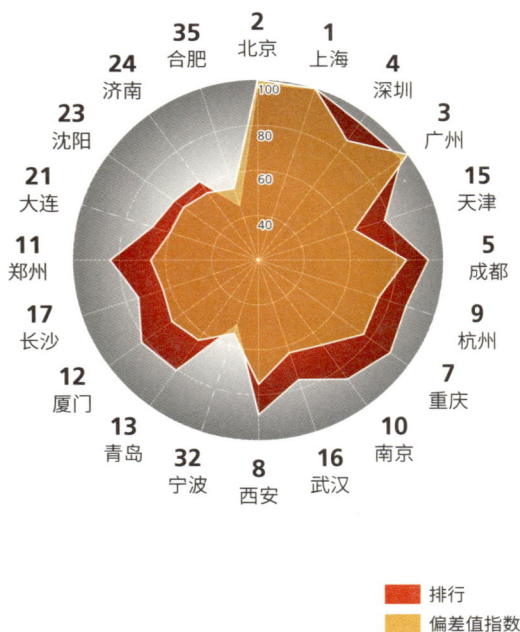

图 5-52　航空运输小项表现

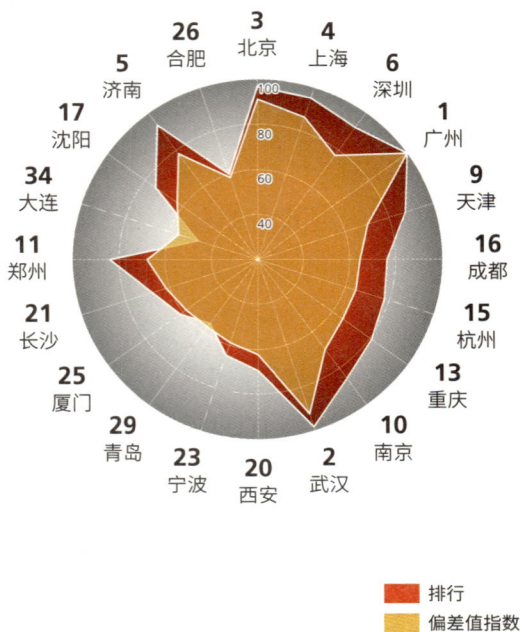

图 5-53　陆路运输小项表现

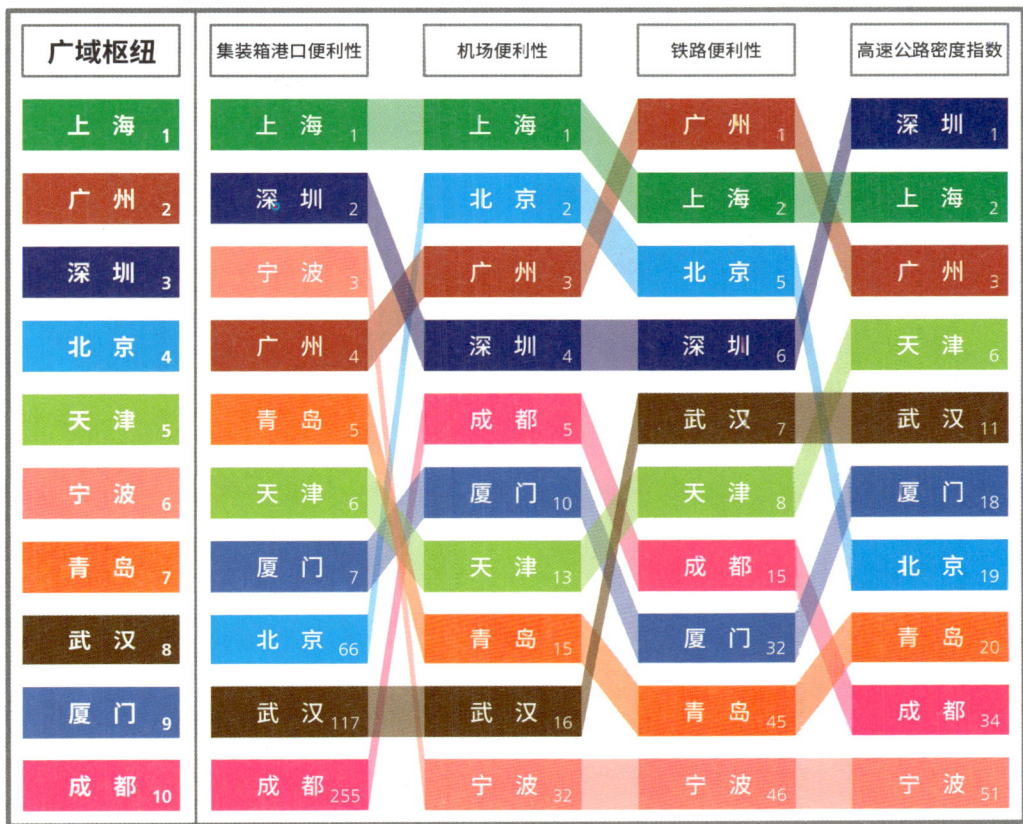

图 5-54　广域枢纽大项排名前 10 位城市重要指标表现

广域枢纽排名前 3 位的城市分别是上海、广州、深圳。北京屈居第 4 位，天津、宁波、青岛、武汉、厦门、成都分别排名第 5 位至第 10 位（见图 5-50）。

广域枢纽大项设置水路运输、航空运输、陆路运输 3 个小项指标（见图 5-51、图 5-52、图 5-53），由集装箱港口便利性、港口集装箱吞吐量、水运运量指数、机场便利性、航空运量指数、铁路便利性、铁路运量指数、铁路密度指数、高速公路密度指数、国道·省道密度指数、公路运量指数 11 组指标数据组成（见图 5-54）。

以上海、深圳、宁波、广州为首的临海城市囊括了水路运输小项的上位排名；上海、北京、广州 3 城市夺得航空运输小项前 3 甲；排名陆路运输前 3 位的城市分别是广州、武汉和北京。

（5）开放交流

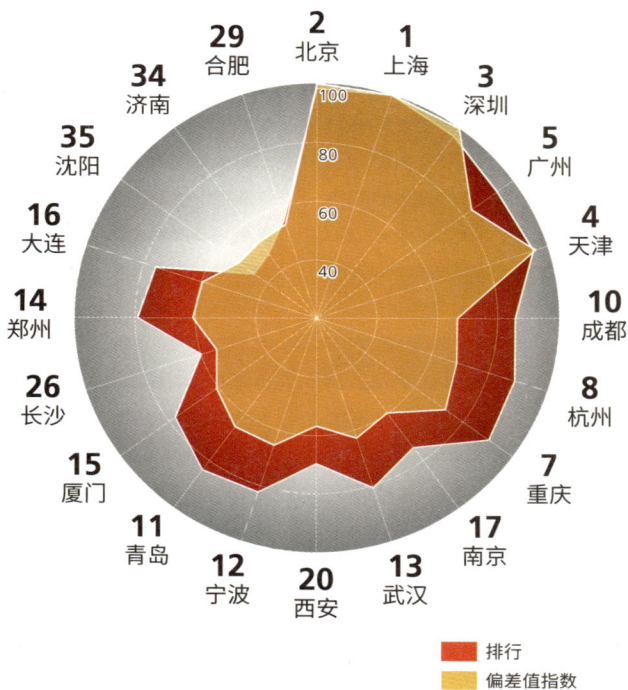

图 5-55　开放交流大项表现

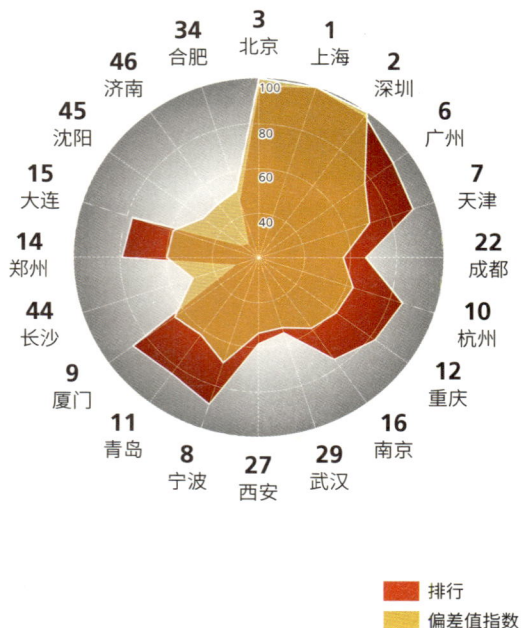

图 5-56　国际贸易小项表现

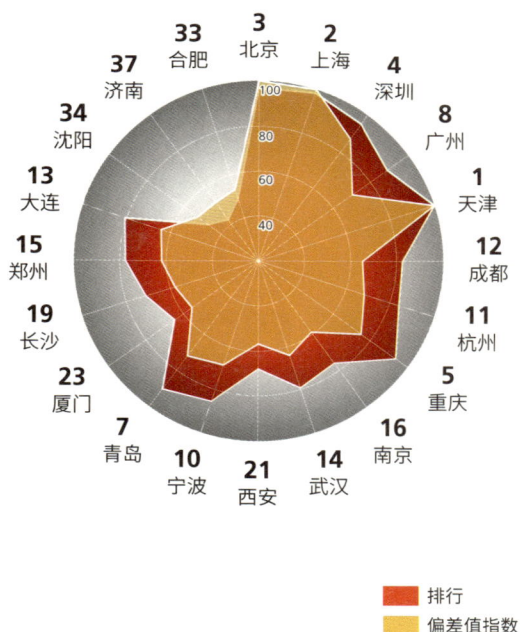

图 5-57　国际投资小项表现

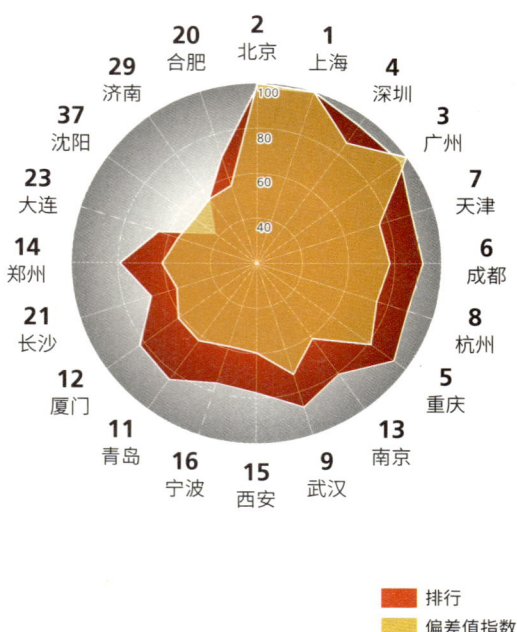

图 5-58　交流业绩小项表现

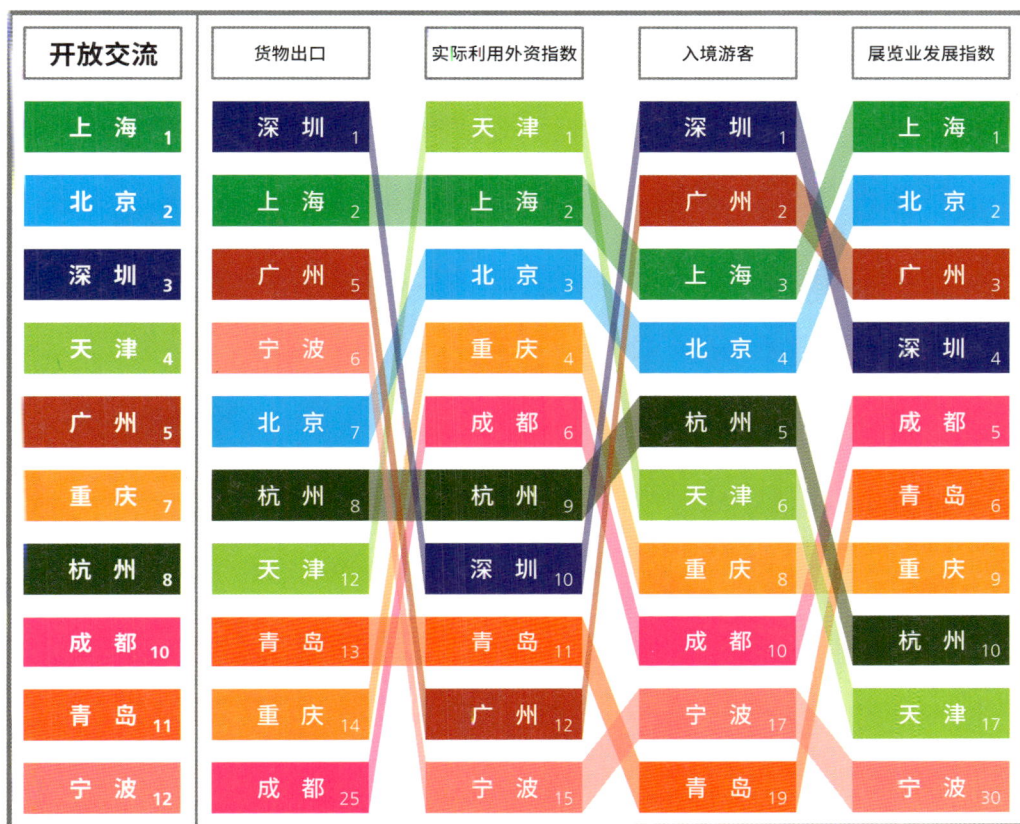

图 5-59 开放交流大项排名前 10 位城市重要指标表现

开放交流大项排名前 10 位的城市分别是上海、北京、深圳、天津、广州、苏州、重庆、杭州、东莞、成都（见图 5-55）。

开放交流大项设置国际贸易、国际投资、交流业绩 3 个小项指标（见图 5-56、图 5-57、图 5-58），由货物出口、货物进口、实际利用外资指数、对外直接投资、入境游客、国内游客、国际旅游外汇收入、国内旅游收入、世界旅游城市指数、国际会议、展览业发展指数 11 组指标数据组成（见图 5-59）。

夺得国际贸易小项前 3 甲的城市分别是上海、深圳、北京；在国际投资小项前 3 位的城市分别是天津、上海、北京；交流业绩小项表现最佳前 3 位的城市分别是上海、北京和广州。

（6）商务环境

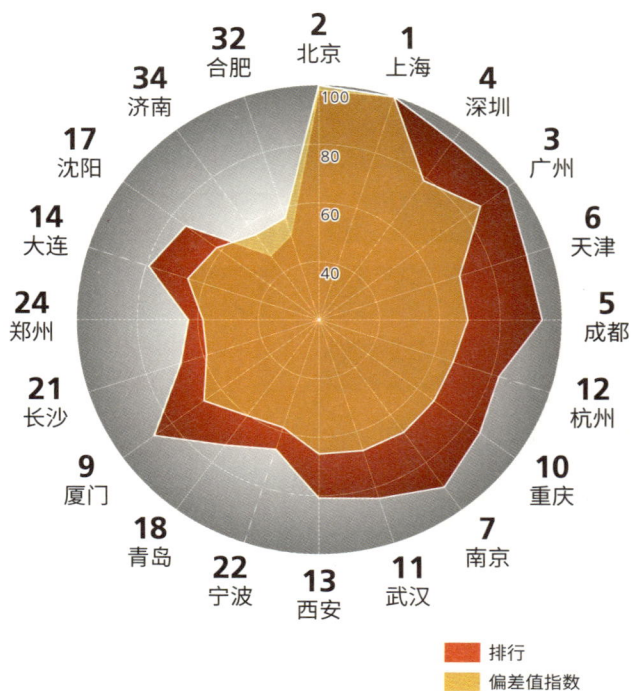

图 5-60　商务环境大项表现

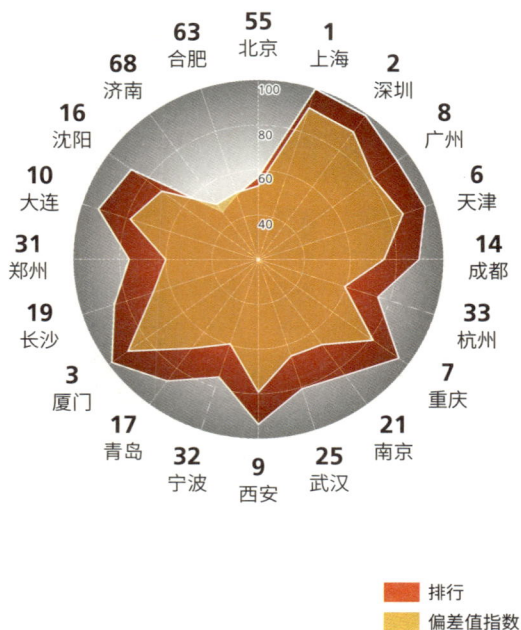

图 5-61　园区支持小项表现

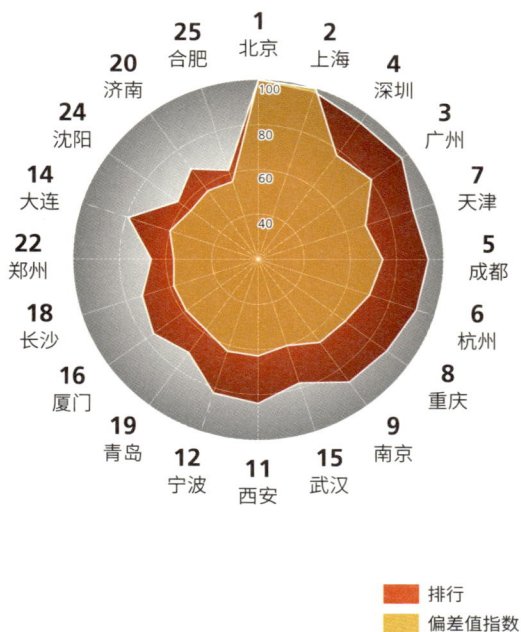

图 5-62　商务支持小项表现

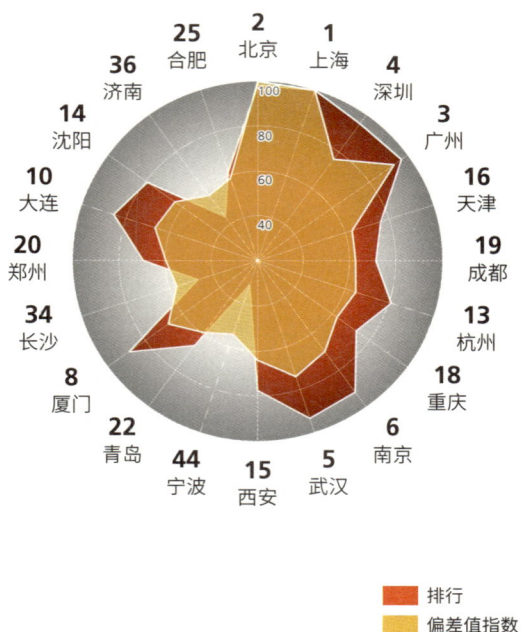

图 5-63　城市交通小项表现

商务环境	自贸区指数	星级酒店指数	国际顶级餐厅指数	城市轨道交通距离
上海 1	上海 1	北京 1	上海 1	上海 1
北京 2	广州 3	上海 2	北京 2	北京 2
广州 3	深圳 4	重庆 3	广州 3	广州 3
深圳 4	天津 5	广州 6	深圳 4	苏州 4
成都 5	厦门 7	深圳 7	成都 5	南京 5
天津 6	武汉 9	成都 9	厦门 11	重庆 6
南京 7	重庆 11	南京 10	天津 12	深圳 7
厦门 9	成都 12	天津 12	南京 18	成都 11
重庆 10	北京 25	厦门 15	武汉 18	天津 12
武汉 11	南京 26	武汉 16	重庆 21	厦门 33

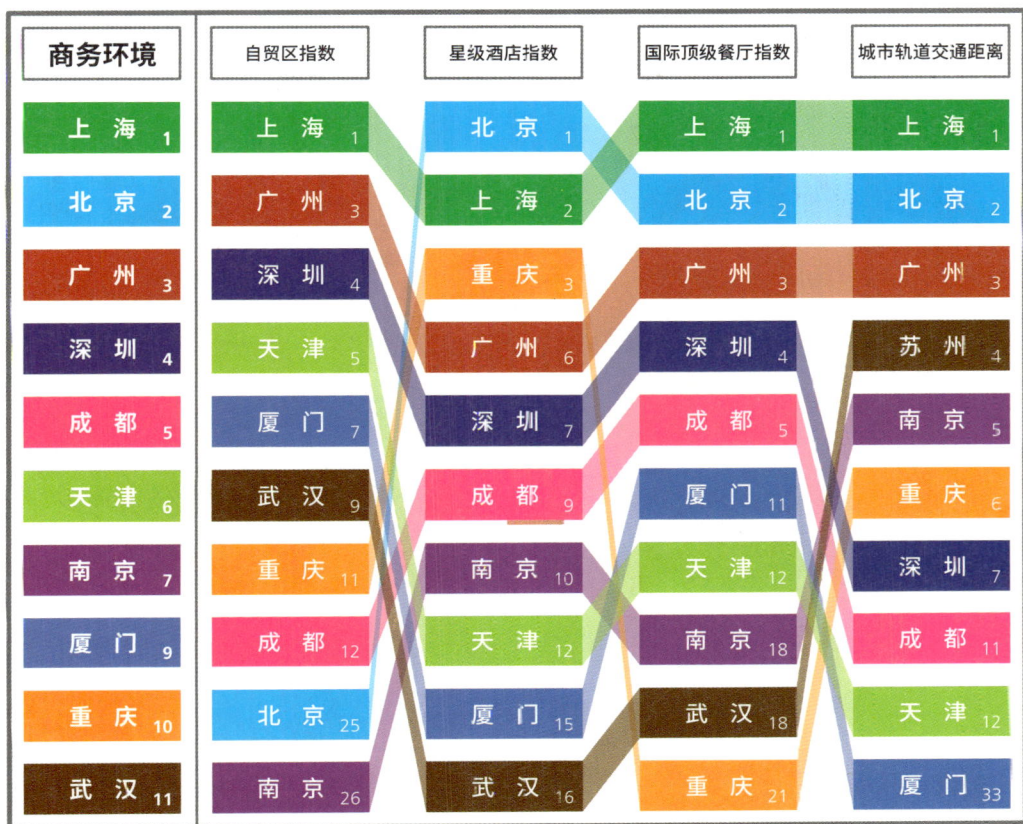

图 5-64　商务环境大项排名前 10 位城市重要指标表现

商务环境大项排名前 3 位的城市分别是上海、北京、广州。深圳、成都、天津、南京、苏州、厦门、重庆分别排名第 4 位至第 10 位（见图 5-60）。

商务环境大项设置园区支持、商务支持、城市交通 3 个小项指标（见图 5-61、图 5-62、图 5-63），由国家园区指数、自贸区指数、职工平均工资指数、对企业服务业从业人数、星级酒店指数、国际顶级餐厅指数、城市轨道交通距离、每万人公共汽车运量、城市人行道·自行车道密度指数、公交都市指数 10 组指标数据组成（见图 5-64）。

园区支持小项排名前 3 位的城市分别是上海、深圳、厦门；夺得商务支持小项前 3 位的分别是北京、上海、广州；城市交通小项表现最佳前 3 位的城市分别是上海、北京和广州。

（7）创新创业

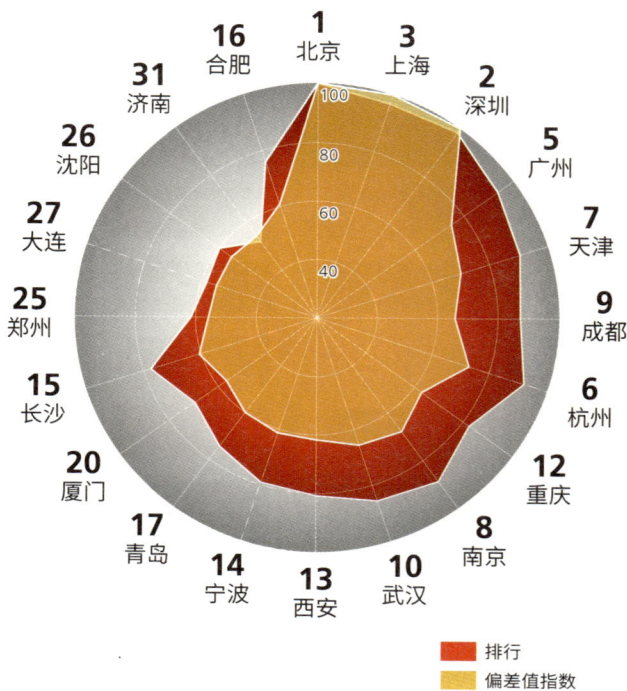

图 5-65　创新创业大项表现

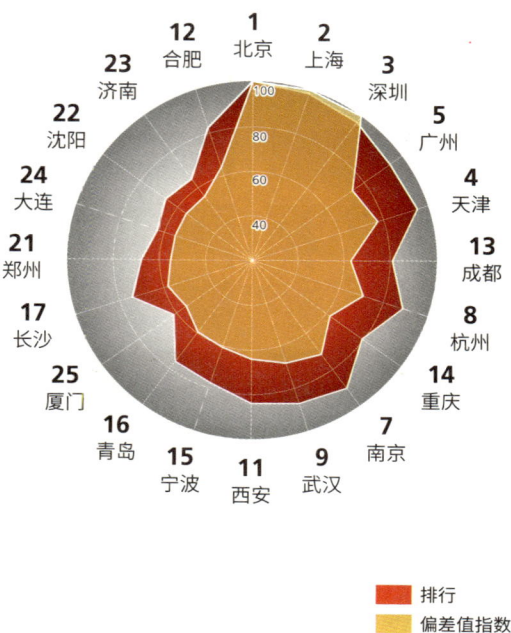

图 5-66　研究集聚小项表现

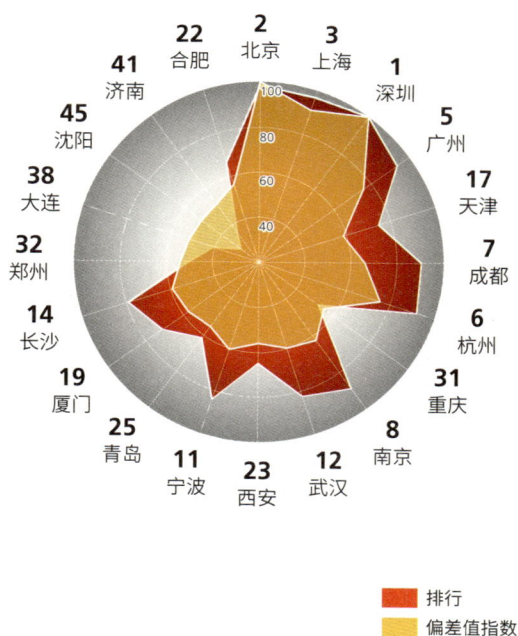

图 5-67　创新创业活力小项表现

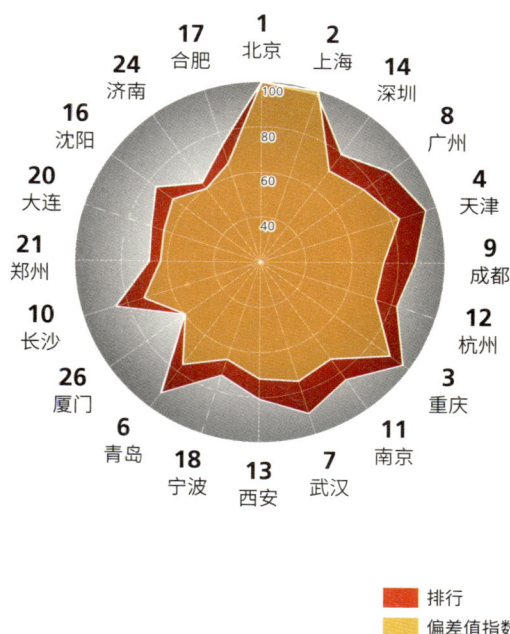

图 5-68　政策支持小项表现

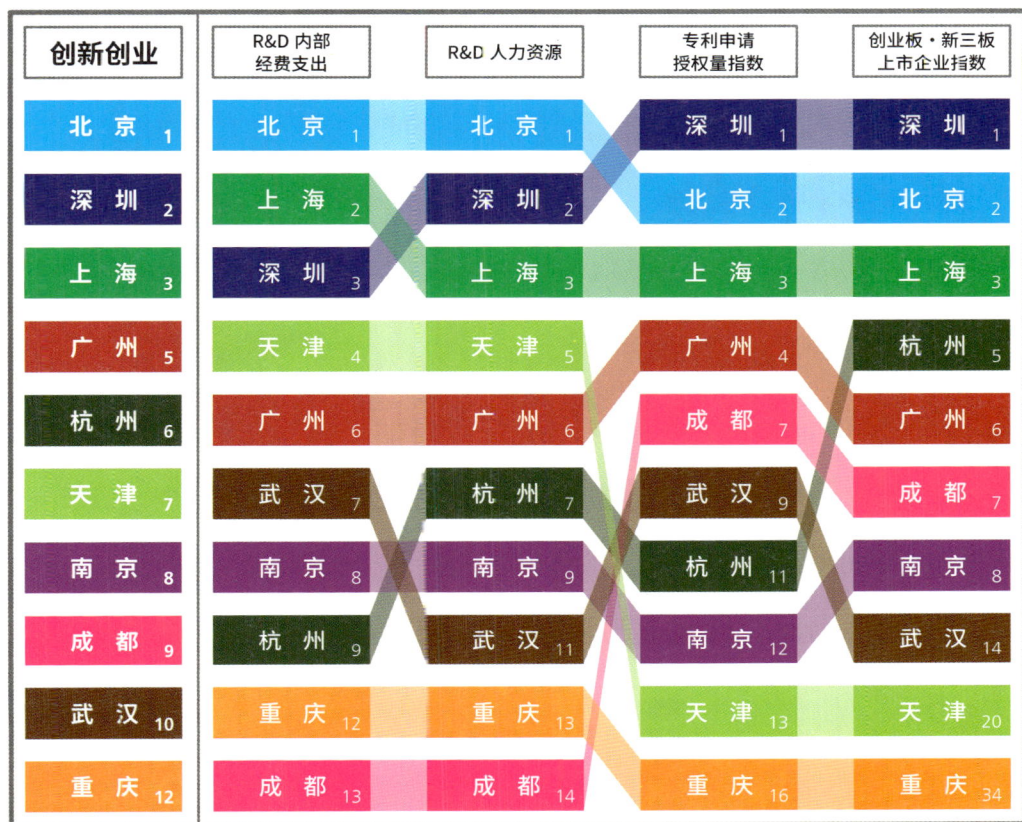

图 5-69 创新创业大项排名前 10 位城市重要指标表现

创新创业大项排名前 3 位的城市分别是北京、深圳、上海。苏州、广州、杭州、天津、南京、成都、武汉分别排名第 4 位至第 10 位（见图 5-65）。

创新创业大项设置研究集聚、创新创业活力、政策支持 3 个小项指标（见图 5-66、图 5-67、图 5-68），由 R&D 内部经费支出、地方财政科学技术支出指数、R&D 人员、两院院士指数、创业板·新三板上市企业指数、专利申请授权量指数、国家改革试验区指数、国家创新示范区指数、信息·知识产业城市指数、国家重点实验室·工程研究中心指数 10 组指标数据组成（见图 5-69）。

获得研究集聚小项前 3 位的分别是北京、上海、深圳；创新创业活力小项排名前 3 位的分别是深圳、北京、上海；夺得政策支持小项前 3 位的分别是北京、上海、重庆，直辖市在政策支持上的优势明显。

（8）生态资源环境

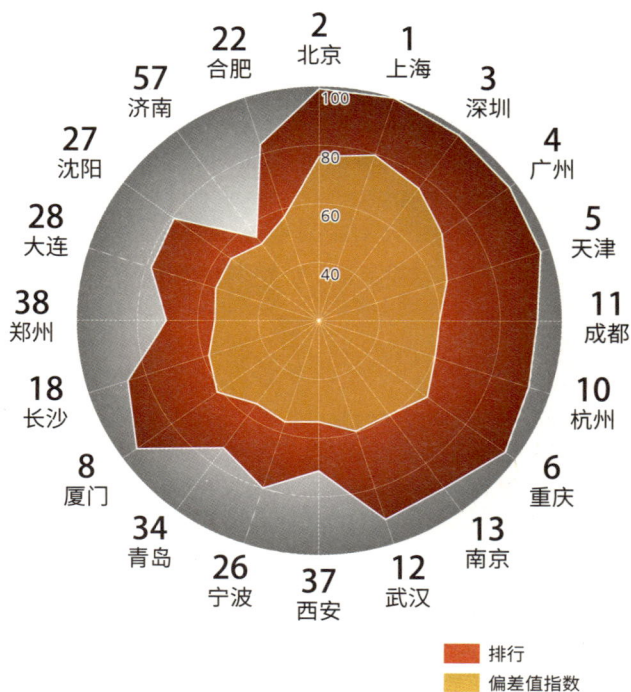

图 5-70　生态资源环境大项表现

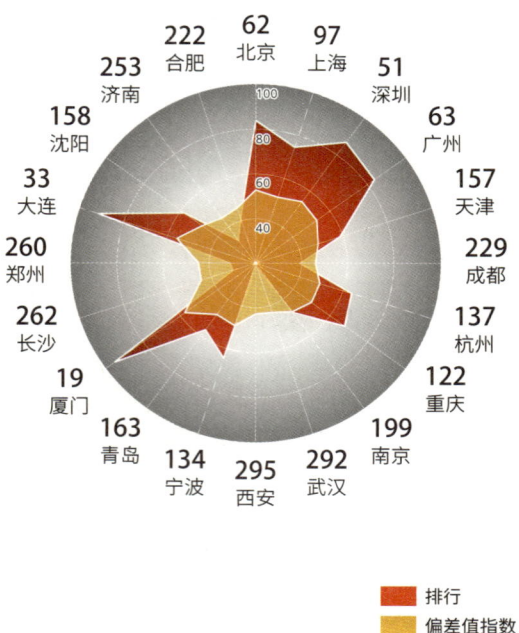

图 5-71　资源环境品质小项表现

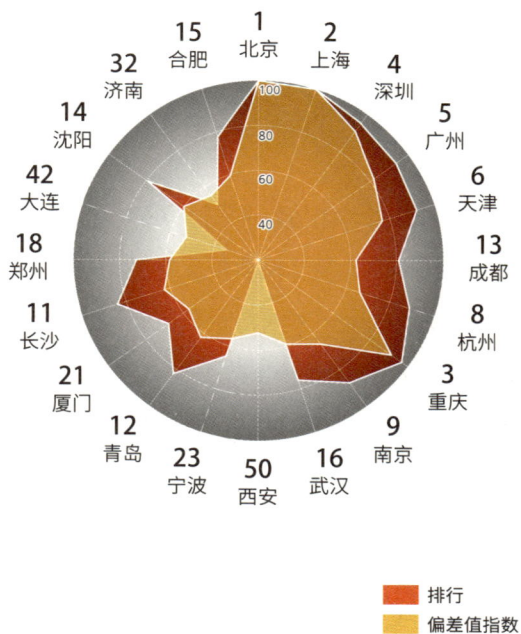

图 5-72　环境努力小项表现

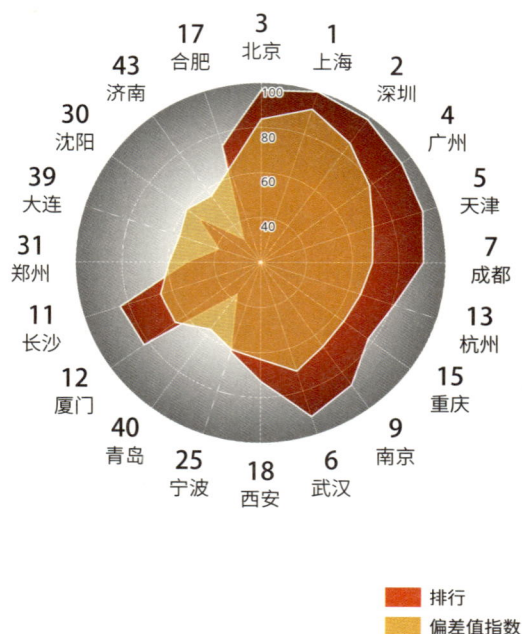

图 5-73　资源效率小项表现

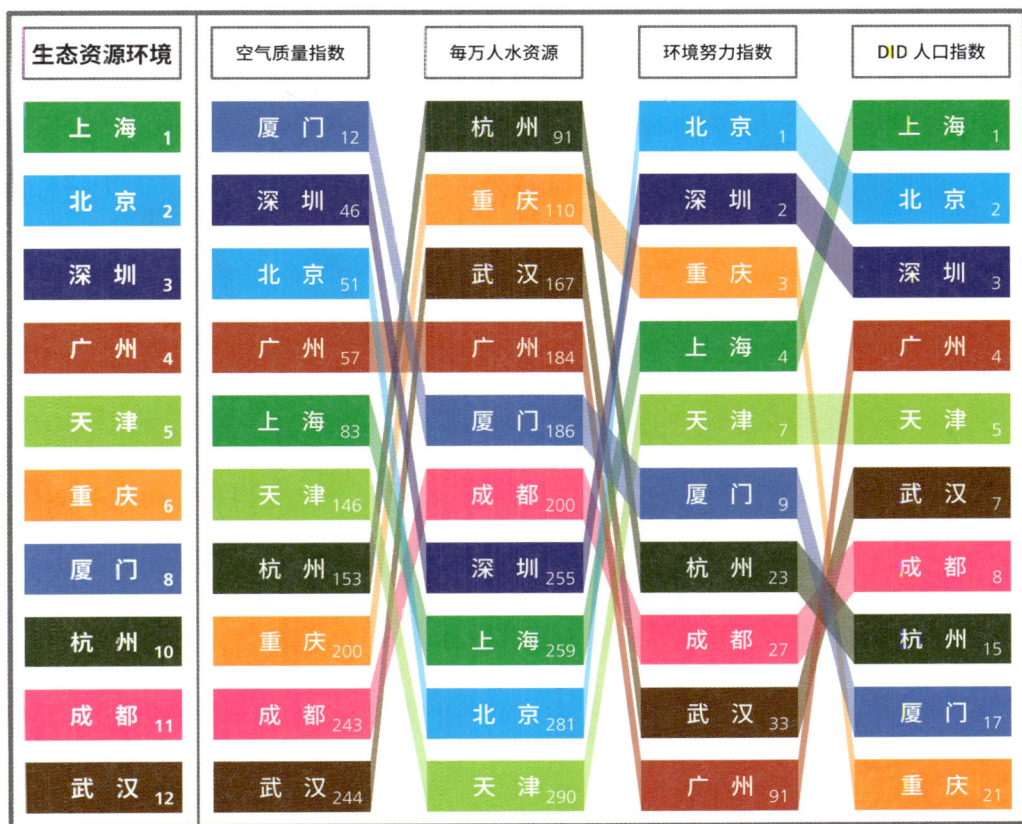

生态资源环境	空气质量指数	每万人水资源	环境努力指数	DID 人口指数
上海 1	厦门 12	杭州 91	北京 1	上海 1
北京 2	深圳 46	重庆 110	深圳 2	北京 2
深圳 3	北京 51	武汉 167	重庆 3	深圳 3
广州 4	广州 57	广州 184	上海 4	广州 4
天津 5	上海 83	厦门 186	天津 7	天津 5
重庆 6	天津 146	成都 200	厦门 9	武汉 7
厦门 8	杭州 153	深圳 255	杭州 23	成都 8
杭州 10	重庆 200	上海 259	成都 27	杭州 15
成都 11	成都 243	北京 281	武汉 33	厦门 17
武汉 12	武汉 244	天津 290	广州 91	重庆 21

图 5-74　生态资源环境大项排名前 10 位城市重要指标表现

生态资源环境大项排名前 3 位的城市分别是上海、北京、深圳。广州、天津、重庆、东莞、厦门、苏州、杭州分别排名第 4 位至第 10 位（见图 5-70）。

生态资源环境大项设置资源环境品质、环境努力、资源效率 3 个小项指标（见图 5-71、图 5-72、图 5-73），由气候舒适度、空气质量指数、每万人水资源、森林面积、自然灾害直接损失指数、地质灾害直接损失指数、灾害预警、公园绿地面积、环境努力指数、绿色建筑设计评价标识项目、国家环境保护城市指数、循环经济城市指数、DID 人口指数、单位 GDP 能耗、市区土地产出率 15 组指标数据组成（见图 5-74）。

排名环境努力小项前 3 位的是北京、上海、重庆。资源效率小项表现最佳前 3 位的是上海、深圳、北京，3 个城市不仅 DID 人口规模大、密度高，而且企业总部云集。但是，在资源环境品质小项里，"中国中心城市 & 都市圈发展指数" 36 个对象城市中只有厦门跻身全国前 20 位，居第 19 位，其他城市表现欠佳。

（9）生活品质

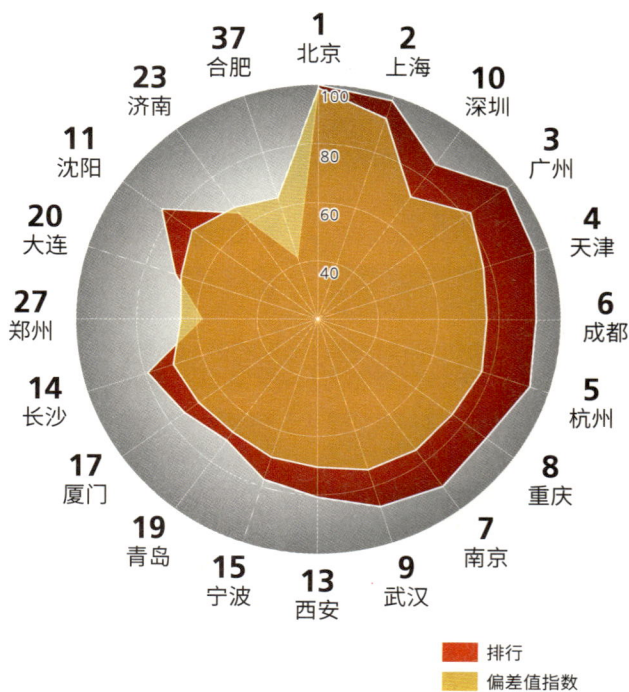

图 5-75　生活品质大项表现

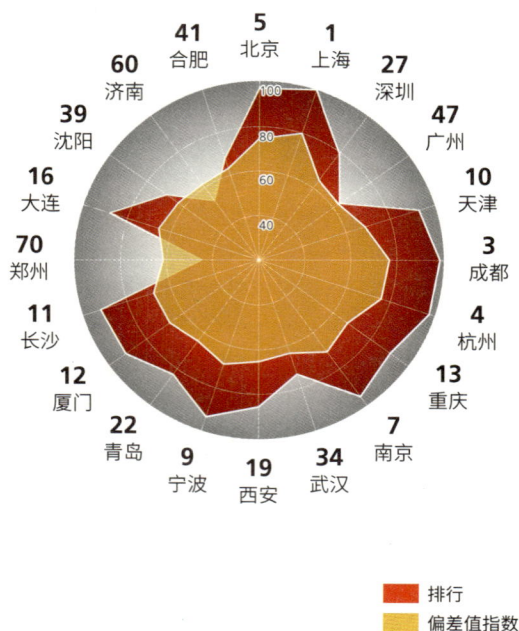

图 5-76　安全宜居小项表现

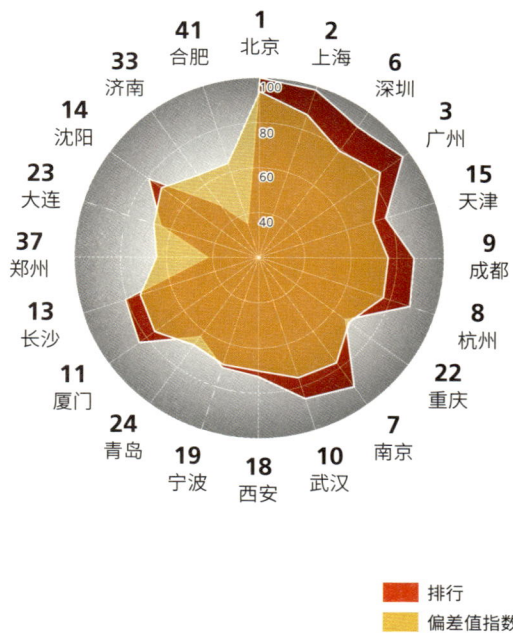

图 5-77　生活消费小项表现

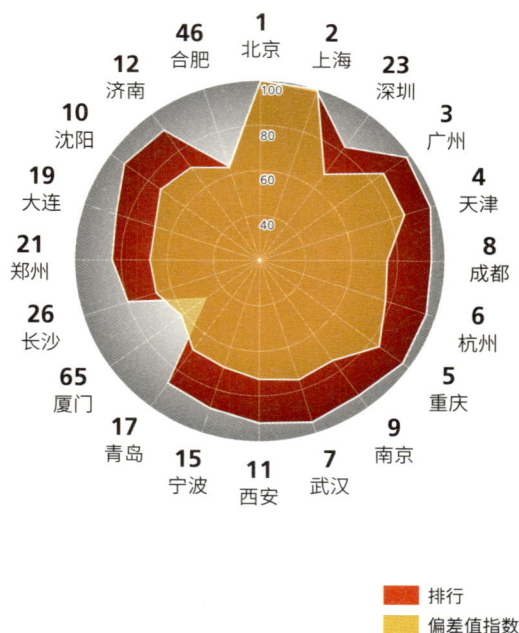

图 5-78　医疗福祉小项表现

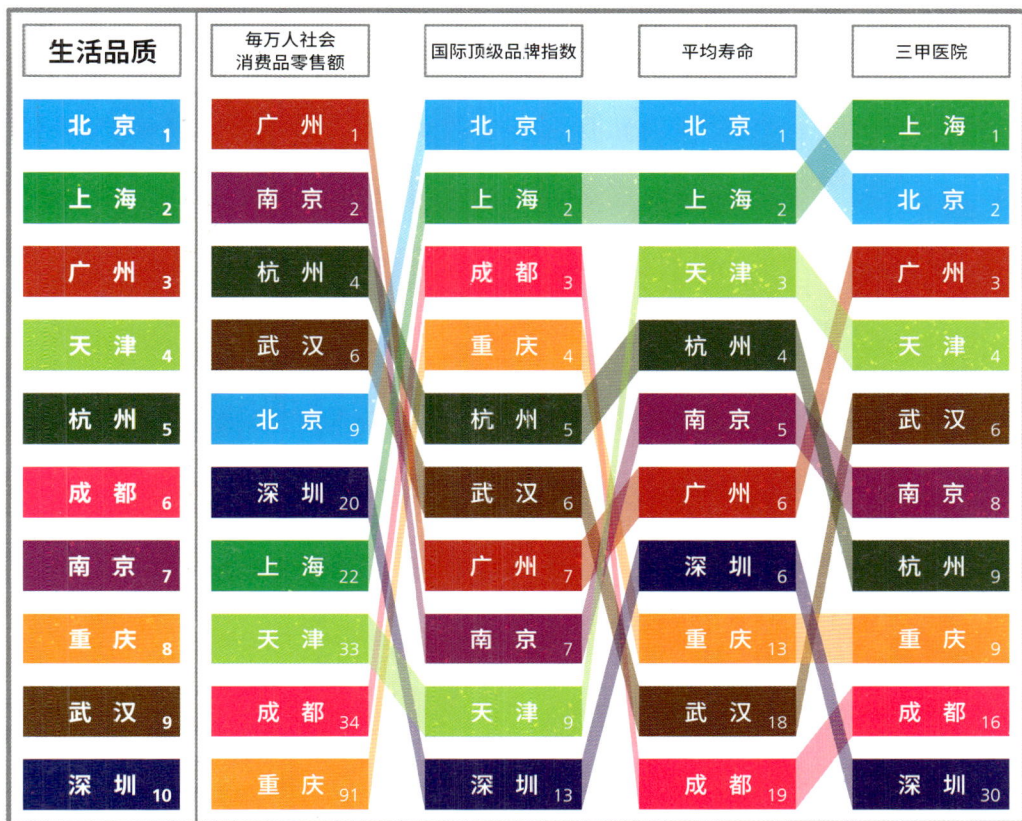

图 5-79　生活品质大项排名前 10 位城市重要指标表现

生活品质大项排名前 3 位的城市分别是北京、上海、广州。天津、杭州、成都、南京、重庆、武汉、深圳分别排名第 4 位至第 10 位（见图 5-75）。

生活品质大项设置安全宜居、生活消费、医疗福祉 3 个小项指标（见图 5-76、图 5-77、图 5-78），由人居城市指数、文明卫生城市指数、安全安心城市指数、中国幸福感城市指数、交通安全指数、社会安全指数、每万人社会消费品零售额、国际顶级品牌指数、每万人住宿和餐饮业营业收入、每万人电信消费、每万人居民生活用水量、平均寿命、执业（助理）医师数、三甲医院、养老服务机构年末床位数 15 组指标数据组成（见图 5-79）。

上海、苏州、成都分别排名安全宜居小项的前 3 位；北京、上海、广州位居生活消费小项前 3 甲；医疗福祉小项前 3 位分别是北京、上海和广州。

（10）文化教育

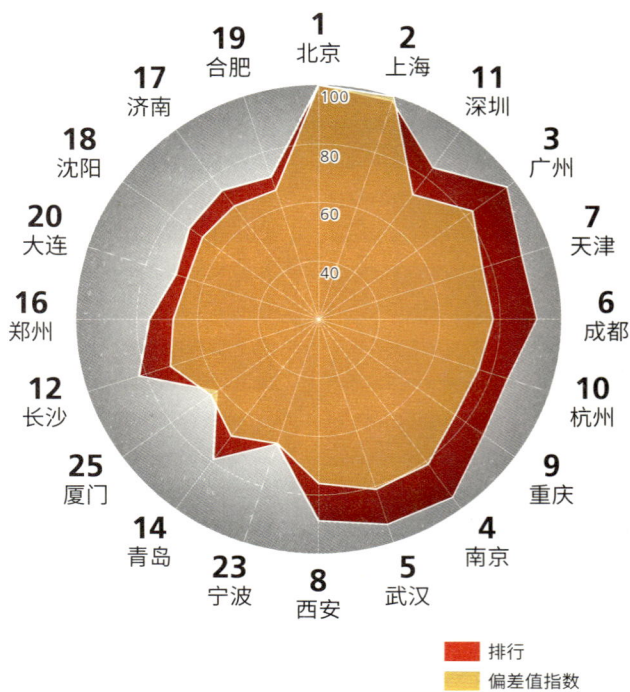

图 5-80　文化教育大项表现

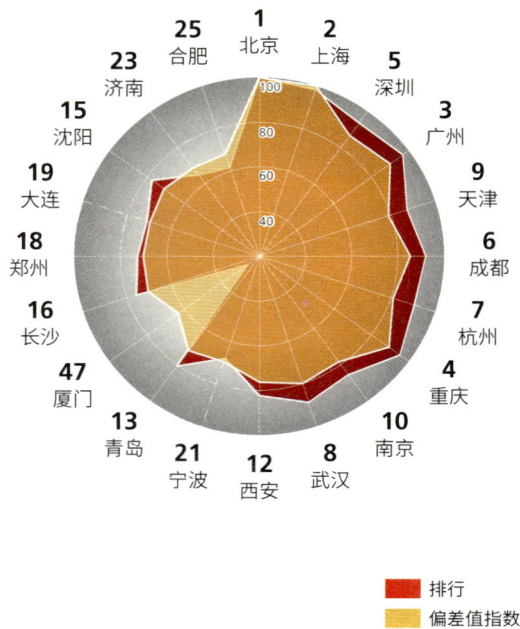

图 5-81　文化娱乐小项表现

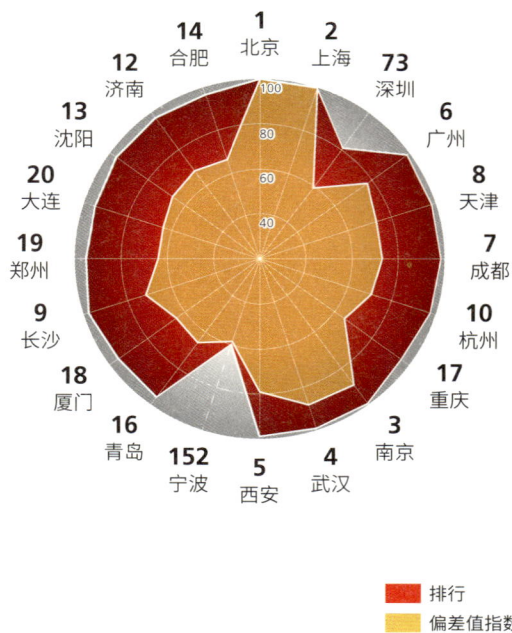

图 5-82　人文表现小项表现

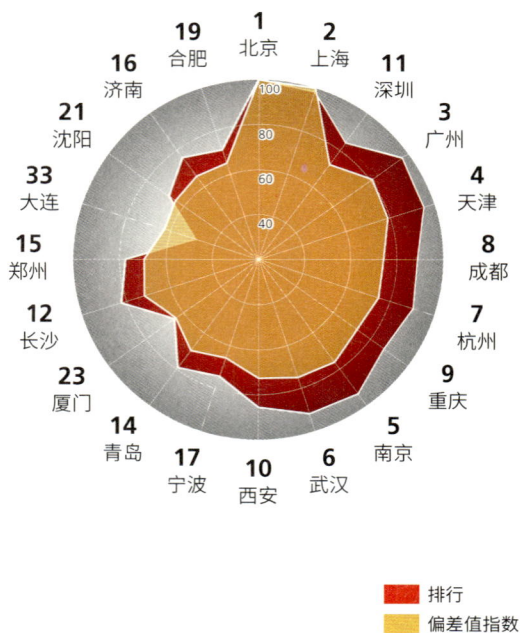

图 5-83　人才培育小项表现

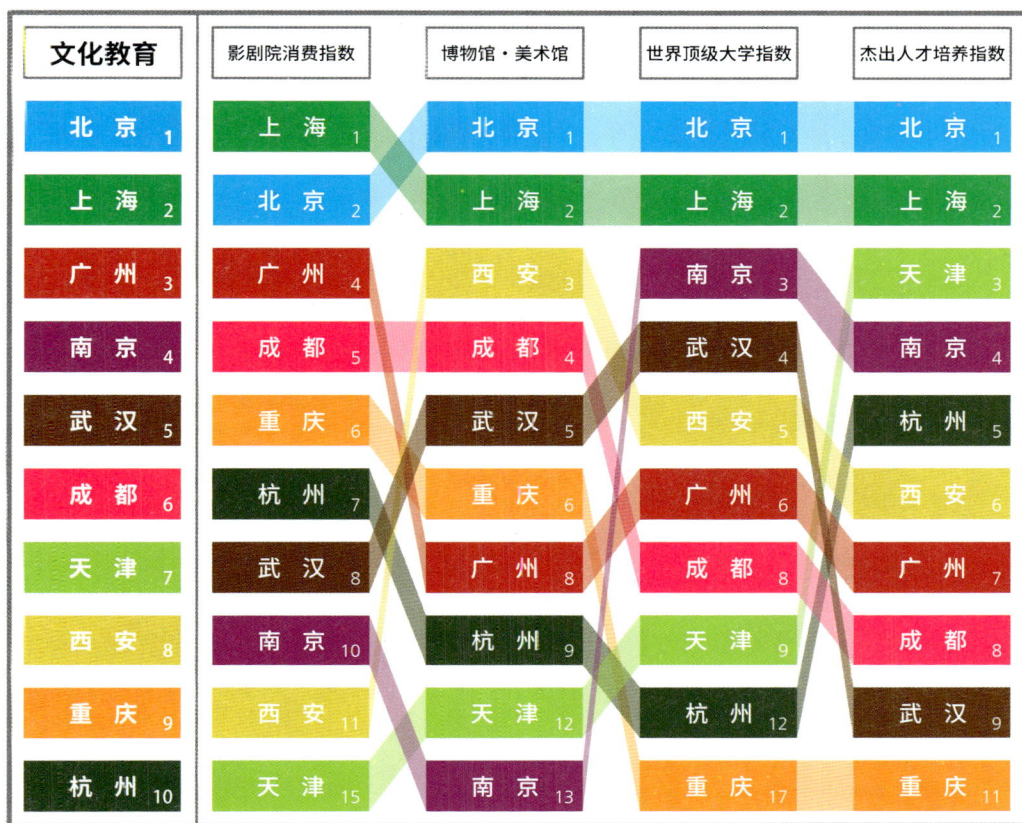

文化教育	影剧院消费指数	博物馆·美术馆	世界顶级大学指数	杰出人才培养指数
北京 1	上海 1	北京 1	北京 1	北京 1
上海 2	北京 2	上海 2	上海 2	上海 2
广州 3	广州 4	西安 3	南京 3	天津 3
南京 4	成都 5	成都 4	武汉 4	南京 4
武汉 5	重庆 6	武汉 5	西安 5	杭州 5
成都 6	杭州 7	重庆 6	广州 6	西安 6
天津 7	武汉 8	广州 8	成都 8	广州 7
西安 8	南京 10	杭州 9	天津 9	成都 8
重庆 9	西安 11	天津 12	杭州 12	武汉 9
杭州 10	天津 15	南京 13	重庆 17	重庆 11

图 5-84　文化教育大项排名前 10 位城市重要指标表现

文化教育大项排名前 3 位的城市分别是北京、上海、广州。南京、武汉、成都、天津、西安、重庆、杭州分别排名第 4 位至第 10 位（见图 5-80）。

文化教育大项设置文化娱乐、人文表现、人才培育 3 个小项指标（见图 5-81、图 5-82、图 5-83），由影剧院消费指数、博物馆·美术馆、体育场馆、动物园·植物园·水族馆、公共图书馆藏书量、世界顶级大学指数、文化大师指数、奥运冠军指数、地方财政教育支出指数、每万人在园儿童数、国际学校、高等教育指数、杰出人才培养指数 13 组指标数据组成（见图 5-84）。

文化娱乐小项与人才培育小项的前 3 位都是北京、上海、广州，人文表现小项的前 3 甲为北京、上海、南京斩获。

第六章 | 专家述评

中国经济由高速增长转向高质量发展

邱晓华

Qiu Xiaohua

云河都市研究院副理事长、澳门城市大学经济研究所所长、国家统计局原局长
经济学博士

改革开放以来，中国经济持续高速增长，在赶超路上取得世界瞩目的成就，经济总量先后超越意大利、加拿大、法国、英国、德国和日本，到 2010 年已经跃升为世界第二，仅次于美国。伴随着高速的追赶进程，中国经济发展的大环境逐步发生变化，支持高速成长的因素逐步成为制约因素，经济起飞红利渐行渐远，中国经济前进的步伐逐步放慢，已经进入换挡降速、优化结构、提质增效的新阶段。

一、中国经济由高速增长转向高质量发展具有重要现实意义

党的十九大提出，"我国经济已由高速增长阶段转向高质量发展阶段，正处在转变发展方式、优化经济结构、转换增长动力的攻关期，建设现代化经济体系是跨越关口的迫切要求和我国发展的战略目标"。[①] 这一判断对于现阶段处于转型之中的中国经济而言，有重大的现实意义。改革开放 40 年来，中国经济经历了长期高速增长，人们的生活水平大幅提高。根据世界银行的统计，我国人均 GDP 从 1978 年的 156 美元提高至 2017 年的 8826 美元，目前已迈入中高收入国家行列。[②] 但是，长期的粗放式高增长也带来了高杠杆、高能耗、高污染、贫富差距扩大等诸多问题。与此同时，劳动力、环境资源、土地、资金和汇率等要素成本也大幅提高。过去依靠债务扩张、低劳动力成本、资源和能源高消耗的经济增长模式面临不可持续、发展不平衡的问题。因而，我国经济实现由高速度增长转向高质量发展，就成为一个重大抉择。这种转变，是保持经济持续健康发展的必然要求，是适应我国主要矛盾变化和全面建成小康社会、全面建设社会主义现代化国家的必然要求，是遵循客观经济规律发展的必然要求，是主动适应经济新常态、突破发展瓶颈的现实选择，是当前和今后一个时期确定发展思路、制定经济政策、实施宏观调控的根本要求。

二、影响中国经济高质量发展的五个因素

实现高质量发展必须解决一系列制约因素，首要的是转变观念，要由数量优先转到质量第一、

---

① 习近平：《决胜全面建成小康社会　夺取新时代中国特色社会主义伟大胜利——在中国共产党第十九次全国代表大会上的报告》，人民出版社 2017 年版，第 30 页。

② 根据世界银行的划分标准，人均国民收入在 4126—12735 美元之间初归为中高收入国家。

效益优先；要由非均衡发展转到重视结构优化，环境保护，注重社会文明提升，完善社会治理。其次是要转变发展方式，由粗放型转到集约型，由要素投入型转到创新驱动型，由外需驱动型转到内需主导型。当前，影响中国经济高质量发展的因素主要包括五个方面。

第一，人力资本。从我国人口年龄结构变化看，过去支持经济长期高速增长的人口红利因素在逐渐消退。根据国家统计局公布的数据，2012—2018年，我国劳动年龄人口的数量和比重连续7年出现双降，7年间减少了2600余万人。在人口增长的重大转折期来临的背景下，提高国民教育水平和科学文化素质，发挥高质量的人力资本红利（例如工程师红利）将成为高质量发展阶段的重要推动力。

第二，技术进步。从增加资源投入的粗放式增长，转向讲求效益的高质量发展，需要技术进步带来的效率提升和产品质量的改善。同时，加快技术发展也有助于价值链延长和提升，适应全球产业升级趋势。

第三，有效的制度安排。有效的制度安排能使权、责、利激励相容，使人更积极地投入。通过恰当的制度设计，能鼓励创新、促进竞争，提高资源的配置效率，引导经济转向高质量发展。

第四，对外开放质量。自由开放为要素跨区域流动和有效配置提供了途径。通过对外开放，不仅可以获得更大的市场，也可以利用国际上的要素资源以弥补中国禀赋的不足。

第五，资源和环境质量。粗放式的增长是以高能耗和高污染为代价的，资源约束日益趋紧，大气污染仍然严峻，水体污染、土壤污染突出。合理的资源使用结构，资源节约型社会建设，良好的生态环境和人居环境，是高质量发展的内在要求。

三、如何实现高速增长向高质量发展的转变

实现高速增长向高质量发展转变，需要在宏观政策、区域政策、经济体制等诸多领域作出巨大努力。从具体措施看，要着力抓好以下八个方面的工作。

第一，努力保持宏观经济环境的平稳。高质量发展需要平稳的经济环境，避免经济大起大落是确保社会稳定的前提条件。质量优先不等于不要速度，合理的速度还是质量提升的一个重要条件。

如果调整过猛使经济失速，将引发各类风险，高质量发展也无从谈起。这需要一以贯之地坚持稳中求进的工作总基调，保持宏观政策的稳定、平衡、协同，确保经济运行在合理区间。

第二，提升人力资本。根据联合国的数据，2016 年我国中等教育和高等教育入学率分别为 77% 和 48%，虽然高于世界平均水平，但是和发达国家如美国相比尚有较大差距（2016 年美国中等教育和高等教育入学率分别为 95% 和 86%）。我国人力资本的质量仍有巨大提升空间，特别是中高级职业教育，还十分落后。从财政投入看，我国财政性教育经费占 GDP 比例自 2012 年连续超过 4%，但较美国的 7% 仍有差距。需要继续加强教育经费投入，同时调动全社会办教育的积极性。加快提高教育现代化水平，加强对基础教育、农村教育的支持，促进教育公平，加快普及高中阶段教育，提高高等教育发展水平，优化教育结构，统筹推进双一流建设，培养大批创新人才，加快培养各类紧缺人才。深化产教融合，开展大规模职业技能培训，政府部门增强社会职能服务就业创业，加强人力资源供给和需求的匹配。

第三，以创新驱动增长。创新是引领发展的第一动力，要以科研创新、管理创新和产品创新支撑高质量发展。在我国人口红利和全球化红利不断下降的情况下，需要靠创新带来的生产率提升，突破资源能源环境的瓶颈；需要进行基础性研究突破，更好地应用研究成果，深化科研体制改革，加大关键领域、重点环节的核心技术研发力度，加强高水平人才的培养。

第四，提升供给体系的质量。企业必须转变观念，适应新时代消费需求的新变化，大力发展新经济，提供更高质量的产品和服务。深化供给侧结构性改革，增强经济质量优势，提升产业价值链，发展高端制造、智能制造和数字经济，推动新技术和实体经济的融合。继续加强基础设施网络建设，支持传统产业优化升级，通过改革把过剩产能、高污染产业中要素资源逐步转移，优化配置效率。进一步发展服务业。我国服务业近年来已经壮大，但质量层次仍有待提高，要瞄准国际高标准。金融以服务实体经济为本，加强金融监管，促进金融制度良性变迁，深化金融体制改革，完善融资结构。

第五，保护生态环境，有效利用资源。加快生态文明体制改革，打好污染防治攻坚战，降低排放，促进能源清洁化，健全管理机制和跨地区协调，精细管理不搞"一刀切"。提倡节约高效，加快形成绿色发展方式和生活方式，发展环保产业，研发推广绿色低碳技术。据统计，我国万元 GDP 能耗 2017 年降至不足 0.6 吨标准煤/万元，较改革开放之初累计降低 77.2%，节能减排工作取得成效，但需进一步推进。健全自然资源资产产权制度，运用市场化手段，完善资源环境定价。

第六，通过乡村振兴和区域协调发展，共享高质量发展成果。共同富裕是社会主义本质的重要体现，需要实施乡村振兴战略和区域协调发展战略，推进农业农村现代化，深化农村土地制度改革，支持老少边穷地区加快发展，协调东中西部区域协调发展。把好公平与效率之间的平衡，缩小城乡、区域、行业收入差距，共享高质量发展成果。

第七，加快完善体制和政策环境，树立正确的政绩观。完善产权制度和要素市场化配置，完善国有资产管理、深化国企改革，放宽准入，促进竞争。完善鼓励创新发展的制度环境，保护知识产权，打击侵权盗版，促进形成鼓励原创、宽容失败的创新文化。加快形成推动高质量发展的指标体系、绩效评价、政绩考核，不必过度关注经济增长的短期波动，扭转过去唯 GDP 论的衡量标准。

第八，提高对外开放质量。顺应国际发展新趋势，促进贸易平衡，注重出口商品的质量和附加值的提升，大力发展服务贸易，培育贸易新业态、新模式。签订和升级自由贸易协定，推动高标准的贸易自由化。进一步放宽市场准入，落实好新制定的《外商投资法》，同时有效引导支持对外投资，倡导和推动共建"一带一路"。

简　介

邱晓华（Qiu Xiaohua）

云河都市研究院副理事长、阳光资管首席战略官、华兴银行首席经济学家、金砖智库理事长、新华都商学院教授、国家统计局原局长。

1958 年出生。厦门大学经济学学士，北京师范大学经济学硕士、博士。

曾先后担任国家统计局综合司副处长、处长、副司长、国家统计局总经济师兼新闻发言人、副局长、局长，安徽省人民政府省长助理、中国海洋石油总公司能源经济研究院（政策研究室）首席经济学家、民生证券首席经济学家、中国泛海集团董事、泛海研究院院长。曾任第十届全国政协委员、全国青联副主席、货币政策委员会委员。现兼任中国国际经济交流中心学术委员、高级研究员。在多所高校和研究中心任兼职教授或特约研究员。

先后在国内著名刊物发表经济统计论文 400 多篇，著有《中国的道路：我眼中的中国经济》《中国经济新思考》等专著，被世界银行誉为"中国的数据先生"。

中国城镇化的变与不变

岳修虎
Yue Xiuhu

国家发展和改革委员会价格司司长

从改革开放 40 年来我国城镇化发展看，其运动形态既符合城镇化发展的一般规律，也展现出一些典型的中国特征。从未来发展趋势看，客观规律仍将决定其基本走向，发展阶段的转换也会表现出一些新的物理表征和运动特点。

1

城镇化在经济社会发展中具有不可替代的作用，过去是，将来也是。改革开放以来的经济增长中有相当部分可以通过城镇化进行解释，比如，农村劳动力转移带来的劳动生产率提升，城镇建成区人口规模和密度大幅提高带来的分工细化、土地增值和市场拓展，以及信息成本、学习成本和创新成本的降低等，这些都产生了强大的增长动力。几亿人口生产方式的改变，对家庭及个人的生活方式、思想观念的影响十分深远，并主导了社会结构的调整、社会矛盾的转换和社会文明的演进。从制度变迁的角度看，城镇化推动了城乡二元分割体制的逐步破除，并通过市场的力量特别是劳动力流动重构了城乡关系。从计划经济向市场经济的体制转型，以及不同阶段的发展理念、战略部署和政策设计，均在城镇化进程中留下了鲜明的历史印记。从城镇化成熟期国家的经验看，我国城镇化率还有较大的上升空间，农业耕作技术的进步可能意味着人多地少国家的城镇化率更高。更为重要的是，城镇化水平并不限于城镇化率这一数量型增长指标，而将更多地体现于内涵更为丰富的质量型发展。因此，在城乡差距还没有基本消除之前，其本身所固有的对经济社会发展的巨大推动力仍将继续发挥作用。需要改变的只是对城镇化过于单薄的理解，比如，对人口数量、规模或大或小的纠结，对硬件、"特色""名片"等显绩的过度偏爱，而应转向深入思考什么是、怎么能实现真正的城镇化高质量发展。

2

城市胜利的根本原因在于人口聚集以及随之而来的规模经济效应，过去是，将来也是。14 亿人口大国城镇化带来的国土空间结构和生产力布局的变化，需要更富有想象力的大空间历史性穿透，无论是城市还是大城市群的发育可能还只是"少年"。随着户籍、土地、社会保障等制度改革的不断深化，包括人口在内的各类生产要素得以在全国统一市场自由流动，城镇化运动的基本规律将展现出人类发展史上前所未有的巨大威力。超大型城市群将在珠三角、长三角、京津冀等地区不断成长，中心城市、次中心城市、大城市、中小城市和村镇共同组成的复杂巨系统，将聚集和承载越来越多的人口、产业与创新，并在形态与功能上改变"全球城市"的定义和竞争格局。便利的交通与通信将在一定程度上缓解中心城市的压力，但这并不意味着会削减它的吸引力，可能会相反地进一步放大它的辐射力，赋予周边更大半径内其他城市更广阔的发展空间，并将更多的次中心城市、大中城市融合成为统一的有机体。从重视小城镇、限制大城市到以城市群为主体形态，从行政划定的名义上的城市群到由市场力量形成的真正城市群，实践反复证明一个道理——政策改变不了规律。面对人类发展史上前所未有的机遇与挑战，如何在较小的国土空间上满足数亿人口的生产、生活、生态需要，构建安全、高效、文明、和谐的经济社会运行秩序和人与自然关系，必须跳出传统行政区架构下的体制机制设计和思维行为方式。如何系统性地提升经济、社会、空间等治理能力，以适应超大型城市群的高效运转，将成为未来城镇化能否顺利推进的关键。

3

城镇化的核心任务是让更多的人过上现代化的生活，城市的竞争归根到底是人的竞争，过去是，将来也是。越来越多的城市将从限制人口落户转向主动吸引更多的人特别是年轻人的流入，尽管可能在初衷上仍基于推动经济增长的考量，而没有认识到更深远的影响。从根本上讲，城市的意义在于为市民提供优质的生产生活条件和环境，并动态优化其系统功能以适应人口结构及其需求的不断变化。这需要城市规划者、建设者、管理者把以人为本的理念融入血液，无论是打造大区域优质生活圈还是城市微社区更新，都需要以方便市民生活和人的发展为依归。由于长期偏重于经济增长目标，导致许多城市或多或少地患有快速工业化、城镇化的"后遗症"。规划先天不足，后天开发混乱无序，生活生态配套严重不足等，都迫切需要调整思路和方向，紧扣更好地满足市民需求，系统、精心、有前瞻性、有步骤地进行"修补"或"改造"，用心打好"存量牌"，让出行更便捷、让社区更温馨、让林荫更茂密、让生活更惬意。城市要追求的不是灯光闪烁、不是高楼林立、不是道路宽广，因为这些都是手段，真正的目的是市民们的舒适幸福、游客的流连忘返。值得注意的是，在越来越开放的竞争环境中，城市能够吸引什么样的人将决定它会成为什么样的城市。尤其是城市管理者追求的价值理念、对市民需求的感知能力、制度创新能力的差异，将成为决定城市竞争成败和层级的核心要素。

4

城镇化的变在于其使命已不限于推动经济增长和城乡协调，而是将在现代化所有维度上、在国土空间格局的系统调整中发挥作用。我国城镇化已从工业化的主战场升级为现代化的主战场，过去面向推动工业增长、面向解决"三农"问题的历史定位已显得有些狭窄。我们不得不在中国特色主义现代化的完整定义里，重新思考城镇化下一程的新使命。城市发展的目的应从服务于经济转向服务于人，城市发展的逻辑应从追求经济增长转向系统性地推动社会结构、经济结构、空间结构三者间的协同优化，进而实现从一维的数量型到多维的质量型发展的根本性转变。城市发展的路径应从生产型城市转向生活型城市、从制造型城市转向创造型城市、从行政区转向优质生活圈。城市的空间结构应从以生产空间特别是工业空间为主转向生产空间、生活空间、生态空间、文化空间更有机的组合。经济发展、人文环境、生态建设、公共服务、社会治理，以及人的现代化本身，将更为一体地构成现代城市发展的内核。单纯的经济思维已变得缺乏竞争力，因为生态亦经济、人文亦经济、法治亦经济，而人本身则是更大的经济。从更宏观的视野看，在资本、人口乃至土地等要素趋向"自由流动"的情况下，城市群及城市发展能级的差异会进一步加剧后发地区的劣势。以经济和人口总量或密度衡量的地区差距也会进一步拉大，一些城市将会难以避免地开始"衰落"，但这恰恰会带来国土空间结构的优化和人均水平更加均衡，以"人"而不是以"地"为单位衡量的现代化进程仍在持续推进。

小结

城镇化的使命已经转向服务现代化建设这一战略任务，进而转向追求具有更丰富多元目标组合的高质量发展；如何更好地满足广大市民现代生活的需要将成为中心任务，因为每个城市都不得不面对现代市民"用脚投票"的考验；更多的人口向超大城市群地区聚集会成为不可逆的趋势，并从根本上改变城乡区域结构和国土空间开发格局，由此带来的国际竞争优势足以弥补人们对超大城市的抱怨；单体城市的发展需要"优秀的管理团队——更强且富有弹性的制度创新能力——更有吸引力的发展环境"所形成的综合竞争力，发展路径将转向"社会结构—经济结构—空间结构的协同优化"，而这其中最为关键的是真正地践行以人为本。也许，这些都是未来城镇化发展的变，但城镇化发展的基本规律和内在逻辑没有变，也不会变。

简　介

岳修虎（Yue Xiuhu）

国家发展和改革委员会价格司司长。

1973 年出生。1997 年中国人民大学毕业后，进入国家发展和改革委员会发展规划司工作。长期从事国家发展战略、中长期战略规划的编制与政策制定工作，参与了《中华人民共和国国民经济和社会发展第十个五年计划纲要》《中华人民共和国国民经济和社会发展第十一个五年规划纲要》《中华人民共和国国民经济和社会发展第十二个五年规划纲要》，以及"全国主体功能区规划""国家新型城镇化规划"等的研究编制工作。2001—2002 年担任美国麻省理工学院（MIT）客座研究员。历任国家发展改革委副处长、处长、副司长。2018 年升任现职。

城市的舒适性

横山祯德
Yoshinori Yokoyama

县立广岛大学经营专职大学院经营管理研究科（HBMS）研究科长
东京大学校长室顾问、麦肯锡东京分社原社长

城市起源于道路。首先是一条路，然后是两条路……人们相遇相识在相交的十字路口，自然而然地开始物品的交易买卖。除了交换物品之外，人们还谈论世事，传播信息。随着这个便利的场所被众所周知，参与交易的人群逐渐增大，自然而然地形成了集市。由是，十字路口出现做买卖的、搞餐饮的、提供住宿的，还有被热闹所吸引来的形形色色的人。是的，这就是城市的起源，城市最原始的形态就是相遇和交易的场所。汉字中"市"的字源似乎就来自"道路交叉之地"。法国大型超市的家乐福在法语里就是交叉点的意思。十字路口是城市的源头。

就这样，渐渐地形成了街道。然后，不直接从事农业、渔业，也不从事交易，但以这些人为对象的买卖人也诞生了。随着城市生活者的人口增加，经济实力增强，人们开始追求只有城市才能提供的便利性，并为之付出相应的代价。所谓的城市生活和支撑城市生活的规则、价值观、品位、审美意识也逐渐形成。经过时间的打磨，才成就了今天的现代城市。

如果从这种文脉上考量，对于城市而言，以宜居和持续繁荣为代表的"可持续性"是最基本的要素。此外，以城市与城市之间、城市与周边农村之间的交易和功能互补为代表的"相互依存度"也是城市不可或缺的要素。

以丝绸之路为例。日本有很多研究大陆游牧民历史的学者，他们认为丝绸之路实际上是一张丝绸贸易的网络。从中国长安出发的骆驼商队在沙漠里朝中东缓慢地行进是笔者孩提时对于丝绸之路的想象，然而实际情况却并非如此。

中亚的南侧虽然大多是沙漠，但北侧大半是草原，草原上曾经有许多交易城市。在这些城市里，有很多人居住和消费，有各种买卖，如裁缝铺、理发店、搬运铺、饭馆、旅馆等。骆驼商队大多并没有从中国一直长途跋涉到中东，而是携带着丝绸和银器等交易商品，在城市之间移动。也就是说，这些中亚城市的起源也是交易场所。

城市的生活者们，对城市有着只有在城市才能享受到的舒适性的期待。但是，城市的舒适性无法定量化的东西有很多，不一定都能通过数字来表现。比如，纽约的口袋公园、东京的公共空间，或者建筑物周围绿化的多少、设计的品质、道路以及人行道的宽度、路面的质量、避暑遮阴的布置、避寒挡风的设置，抑或街头休息用长椅的充足度、街道和广场的噪音大小、公共洗手间的便利性和

清洁度，更重要的是无论哪个时间带，无论是在哪里都感觉不到危险的安心感等，凡此种种，这些都是很难用数字来体现的。

在现代城市如何减少交通事故数量，不让行人感受到来自汽车的危险，能够放心地行走也非常重要。这些很多都是眼睛看不到的无形感受，提高这些感受的努力有些也是无形的。例如，这些年日本通过严格禁止酒后驾驶，大幅度降低了交通事故的死亡率。当然，有形的城市设计也是一种改善人们感受的重要手段。例如，著名的美国景观设计师劳伦斯·哈普林（Lawrence Halprin）设计的明尼阿波利斯的尼古莱特大道，将汽车优先、步行困难的道路改造成行人优先、美观舒适的城市街道，这种划时代的逆转成为以后许多设计的楷模。

哈普林不仅将人行道变宽，车道变窄，还将车道设计成波浪起伏状，限制了汽车的车速和便利性，同时还在变得宽广人行道上配置了各色各样的街头小品，将其打造成易于人群聚集，还时常举办一些活动的魅力街道。当然，类似这样的街道空间的变化和设计品质的提高都是难以数值化的。

另外，与铁路不同，巴士的线路与其他汽车的车道存在重叠，造成巴士因为道路拥堵经常延误。不仅如此，巴士到站停靠时，又妨碍到其他汽车的通行。从城市的舒适性来看，这些都是大问题。

如上所述，在评价城市的主要指标中，与可持续性和相互依存度相关的指标较容易数值化、定量化，能与其他城市进行比较，并能在此基础上明确发展目标。相反，数值化、定量化城市的宜居性和舒适性却非常困难，像美观这种相当主观的舒适性要素，就难以界定其评价标准，甚至连要确保恰当的参评者都不容易。但是，在全球化的今天，地域的特色显得更加重要。因此，需要将由气候、风土、文化，以及历史打磨而成的宜居性和舒适性进行评价。

如此定性的评价标准应该如何制定呢？以电线杆电线的埋设为例，需要从改善城市景观和增加抗拒自然灾害安全性这两个方面进行评价，这中间既涉及与地域性无关的功能性问题，也涉及地域审美意识的要素。因此这类评价先不必，也无法追求完美，但是随着时间的推移，评价的妥当性一般会逐渐得到改善。

把城市的舒适性提到议事日程上来无疑是一件好事，但是舒适性中也有一些并非绝对必要的内容。还是以电线杆电线埋设为例，包括东京在内，日本的城市除了干线，其他道路都充斥着电线杆电线的"蜘蛛网"。由于大多数的居民早已习以为常，并不在意这些电线"蜘蛛网"，因此日本城市的电线埋设步伐缓慢。据说在 1920 年左右，当时的东京曾经计划埋设九段坂地段的电线，但是却被认为这种措施对处于发展中国家的日本来说太过奢侈，最终不得不放弃。

虽然早已不是发展中国家了，但是在日本，电线杆电线地下埋设的动静还是不大。因为由谁出资，如何获得回报？这些事仍然还并不清楚。也无法指望电力公司和通信公司来做这个事情，他们会拿没有投资回报、无法说服股东作为理由来搪塞。而对于国家和地方自治体来说，比起人口老龄化对策以及提高医疗制度水准，埋设电线的优先度并不高。

可是，城市的舒适性应该反映城市生活者们自身的意见。因此，需要让市民与政府官员、专家学者一起参与对城市舒适性的评价，验证和改善评价的妥当性。

归根结底，城市的舒适性是市民自身应该关注的切身事宜。城市的评价体系需要通过吸纳市民参与，培育城市生活者作为城市主人翁的意识，从长远看这将为打造城市魅力作出重大贡献。这也是我对"中国城市综合发展指标"未来发展方向的期待。

简 介

横山祯德（Yoshinori Yokoyama）

县立广岛大学经营专职大学院经营管理研究课（HBMS）研究科长、东京大学校长室顾问、麦肯锡东京分社原社长。

1942 年出生。毕业于日本东京大学工学部建筑学科，美国哈佛大学城市设计硕士、美国麻省理工学院 MBA。

曾就职于前川国男建筑设计事务所。1975 年入职麦肯锡公司，担任东京分社社长。历任日本经济产业研究所上席研究员、日本产业再生机构监事、福岛第一核事故国会调查委员。2017 年开始任现职。

紧凑城市与智慧城市

森本章伦
Akinori Morimoto
早稻田大学教授
工学博士

1. 未来城市的形象

如何描绘未来城市的城市形象？1898 年，英国社会活动家埃比尼泽·霍华德（Ebenezer Howard）提倡的理想之城是住宅环绕在公园和绿植之中的"田园城市"。而勒·柯布西耶（Le Corbusier）在《光辉城市》（1930 年）一书中展示的是，鳞次栉比的超高层建筑群与公共空间并存的城市。虽然这是两种完全不同的城市形象，但却都是为了解决当时因急速的城镇化而产生的城市问题所提出的解决方案。此后近一个世纪过去了，今天在许多大城市的中心和郊外都可以发现这些城市形象的影响。

在 20 世纪，得益于产业革命后各类科学技术的进步，城市不仅生产性大幅提升，持续流入的人口更使城市人口急剧增加。特别是汽车的出现，使人们的日常生活发生了巨变，房地产开发向环境良好的郊外扩张，实现了富裕的城市新生活。但是另一方面，郊外无序的乱开发也对城市结构产生了莫大的影响。对汽车的过度依赖，更使城市陷入了因严重的拥堵和交通事故造成的社会灾难，以至于至今都还在寻求解决途径。当然，在相当早的阶段就有关于这些问题对策的讨论，譬如近邻住区论（1924 年），建议打造以汽车为前提的安全居住地区。此后，探索实现汽车与居住环境理想关系的城市形象倡议层出不穷，在世界各地也出现了许多示范案例。

进入 21 世纪后，日本人口达到峰值，继而迎来了人口减少的时代。同时，环境问题成为世界关注的全球性问题，理想城市的形象也随之发生了变化。特别是 1987 年联合国《布伦特兰报告》（*The Brundtland Report: Our Common Future*）中所提倡的可持续发展城市模式，对日本的城市政策产生了重大影响。此后，日本致力于推行摆脱对汽车的过度依赖，建设富有魅力的城市中心，打造公共交通和徒步圈的紧凑城市政策。

2. 紧凑城市政策

与过度依赖汽车的社会相比，紧凑城市作为追求对人和环境友好的、可徒步生活的、可持续发展的城市模式，越来越引人注目。紧凑城市的定义多种多样，总的来说包含以下要素。

密度：保持一定的人口密度，提高市区效率。

空间：将功能集中在一定区域，打造繁华街区。

交通：重视公共交通，建设适宜人行走的城市。

资源：充分利用现有资源，重视历史文化和社区。

值得一提的是，日本紧凑城市政策有一个特殊的文脉，就是应对已经到来的人口减少社会。预计到 2050 年，日本总人口将减少 23%。随着超老龄化社会劳动年龄人口的不断减少，维持管理城市基础设施的财政负担要比预想庞大得多。城市需要将在 20 世纪人口增长期扩大的市区适度收缩，谋求实现可持续发展。

3. 智慧城市

同时，利用科学技术推进新型的城市建设也在摸索之中。所谓智慧城市就是利用信息与通信技术（ICT）等新技术，实现整体优化的可持续发展城市或城区。

智慧城市的概念原本是，从利用智能电网，优化输配电和电力消费，提高能源效率的角度出发，2010 年前后以民间企业为主扩散开来的。

一开始，主要还局限在特定领域。但近年，开始增加横跨环境、交通、能源、通信等领域的案例。更涌现国家主导的"新加坡智慧国家"（Smart Nation Singapore），以及官民联合的加拿大城市开发项目"步行多伦多"（Sidewalk Toronto）等案例（见图 6-1）。

图 6-1 智慧城市图谱与案例

资料来源：笔者制作。

智慧城市和紧凑城市有什么不同？从不同的视点对两个城市模式进行比较，可以看到各自的特征。首先，紧凑城市以城市空间为对象，智慧城市以信息作为对象；其次，前者存在于现实空间肉眼可见，后者却是虚拟空间的信息运动肉眼不可见；紧凑城市通过规划管理来达到压缩城市空间的目标，智慧城市运用信息技术实现市场扩张。两者虽然都以可持续发展社会为目标，但其方法却大不相同（见表6-1）。

表6-1　紧凑城市 vs 智慧城市

都市形象	对象	视觉性	原理	手段
紧凑城市	空间	可见	压缩	规划与管理
智慧城市	信息	不可见	扩张	信息技术

4. 未来新的城市形象

紧凑城市与智慧城市有一个共同点，即"共享"。紧凑城市通过把市区集中在一定区域，追求共享城市空间。将人口密度保持在一定水平，促进居住空间的有效利用。利用巴士、路面电车等公共交通工具，减少私家车占用道路空间，有效地共享移动空间。总之，紧凑城市谋求通过共享，提高居住和交通等城市活动的效率。

智慧城市则是通过利用 ICT，共享信息，实现提高城市活动效率。无论是在区域层面上的能源相互利用，抑或是跨领域的信息管理，如何实现不同类型信息的共享成为关键。例如，通过共享移动信息，今天可以实现诸如 MaaS（Mobility as a Service）之类的综合联运服务。

总而言之，融合空间共享的紧凑城市与信息共享的智慧城市，能够描绘出崭新的城市形象。在徒步生活圈范围内打造紧凑城市空间，将这些空间用准时准点的、富有魅力的公共交通相连；集约区域的周边是绿意盎然的田园风景，无人驾驶汽车将人们送到公共交通换乘站点；综合联运服务使出行能够共享各种交通工具，提高整个交通设施的效率，降低环境负荷；无论是平时还是非常时期，人们都可以无缝连接高速信息网络，城市生活舒适而安全。

这样的城市或许就在不远的将来。

简　介

森本章伦（Akinori Morimoto）

早稻田大学教授。

1964 年出生。早稻田大学研究生院毕业，工学博士。历任早稻田大学助理、宇都宫大学助理、副教授、教授、麻省理工学院（MIT）研究员，2014 年起任早稻田大学教授。兼任日本都市计划学会常务理事、日本交通政策研究会常务理事等。

如何认识与评估城市发展

李　昕

Li Xin

北京市政协副秘书长、中国科学院研究员
理学博士

梁思成先生曾说过："城市是一门科学，它像人体一样有经络、脉搏、肌理，如果你不科学地对待它，它会生病的。"

随着工业化进程加快，城市迅速发展，尤其人口激增导致的交通拥堵、水资源短缺、空气污染、公共服务供给不足以及社会公共安全保障困难等诸多的"城市病"凸显。这些问题都是比较复杂的，尤其像北京这样超大城市更是如此，远远超出了任何一个现有学科的专业边界或极限。倘若从任何单一的专业角度去研究城市问题，都似盲人摸象，只是能看到城市的一个侧面。例如，从经济学角度看，目前的中国大多数城市密度太低，规模还不够大，应该增加密度，扩大规模，应该按市场规律，让要素更易集聚。这样，经济发展尤其知识经济发展效率会更高，没有必要甚至也没有可能控制住城市人口的规模。这种判断从经济学角度无疑是正确的。但从城市全面发展的综合视角出发，尤其对城市管理者来说，考虑城市安全、宜居性等其他问题时，这个说法又未必全对。所以，城市发展有其自身规律，但规律绝不仅仅只是一个经济规律。

城市是有生命的，具有复杂性的同时还有其自组织性。生命体都具有自适应性（自组织性）和系统性的基本特征，这是与非生命的根本区别。城市的组织结构和演化发展过程也同样具有这些特征。若非要试着给一个定义：城市发展演变就是建立在复杂的自组织和系统整体开放基础上的空间运动，其结果是促使城市功能、人口结构、空间和形态不断地发展和系统地组合。通俗讲可以理解成为城市的系统整体性不等于各个部分的简单叠加。

因此在分析研究城市问题时，仍按常规思路"机械还原论"的方法，即把一个复合的问题简单分解为不同领域的专业问题，然后由不同领域的专家分头研究分解之后的那一部分，显然就会屏蔽城市系统的自适应性，得出的结论也就必然会有偏差。例如，近20年来大城市出现的交通问题、大气污染问题，尤其一线城市的房地产价格问题等，都现实演绎了一种政府政策实施或引导与城市自适应性之间的对立或矛盾。换句话说，任何一项规划或政策的实施，都必然会对与其相对应的、具有内在联系的其他方面产生大小不一的影响，往往与我们的预期有一定偏差，甚至是相反的结果。

由此可以判断，目前城市问题研究已不再是过去城市规划从业者所能独立解决的了。这个领域的研究一定是跨多种学科且需要在一个共同开放的平台上进行探讨，必须是诸多专业拿出全部力量来配合才有可能完成的事情，还需要从实证分析和经验判断更多地走向工具理性化或者数值模拟化，或许也是国际研究一个趋势。据我所知，英国剑桥大学建筑系的城市建设规划研究，正是在做这样的努力，想借鉴北京2008年奥运搞的城市空气污染控制决策支持系统，建立一个城市或区域空间发展规划的决策支持系统。

非常值得欣喜的是，2016年，由杨伟民主任领衔首席专家、周牧之教授、徐林司长主持，历时四年多研究开发完成的"中国城市综合发展指标"正式发布。由跨多种学科的中外专家结合国内外城镇化发展的经验教训和城市发展最新理念，经反复研讨构建了以环境、经济、社会三个维度，确立以生态优先、重视经济发展质量、追求社会服务均衡的、以人为本的可持续发展城镇化的综合评价体系。而且这套指标体系是开放的，并针对发展需求，可以不断调整完善设置。例如，指标数量从2016年的133项，增加至2017年的176项，2018年确定为178项。

"中国城市综合发展指标"利用具有实际价值的统计数据、卫星数据与地理的空间数据，对全国298个地级及以上的城市进行了分析。并通过引入偏差值（与相对平均值的偏差数值），反映每个城市的各项指标与所有城市均值对比后的水平，某种程度上对中国城市发展状况做了一次全面评估。从而既可看出我国东、西部地区城镇化发展水平的差异，同时也能揭示出同一个地区或城市群内部空间发展的不均衡。正是在这样的基础上，还分析了珠三角、长三角、京津冀、成渝地区等大城市群发展特征与存在的挑战，以及未来改革的预见。

我认为，指标的量化不仅可以反映城市的特点，同时更能反映城市规划及城市发展中存在的问题，未来应该从问题出发考虑城市发展战略。以日本为例，2010年东京独居老龄人口达到6.2万户，65岁以上独居老人达到8.4万户，东京已是一个超级老龄化社会。对此，东京将人口结构变化及其衍生的就业、住房、交通、教育、医疗、安全等相关需求和问题紧密挂钩，制定出一套稳健的应变策略，提出了超高龄社会的都市样板目标。这与目前国内城市规划编制中人口研究例如千人指标配套相比，对城市分区规划编制具有更大实践指导意义。像欧洲一些国家，如德国进行城市更新再造时，也重视考量人口数量与结构的变化。

城市规划除需要重视对指标进行量化外，我与牧之教授讨论过，还应当进一步完善城市规划编制制度，充分吸纳各方意见。在中国，快速城镇化发展积累了大量的社会矛盾与问题，需要制定利益相关方能够有权参与的公众听证程序，充分讨论各方利益，达成彼此间的相互协调。虽然，这样协调会带来部分工作效率的损失，但充分的沟通协调在很大程度上能够保证政策与规划的可操作性和市民的可接受性，最大可能地减少因政策失误引起的公正损害，这一点以往在我国城市建设与管理中往往被忽视。

最后我还想表达一点：城市是经济结构、空间结构、社会结构、生态结构有机融合的四位一体，每一种结构不可能孤立存在。不是所有城市问题都能用指标所来涵盖，比如城市还有空间形态美学等感性要素。真正解决城市问题，应当充分认识城镇化发展的复杂性和系统性，注重不同区域之间的差异化，考虑各城市发展自身特点与现状，以及城市更新改造的需要，将空间结构布局有的放矢地与区域的经济发展、环境改善、社会保障等公共政策相结合，本着"中西医结合"宗旨，整体、辩证、由表及里、标本兼治地去编制城市建设发展规划，以期最大限度地解决"城市病"问题。

简 介

李　昕（Li Xin）

北京市政协副秘书长、中国科学院研究员。

1968 年出生，理学博士。历任中科院大气物理所副研究员、研究员。2004 年调入北京市环保局，历任副总工程师兼科技与国际合作处处长、环境监测处处长、大气环境管理处处长，主要负责北京 2008 年奥运会空气质量相关保障工作。2010 年调任北京市门头沟区担任副区长。2017 年任北京市政协副秘书长、中国民主促进会北京市副主委。兼任中国科学院大气物理所研究员、博士生导师、北京大学环境科学与工程学院教授。

研究领域：大气湍流混沌特征、相干结构与复杂性研究、大气污染特性与形成机理研究、北京市与周边地区污染输送转化机理研究、区域空气质量数值预测预报研究等方面。

研究成果：在国内核心学术期刊、国际 SCI 刊物上发表 60 余篇中英文学术论文。撰写了《关于北京市可吸入颗粒物浓度来源解析研究》《第 29 届奥运会北京空气质量保障——华北五省市措施研究》《第 29 届奥运会北京空气质量保障措施效果评估报告》《可持续发展城镇化建议》《区域性雾霾治理建议》等多篇科学报告。主编译：《颗粒物环境空气质量 USEPA 基准》（中国环境出版社 2008 年版）。

《中国城市综合发展指标2018》读后感言

杜 平
Du Ping

云河都市研究院副理事长、"十三五"国家发展规划专家委员会秘书长
国家战略性新兴产业发展专家咨询委员会秘书长、国家信息中心原常务副主任

1

在中国，城镇化是一个老问题，又是一个新问题。谓其老，中国加快城镇化进程历时40年，城市化率由17%增长到56%，常年流动人口过亿，已经完成从一个农业大国向工业大国的历史性过渡，并且将在数年内继续推进上亿人口在城市稳定落户。谓其新，就是我们的城市发展面临一系列新问题，也就是如何推进新型城镇化的问题。比如，如何有效地促成新型城镇化与工业化、信息化、农业现代化协调融合发展；再如，如何促进工业导向性城市发展向集成服务型、宜居型、绿色化和人文化导向性城市发展转化；还有，如何引导城市规划、建设和管理全过程、全部环节逐步实现数字化、智慧化、智能化；等等。这些新问题，都是中国城镇化进入新阶段面临的重大挑战和艰巨任务，也是实现中国由大国转为强国而绕不过去的一道坎。

多年来，伴随着中国城镇化实践，各类涉及指标体系的研究成果汗牛充栋，在推进理论指导——总结实践——再引导实践创新这一循环过程中，有一些报告曾发挥过不同程度的积极作用。现在读者们看到这本《中国城市综合发展指标2018》（已经是第三本年度报告），就是一个已经在国内外产生重要影响（已出版日文全版）的指标体系，并且对于国内主管部门决策者们，地方政府、学术界、企业界，以及社会各界关注人士都带来重要参考和启迪价值。自信对这个报告的论断还不会有虚假广告的嫌疑。

2

中国人口众多、地区差异很大这一基本国情，决定了促进区域经济特别是城市协调发展具有重大理论和现实意义。借鉴国际经验和教训，特别是总结中国的区域经济发展规律，至少已经形成一个基本共识。当今中国，必须要继续从城镇化中寻求持续稳定增长的新动力新源泉，同时又要推动城市发展实现高效率、高效益、高质量、高水平。因此，在统筹城乡及其乡村振兴的同时，城市发展，特别是大都市圈的发展只能加强而不能有任何削弱。

总之，在一个人口和国土规模的大国，城市化发展的质量、规模和水平既是最终解决一国区域发展重大问题的关键、核心和基础，也是最终决定一国能否平稳、较快、可持续地实现现代化的必

由之路。特别是在当今中国面临经济增长爬坡上坎，社会发展及社会文明建设进入关键阶段，生态环境保护任务更加繁重艰巨这一时期，可以说城市化就是类似中国围棋里能够决定成败的一个"眼"。

3

多年来，各级政府为了促进城市协调发展，陆续地、认认真真地提供了包括战略设计、规划制定、政策配套等公共产品和服务。总体上看，这些公共产品和服务在实践中是有积极意义的，在局部地区也取得较好效果。但是，若从投入产出率、发展可持续性和人民群众获得感这三个维度进行客观评价，大部分所制定的战略也好，编制的规划也好，都产生了不尽如人意或者说人民获得感并不强的实施效果。这也是事实。所以，需要进一步总结过往中国城镇化道路中的偏差或失误。例如，以大规模土地开发替代人口规模化集聚的城镇化，以行政手段撤乡并镇或设立新区来扩大城市版图，以工业GDP优先而损害了生态环境和社会发展，以市市分离和城乡分割的行政管理体制来滞缓大都市圈快速形成，等等。

因此，有必要对中国的城市发展进行量化评价和评估，找出可复制、可推广的规律性东西来，这对于各城市发扬光大之所长、不断升级对标杆、找到差距加快改，十分必要十分迫切。我之所以欣然参与"中国城市综合发展指标"的研究开发，并为本书写点东西，也就是认为这个指标的研发者们，这本书的著作者们能够连续多年静下心来，不求利益回报，通过精心构建指标体系来对我国所有地级及以上城市的经济、社会和环境发展进行量化评价评估，是做了一件大好事，其社会影响不断扩大，品牌价值逐步提升，真是可喜可贺。

4

关于中国的城市发展指标体系，近些年来国内已有许多研究成果。就我所看到的一些而言，各有一些长处，或者说基本上有些还能自圆其说。但是，我想要指出"中国城市综合发展指标"有着独特的亮点。

一是比较好地解决了数据欠缺和数据失真的问题。凡研发建立经济社会发展指标体系，都必须首先解决好能够表征指标体系的数据是否具有可获得性和及时性，以及数据分析样本数量和数据结构合理性等问题。但是显然，我国现有统计体系的数据来源、指标定义、标准化格式、事后归集等基本特征，都是无法满足基于复杂数据结构、规模化数据和时效性采集等来支撑城镇化指标体系研究的需求。另外，一些研究者为规避统计体系缺陷而力图设计出一套可自行采集并用于建立指标体系的抽样调查系统，但是，这在中国则又是一件难度更大甚至是无法达到设计者诉求的事情，比如调查表的主观设计缺陷，受访者的公正客观性无法保障，样板量严重不足等问题。因此，我们经常看到的一些关于城镇化发展指标体系的研究报告，都会由于没有较好地解决可用数据的获得性、及时性和基本样本数量，导致其论据不科学，论证出偏差，论断有歧义。

为此，"中国城市综合发展指标"的研究者们，开创性地设计了一套集成三大类数据源的数据采集归集及其加工利用系统，即30%左右选取于统计数据，30%左右获取于卫星遥感数据，40%左右采集于互联网大数据。从数据功效上来看，我认为，统计数据可以用来定义一些关键性可标化的常规现象，并且建立基本回归模型；卫星遥感形成的时空大数据可以用来客观表征空间变化与经济社会环境变化的关联性；互联网上包括人们消费、商务、通信、娱乐、社交以及电子政务等客观行为所自动生成的大数据和任何可在线自动传输信息的终端设备数据，则可以用来描述隐藏在人人互联、人物互联、物物互联这一时代的经济社会关系。综上所述，虽然现在的数据源结构以及权重计算等还需要不断完善和升级，但是从建立城镇化指标体系所首先需要解决的要害问题而言，该指标体系确实在一定程度上可以稳定保障数据获取的及时性、精准度和数据量，以及其结构的合理性。

二是基于数据可获得、可比较和可回归，"中国城市综合发展指标"研发出一套既相对独立又紧密关联的，表现为"3×3×3"架构的指标体系。可以认为，地球就是一个由天、地、人、众生万物共同构成的一个巨系统，中国古代哲理大师用"一生二，二生三，三生万物"拍象地概括了这个巨大系统的变化规律。显然，"3×3×3"架构暗合了这一规律，任何试图构建一套评价评估巨系统变化的指标体系，都必须定位于一个系统的、动态的并且不断迭代升级的指标体系。由于人类活动主要在城市空间集中集聚，因而对城市物理空间和生态系统的人为干预力度及其滞后影响更大。为此，对城市发展指标体系的设计应该说更加需要具有战略意义和现实针对性，当然也只能坚持一个永远没有最好只有更好的目标定位。我以为，"中国城市综合发展指标"在指标体系的设计理念、指标间逻辑关系、体系架构等方面，力图揭示城市内部各子系统上下左右的关联性及其城市与外部各系统间的关联性。即将经济、社会和环境抽象出来，作为表征城市变化的顶层指标，往下再具体分解为 9 个中项指标，再往下继续分解为 27 个小项指标，同时用 785 组数据集来定义这些指标。基于上述，既有利于综合反映城市大系统的变化趋势，又有利于评价评估城市各子系统的变化值及其结构，相信对判断和指导城市的高质量、可持续发展具有重要参考价值。

三是"中国城市综合发展指标"设计了一些创造性的新指标，更进一步揭示了现代城市发展趋势。例如，从"DID 人口"看城市发展的总量和品质；从"制造业辐射力"和"IT 商业辐射力"与开放交流等元素的相关关系分析看产业发展对城市功能的不同需要。

四是国际比较，"中国城市综合发展指标 2018"通过对比北京与东京两大都市圈在进入 21 世纪以后各类主要指标表现的变化，客观和有效地勾画出我国大都市圈发展的问题和方向。

综上所述，"中国城市综合发展指标"具有很好的前瞻性和战略性，是一套可以为中国城市高质量发展提供参照系的指标体系。

读后有感，特以文字记录之。

简 介

杜　平（Du Ping）

云河都市研究院副理事长、"十三五"国家发展规划专家委员会秘书长、国家战略性新兴产业发展专家咨询委员会秘书长、国家信息中心原常务副主任。

1956 年出生。1982 年以来，先后在国家发展和改革委员会（原国家计委）地区协作计划局、地区综合计划司、国土地区司、国土开发与地区经济研究所、国务院西部开发办综合组工作，历任处长、所长、司长。还曾任国家发展和改革委员会培训中心主任兼引进国外智力办公室主任、国家信息中心常务副主任。兼任中国地理学会理事、中国区域经济学会常务理事、中国科学与科技政策学会副理事长、中国人力资源开发研究会副会长以及中国科学院资源与地理研究所、浙江大学和中国政法大学兼职教授。

"中国城市综合发展指标2018研讨会"发言集萃

2018年12月27日，由国家发展和改革委员会发展战略和规划司与云河都市研究院联合主办的"中国城市综合发展指标2018研讨会"在中国科学院学术会堂召开。

会议由国家发展和改革委员会发展战略和规划司周南副司长主持。与会嘉宾对"中国城市综合发展指标2018"的报告给予了中肯的评价和宝贵的建议。本集萃概括了部分嘉宾的发言要点。国务院新闻办原主任赵启正和全国政协常委杨伟民的致辞请参照本书序言，国家信息中心原常务副主任杜平和北京市政协副秘书长李昕的发言请参照本书专家述评，周牧之的报告请参照本书主报告。

徐　林　云河都市研究院副理事长、中美绿色基金董事长、国家发展和改革委员会发展规划司原司长

到现在，"中国城市综合发展指标"走过了三个年头。三年来，"中国城市综合发展指标"不断完善，指标的选择有完善，评价的方法也有完善。因为完善，现在的指标体系对中国城市综合发展的评价越来越合理，也越来越凸显其价值。

和过去比较，这次的报告有一些新的亮点，其中之一，就是对标城市密度、城市规模、城市辐射力展开了很为深入的探究分析，揭示了城市规模大的好处。

最近，有一本书比较流行，这就是《规模》。《规模》用很大的篇幅论证城市规模大的好处，并提出：城市的规模越大，创新的密度越高，创新的成果就越大。这一判断和"中国城市综合发展指标"的判断殊途同致。所谓英雄所见略同，莫过如此。

"中国城市综合发展指标"构建起了包括经济、社会和环境三个维度的分析框架，我以为，三个维度的框架，很好地彰显了可持续发展理念。

"中国城市综合发展指标"还需要进一步的完善。举例讲，对经济的评价，现在的衡量尺度主要是静态指标，如GDP规模。这样的指标能够描述现在，但不一定能说明未来。所以，我觉得，接下来，有必要挖掘一些反映走势的指标，如此，"中国城市综合发展指标"不仅有现实性，而且还会有预见性。

周其仁　北京大学国家发展研究院教授

高质量发展，从数量转到质量，这是当今中国最大的课题。城市是高度复杂的，复杂的东西要转到高质量，挑战不小。

城市的发展一方面需要高度积极主动的创造力，一个新的园艺，一个街心的公园，一个新的建筑，都可能让人眼前一亮，让人改变对这个城市的质量评价；另一方面它又非常需要协调，不能因为一个方面的积极主动就把整体性破坏了。越是复杂的东西，越需要两个方面的兼顾。如果做比喻，可以想想交响乐。交响乐要求每个参与者都有创造力，都表现出创造力，但更重要的是和谐。

理解城市的高质量，应该能从交响乐里头获得一些启发。

首先，要有一个好的谱。这个谱不能太简单，复杂的活动不可能简单。交响乐的乐谱就非常复杂，除了总谱，还有分谱。牧之这几年构建的指标体系，就不简单，先是三个大项，经济、社会和环境，然后是很多准则，再后是很多指标，就像交响乐的乐谱不是简谱，而是五线谱。之所以不简单，还在于城市是一个巨大的生命体，一个复杂的生命体。

其次，读谱能力很重要。城市的 player 涉及方方面面，有企业、家庭、开发商，还有规划和管理当局等。他们的读谱能力怎么样是一个大问题。我们现在到处讲万亿俱乐部，省和省比，市和市比，比的是 GDP 总量。GDP 指标很重要，但不等于全部。聚焦一个指标不是问题，问题在指标变成目标，目标变成努力方向，就有可能出问题。今天，如果还是这么简单地读谱，产生的问题会越来越大。

这要求我们聚焦多个指标而不是一两个指标。举例讲，我们可以将几个指标联系在一起，多维度思考问题。牧之提出了 DID 指标，DID 很重要，但不能就 DID 谈 DID，而要跟产出，跟影响力，跟辐射力联系到一起来讨论。

其实，DID 本身就是多变量之间的一组关系。正是因为它是关系，才有很重要的实际意义。例如修地铁，原来说 300 万人就可以修地铁。在中国，300 万人不是什么问题。城市没有 300 万人口，没关系，并几个区进来就可以了。问题是，300 平方公里 300 万人和 600 平方公里 300 万人完全是两码事，不考虑 DID，在人口密度很低的情况下去修地铁，美其名曰的投资不仅是现在的财政支出，还会是未来的财政支出。

辐射力指标也非常重要。中国的城市特别注重招商引资，就是想把人家的好东西挖过来，对于自己怎么给别人东西则不太当一回事。辐射力其实就是城市的核心功能，城市厉不厉害是看你能给人多少东西。马云这么厉害还要跑到纽约融资，为什么？因为纽约可以给全世界有野心的公司估值，给他融资。纽约如果光给纽约人融资那就不能叫全球的金融中心了。

所以，辐射力是城市的关键，其实好多城市之间的关系就是一个互相辐射的关系，通过互相辐射形成一个网络。我们最近在研究长三角一体化，到底什么是一体化？一体化就是苏州有好的东西，上海直接用苏州的，而不是自己搞；上海有比较优势的东西，苏州直接用上海的。

我相信人均是一个可靠的参照数。人均高，本地消耗肯定高。曼哈顿的人均资本量肯定是很高，一定不可能光给曼哈顿人融资用，一定是给全世界人融资用。但是人均不直接，最好是量出你给了别人多少东西，别人又给了我多少东西。我给你，你给我，互相给，这就是网络和节点的概念。

我们国家非常注意平衡，平衡是一个非常重大的政治命题。我们经济学家总是讲人类的发展是非均衡的，但是政治决策就要考虑到平衡。什么样的平衡？人均的平衡而不是总量的平衡。比如日本的经济活动和人口向东京高度集中，但是东京和北海道的人均差距却没那么大。关注人均，得到的信息会完全不一样。

总的来讲，城市这个高度复杂的东西怎么从数量转向质量，需要有一个好的乐谱，需要提高读谱的能力。当然，除了好的谱和高的读谱能力，还得有好的指挥，关于这一点，我就说一句话，就是减少一点瞎指挥。

邱晓华　云河都市研究院副理事长、澳门城市大学经济研究所所长、国家统计局原局长

编辑出版"中国城市综合发展指标"是一项很有意义的工作。我想，这个指标有四个方面的意义。

第一，它是一个罗盘。指标体系描绘了一个方向，确立了一个目标，给出了一个方向，有导向和引领作用。

第二，它是一部年鉴。"中国城市综合发展指标"记载了一段时间中国城市发展的轨迹，描述了中国城市发展的主要环节和领域，给运营和研究城市的官员、学者和社会各方面人士提供了把握城市发展变化的各种信息。

第三，它也是一张诊断书。"中国城市综合发展指标"对城市是一次体检，有助于我们了解城市在一段时间的健康状况，帮助管理者和研究者理解城市。

第四，它还是一份成绩单。"中国城市综合发展指标"从数据的视角概括了城市的发展和成就，而且，300多个城市的发展和差距一目了然，跃然纸上。

"中国城市综合发展指标"的价值和意义还体现在它对三个原则的运用和遵循上。

第一是可比性。300 多个城市摆在一起，相互之间具有可比性。但不同的地域、不同的产业、不同的历史人文放在一起，有可能掩盖差异性。如何在相同性和差异性之间有一个平衡，是一个问题。在这方面，"中国城市综合发展指标"处理得比较好，这就是既关注城市共同的特点，又关注城市不同的特质。

第二是可用性。刚才讲的，"中国城市综合发展指标"有罗盘的功能、查询的功能、诊断的功能，还有记录的功能，为城市管理者和研究者提供了一个数据架构。同时，"中国城市综合发展指标"还高度浓缩了一段时间中国城市发展的特点、规律、成绩、问题、建议，为城市管理者和研究者提供了一个思考架构。

第三是连续性。一个指标体系，指标应该有连续性，否则，可比会成为问题。因此，我认为，指标应该相对稳定。但保持稳定，也需要呼应变化，否则，其价值会大打折扣。在这方面，"中国城市综合发展指标"有很好的应对，这就是保持基本指标的稳定，同时，根据需要，适当调整少量指标，在稳定和变化之间寻求一个均衡。

胡存智　中国土地估价师与土地登记代理人协会会长、国土资源部原副部长

"中国城市综合发展指标"实际上是对中国城市发展现状的一个综合评价，形成了一个非常好的评价体系，环境、社会、经济三大范畴，"3×3×3"的指标体系。既简明又系统，很有新意，很有创意。

在指标的选择上，"中国城市综合发展指标"很是独到。对这种评价，最担心的、最难处理的就是孰重孰轻，很是艰难的选择。但"中国城市综合发展指标"处理得很好，环境、社会、经济三大范畴的指标数量大致都在 1/3 左右，展示了三大范畴不相上下的重要性。在数据来源上，"中国城市综合发展指标"的处理也很有特点，官方统计数据、卫星遥感数据、互联网大数据基本上是三分天下，尽最大努力利用可以利用的数据资源。

"中国城市综合发展指标"还有一个特点，就是突出了城市空间开发格局的重要性，反映了空间结构。这在其他的城市评价中是不多见的，原因主要是相关数据难以获取，但"中国城市综合发展指标"通过运用卫星遥感数据解决了这个问题。

"中国城市综合发展指标"反映了研究者对城市发展的理解和期待。

比如，城市的辐射能力很重要。辐射能力是城市发展质量的一个尺度，也是城市发展活力的一种表达。

比如，城市 DID 人口是理解城市的一个重要维度。刚才，牧之分析了 DID 与其他要素的关系，有这样的分析，很多东西的理解就顺理成章了。

还有，城市群不是简单地划一个圈。对于城市群，最重要的是城市群里面的协作关系，相互辐射形成整体发展。

穆荣平　中国科学院创新发展研究中心主任

首先我同意牧之的观点，要重视人口政策，这里面，重要的有两个指标，第一个是每年人口净流入量，第二个是人均收入。你人多了不赚钱，那收入就下降，你要是人都跑光了就没有未来，这两个指标就逼着你只能往上走。

我觉得"中国城市综合发展指标"总体是非常好的，经济、社会加上环境，三个方面比较全面，指标设置上大体我是同意的。但我觉得可以再适当补充一些反映动态的指标，例如增量数据。

还有，我觉得科技创新相关的指标少了一些，这是一个反映高质量发展的指标体系，从逻辑上讲，需要从创新要素的角度来反映城市发展的相对质量，以为科技投入产出和经济社会发展之间的关联分析提供支撑。

李春生　人民出版社副社长

感谢牧之教授把这么好的一本书给我们出版，这本书我们出版以后，在日本也出版了，反响很大。

我们说这本书是好书，有三点。

第一点是符合当前需要，它对中国城市发展有评价和指导作用。

第二点是这本书肯定经得起历史的检验。这个指标体系本身它是合理的，而且经过一段时间的打磨会更加完善。

第三点是可读性，有受众。这是一本学术书，但是图文并茂，而且我们专业人士、关心城市建设发展的人肯定会看。所以说这本书是一本好书。

如何更加完善这本书，今天我还提点建议。这本书现在包括三个维度的指标，经济、社会和环境，这当然很好。但是从改革开放到现在40年了，过去我们国家一直关注经济问题，现在我们开始关心文化了。

指标体系中现在把文化放在社会大项里面，尽管也有文化，但是文化它没有作为一个支柱性的东西凸显出来。我建议把文化拿出来，单独变成第四个大项。也就是说，把三个维度变成四个维度，即经济、社会、环境、文化。

第二个建议是加强分析和解读。比如北京雾霾，有可能是经济结构的问题，也有可能是城市规划的问题。所以光有指标还不够，今后要进一步加强分析和解读。

张仲梁　云河都市研究院首席经济学家、南开大学教授

从两点到现在五点半，三个半小时大家从不同的角度、不同的层面对牧之的报告，还有"中国城市综合发展指标"发表了感悟、观点和建言，振聋发聩，到现在还余音绕梁。结束以前把今天的精彩部分再回放一下，我讲几个画面。

第一个画面是牧之报告主题所讲的集中与分化的趋势，集中和分化就是城镇化发展到今天走过来的道路，我相信也是未来城镇化发展的路径，集中势不可当，分化也是无可奈何。

牧之讲的 DID，以及对 DID 人口与经济、社会和环境指标之间的相关分析。给我感悟最深的是他讲 DID 对经济发展、社会发展非常重要，但是跟环境质量、生态的关联都并不是很大。说穿了就是不要害怕大，不要害怕密。确实，这是对城镇化发展逻辑、发展规律的一种崭新认识。

我想跟大家回顾的第二个画面是大家对报告的肯定。伟民主任讲这套指标"意义非凡"，是对中国城市的一个体检报告。晓华把这个报告概括成为是见证，是记录，是成绩单，也是诊断。胡部长讲这个报告，他担心最难处理好数字的重心，但是处理得很好，把指标的摆布，数据的分布做得既简明又直观。胡部长还讲这套指标的一大特点是对城市发展水平、发展方向的评估。杜平提到数据来源的特点，既有统计数据、网络数据，还有卫星遥感数据，特别提到不要让这些特点埋没了，数据的独特性从某种意义上奠定了报告的独特性，所以今后要强调数据的独特性。

同时大家还肯定了报告的一些很重要的观点。徐林有一段话让我记忆犹新，我理解他的意思是，你可以不喜欢大城市，但是不可以忽视大城市。

这个报告给了我们一系列的概念、逻辑和观点，使得指标和数据更有意义，的确这里面有牧之的思想。

第三个画面，大家对报告的未来走向提出了很好的建议。实际上这一点徐林一开始就讲了，现在可能还不完美，但正是因为不完美我们才需要继续往前走，真的完美了也就到此为止了，也就不需要在这儿开会了。所以在徐林要求之下，大家对怎么走向完美发表了非常好的意见。

特别是伟民主任的意见非常客观，也讲得非常好。他建议将"中国城市综合发展指标"明确为检验中国城市高质量发展的指标体系。他讲了要如何推动城市走向高质量，要我们进一步挖掘推动质量变革、效率变革、动力变革的指标，挖掘具有时代性、科学性、逻辑性、可行性的指标，他还特别讲到要关心体制和改革意义上的"高度""温度""湿度"等。这些对我们非常具有参考和指导意义。

晓华讲到要多考虑数据的可用性和可持续性，提到要考虑一些风险关联指标。胡部长讲到加强分析，特别是还要深化对城市群的分析研究。

徐林、杜平、荣平都谈到，我们要更多地考虑一些体现成长性的动态指标。杜平还提到要赋予城市生命体的概念。荣平的观念我一直比较赞成，简单、简单再简单，人口的净流入加上人均收入。

李社长建议把三个维度变成四个维度，这一点，我不太同意，还是应该坚持三个维度。

我自己还有一个想法，就是一定要搞一期关于"人的城市化"主报告。我们都是从农民变过来的，农民变市民的速度太快，现在很多人生活在城市里，思维和生活方式却还是农民。其实人的城市化才是最终的城市化，我们现在人本身的城镇化远不如我们政府口中的城镇化，或者政府文件里的城市化。

第四个画面，大家围绕如何用好"中国城市综合发展指标"提出了很好的建议。

启正主任讲要积极向市长们推荐，让市长们用起来。伟民建议可由国家发展和改革委员会发展战略和规划司向上级领导机关报告，并同步向各城市推荐，可以给需要的城市开出高质量发展的"体检报告"。同时还可以向上和向下延伸评价，向上覆盖城市群、都市圈，形成如京津冀协同发展、长三角一体化、粤港澳大湾区的评价。

其仁老师、晓华、胡部长都讲要通过更进一步做好解读和分析的工作，让更多的人理解它，让更多的城市用好它。

其仁老师还讲给别人东西的能力是城市的价值所在，更是城市的未来所在。这让我想起美国一位思想家的一句话：对于会思想的人而言，思想的响应就是美国的新财产。我相信今天牧之获得了财产，牧之的团队获得了财产，我也获得了财产。

图 6-2　中国城市综合发展指标 2018 研讨会

第七章 | 指标解释

1. 环境

表 7-1　指标解释：环境

大项	中项	小项	ID	指标	使用数据名	数据来源
环境	自然生态	水土禀赋	1	每万人可利用国土面积	可利用国土面积（平方公里）、常住人口（万人）	卫星遥感数据、各省统计年鉴、各城市统计年鉴、各城市国民经济和社会发展公报等
			2	森林面积	森林面积（平方公里）	卫星遥感数据
			3	农田面积	农田面积（平方公里）	卫星遥感数据
			4	牧草面积	牧草面积（平方公里）	卫星遥感数据
			5	水面面积	水面面积（平方公里）	卫星遥感数据
			6	每万人水资源	水资源总量（万立方米）、常住人口（万人）	各省统计年鉴、各城市统计年鉴、各城市国民经济和社会发展公报等
			7	国家公园·保护区·景区指数	国家级森林公园（个）、国家级地质公园（个）、国家级湿地公园（个）、国家公园体制试点（个）、国家级自然保护区（个）、国家湿地保护区（个）、国家海洋保护区（个）、国家A级景区（个）、国家级风景名胜（个）、国家园林城市（个）、国家森林城市（个）	国务院、自然资源部、生态环境部、文化和旅游、国家林业和草原局公布数据
		气候条件	8	气候舒适度	10℃—28℃年天数	互联网大数据
			9	降雨量	降水量（毫米）	各省统计年鉴、各城市统计年鉴、各城市国民经济和社会发展公报等
		自然灾害	10	自然灾害直接经济损失指数	自然灾害直接经济损失（万元）	民政部公布数据
			11	地质灾害直接经济损失指数	地质灾害直接经济损失（万元）	民政部公布数据
			12	灾害预警	灾害预警（次）	中国国家应急广播公布数据
	环境质量	污染负荷	13	空气质量指数 (AQI)	AQI平均值	互联网大数据
			14	PM$_{2.5}$ 指数	PM$_{2.5}$平均值	互联网大数据
			15	单位 GDP 二氧化碳排放量	万元 GDP 二氧化碳排放量（吨二氧化碳/万元）	各省统计年鉴、各城市统计年鉴、各城市国民经济和社会发展公报等
			16	工业二氧化硫排放量	工业二氧化硫排放量（吨）	中国城市统计年鉴
			17	工业烟（粉）尘排放量	工业烟（粉）尘排放量（吨）	中国城市统计年鉴
			18	城镇生活污水未处理排放量	城镇生活污水排放量（万吨）、城市污水再生利用量（万立方米）、城镇生活污水未处理排放量（万立方米）	生态环境部公布数据、各省统计年鉴、各城市统计年鉴等
			19	国定、省定断面三类以上水质达标率	水质级别	生态环境部公布数据
			20	区域环境等效声级	区域环境等效声级 [dB(A)]	中国统计年鉴
		环境努力	21	辐射环境空气吸收剂量率	辐射环境空气吸收剂量率 (nGy/h)	生态环境部公布数据
			22	环境努力指数	环保投入（万元）、地方公共财政收入（万元）	中国城市统计年鉴、各省统计年鉴、各城市统计年鉴、各城市国民经济和社会发展公报等
			23	节水努力指数	供水总量（万吨）、水资源总量（万立方米）、常住人口（万人）	中国城市统计年鉴、各省统计年鉴、各城市统计年鉴、各城市国民经济和社会发展公报等

大项	中项	小项	ID	指标	使用数据名	数据来源
环境	环境质量	环境教育	24	生态环境社会团体	生态环境社会团体数（个）	中国民政统计年鉴
			25	国家环境保护城市指数	国家级生态示范区（个）、国家级环境保护模范城市（个）、国家级生态文明建设示范区（个）、全国绿化模范城市（个）、全国城市环境综合整治优秀城市（个）、城市双修试点城市（个）	生态环境部公布数据
			26	国家生态环境评价指数	国家生态市（区、县）、国家生态乡镇（个）	生态环境部公布数据
		资源效率	27	实际城市用地土地产出率	第二产业地区生产总值（万元）、第三产业地区生产总值（万元）、实际城市用地面积（平方公里）	卫星遥感数据、中国城市统计年鉴
			28	农林牧水产土地产出率	第一产业地区生产总值（万元）、农林牧水土地面积（平方公里）	卫星遥感数据、中国城市统计年鉴
			29	单位GDP能耗	万元GDP能耗（吨标准煤／万元）	各省统计年鉴、各城市统计年鉴、各城市国民经济和社会发展公报等
			30	绿色建筑设计评价标识项目	绿色建筑设计评价标识星级项目（个）	住房和城乡建设部公布数据
			31	工业固体废物综合利用率	一般工业固体废物综合利用率(%)	中国城市统计年鉴
			32	循环经济城市指数	国家循环经济试点城市（个）、国家节能减排财政政策综合示范城市（个）	国家发展和改革委员会公布数据
	空间结构	紧凑城区	33	人口集中地区（DID）人口	DID人口（万人）	卫星遥感数据
			34	人口集中地区（DID）面积	DID面积（平方公里）	卫星遥感数据
			35	人口集中地区（DID）人口比重	DID人口（万人）、常住人口（万人）	卫星遥感数据、各省统计年鉴、各城市统计年鉴、各城市国民经济和社会发展公报等
			36	人口集中地区（DID）比率	DID面积（平方公里）、行政区域土地面积（平方公里）	卫星遥感数据
			37	超人口集中地区（超DID）人口	超DID人口（万人）	卫星遥感数据
			38	超人口集中地区（超DID）面积	超DID面积（平方公里）	卫星遥感数据
			39	超人口集中地区（超DID）人口比重	超DID人口（万人）、常住人口（万人）	卫星遥感数据、各省统计年鉴、各城市统计年鉴、各城市国民经济和社会发展公报等
			40	超人口集中地区（超DID）比率	超DID面积（平方公里）、行政区域土地面积（平方公里）	卫星遥感数据
		交通网络	41	城市轨道交通密度指数	城市轨道交通线路里程（公里）、行政区域土地面积（平方公里）、人口集中地区（DID）人口比重(%)	卫星遥感数据、各省统计年鉴、各城市统计年鉴、各城市国民经济和社会发展公报等
			42	城市干线道路密度指数	城市干线道路里程（公里）、行政区域土地面积（平方公里）、人口集中地区（DID）人口比重(%)	卫星遥感数据、各省统计年鉴、各城市统计年鉴、各城市国民经济和社会发展公报等
			43	城市生活道路密度指数	城市生活道路里程（公里）、行政区域土地面积（平方公里）、人口集中地区（DID）人口比重(%)	卫星遥感数据、各省统计年鉴、各城市统计年鉴、各城市国民经济和社会发展公报等
			44	城市人行道·自行车道路密度指数	城市人行道里程（公里）、自行车道里程（公里）、行政区域土地面积（平方公里）、人口集中地区(DID)人口比重(%)	卫星遥感数据、各省统计年鉴、各城市统计年鉴、各城市国民经济和社会发展公报等
			45	城市轨道交通距离	轨道交通线路里程（公里）	卫星遥感数据
			46	每万人公共汽（电）车客运量	全年公共汽（电）车客运总量（万人次）、常住人口（万人）	中国城市统计年鉴、各省统计年鉴、各城市统计年鉴、各城市国民经济和社会发展公报等
			47	每万人公共汽（电）车拥有量	年末实有公共汽（电）车营运车辆数（辆）、常住人口（万人）	中国城市统计年鉴、各省统计年鉴、各城市统计年鉴、各城市国民经济和社会发展公报等

大项	中项	小项	ID	指标	使用数据名	数据来源
环境	空间结构	交通网络	48	每万人私人机动车拥有量	私人汽车拥有量（辆）、常住人口（万人）	各省统计年鉴、各城市统计年鉴、各城市国民经济和社会发展公报等
			49	每万人出租汽车拥有量	出租汽车拥有量（辆）、常住人口（万人）	中国城市统计年鉴、各省统计年鉴、各城市统计年鉴、各城市国民经济和社会发展公报等
			50	高峰拥堵延时指数	高峰拥堵延时指数	高德地图公布数据
		城市设施	51	固定资产投资规模指数	固定资产投资（万元）	中国城市统计年鉴
			52	公园绿地面积	公园绿地面积（公顷）	中国城市统计年鉴
			53	建成区绿化覆盖率	建成区绿化覆盖率（%）	中国城市建设统计年鉴
			54	建成区供排水管道密度	建成区供水管道密度（公里／平方公里）、建成区排水管道密度（公里／平方公里）	中国城市建设统计年鉴
			55	燃气普及率	燃气普及率（%）	中国城市建设统计年鉴
			56	城市地下设施指数	地下综合管廊试点城市（个）、海绵城市试点城市（个）	财政部、住房和城乡建设部公布数据

2. 社会

表 7-2　指标解释: 社会

大项	中项	小项	ID	指标	使用数据名	数据来源
社会	地位与治理	城市地位	57	行政层级	直辖市、省会、计划单列市、地级市行政层级	中国城市统计年鉴
			58	大城市群层级	大城市群层级评估	中国城市统计年鉴等
			59	核心城市层级	核心城市层级评估	中国城市统计年鉴等
			60	大使馆·领事馆	大使馆（个）、领事馆（个）	外交部公布数据
			61	国际组织	国际组织（个）	互联网大数据
			62	"一带一路"指数	货物出口偏差值、货物进口偏差值、实际利用外资指数偏差值、对外直接投资额偏差值、入境游客偏差值	中国城市统计年鉴、各省统计年鉴、各城市统计年鉴、各城市国民经济和社会发展公报等
		人口素质	63	人口自然增长率指数	人口自然增长率（‰）	中国城市统计年鉴
			64	人口社会增长率指数	人口自然增长率（‰）、常住人口（万人）	中国城市统计年鉴、各省统计年鉴、各城市统计年鉴、各城市国民经济和社会发展公报等
			65	人口结构指数	0—14 岁人口（万人）、15—64 岁人口（万人）、65 岁以上人口（万人）、常住人口（万人）	第六次全国人口普查数据、各省统计年鉴、各城市统计年鉴、各城市国民经济和社会发展公报等
			66	人口教育结构指数	具有大学（大专及以上）教育程度人口（万人）、具有高中（含中专）教育程度人口（万人）、具有初中教育程度人口（万人）、常住人口（万人）	第六次全国人口普查数据、各省统计年鉴、各城市统计年鉴、各城市国民经济和社会发展公报等
			67	高等教育指数	普通高等学校在校学生（万人）、中等职业教育学校在校学生（万人）、普通高等学校专任教师（万人）	中国城市统计年鉴
			68	杰出人才培养指数	国家一级演员（人）、国家一级美术师（人）、奥运冠军（人）、国家级运动健将（人）、两院院士（人）、茅盾文学奖获奖作家（人）	国家体育总局公布数据、互联网大数据
			69	地方财政教育支出指数	地方公共财政教育支出（万元）、常住人口（万人）	中国城市统计年鉴、各省统计年鉴、各城市统计年鉴、各城市国民经济和社会发展公报等
		社会管理	70	社会服务指数	社会服务志愿者服务（人次）、社会工作志愿者服务（人次）、社会服务年末职工（万人）、社会工作年末职工（万人）、无偿献血先进市（个）、全国双拥模范城市指数（个）	民政部、解放军总政治部、国家卫生健康委员会公布数据、中国民政统计年鉴
			71	安全安心城市指数	全国社会治安综合治理优秀地市（个）、全国质量强市示范城市（个）、全国法治宣传教育先进城市（个）、全国创建社会信用体系建设示范城市（个）、国家食品安全示范城市（个）	国务院、人力资源和社会保障部、中央综治委公布数据
			72	交通安全指数	交通事故损失额（万元）、交通事故死亡人数（万人）	各省统计年鉴、各城市统计年鉴、各城市国民经济和社会发展公报等
			73	社会安全指数	火灾事故损失额（万元）、火灾事故死亡人数（万人）	中国消防统计年鉴
			74	社会团体	社会团体单位数（个）	中国民政统计年鉴
			75	文明卫生城市指数	全国卫生城市（个）、全国文明城市（个）、全国示范社区卫生服务中心（个）	国家卫生健康委员会公布数据
			76	政府网站绩效	中国政府网站绩效评估	中国软件测评中心公布数据
	传承与交流	历史遗存	77	历史地位	全国性定都时长（年）、开放通商时长（年）	互联网大数据
			78	世界遗产	世界遗产（个）	联合国教科文组织公布数据

大项	中项	小项	ID	指标	使用数据名	数据来源
社会	传承与交流	历史遗存	79	历史文化名城	历史文化名城（个）	国家文物局公布数据
			80	非物质文化遗产	非物质文化遗产（个）	联合国教科文组织、国务院公布数据
			81	重点文物保护单位	重点文物保护单位（个）	国家文物局公布数据
		文化娱乐	82	影剧院消费指数	剧场·影剧院数（个）、票房（万元）、观影人次（人次）	互联网大数据
			83	博物馆·美术馆	博物馆（个）、美术馆（个）	互联网大数据
			84	体育场馆指数	体育场地面积（万平方米）	互联网大数据
			85	动物园·植物园·水族馆	动物园（个）、植物园（个）、水族馆（个）	互联网大数据
			86	公共图书馆藏书量	公共图书馆藏书量（万册）	中国城市统计年鉴
			87	文化大师指数	国家一级演员（人）、国家一级美术师（人）、茅盾文学奖获奖作家（人）	互联网大数据
			88	奥运冠军指数	奥运冠军（人）、国家级运动健将（人）	国家体育总局公布数据
			89	全国文化先进单位指数	全国文化先进单位（个）	文化部公布数据
		交流	90	入境游客	入境旅游人数（万人次）	各省统计年鉴、各城市统计年鉴、各城市国民经济和社会发展公报等
			91	国内游客	国内旅游人数（万人次）	各省统计年鉴、各城市统计年鉴、各城市国民经济和社会发展公报等
			92	国际旅游外汇收入	国际旅游外汇收入（万美元）	各省统计年鉴、各城市统计年鉴、各城市国民经济和社会发展公报等
			93	国内旅游收入	国内旅游收入（亿元）	各省统计年鉴、各城市统计年鉴、各城市国民经济和社会发展公报等
			94	国际会议	国际会议（次）	互联网大数据
			95	展览业发展指数	展览业发展指数	中国展览数据统计报告
			96	世界旅游城市指数	Travel + Leisure(个)、Tripadvisor 十佳目的地（个）、Mastercard(个)、Euromonitor International(个)、中国优秀旅游城市名单（个）、全域旅游示范区（个）、世界优秀旅游目的地城市（个）、全国旅游标准化示范城市（个）	互联网大数据
	生活品质	人居环境	97	平均寿命	人口平均预期寿命（岁）	中国人口和就业统计年鉴
			98	医疗保险·养老保险参保指数	城镇职工基本医疗保险参保人数（万人）、城镇职工基本养老保险参保人数（万人）、常住人口（万人）	中国城市统计年鉴、各省统计年鉴、各城市统计年鉴、各城市国民经济和社会发展公报等
			99	平均房价与收入比	年均房价（元）、职工平均工资（元）、家庭总收入（元）	各省统计年鉴、各城市统计年鉴、各城市国民经济和社会发展公报等、互联网大数据
			100	人居城市指数	中国人居环境奖城市（个）、联合国人居奖城市（个）	建设部公布数据
			101	中国幸福感城市指数	中国最具幸福感城市（个）	国家统计局、中央电视台、新华社公布数据
		消费水平	102	每万人社会消费品零售额	社会消费品零售总额（万元）、常住人口（万人）	中国城市统计年鉴、各省统计年鉴、各城市统计年鉴、各城市国民经济和社会发展公报等

大项	中项	小项	ID	指标	使用数据名	数据来源
社会	生活品质	消费水平	103	每万人住宿和餐饮业营业收入	住宿和餐饮业营业额（万元）、常住人口（万人）	中国城市统计年鉴、各省统计年鉴、各城市统计年鉴、各城市国民经济和社会发展公报等
			104	每万人电信消费	电信业务收入（万元）、常住人口（万人）	中国城市统计年鉴、各省统计年鉴、各城市统计年鉴、各城市国民经济和社会发展公报等
			105	每万人居民生活用水量	居民生活用水量（万吨）、常住人口（万人）	中国城市统计年鉴、各省统计年鉴、各城市统计年鉴、各城市国民经济和社会发展公报等
			106	国际顶级品牌指数	国际顶级品牌店铺（家）	互联网大数据
			107	国际餐饮连锁品牌指数	国际餐饮连锁品牌店铺（家）	互联网大数据
			108	每万人公共财政支出	公共财政支出（万元）、常住人口（万人）	各省统计年鉴、各城市统计年鉴、各城市国民经济和社会发展公报等
			109	每万人在园儿童数	在园儿童（人）、常住人口（万人）	各省统计年鉴、各城市统计年鉴、各城市国民经济和社会发展公报等
		生活服务	110	养老服务机构年末床位数	养老服务机构年末床位（张）	中国民政统计年鉴
			111	执业（助理）医师数	执业（助理）医生（人）	中国城市统计年鉴
			112	卫生机构床位数	卫生机构床位（张）	中国城市统计年鉴
			113	三甲医院	三甲医院（家）	国家卫生健康委员会公布数据

3. 经济

表 7-3　指标解释: 经济

大项	中项	小项	ID	指标	使用数据名	数据来源
经济	经济质量	经济总量	114	GDP 规模	地区生产总值（万元）	中国城市统计年鉴
			115	常住人口规模	常住人口（万人）	各省统计年鉴、各城市统计年鉴、各城市国民经济和社会发展公报等
			116	税收规模	各项税收收入（万元）	各省统计年鉴、各城市统计年鉴、各城市国民经济和社会发展公报等
			117	电力消耗量	全社会用电量（万千瓦时）	中国城市统计年鉴
		经济结构	118	产业结构指数	第一产业地区生产总值（万元）、第二产业地区生产总值（万元）、第三产业地区生产总值（万元）	中国城市统计年鉴
			119	主板上市企业	主板上市企业（家）	上海证券交易所、深圳证券交易所、香港交易所公布数据
			120	世界 500 强中国企业	世界 500 强中国企业（家）	美国财富杂志公布数据
			121	中国 500 强企业	中国 500 强企业（家）	中国企业联合会、中国企业家协会公布数据
			122	中国民营企业 500 强企业	中国民营企业 500 强企业（家）	中华全国工商业联合会公布数据
			123	规模以上工业总产值	规模以上工业总产值（万元）	中国城市统计年鉴
		经济效率	124	GDP 增长率指数	地区生产总值（万元）	中国城市统计年鉴
			125	每万人 GDP	地区生产总值（万元）、常住人口（万人）	中国城市统计年鉴、各省统计年鉴、各城市统计年鉴、各城市国民经济和社会发展公报等
			126	每万人财政收入	地方公共财政收入（万元）、常住人口（万人）	中国城市统计年鉴、各省统计年鉴、各城市统计年鉴、各城市国民经济和社会发展公报等
			127	被抚养人口指数	0—14 岁人口（万人）、65 岁以上人口（万人）、常住人口（万人）	第六次全国人口普查数据、各省统计年鉴、各城市统计年鉴、各城市国民经济和社会发展公报等
			128	发债城投企业有息债券规模及债务率	地方公共财政收入（万元）、发债城投企业有息债券规模（万元）	中国城市统计年鉴、互联网大数据
			129	每万人登记失业人员数	年末城镇登记失业人员（万人）、常住人口（万人）	中国城市统计年鉴、各省统计年鉴、各城市统计年鉴、各城市国民经济和社会发展公报等
	发展活力	商务环境	130	职工平均工资	职工平均工资（元）	各省统计年鉴、各城市统计年鉴、各城市国民经济和社会发展公报等
			131	对企业服务业从业人数	对企业服务业（金融、房地产、租赁、商业服务、科学研究）从业人员（万人）	中国城市统计年鉴
			132	星级酒店指数	一星级酒店（家）、二星级酒店（家）、三星级酒店（家）、四星级酒店（家）、五星级酒店（家）	国家文化和旅游部、各省旅游政务网公布数据
			133	国际顶级餐厅指数	The Asias 50 Best 国际顶级餐厅（家）、Tripadvisor 国际顶级餐厅（家）、米其林餐厅（家）	互联网大数据
			134	国家园区指数	经济特区（个）、国家级新区（个）、国家经济技术开发区（个）、国家级高新技术产业开发区（个）、国家级边境经济合作区（个）	国家发展和改革委员会、商务部、科技部公布数据
		开放度	135	人口流动	常住人口（万人）、户籍人口（万人）	中国城市统计年鉴、各省统计年鉴、各城市统计年鉴、各城市国民经济和社会发展公报等
			136	货物出口·进口	货物出口额（万美元）、货物进口额（万美元）	各省统计年鉴、各城市统计年鉴、各城市国民经济和社会发展公报等
			137	实际使用外资	当年实际使用外资金额（万美元）	中国城市统计年鉴
			138	对外直接投资	对外直接投资额（万美元）、货物出口额（万美元）	中国城市统计年鉴、各省统计年鉴、各城市统计年鉴、各城市国民经济和社会发展公报等

大项	中项	小项	ID	指标	使用数据名	数据来源
经济	发展活力	开放度	139	规模以上外商投资企业产值	规模以上外商投资企业产值（万元）	中国城市统计年鉴
			140	国际学校	国际学校（所）	互联网大数据
			141	自贸区指数	国家级自贸区（个）、国家级综合保税区（个）、保税区（个）、出口加工区（个）、保税物流中心（个）国家级保税港区（个）、全国加工贸易梯度转移重点承接城市（个）、中国外贸百强城市（个）、国家服务贸易创新发展试点城市（个）	国家发展和改革委员会、商务部、海关总署公布数据
		创新创业	142	世界顶级大学指数	Academic Ranking of World Universities(所)、The World University Rankings(所)、QS World University Rankings(所)、Ranking Web of World Universities(所)、"985"大学（所）、"211"大学（所）	教育部公布数据、互联网大数据
			143	R&D 支出指数	R&D 内部经费支出（万元）	中国统计年鉴、各省统计年鉴、各城市统计年鉴、各省市 R&D 资源清查主要数据公报等
			144	R&D 人力资源	R&D 人员（人）	中国统计年鉴、各省统计年鉴、各城市统计年鉴、各省市 R&D 资源清查主要数据公报等
			145	创业板·新三板上市企业指数	创业板上市企业（家）、新三板上市企业（家）	深圳证券交易所公布数据
			146	独角兽企业指数	独角兽企业（家）、企业估值总和（万元）	互联网大数据
			147	专利申请授权量指数	PCT 申请件数（件）、国内专利申请授权量（件）	各省知识产权局、科技信息厅发布数据、各地市国民经济与社会发展公报
			148	商标注册指数	商标注册件数（件）	国家工商总局公布数据
			149	两院院士指数	两院院士（人）	中科院、社科院公布数据
			150	国家改革试验区指数	国家综合配套改革试验区（个）、国家级文化产业示范（试验）园区（个）、国家新型城镇化综合试点（个）、特色小镇指数（个）、海洋经济创新发展示范城市（个）、中国制造 2025 试点示范城市（个）、公立医院改革国家联系试点城市（个）	国家发展和改革委员会、工信部、国家卫生健康委员会公布数据
			151	国家创新示范城市指数	全国科技进步先进城市（个）、国家自主创新示范区（个）、综合性国家科学中心（个）、国家创新型试点城市（个）、国家高技术产业基地（个）	国家发展和改革委员会、科技部、工信部公布数据
			152	信息·知识产业城市指数	国家知识产权示范城市（个）、互联网＋指数（个）、全国版权示范城市（个）、云计算创新服务试点城市（个）、数字化城市管理试点城市（个）、国家智慧城市试点（个）、国家信息消费试点城市（个）、国家三网融合试点城市（个）、国家工业化与信息化融合试验区（个）、国家电子商务示范城市（个）、"宽带中国"示范城市（个）	国家发展和改革委员会、国家信息中心、商务部、工信部、国家知识产权局公布数据
			153	国家重点实验室·工程研究中心指数	国家重点实验室（个）、国家工程技术研究中心（个）、国家工程研究中心（个）	国务院、科技部公布数据
	城市影响	城乡一体	154	城乡居民收入比指数	城镇居民人均可支配收入（元）、农村居民人均纯收入（元）、家庭总收入（元）	各省知识产权局、科技信息厅发布数据、各地市国民经济与社会发展公报
			155	小学教育程度人口比率	具有小学教育程度人口（万人）、常住人口（万人）	第六次全国人口普查数据、各省统计年鉴、各城市统计年鉴、各城市国民经济和社会发展公报等
			156	文盲率	文盲人口（万人）、常住人口（万人）	第六次全国人口普查数据、各省统计年鉴、各城市统计年鉴、各城市国民经济和社会发展公报等

大项	中项	小项	ID	指标	使用数据名	数据来源
经济	城市影响	城乡一体	157	义务教育发展均衡指数	义务教育发展均衡指数（个）、全国"两基"工作先进地区（个）、国家学前教育改革发展试验区（个）	教育部公布数据
		广域设施	158	机场便利性	旅客吞吐量（万人）、货邮吞吐量（万吨）、执行航班（次）、准点率（%）、跑道总距离（米）、跑道（条）、市中心与机场的距离（公里）	卫星遥感数据、民航总局公布数据、互联网大数据
			159	航空运量指数	旅客吞吐量（万人）、货邮吞吐量（万吨）	民航总局公布数据
			160	集装箱港口便利性	港口吞吐量（万TEU）、市中心与港口距离（公里）	卫星遥感数据、交通运输部公布数据
			161	港口集装箱吞吐量	主要港口吞吐量（万TEU）	交通运输部公布数据
			162	水运运量指数	水路客运量（万人）、水路货运量（万吨）	中国城市统计年鉴
			163	铁路便利性	高铁车次（次数）、动车车次（次数）、普通车车次（次数）	铁道部公布数据、互联网大数据
			164	铁路运量指数	铁路客运量（万人）、铁路货运量（万吨）	中国城市统计年鉴
			165	铁路密度	城市铁路线路里程（公里）、行政区域土地面积（平方公里）	卫星遥感数据、中国城市统计年鉴
			166	公路运量指数	公路客运量（万人）、公路货运量（万吨）	中国城市统计年鉴
			167	高速公路密度	高速公路里程（公里）、行政区域土地面积（平方公里）	卫星遥感数据、中国城市统计年鉴
			168	国道·省道密度	国道·省道里程（公里）、行政区域土地面积（平方公里）	卫星遥感数据、中国城市统计年鉴
			169	流通城市指数	综合运输服务示范城市（个）、中国物流节点城市（个）、中国服务外包示范城市（个）、全国流通领域现代物流示范城市（个）、城市共同配送试点和现代服务业综合试点（个）	商务部、交通运输部公布数据、互联网大数据
		核力辐射	170	高等教育辐射力	高等教育从业人员（万人）、总从业人员（万人）、Academic Ranking of World Universities（所）、The World University Rankings（所）、QS World University Rankings（所）、Ranking Web of World Universities（所）、"985"大学（所）、"211"大学（所）	教育部公布数据、中国城市统计年鉴、互联网大数据
			171	科学技术辐射力	科学技术从业人员（万人）、总从业人员（万人）、专利申请授权量（件）	各省知识产权局、科技信息厅发布数据、中国城市统计年鉴、各地市国民经济与社会发展公报
			172	IT产业辐射力	信息传输·计算机服务和软件从业人员（万人）、总从业人员（万人）、IT系企业上市公司（家）	中国城市统计年鉴、互联网大数据
			173	文化体育娱乐辐射力	文化体育娱乐从业人员（万人）、总从业人员（万人）、剧场·影剧院数（个）、票房（万元）、观影人次（人次）、国家一级演员（人）、国家一级美术师（人）、茅盾文学奖获奖作家（人）	中国城市统计年鉴、互联网大数据
			174	金融业辐射力	金融业从业人员（万人）、总从业人员（万人）、证券及期货交易所（个）、年末金融机构人民币各项存款余额（万元）、年末金融机构人民币各项贷款余额（万元）	中国城市统计年鉴、互联网大数据

大项	中项	小项	ID	指标	使用数据名	数据来源
经济	城市影响	核力辐射	175	制造业辐射力	制造业从业人员（万人）、总从业人员（万人）、货物出口额（万美元）	中国城市统计年鉴、各省统计年鉴、各城市统计年鉴、各城市国民经济和社会发展公报等
			176	医疗辐射力	医疗行业从业人员（万人）、总从业人员（万人）、三甲医院（家）	国家卫生健康委员会公布数据、中国城市统计年鉴
			177	批发零售业辐射力	批发零售业从业人员（万人）、总从业人员（万人）、社会消费品零售总额（万元）、国际顶级品牌店铺（家）	中国城市统计年鉴、互联网大数据
			178	餐饮酒店辐射力	住宿和餐饮业从业人员（万人）、总从业人员（万人）、一星级酒店（家）、二星级酒店（家）、三星级酒店（家）、四星级酒店（家）、五星级酒店（家）、The Asias 50 Best 国际顶级餐厅（家）、Tripadvisor 国际顶级餐厅（家）、米其林餐厅（家）	中国城市统计年鉴、互联网大数据

责任编辑：张　燕
封面设计：胡欣欣
责任校对：苏小昭

图书在版编目（CIP）数据

中国城市综合发展指标 .2018：大都市圈发展战略 / 周牧之，陈亚军　主编 . —— 北京：
　人民出版社，2019.9
　ISBN 978 - 7 - 01 - 021151 - 0

I. ①中… 　II. ①周… 　②陈… 　III. ①城市发展战略 - 研究报告 - 中国 - 2018 　IV. ① F299.21

中国版本图书馆 CIP 数据核字（2019）第 176705 号

中国城市综合发展指标 2018
ZHONGGUO CHENGSHI ZONGHE FAZHAN ZHIBIAO 2018
——大都市圈发展战略

周牧之　陈亚军　主编

人民出版社 出版发行
（100706　北京市东城区隆福寺街 99 号）

北京华联印刷有限公司印刷　新华书店经销

2019 年 9 月第 1 版　2019 年 9 月北京第 1 次印刷
开本：710 毫米 ×1000 毫米 1/16　印张：17
字数：370 千字

ISBN 978 - 7 - 01 - 021151 - 0　定价：158.00 元
审图号：GS（2019）2830 号

邮购地址 100706　北京市东城区隆福寺街 99 号
人民东方图书销售中心　电话（010）65250042　65289539